중고등학생을 위한

표준 한국어

중고등학생을 위한

표준 한국어

국립국어원 기획·심혜령 외 집필

의사소통 4

교사용 지도서

마리북스

발간사

국립국어원에서는 교육부 2012년 '한국어 교육과정' 고시에 따라 교육과정을 반영한 학교급별 교재 개발을 진행하였습니다. 이어서 2017년 9월에 '한국어 교육과정'이 개정·고시(교육부 고시 제2017-131호)됨에 따라 2017년에 한국어(KSL) 교재 개발 기초 연구를 수행하였습니다. 그 연구 결과를 바탕으로 초등학교 교재 11권, 중고등학교 교재 6권을 개발하여 2019년 2월에 출판하였습니다.

교재에 이어서 학교 현장에서 다문화가정 학생들의 한국어 의사소통 및 학습 능력을 기르는 데 보탬이 되고자 익힘책을 개발하게 되었습니다. 교재와의 연계성을 높인 내용으로 구성하여 말 그대로 익힘책을 통해 한국어를 더 잘 익힐 수 있도록 노력하였습니다. 더불어 익힘책의 내용을 추가 반영한 지도서를 함께 출판하여 현장에서 애쓰시는 일선 학교 담당자들과 선생님들에게도 교재 사용의 길라잡이를 제공하고자 하였습니다.

'다문화'라는 말이 더 이상 낯설지 않은 한국 사회에서 다문화가정 학생들이 한국 사회 구성원으로서의 정체성 함양에 밑거름이 되는 한국어 능력을 기르는 데《중고등학생을 위한 표준 한국어》가 도움이 되기를 바랍니다. 국립국어원에서는 이제껏 그래왔듯이 교재 개발 결과가 현장에서 보다 잘 활용될 수 있도록 돕기 위하여 교재 개발은 물론, 교원 연수 등을 통해 지속적으로 다문화가정 학생들의 한국어 능력 향상을 위해 노력하겠습니다.

끝으로 3년간《중고등학생을 위한 표준 한국어》교재와 익힘책, 지도서의 개발과 발간을 위해 애써 주신 교재 개발진과 출판사에 깊은 감사의 말씀을 드립니다.

2020년 2월
국립국어원장 소강춘

머리말

본격적인 다문화 사회로 전환되어 가고 있는 한국 사회에서 특히 다문화 배경의 학령기 청소년, 이른바 한국어(KSL) 학습자들에 대한 관심과 배려는 그 결과가 우리 사회의 미래를 좌우하게 될 것이라는 점에서 매우 중요한 사안입니다.

다행히 우리 사회는 이 부분에서 사회적 공감과 정책적 구체화에 일찌감치 눈을 떠 2017년 KSL 학습자의 언어, 문화, 학습의 특수성을 고려한 개정 '한국어 교육과정'을 마련하였고, 그 교육과정의 구체적 구현을 위해 노력해 오고 있습니다. 2019년에는 교육 현장의 다양성을 고려한 모듈형 교재가 새롭게 개발되었고, 이어서 2020년에 그 교재 내용의 효율적 연습을 위한 학생 맞춤형 익힘책도 발간되었습니다. 그리고 이제 새로이 개발된 교재와 익힘책을 가지고 교사가 교육 현장에서 보다 수월하고 효과적으로 가르치는 데에 도움을 주기 위한 교사용 지도서를 개발, 발간합니다. 이로써 현장 적합형 KSL 한국어 교육을 위한 교육 자료 구축의 한 완성을 이루게 되었습니다.

이번에 개발된 교사용 지도서는 교사의 KSL 현장 최적화를 돕기 위한 것입니다. KSL 한국어 교육 경험이 길지 않은 교사도 본 지도서를 참고하면 양질의 수업을 진행할 수 있도록 교육 절차와 교육 내용 등을 교사 언어와 함께 구체적으로 기술하였습니다. 교사의 배경지식과 추가 활동에 대한 아이디어도 '교사 지식'과 '교수-학습 지침'으로 제공하였습니다. 뿐만 아니라 단원별로 필요하거나 수행 과제로 부과할 만한 교육 활동을 제공하여 교사의 편의를 도모하였습니다.

또한 본 지도서는 학령기 청소년 학습자의 특성을 고려한 교수 방안을 마련하는 데에 도움이 되도록 했습니다. 성인 학습자에 비해 경험의 폭이 한정되어 있고 학습 동기의 양상도 다른 학령기 청소년 학습자를 배려하여 교사로 하여금 학령기 청소년의 관심사를 이끌어 낼 수 있게 도와주고, 학습자가 간접 경험의 기회를 많이 가질 수 있도록 하는 데에 도움을 주는 장치를 다수 마련하였습니다. 그리고 청소년들이 일상적으로 이용하는 IT(정보통신) 기술의 적용을 감안한 교수 방안도 개발하여 지도서 구성에 반영하였습니다.

이렇듯 KSL 교육 현장 적합형 교육의 완성을 위한 교사용 지도서는 수많은 관계자들의 지원과 노력으로 만들어질 수 있었습니다. 우선 이 새로운 방식의 지도서가 완성될 수 있도록 지원을 아끼지 않으신 교육부와 국립국어원 관계자 여러분께 깊이 감사드립니다. 교사들이 새 시대에 맞는 새 교재 및 익힘책을 사용함에 있어 실질적인 도움을 줄 수 있는 새로운 지도서를 만들어 보자는 의지로 지도서 집필에 열정을 바쳐 노력한 집필진 모두에게 진심에서 우러나오는 감사를 드립니다. 그리고 새로운 방식의 지도서가 빛이 날 수 있도록 편집과 출판에 최선을 다해 주신 출판사 마리북스에도 감사의 말씀을 드립니다.

교사들이 이 지도서를 잘 활용하여 학령기 청소년 학습자의 한국어 교육에서 많은 성취를 이루어 내기를 희망합니다.

2020년 2월
저자 대표 심혜령

일러두기

1. 지도서 소개

《중고등학생을 위한 표준 한국어 의사소통 교사용 지도서》는 한국어(KSL) 교재의 교육 목표를 교육 현장에 충분히 구현할 수 있도록 하는 데 목적을 두고 구성하였다. 본 지도서는 다음과 같은 특징을 가지고 있다.

교사 중심 교사용 지도서

- 교육 절차와 교육 내용 등을 상세하고 구체적으로 기술하여 KSL 한국어 교육 경험이 길지 않은 교사도 본 지도서를 참고하면 양질의 수업을 진행할 수 있도록 함.

- 교사가 알고 있어야 할 '교사 지식', 다양한 활동을 기반으로 한 '교수-학습 지침' 등을 상세하고 구체적으로 기술한 지도서를 개발함.

- 단원별로 수행 과제로 부과할 만한 교육 활동을 제공하거나 여건에 따라 마무리 활동을 과제로 전환할 수 있도록 유도하여 교사들의 편의를 도모함.

- 다양한 유형의 지도서 사용자들을 고려해 단계에 맞는 교사 언어를 제공함.

다양한 교육 현장에서의 활용을 고려한 지도서

- 교재의 단원 구성 원리와 교수 절차에 맞춰 개발함으로써 실제 사용상의 효율성을 높인 지도서를 개발함.

- 단원별로 10차시를 적절한 교육 시수로 설정하였으나, 현장의 상황이나 여건에 맞춰 선택적 사용이 가능하도록 내용을 구성함.

- 교재와 익힘책의 긴밀성을 확보하는 방향으로 지도서의 내용을 구성함.

학령기 청소년 학습자의 특성을 고려한 교수 방안

- 성인 학습자에 비해 경험의 폭이 한정되어 있고 학습 동기의 양상도 다른 학령기 청소년 학습자를 배려한 교수 방안을 개발함.

- 교사로 하여금 《중고등학생을 위한 표준 한국어》에 반영되어 있는 학령기 청소년의 관심사를 이끌어 낼 수 있게 도와주고, 학습자가 간접 경험의 기회를 많이 가질 수 있도록 하는 데에 도움을 주는 장치를 다수 마련함.

- 청소년들이 일상적으로 이용하는 IT(정보통신)기술의 적용을 감안한 교수 방안을 개발함.

수업 전반의 진행 방식 및 각 단계의 진행 방식의 구체적인 방법을 제시하는 지도서

- '교사 지식' 항목을 통해 사전에 교사가 숙지해야 할 내용을 제공하여 지도서가 교사 재교육에 일조할 수 있도록 함.

- '교수-학습 지침' 항목을 두어 교육 내용별 다양한 활동을 제안하고, 교육 현장별로 진도를 융통성 있게 운영할 수 있도록 함.

자가 확인과 종합 문제에 대한 적절한 지도를 위해 알아 두어야 할 사항

- 교사는 학습자가 '자가 확인'을 통해 해당 권을 학습하기 전 스스로 한국어 실력을 확인해 볼 수 있도록 지도한다.
    - 자가 확인에서 제시된 문제의 70% 이상을 이해하였을 때, 해당 교재를 학습하기 위한 최소한의 언어 능력이 있다고 판단할 수 있다.
- 교사는 학습자로 하여금 교재의 해당 권을 모두 학습한 후에 '종합 문제'를 통해 종합적 연습을 할 수 있도록 지도한다.
    - '종합 문제'에서 제시된 문제의 80% 이상을 이해하였을 때 해당 교재의 내용을 충분히 학습하였다고 판단한다. 단 학생이나 현장의 특성에 따라 '꼭 배워요'만 학습하고 '종합 문제'를 접하게 된 경우에 '종합 문제'를 80% 미만으로 이해하였다고 판단되면 해당 교재의 '꼭 배워요'를 복습하거나 '더 배워요'를 학습하도록 지도할 수 있다.

교재 속 QR 코드 사용 알아 두기

- 각 교재의 '대화해 봐요 1, 2'에 제시된 QR 코드 속 내용은 휴대 전화를 사용하여 직접 영상을 확인해 볼 수 있다.
- 컴퓨터 사용 시에는 '국립국어원-한국어교수학습샘터-자료나눔터 한국어 교육자료'에 들어가 음원을 내려받을 수 있다.

익힘책 지도 내용에 대해 알아 두기

- 교사가 익힘책을 지도하면서 참고해야 할 정보는 지도서의 마지막에 제시하였다.
- 교사가 교실 현장의 상황에 따라 교재의 내용을 모두 지도한 후 익힘책 내용을 지도할 수 있으며, 영역별 지도가 가능하도록 내용을 구분하여 구성하였다.

2. 지도서의 단원 구성

《중고등학생을 위한 표준 한국어 의사소통 교사용 지도서》의 단원은 다음과 같은 순서로 구성되어 있다.

단원 제목 → 단원 목표 → 단원 내용(주요 내용) → 수업 개요 → 전 단원 복습 → 〈꼭 배워요〉 도입 → 어휘를 배워요 → 발음 → 문법을 배워요 1 → 문법을 배워요 2 → 문법을 배워요 3 → 문법을 배워요 4 → 문화 → 〈더 배워요〉 도입 → 대화해 봐요 1 → 대화해 봐요 2 → 읽고 써 봐요: 읽기 → 읽고 써 봐요: 쓰기 → 익힘책 교수-학습 지침

3. 지도서의 단원별 내용 구성

《중고등학생을 위한 표준 한국어 의사소통 교사용 지도서》의 내용 구성과 제시의 특징은 다음과 같다.

① 단원 목표 및 내용 제시

- 지도서의 단원별 제목, 단원 목표, 단원 내용을 명확하게 제시함.
- 단원 내용은 〈꼭 배워요〉 주제, 기능, 어휘, 문법, 문화, 〈더 배워요〉 대화 1, 2, 읽기, 쓰기를 중심으로 단원에서 중점적으로 학습할 내용을 간단히 제시하여 학습 지도 방향을 명확하게 함.

② 수업 개요

- 〈꼭 배워요〉에서 학습할 내용과 기능을 포함한 목표를 차시별로 제시함.
- 지도서의 내용 흐름은 수업 진행의 흐름과 맥을 같이 하여 수업 교안 모형이 반영되도록 함.

③ 교수-학습 방법 제시

지시문 제시 → 교사 언어 제시 → 어휘, 문법, 발음 등 학습 내용 제시 → 과제 활동 제시

④ 교수 내용 구성

- '교사 지식' 항목을 설정하여 수업을 원활하게 진행하는 데에 필요한 전문 지식을 적절한 양과 수준으로 제시함.
- '교수-학습 지침' 항목을 설정하여 교사가 수업을 원활하게 진행하는 데에 필요한 교수 방법 및 교육 정보를 제공함.
- '교사 언어'를 제공하여 실제 수업에서 교사가 교육 내용을 어떻게 발화해야 하는지를 구체적으로 제시해 줌. 지도서에는 '📖'로 표시함.
- '더 알아보기'를 제공하여 문화 정보가 담긴 어휘나 문화 지식에 대한 내용을 교사 언어로 풀이해 학생들에게 쉽게 설명할 수 있도록 구성하여 제시함.

1쪽
수업 개요

〈단원의 시작〉

- 단원 목표, 단원 내용, 수업 개요의 순으로 구성함.
- 수업 개요를 제시함으로써 교사가 수업의 전반적인 내용을 파악할 수 있도록 함.

1차시
도입

〈복습〉

- 예문 위주의 경험적 접근을 통해 내용 이해가 가능하도록 함.

〈꼭 배워요〉 도입

- 학습하게 될 주제에 대한 질문, 대화의 세부 내용에 대한 질문을 교사 언어로 제공하여 취사선택하도록 도움.

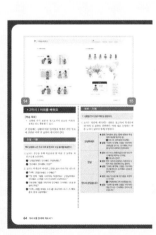

2차시
어휘를 배워요

〈어휘〉

- 어휘 교육 내용은 '정의, 예시, 정보, 설명'의 순으로 구성함 (어휘에 따라 '정보' 항목은 선택적으로 제시할 수도 있음).
  - **정의**: 한국어기초사전의 의미를 제시함(정의의 의미는 학생들에게 알려 주는 것이 아니라 교사에게 주는 정보임).
  - **예시**: 해당 어휘 의미가 문맥에 잘 나타난 예문을 새롭게 제시함.
  - **정보**: 유의어, 반의어, 상위어, 하위어 등에 대한 정보를 제시함.
  - **설명**: 어휘의 성격에 따라 다르게 적용함. 구체물일 때는 사진이나 실물 자료를 활용하도록 하고, 추상적인 개념일 때는 교사가 수업 시간에 실제 설명하는 방식으로 교사 언어의 질문으로 제시함.

3~6차시
문법을 배워요
		**〈문법〉**
		• 문법 교육 내용은 '설명, 예시, 정보, 확인'의 순으로 구성함.
		   – **설명:** 학습자 언어 등급에 맞는 용어와 문장을 통해 문법을 새롭게 설명함(해당 문법의 모든 의미가 아닌 해당 단원에서 쓰인 문법의 의미만을 설명함. 교재에 제시된 문법 설명과 동일한 설명은 되도록 지양함).
		   – **예시:** 교재 예문과 중복되지 않은 예문으로 3~4개 더 추가함.
		   – **정보:** 교사가 참고할 정보로 형태 정보, 제약 정보, 주의 사항 등을 담음.
		   – **확인:** 확인 과정은 문법 아래 연습을 통해 이루어짐.

문화	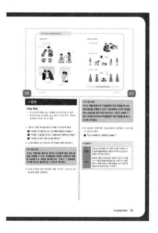	**〈문화〉** • 주제와 관련한 질문을 통해 학생들에게 주제를 추측할 수 있도록 도움을 줄 수 있는 교사 언어를 제시함. • '교수-학습 지침'에 문화와 관련 있는 활동 1~2개를 제시하여 교사가 교육 현장에서 유연성 있게 사용할 수 있도록 구성함. • '더 알아보기'는 보충적인 내용이나 문화 어휘 의미 풀이를 교사 언어로 제공함.
7·8차시 〈더 배워요〉 도입 대화해 봐요 1, 2		**〈단원의 시작〉** • 〈더 배워요〉 학습 목표, 〈학습 도구 한국어〉 학습 목표, 〈더 배워요〉 도입의 순으로 구성함. **〈더 배워요〉 도입** • 학습하게 될 대화 내용의 핵심적인 주제에 대한 질문을 교사 언어로 제공하여 도입할 수 있도록 구성함. **〈대화해 봐요 1, 2〉** • '대화해 봐요'를 '도입-전개-활용-정리'의 순으로 제시함.

〈부가 문법〉

- 대화에 사용된 부가 문법을 '설명, 예시, 정보'의 순으로 제시함.

〈목표 표현 1, 2〉

- 대화에서 사용된 목표 표현에 대한 '설명'과 '예시'를 제시함.

9차시
읽고 써 봐요
– 읽기

〈읽고 활동하기〉

- '읽고 써 봐요-읽기'를 '읽기 전-읽기 중-읽기 후'의 순으로 제시함.
  - 주제와 관련된 질문을 교사 언어로 제시하였으며, 문제를 풀고 확인하는 방법을 자세히 기술함.

10차시
읽고 써 봐요
– 쓰기

〈쓰고 활동하기〉

- '읽고 써 봐요-쓰기'를 '쓰기 전-쓰기 중-쓰기 후'의 순으로 제시함.
  - 쓰기 내용을 추측할 수 있는 질문을 교사 언어로 제시하였으며, 쓰기 활동 방법을 자세히 기술함.

익힘책

〈익힘책 교수-학습 지침〉

- 익힘책에 제시된 어휘, 문법 문제에 대한 의도와 특징을 설명하고, 주의하며 지도해야 하는 정보를 제공함.

지도서 사용 예시

1과 제목이 뭐예요?
함께 읽어 볼까요?
'와니의 생일 파티에 가기로 했어'

① 여러분, 그림을 보세요. 와니가 정호에게 무엇을 주고 있어요? 맞아요. 여러분, 무슨 일이 있을 때 친구에게 초대장을 줘요?

② 대화를 한번 읽어 볼까요? 정호와 와니가 무슨 이야기를 하고 있어요? 언제 와니 집에 가요? 왜 가요?

③ 함께 이야기해 볼까요? 여러분, 이번 주에 친구하고 약속이 있어요? 무슨 약속이에요?

④ 여러분, 1과에서는 친구하고 약속을 해요. 어떻게 말해요? 다른 친구가 잘하는 것이 있어요. 친구에게 어떻게 말해요? 이것을 공부할 거예요.

① 어휘를 함께 공부해 볼까요?

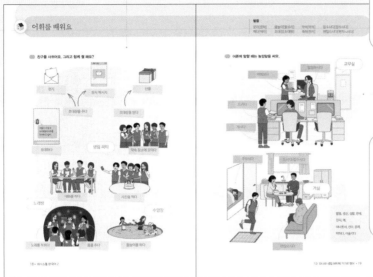

② 18쪽에 있는 그림을 보세요. 친구를 사귀어요. 함께 무엇을 해요?
여러분은 생일에 친구들과 무엇을 해요?

③ 19쪽에 있는 그림을 보세요. 친구에게 말해요. 선생님에게 말해요.
어떻게 달라요?
여러분은 어른께 높임말을 쓰고 있어요?

---

① 휴대 전화로 전화를 해요. (문자 메시지를 쓰는 행동을 하며)
또 친구와 휴대 전화로 무엇을 할 수 있어요?
친구에게 '문자 메시지'를 보내요. '문자 메시지'는 휴대 전화로 글을 보내는 것이에요.

② 옆 반 선생님이 여러분에게 '담임 선생님은 어디에 있어요?' 물어봤어요. 여러분은 어떻게 대답해요?
'선생님은 교실에 있어요.' 대답해요. 맞아요. 그런데 선생님은 여러분보다 나이가 많아요. 높임말을 써야 해요. '있어요'의 높임말 은 '계세요'예요. 그래서 '선생님은 교실에 계세요.' 말해야 해요.

③ 오늘 어휘에서 무엇을 배웠어요?
친구를 집에 초대해요? 언제 초대해요? 그때 같이 뭘 해요?
할머니가 아파요. 높임말로 어떻게 말해요?

① 대화문을 한번 읽어 볼까요? (대화를 읽은 후) 오늘 무슨 날이 에요? 안나는 왜 집에 안 가요? 무슨 약속이 있어요?

② 어떤 행동을 할 것을 결심해요. 그리고 약속을 해요. 이때 '-기로 하다'를 말해요. '-기로 하다'는 동사에만 사용해요. 받침이 있어요. 없어요. 모두 '-기로 하다'를 사용해요.

	받침 O	받침 X, 'ㄹ' 받침
동사	-기로 하다	

③ 여러분, '-기로 하다'를 사용하여 〈보기〉와 같이 연습 문제를 풀어 볼까요? 먼저 〈보기〉를 함께 읽어 봅시다. (잠시 후) 1번을 함께 말해 볼까요?
가: 영수야, 주말에 친구들하고 어디에 가기로 했어?
나: 노래방에 가기로 했어.
2번은 어떻게 말할까요?
가: 영수야, 주말에 친구들하고 언제 모이기로 했어?
나: 2시에 모이기로 했어.

④ 여러분은 방학에 누구하고 뭘 할 거예요? '-기로 하다'를 사용하여 말해 보세요.

---

① 여러분, 공공장소가 무슨 뜻일까요? 공공장소는 공원, 우체국처럼 많은 사람이 함께 이용하는 곳이에요. 또 어떤 공공장소가 있을까요?

② (24쪽 그림을 보면서 설명한다)
여러분, 공공장소에서 무엇을 하면 안 돼요?

③ (25쪽 그림을 보면서 설명한다)
공공장소에서 무엇을 해도 돼요?

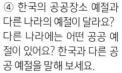

④ 한국의 공공장소 예절과 다른 나라의 예절이 달라요? 다른 나라에는 어떤 공공 예절이 있어요? 한국과 다른 공공 예절을 말해 보세요.

① 지난 시간에 무엇을 공부했어요? 친구들과 약속이 있어요? 뭘 하기로 했어요? 친구들은 누구처럼 무엇을 잘 해요?

② 여러분은 다른 사람과 사이가 어때요? 좋아요? 안 좋아요?

③ (첫 번째 그림을 보면서) 여기가 어디예요? 두 사람이 무엇을 해요?
(두 번째 그림을 보면서) 친구의 바지가 어때요? 어떻게 칭찬해요?
(세 번째 그림을 보면서) 두 사람이 무엇을 사요? 문제집은 어디에서 사요?
(네 번째 그림을 보면서) 두 사람이 무엇을 하고 있어요? 친구와 어떤 약속을 해요?

④ 사람들은 언제 초대장을 보내요?
친구에게 어떤 문자 메시지를 보내요?

---

① 오늘이 생일이에요. 선물로 무엇을 받고 싶어요? 그리고 생일 파티에서 친구와 무엇을 할 거예요?

② (첫 번째 QR 코드를 가리키며) 정호와 와니가 이야기를 하고 있어요. 무슨 이야기를 해요? 함께 확인해 봐요.
(QR 코드를 본 후) 정호는 어디에 갔어요? 정호는 와니에게 무엇을 선물했어요?

⑤ 다시 한번 책을 보면서 읽어 볼까요? (읽은 후에) 음식을 누가 준비했어요? 밥을 다 먹으면 무엇을 할 거예요? (대화가 끝나고 29쪽 위에 있는 새 표현을 설명한다. 새 표현: 숟가락과 젓가락 사진을 보여 주며) 이것을 언제 써요? 이걸 언제 써요? '이것을', '이걸'은 같아요.

③ (두 번째 QR 코드를 가리키며) 와니가 생일 파티를 해요. 두 사람이 무엇을 해요? 함께 확인해 봐요.
(두 번째 QR 코드를 본 후) 어디에서 생일 파티를 해요? 집에서 무엇을 해요?

⑥ 한 명은 정호, 한 명은 와니가 되어서 다시 읽어 볼까요?

④ 와니 어머니가 음식을 만들었어요. '와니 어머니' 맞아요? 아니에요. 와니 어머니는 여러분보다 나이가 많아요. '가, 이'의 높임말 '께서'를 써야 해요. 그래서 '와니 어머니께서 음식을 만들었어요.' 말해야 해요.

① 여러분 문제를 풀어 볼까요? 내용이 같으면 O, 다르면 X 하세요.
1번을 함께 봐요. 와니가 음식을 준비했어요? 내용과 같아요? 달라요?

② (첫 번째 QR 코드를 가리키며) 와니와 정호는 생일 파티가 끝나고 무엇을 해요? 함께 확인해 봐요.
(첫 번째 QR 코드를 본 후) 와니는 정호에게 왜 '고마워.' 말했어요?

③ 안나가 와니를 칭찬하고 있어요. 어떤 칭찬을 하고 있어요? 대화를 읽어 볼까요? (대화를 읽은 후) 누가 와니에게 바지를 사 줬어요? 와니의 바지가 어때요?
다시 읽어 볼까요? 누가 '와니'를 읽고 싶어요? 누가 '안나'를 읽을 거예요?

④ 여러분, 마지막으로 전체 대화를 한번 들어 볼까요?

---

① 여러분, 보통 사람들은 언제 초대장을 줘요? 초대장에는 어떤 내용을 써요? 모바일 초대장이 뭐예요?

③ 읽기에 있는 새 표현을 알아볼까요? (달력의 오늘에 해당하는 날짜를 손가락으로 가리키며) 오늘이에요. 이번 주는 이날부터 이날까지예요.

④ 디시 읽어 보세요.
(읽은 후) 와니의 생일은 언제예요? 와니의 생일 파티는 어디에서 하기로 했어요? 생일 파티에서 무엇을 할 거예요?

② 여러분, 여기를 보세요. 이게 뭐예요? 어떤 내용이 있어요?

⑤ 여러분, 문제를 풀어 볼까요? 읽은 내용과 같으면 O, 다르면 X 하세요.
1번 같이 볼까요? 9월 20일은 와니의 생일이에요. 내용과 같아요? 달라요?
2번 와니는 왜 초대장을 보냈어요? 네, 생일 파티에 초대하고 싶어서 초대장을 보냈어요.

⑥ (읽기 수업을 정리하면서) 여러분은 언제 초대장을 받았어요? 초대장에 무슨 내용이 있었어요?

① 여러분, 친구 생일 파티에 갔어요. 생일 파티에서 무엇을 했어요? ('무엇을 했어요?'라고 쓰인 칸을 가리키며) 여기에 써 보세요. 생일 파티는 어땠어요? ('어땠어요?'라고 쓰인 칸을 가리키며) 여기에 쓰세요.

② 생일 파티에 가면 무엇이 재미있어요? 기분이 어때요?
여러분이 위에서 '친구의 생일 파티에서 무엇을 했어요?'를 썼어요. 이것을 사용해 문자 메시지를 쓸 거예요. 와니의 생일 파티에 갔어요. 무엇을 했어요? 기분이 어때요? 와니에게 문자 메시지를 써 보세요.

③ (쓰기 수업을 정리하면서) 여러분이 쓴 것을 말해 볼까요?

익힘책: 자가 확인 및 종합 연습 활용

자가 확인

이 문제는 학생들의 실력을 확인하기 위해 제작되었습니다. 각 문제는 전 권의 각 단원과 연계되어 있으므로 결과를 통해 학생의 이해도를 확인할 수 있습니다. 틀린 문제를 통해 전권에서 이해가 부족한 단원만을 선별적으로 가려내어 복습을 진행할 수 있습니다.

이 문제는 단순히 전 권의 내용을 확인하는 성취도 문제가 아니며, 해당 등급을 공부한 학생이라면 풀 수 있는 문제들로 구성하였습니다. 본 문제를 통해 학생들의 한국어 숙달도를 판단할 수 있으며, 평가 결과를 통해 학생의 부족한 어휘와 문법 표현을 파악할 수 있습니다.

문항 번호	구성 과	문항 번호	구성 과
1	3권 2과 38쪽 / 3권 4과 75쪽	11	3권 4과 74쪽
2	3권 5과 91쪽 / 3권 1과 32쪽	12	3권 2과 41쪽
3	3권 1과 19쪽	13	3권 8과 149쪽 / 5과 103쪽 / 7과 128쪽 / 8과 147쪽
4	3권 7과 127, 128쪽	14	3권 4과 76, 77쪽 / 5과 94, 95쪽
5	3권 8과 158쪽	15	3권 6과 110쪽
6	3권 1과 18쪽	16	3권 6과 111쪽
7	3권 3과 68쪽	17	3권 6과 119쪽
8	3권 5과 91쪽	18	3권 4과 76쪽
9	3권 2과 40쪽	19	3권 7과
10	3권 3과 58쪽	20	3권 7과

종합 연습

이 문제는 학생들이 이번 권의 내용을 잘 이해했는지 확인하기 위해 제작되었습니다. 결과를 통해 이번 권에 대한 학생들의 성취도를 평가할 수 있습니다.

- **80점 이상**: 성취도가 높습니다. 다음 권으로 넘어갈 수 있는 수준입니다.
- **60점 이상 80점 미만**: 틀린 문제를 중심으로 복습을 할 필요가 있습니다. 아직은 헷갈리는 부분이 많은 상태입니다.
- **60점 미만**: 이번 권의 내용을 충분히 숙지하지 못했습니다. 이 상태로 다음 단계에 가면 많은 어려움을 겪을 수 있습니다.

내용 구성표

[의사소통 한국어 4]

단원	제목	주제	꼭 배워요(필수)			문화	더 배워요(선택)			
			어휘	문법	기능		대화	부가 문법	읽기	쓰기
1	네가 이렇게 꼼꼼히 공부하고 있는 줄 몰랐어	공부	• 학습 관련 어휘	• -어서 그런지 • -는 줄 알다/모르다 • -었더라면 • -으려다가	• 묻고 답하기 • 후회하기	한국의 교육을 알아보다	• 필기 방법 묻고 답하기 • 열심히 공부하지 않은 것에 대해 후회하기	• -다니 • 에 비하면	인터넷 강의 안내	시험 준비 계획 세우기
2	화재 시에는 문을 함부로 연다거나 엘리베이터를 타면 안 된대	안전·보건	• 재난과 질병 관련 어휘	• -는다거나 • 피동 표현 • -을 뿐만 아니라 • -던	• 대처 방법 지시하기 • 질병 예방법 설명하기	한국의 위인을 만나다	• 화재 발생 시 대피 방법 지시하기 • 식중독 예방법 설명하기	• 으로 인해 • -고서	소화기의 필요성과 사용 방법	재난 상황에서 필요한 물건 쓰기
3	나나도 너한테 미안해하고 있을걸	고민 상담	• 고민 관련 어휘	• -는 대로 • -는다면서 • -고 보니 • -을걸	• 조언 구하기 • 도움 요청하기	한국 중고등 학생의 고민을 들여다보다	• 고민에 대한 조언 구하기 • 고민 해결을 위해 도움 요청하기	• -는 사이에 • -을 정도로	교내 상담 신청 안내	자신의 고민에 대해 쓰고, 다른 사람의 고민에 대해 조언하기
4	연습할수록 실력이 점점 더 늘 거야	실습·실기	• 실습과 실기 관련 어휘	• -을수록 • -던데 • -는 모양이다 • -은 채로	• 경고하기 • 과정 묘사하기	한국의 민속놀이를 엿보다	• 요리 시 주의 사항 경고하기 • 멀리뛰기를 잘할 수 있는 방법 묘사하기	• -을지도 모르다 • -기만 하다	비빔밥의 유래와 특징	좋아하는 음식 소개하기
5	소연이가 피아노 정말 잘 치더라	대회 참가	• 대회 관련 어휘	• -는 탓에 • -어 버리다 • -을 뻔하다 • -더라	• 의도 표현 하기 • 심정 표현 하기	한국인의 관람 문화를 엿보다	• 대회를 참가하려는 의도 표현하기 • 대회 결과에 대한 심정 표현하기	• -기는 하다 • -을 걸 그랬다	대회 문의	자신이 개최하고 싶은 대회 포스터 만들기
6	글도 잘 쓰는 데다가 상상력도 풍부하니까 훌륭한 작가가 될 거야	적성 탐색	• 적성과 직업 관련 어휘	• -는 데다가 • -든지 • 사동 표현 • -나 싶다	• 충고하기 • 동의하기	나의 적성을 탐색해 보다	• 직업 체험 프로그램을 신청하라고 충고하기 • 상대방의 의견에 동의하기	• 뿐 • -더라고	여행 작가 인터뷰	미래의 자신과 인터뷰하기
7	시간이 없어서 아쉬울 따름이야	봉사 활동	• 봉사 활동 관련 어휘	• -을 따름이다 • -는 김에 • -었던 • -고 해서	• 거절하기 • 정보 구하기	한국인의 나눔 문화를 엿보다	• 친구의 제안 거절하기 • 봉사 활동 정보 구하기	• 만 같아도 • 이나마	봉사 활동 미담	봉사 활동 신문 기사 완성하기
8	힘들더라도 조금만 더 참으세요	진로 상담	• 진학과 취업 관련 어휘	• -는 반면에 • -더라도 • -다시피 • -곤 하다	• 권유하기 • 의견 표현 하기	한국 청소년들의 앞날을 들여다보다	• 장래 희망에 따라 진로를 정하도록 권유하기 • 대학 진학에 대한 의견 표현하기	• -다 보면 • 에 따라	시대별 인기 직업	미래 선호 직업을 예측하고 나의 꿈 이야기 하기

차례

의사소통 한국어 교사용 지도서

4

네가 이렇게 꼼꼼히 공부하고 있는 줄 몰랐어

● 단원 목표

어떤 일에 대한 방법을 묻고 답할 수 있으며 후회되는 일을 말할 수 있다.

● 단원 내용

꼭 배워요 (필수)	• 주제: 공부
	• 기능: 묻고 답하기, 후회하기
	• 어휘: 학습 관련 어휘
	• 문법: -어서 그런지, -는 줄 알다/모르다, -었더라면, -으려다가
문화	• 문화: 한국의 교육을 알아보다
더 배워요 (선택)	• 대화 1: 필기 방법 묻고 답하기 • 대화 2: 열심히 공부하지 않은 것에 대해 후회하기
	• 읽기: 인터넷 강의 안내
	• 쓰기: 시험 준비 계획 세우기

● 수업 개요

〈꼭 배워요〉 학습 목표

• 어떤 일에 대한 방법을 묻고 답할 수 있다.
• 지난 행동에 대한 후회하는 말을 할 수 있다.

1차시	• 도입 대화를 통해 본 단원의 주제에 대해 이해하고 말할 수 있다.
2차시	• 학습 관련 어휘와 표현을 알고 활용할 수 있다.
3차시	• 참고서를 고르는 기준에 대해 묻고 답할 수 있다. • '-어서 그런지'를 사용하여 앞에 오는 말이 뒤에 오는 말의 원인이나 이유일 것 같다고 추측할 수 있다.
4차시	• 오답 노트를 작성하는 이유와 효과에 대해 묻고 답할 수 있다. • '-는 줄 알다/모르다'를 사용하여 어떤 사실이나 상태에 대해 알고 있거나 모르고 있다는 것을 나타낼 수 있다.

5차시	• 시험공부를 열심히 하지 않은 것에 대한 후회하는 말을 할 수 있다. • '-었더라면'을 사용하여 현재 그렇지 않음을 표현하기 위해 과거 상황과 반대되는 가정을 할 수 있다.
6차시	• 인터넷 강의를 들어서 성적이 오른 친구의 이야기를 듣고 인터넷 강의를 듣지 않은 것에 대한 후회하는 말을 할 수 있다. • '-으려다가'를 사용하여 어떤 행동을 할 의도를 가지고 있다가 그 행동을 멈추거나 다른 행동을 하게 되었다는 것을 나타낼 수 있다.

• 1차시 | 복습 및 〈꼭 배워요〉 도입

[학습 목표]
• 도입 대화를 통해 본 단원의 주제에 대해 이해하고 말할 수 있다.

복습 – 20분

3권 8단원에서 배운 주제 및 문법에 대해 복습한다.

1) 교사는 지난 단원의 주제와 관련된 질문을 하여 학생들에게 학습한 내용을 떠올리게 한다.
   - 교 "우리가 쉽게 할 수 있는 운동에는 무엇이 있을까요?"
   - 교 "알고 있는 요가 동작이 있어요? 어떻게 하는지 설명해 주세요."
   - 교 "무엇을 하고 나면 숨이 차요?"
   - 교 "건강에 좋은 운동을 추천해 주세요."

2) 교사는 '만 아니면'과 관련된 질문을 하여 학생들에게 학습한 내용을 떠올리게 한다.
   - 교 "주말에 반 친구들을 만나기로 했어요. 약속 날짜와 시간을 정하고 있는데 일요일 오후에는 시간이 안 돼요. 어떻게 말하면 좋을까요?"
   - 교 "와니는 월요일에 발표를 해야 해요. 주말에 발표 준비를 해야 하기 때문에 친구들을 만날 수 없을 것 같아요. 어떻게 말하면 좋을까요?"

3) 교사는 '-었더니'와 관련된 질문을 하여 학생들에게 학습한 내용을 떠올리게 한다.
   - 교 "볼링을 정말 잘 치네요. 어떻게 해서 이렇게 잘 치게 됐어요?"
   - 교 "배에서 '꼬르륵' 소리가 나는 것 같은데 배가 많이 고파요?"

4) 교사는 '-는 만큼'과 관련된 질문을 하여 학생들에게 학습한 내용을 떠올리게 한다.
   - 교 "내 친구는 얼굴도 예쁘고 마음도 예뻐요. 어떻게 칭찬해 줄 거예요?"

   - 교 "내일 시험을 보는데 친구가 시험을 잘 볼 수 있을지 걱정하고 있어요. 무슨 말을 해 줄 거예요?"

5) 교사는 '-느라고'와 관련된 질문을 하여 학생들에게 학습한 내용을 떠올리게 한다.
   - 교 "샤워를 하고 나오니까 친구한테 전화가 와 있었어요. 왜 전화를 못 받았는지 말해 볼까요?"
   - 교 "재미있는 소설책이 있어서 어제 잠도 안 자고 그 책을 읽었어요. 잠을 못 잔 이유를 말해 볼까요?"

교수-학습 지침

※ 고등학생 대상 수업의 경우 필수적으로 5분간 다음 활동을 추가로 진행함.
→ 교사는 짝 활동, 그룹 활동을 통해 자주 하는 운동과 그 효과에 대해 이야기하게 할 수 있다. 이때 교사는 지난 단원에서 배운 '만 아니면', '-었더니', '-는 만큼', '-느라고' 중 세 가지 이상의 문법을 사용하여 대화문을 만들 수 있도록 지도한다.

〈꼭 배워요〉 도입 – 25분

1) 교사는 학생들에게 이번 단원에서 배울 주제가 무엇인지 추측할 수 있는 질문을 한다. 이때 교재 17쪽에 있는 '함께 이야기해 봐요'에 제시되어 있는 질문을 활용하며 질문에 대해 학생들이 자유롭게 이야기할 수 있도록 한다.
   - 교 "여러분은 무슨 과목을 좋아해요?"
   - 교 "여러분이 좋아하는 과목을 재미있게 공부하는 방법이 있어요?"

2) 교사는 이번 단원에서 학습하게 될 주제가 무엇인지 제시한다. 학습 주제가 배우지 않은 어휘나 표현이라면 쉬운 말로 풀어서 설명한 후 학습 주제를 제시한다.

　📖 "좋아하는 과목과 공부하는 방법에 대해서 이야기해 봤어요. 1과에서는 공부, 즉 학습에 대해 배울 거예요."

3) 교사는 학생들에게 교재 17쪽의 대화를 읽게 한다. 그리고 세부 내용을 이해했는지 확인하는 질문을 한다.

　📖 "정호가 지금 무엇을 하고 있어요?"

　📖 "정호는 왜 복습이 좋다고 생각해요?"

　📖 "정호의 성적에 어떤 변화가 생겼어요?"

● 메모

● 메모

18 • 의사소통 한국어 4

1과 네가 어떻게 꼼꼼히 공부하고 있는 줄 몰랐어 • 19

• 2차시 | 어휘를 배워요

[학습 목표]

• 학습 관련 어휘와 표현을 알고 활용할 수 있다.

본 단원에는 수업 시간과 자습 시간에 하는 다양한 공부 방법에 관련된 어휘 및 표현이 제시되어 있다.

도입 – 5분

1) 교사는 질문을 통해 학습하게 될 어휘 및 표현을 자연스럽게 노출한다.

🔲 "여러분은 수업 시간에 열심히 공부해요? 어떻게 공부해요?"

🔲 "자습 시간에는 어떻게 공부해요?"

2) 교사는 학생들과 제시된 그림을 보며 이야기를 나눈다.

🔲 "18쪽에 있는 그림을 보세요. 수업 시간에 무엇을 할까요?"

🔲 "19쪽에 있는 그림을 보세요. 자습 시간에 무엇을 할까요?"

전개 – 35분

1. 수업 시간에 하는 일 관련 어휘 및 표현이다.

1) 교사는 다음에 제시되는 내용을 참고하여 학생들에게 어휘 및 표현을 설명한다. 이때 새로 등장하는 발음 규칙이 있다면 함께 설명한다.

귀를 기울이다	◆ 정의 남의 이야기나 의견에 관심을 가지고 주의를 모으다. 예 선생님 말씀에 귀를 기울이세요. ● 설명 "(몸을 옆쪽으로 기울이며) 여러분, 이렇게 하는 것을 '기울이다'라고 해요. (귀에 손을 대며) 이렇게 하는 것을 '귀를 기울이다'라고 하는데 어떤 이야기를 열심히 듣는 것을 말해요."
집중하다	◆ 정의 한 가지 일에 모든 힘을 쏟아붓다. 예 오늘 배울 내용은 아주 중요하니까 수업에 잘 집중하세요. ● 설명 "재미있는 영화를 보고 있어요. 옆에서 엄마가 부르셨는데 못 들었어요. 왜 그래요? 영화가 재미있어서 영화에 집중해서 그래요. '집중하다'는 한 가지 일에 정신을 모은다는 뜻이에요."
공통점	◆ 정의 여럿 사이에 서로 같은 점. 예 공통점이 많으면 쉽게 친해질 수 있어요. ◆ 정보 반의어 '차이점' ● 설명 "바나나와 레몬, 뭐가 같아요? 과일이에요. 노란색이에요. 바나나와 레몬은 같은 점이 있어요. 같은 점을 '공통점'이라고 해요."
차이점	◆ 정의 서로 같지 않고 다른 점. 예 오른쪽 그림과 왼쪽 그림의 차이점을 찾아보세요. ◆ 정보 반의어 '공통점' ● 설명 "같은 점을 '공통점'이라고 하지요? 그럼 다른 점을 뭐라고 할까요? 다른 점은 '차이점'이라고 해요."

찾아내다	◆ **정의** 몰랐던 것을 알아서 드러내다. 예 이 문제는 복잡해서 답을 찾아내기가 힘들어요. ● **설명** "컴퓨터가 고장 났어요. 고치려면 왜 고장 났는지 원인을 찾아야겠죠? 그럴 때 원인을 찾아낸다고 말해요. '찾아내다'는 어떤 것을 찾아서 보여 준다는 뜻이에요. 공부할 때 공통점과 차이점을 찾아내는 연습을 하면 좋을 거예요."
구별하다	◆ **정의** 성질이나 종류에 따라 갈라놓다. 예 두 사람은 쌍둥이라서 구별하기가 어려워요. ● **설명** "(치타와 표범의 사진을 보여 주며) 이 두 동물은 아주 비슷하게 생겼지요? 그런데 왼쪽에 있는 동물은 치타이고, 오른쪽에 있는 동물은 표범이에요. 이 두 동물이 같은 동물이 아니라는 것을 어떻게 알 수 있을까요? 몸에 있는 무늬를 보면 돼요. (두 동물의 무늬를 확대해 보여 주며) 치타는 이렇게 몸에 동그라미 무늬가 있고, 표범의 몸에는 꽃무늬가 있어요. 치타와 표범은 몸에 있는 무늬를 보고 구별할 수 있어요. '구별하다'는 이렇게 종류에 따라서 나눈다는 뜻을 가지고 있어요."
필기하다	◆ **정의** 강의, 강연, 연설 등의 내용을 받아 적다. 예 중요한 내용이니까 잘 필기해 놓으세요. ● **설명** "수업 시간에 선생님이 칠판에 중요한 내용을 쓰셨어요. 그럼 여러분도 그것을 책이나 공책에 쓰지요? 그것을 '필기하다'라고 해요."

2) 교사는 질문을 통해 학생들이 어휘 및 표현을 잘 이해했는지 확인한다.

📖 "좋은 성적을 받으려면 어떻게 공부해야 할까요?"

📖 "오늘 무슨 내용을 필기했어요?"

2. 자습 시간에 하는 다양한 공부 방법 관련 어휘 및 표현이다.

1) 교사는 다음에 제시되는 내용을 참고하여 학생들에게 어휘 및 표현을 설명한다. 이때 새로 등장하는 발음 규칙이 있다면 함께 설명한다.

공식	◆ **정의** 수학 계산, 과학에서 법칙을 수식이나 기호로 나타낸 것. 예 공식을 다 외웠는데도 문제를 못 풀겠어요. ● **설명** "(가로가 3cm, 세로가 3cm인 정사각형을 보여 주며) 이 사각형의 넓이를 어떻게 구해요? ('넓이=가로x세로'의 공식을 보여 주며) 이것을 사용하면 되지요? 이런 것을 '공식'이라고 해요. 수학 시간에는 수학 공식을, 과학 시간에는 과학 공식을 배워요."
암기하다	◆ **정의** 잊지 않고 머릿속으로 외우다. 예 이 부분은 중요하니까 꼭 암기하도록 하세요. ◆ **정보** 유의어 '외우다' ● **설명** "새로 배운 영어 단어는 잊어버리지 않도록 외워야 하지요? '외우다'와 같은 뜻의 단어로 '암기하다'가 있어요. 영어 단어나 수학 공식을 잘 암기하면 공부에 큰 도움이 될 거예요."

요점 정리	◆ **정의** 가장 중요하고 중심이 되는 사실이나 관점 따위를 체계적으로 분류하고 종합함. 예 미리 요점 정리를 해 놓으면 공부에 도움이 될 거예요. ● **설명** "시험 준비를 할 때 중요한 내용을 어떻게 해요? 미리 중요한 부분들을 정리하지요? 이렇게 중요한 부분을 정리하는 것을 '요점 정리'라고 해요."
참고서	◆ **정의** 학습할 때 살펴서 도움을 얻도록 만든 책. 예 참고서 종류가 너무 많아서 뭘 사야 할지 모르겠어요. ● **설명** "교과서만 보고 공부하려면 힘들 때가 있어요. 그럴 때에는 설명이 자세하게 되어 있는 책을 보면 도움을 받을 수 있어요. 이렇게 공부할 때 도움을 받을 수 있는 책을 '참고서'라고 해요."
살펴보다	◆ **정의** 여기저기 빠짐없이 자세히 보다. 예 몇 시 기차를 타야 하는지 앱에서 기차 시간을 살펴봐야겠어요. ● **설명** "다음 주에 시험이 있어요. 선생님께서 그러셨는데 책을 열심히 보면 시험을 잘 볼 수 있을 거예요. 그래서 교과서 처음부터 끝까지 자세히 볼 거예요. 이렇게 어떤 것을 자세히 보는 것을 '살펴보다'라고 해요. 공부할 때 교과서를 잘 살펴보세요."
오답 노트	◆ **정의** 오답률이 높은 문제나 자주 틀린 문제를 정리한 노트. 예 오답 노트를 만들면 왜 틀렸는지 알 수 있어서 좋아요. ● **설명** "자주 틀리는 문제가 있어요. 그런 문제는 공책에 정리하는 것이 좋은데 틀린 문제를 정리해 놓은 공책을 '오답 노트'라고 해요."
인터넷 강의	◆ **정의** 인터넷을 통하여 이루어지는 강의. 예 주말에는 집에서 인터넷 강의를 들어요. ● **설명** "인터넷으로 무엇을 해요? 게임도 하고 쇼핑도 하고 여러 가지를 하지요? 그리고 인터넷으로 국어, 영어, 수학 같은 수업도 들을 수 있어요. 이렇게 인터넷으로 듣는 수업을 '인터넷 강의'라고 해요."

2) 교사는 질문을 통해 학생들이 어휘 및 표현을 잘 이해했는지 확인한다.

📖 "시험에서 틀린 문제가 있어요. 어떻게 공부해야 다음에 틀리지 않을까요?"

📖 "참고서를 고를 때 중요하게 생각하는 기준이 있어요? 말해 보세요."

교수-학습 지침

※ 고등학생 대상 수업의 경우 필수적으로 5분간 다음 활동을 추가로 진행함.

→ 교사는 준비물로 어휘에 제시된 공부 방법에 대한 그림 카드를 준비한다. 그리고 학생들에게 그 그림 카드를 보여 주면서 공부 방법을 말하게 하는 활동을 하도록 지도한다.

교사는 질문을 통해 어휘 및 표현 학습을 마무리한다.

🔲 "선생님이 중요한 개념을 설명해요. 학생들은 어떻게 해야 해요?"

🔲 "수학을 잘하려면 어떻게 해야 해요?"

🔲 "여러분은 자습 시간에 어떻게 공부해요?"

🔲 "책에 중요한 내용이 나오면 어떻게 해요?"

교사 지식

➡ '집중하다[집쭝하다], 공통점[공통쩜], 차이점[차이쩜], 요점 정리[요쩜정니], 사랑스럽다[사랑스럽따]'에서 확인되는 발음 규칙:

· 경음화 ▶ 경음화란 평음이 경음(된소리)으로 발음되는 것을 말한다. 받침 'ㄱ(ㄲ, ㅋ, ㄳ, ㄺ), ㄷ(ㅅ, ㅆ, ㅈ, ㅊ, ㅌ), ㅂ(ㅍ, ㄼ, ㄿ, ㅄ)' 뒤에 연결되는 'ㄱ, ㄷ, ㅂ, ㅅ, ㅈ'은 된소리로 발음한다.

➡ '공통점[공통쩜], 차이점[차이쩜], 요점 정리[요쩜정니]'에서 확인되는 발음 규칙:

· 경음화 ▶ 용언의 어간 끝에 위치한 비음 뒤에 연결되는 'ㄱ, ㄷ, ㅂ, ㅅ, ㅈ'은 된소리로 발음한다.

➡ '솔직하다[솔찌카다]'에서 확인되는 발음 규칙:

· 경음화 ▶ 한자어에서 'ㄹ' 받침 뒤에 연결되는 'ㄷ, ㅅ, ㅈ'은 된소리로 발음한다. 단, 같은 한자가 겹쳐진 단어의 경우에는 된소리로 발음하지 않는다.

➡ '요점 정리[요쩜정니]'에서 확인되는 발음 규칙:

· 치조 비음화 ▶ 'ㄹ'을 제외한 자음 뒤에서 'ㄹ'은 'ㄴ'으로 바뀐다.

➡ '원리[월리]'에서 확인되는 발음 규칙:

· 유음화 ▶ 치조비음 'ㄴ'이 주위에 있는 유음 'ㄹ'의 영향을 받아 그와 같은 소리로 바뀌는 것을 말한다.

➡ '맞히다[마치다], 솔직하다[솔찌카다]'에서 확인되는 발음 규칙:

· 'ㅎ' 축약 ▶ 받침 'ㄱ(ㄺ), ㄷ, ㅂ(ㄼ), ㅈ(ㄵ)'이 뒤 음절 첫소리 'ㅎ'과 결합되는 경우에 두 음을 합쳐서 [ㅋ, ㅌ, ㅍ, ㅊ]로 발음한다.

➡ '맞히다[마치다]'에서 확인되는 발음 규칙:

· 7종성법 ▶ 음절 끝소리가 [ㄱ, ㄴ, ㄷ, ㄹ, ㅁ, ㅂ, ㅇ] 중 하나로 변하여 발음되는 현상은 중화 현상 중의 하나로서, 7종성법이라고 한다.

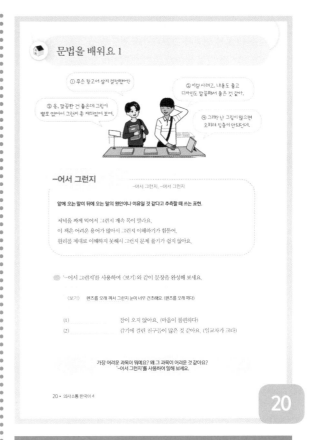

[학습 목표]

· 참고서를 고르는 기준에 대해 묻고 답할 수 있다.

· '-어서 그런지'를 사용하여 앞에 오는 말이 뒤에 오는 말의 원인이나 이유일 것 같다고 추측할 수 있다.

도입 - 5분

1) 교사는 학생들에게 대화문을 읽게 한다. 그리고 학생들이 대화 상황을 이해했는지 확인 질문을 한다.

🔲 "두 사람이 어디에서 무엇을 하고 있어요?"

🔲 "호민이가 이 참고서를 고른 이유가 뭐예요?"

2) 교사는 학생들에게 목표 문법의 의미를 추측할 수 있는 질문을 한다.

🔲 "영수는 호민이가 고른 참고서가 마음에 들지 않는대요. 그 이유가 뭐예요?"

전개 - 35분

다음의 절차에 따라 문법에 대해 설명한다. 그리고 새로 제시되는 어휘 및 표현이 있다면 그 의미를 함께 설명한다.

[설명]

🔲 "'-어서 그런지'는 앞에 오는 말이 뒤에 오는 말의 원인이나 이유일 것 같다고 추측할 때 사용해요."

[예시]

· 요즘 날씨가 더워서 그런지 아무것도 하고 싶지 않아요.
· 스트레스를 많이 받아서 그런지 입맛이 없어요.
· 학생들이 많이 결석해서 그런지 선생님의 표정이 안 좋아요.

[정보]

▶ 형태 정보:

	ㅏ, ㅗ	ㅓ, ㅜ, ㅣ …	하다
동사, 형용사	-아서 그런지	-어서 그런지	-여서 그런지

① 동사 및 형용사 어간 끝음절의 모음이 'ㅏ, ㅗ'인 경우 '-아서 그런지', 동사 및 형용사 어간 끝음절의 모음이 'ㅏ, ㅗ'가 아닌 경우 '-어서 그런지', '-하다'가 붙은 동사 및 형용사 어간에는 '-여서 그런지'를 쓰는데, 흔히 줄여서 '-해서 그런지'로 쓴다.

② '이다, 아니다'는 '어서 그런지/라서 그런지'를 쓴다. 단, '이다' 앞의 명사에 받침이 없으면 '여서 그런지'라고 쓴다.

▶ 제약 정보:

① 명령문이나 청유문과 같이 사용할 수 없다.

▶ 주의 사항:

① '-어서인지'와 특별한 의미 차이 없이 사용된다.

② 문장의 끝에서도 사용할 수 있는데 그럴 때에는 '-어서 그럴 거예요'의 형태로 사용한다.

· 시내에 사람이 별로 없는데 비가 많이 와서 그럴 거예요.

[확인]

교사는 문법을 설명한 뒤 '연습 문제'를 통해 학생들이 문법을 이해했는지 확인한다.

정답
(1) 마음이 불편해서 그런지
(2) 일교차가 커서 그런지

어휘 및 표현

오히려	◆ 정의 일반적인 예상이나 기대와는 전혀 다르거나 반대가 되게. 예 네가 먼저 사과하니까 오히려 내가 더 미안한데. ● 설명 "'오히려'는 예상이나 기대와 전혀 다르거나 반대가 되는 상황에서 사용할 수 있어요. 예를 들어 볼까요? 옷 가게 직원이 친절하면 좋은데 지나치게 친절하면 어때요? 너무 친절하면 오히려 불편해요."

용어	◆ 정의 어떤 분야에서 전문적으로 사용하는 말. 예 이 책은 어려운 용어가 많아서 이해가 잘 안 돼요. ● 설명 "여러분은 경제나 경영에 대한 기사를 잘 이해할 수 있어요? 그런 기사가 어려운 이유가 뭘까요? 그건 바로 경제나 경영에 관련된 단어나 표현이 많기 때문이에요. 이런 말을 '용어'라고 해요."
원리	◆ 정의 사물의 바탕이 되는 이치. 예 원리를 잘 알고 있어야 문제를 풀 수 있어요. ● 설명 "(시소에 두 사람이 있는데 한 명은 위로 올라가 있고, 한 명은 아래로 내려가 있는 사진을 보여 주며) 친구와 시소를 탔는데 친구는 위로 올라가 있고 나는 아래로 내려가 있어요. 내가 친구보다 무겁기 때문이지요. 어떻게 하면 나와 친구가 똑같은 높이가 될까요? 맞아요. 내가 뒤쪽으로 가면 돼요. 무거운 것은 중심에서 멀어질수록 가벼워지기 때문이에요. 이것은 바뀌지 않는 사실이에요. 이런 것을 '원리'라고 하는데 무거운 것이 중심에서 멀어질수록 가벼워지는 것을 '무게 중심의 원리'라고 해요."
렌즈	◆ 정의 안경 대신에 눈의 각막에 직접 붙이는 얇은 물건. 예 특별한 약속이 있을 때에는 안경 대신 렌즈를 껴요. ● 설명 "(렌즈 사진을 보여 주며) 눈이 나쁜데 안경은 쓰고 싶지 않을 때 이것을 사용할 수 있어요. 안경 대신 사용하는 이것을 '렌즈'라고 해요. 우리 반에 렌즈를 낀 사람이 있어요?"
일교차	◆ 정의 하루 동안에 기온, 기압, 습도 등이 바뀌는 차이. 예 요즘 아침저녁으로 기온이 떨어지면서 일교차가 심해요. ● 설명 "낮에는 덥고 밤에는 추워요. 기온 차이가 있기 때문이에요. 하루 동안의 기온 차이를 '일교차'라고 해요."

교수-학습 지침

※ 고등학생 대상 수업의 경우 필수적으로 5분간 다음 활동을 추가로 진행함.

→ 교사는 학생들에게 목표 문법을 활용할 수 있는 새로운 화제를 제시한다.

교 "요즘 특히 피곤한 이유에 대해 '-어서 그런지'를 사용해서 말해 보세요.

예시 답안
시험 준비를 하느라 바빠서 그런지 피곤해요. 잠을 잘 못 자서 그런지 요즘 너무 피곤해요.

정리 – 5분

1) 교사는 학생들에게 대화문을 다시 한번 읽게 한다.

2) 교사는 교재에 제시된 열린 질문을 통해 학생들에게 배운 문법을 활용하여 자유롭게 이야기를 나누게 한다.

📖 "가장 어려운 과목이 뭐예요? 왜 그 과목이 어려운 것 같아요? '-어서 그런지'를 사용하여 말해 보세요."

예시 답안

외워야 할 단어가 많아서 그런지 영어가 가장 어려워요. 원리를 이해하기 힘들어서 그런지 과학이 가장 어려운 것 같아요.

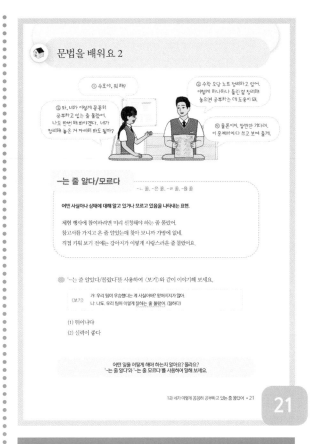

• 4차시 | 문법을 배워요 2

[학습 목표]

- 오답 노트를 작성하는 이유와 효과에 대해 묻고 답할 수 있다.
- '-는 줄 알다/모르다'를 사용하여 어떤 사실이나 상태에 대해 알고 있거나 모르고 있다는 것을 나타낼 수 있다.

도입 – 5분

1) 교사는 학생들에게 대화문을 읽게 한다. 그리고 학생들이 대화 상황을 이해했는지 확인 질문을 한다.

📖 "수호는 지금 뭐 하고 있어요?"

📖 "오답 노트를 만들어 놓으면 어떤 점이 좋아요?"

2) 교사는 학생들에게 목표 문법의 의미를 추측할 수 있는 질문을 한다.

📖 "유미는 수호가 이렇게 열심히 공부하고 있다는 것을 알지 못했어요. 유미가 수호에게 뭐라고 말했어요?"

전개 – 35분

다음의 절차에 따라 문법에 대해 설명한다. 그리고 새로 제시되는 어휘 및 표현이 있다면 그 의미를 함께 설명한다.

[설명]

🔲 "'-는 줄 알다/모르다'는 어떤 사실이나 상태에 대해 알고 있거나 모르고 있다는 것을 나타낼 때 사용해요."

[예시]

· 오후에도 이렇게 차가 막히는 줄 몰랐어요.
· 매일 운동하는 게 이렇게 힘든 줄 몰랐어요.
· 지갑을 잃어버린 줄 알았는데 가방 안에 있었어요.
· 영화관에 이렇게 사람이 많은 줄 몰랐어요.

[정보]

▶ 형태 정보:

	받침 O	받침 X, 'ㄹ' 받침
동사	-는 줄 알다/모르다	
형용사	-은 줄 알다/모르다	-ㄴ 줄 알다/모르다

	받침 O	받침 X, 'ㄹ' 받침
동사 과거	-은 줄 알다/모르다	-ㄴ 줄 알다/모르다
동사, 형용사 미래·추측	-을 줄 알다/모르다	-ㄹ 줄 알다/모르다

① 동사 어간 끝음절의 받침 유무와 관계없이 '-는 줄 알다/모르다'를 쓴다. 단, 'ㄹ' 받침으로 끝날 때는 'ㄹ'이 탈락한다.

② 형용사 어간 끝음절에 받침이 있으면 '-은 줄 알다/모르다', 형용사 어간 끝음절에 받침이 없거나 'ㄹ' 받침으로 끝나면 '-ㄴ 줄 알다/모르다'를 쓴다. 단, 'ㄹ' 받침으로 끝날 때는 'ㄹ'이 탈락한다.

③ '있다, 없다'나 '있다, 없다'가 붙어서 만들어진 합성어 '재미있다, 재미없다, 맛있다, 맛없다' 등의 형용사는 '-는 줄 알다/모르다'를 쓴다.

④ 과거의 경우 동사 어간 끝음절에 받침이 있으면 '-은 줄 알다/모르다', 동사 어간 끝음절에 받침이 없거나 'ㄹ' 받침으로 끝나면 '-ㄴ 줄 알다/모르다'를 쓴다. 단, 'ㄹ' 받침으로 끝날 때는 'ㄹ'이 탈락한다.

⑤ 미래·추측의 경우 동사, 형용사 어간 끝음절에 받침이 있으면 '-을 줄 알다/모르다', 동사, 형용사 어간 끝음절에 받침이 없거나 'ㄹ' 받침으로 끝나면 '-ㄹ 줄 알다/모르다'를 쓴다. 단, 'ㄹ' 받침으로 끝날 때는 'ㄹ'이 탈락한다.

▶ 주의 사항:

① '-는 줄 알다'는 어떤 사실에 대해 맞다고 생각했는데 그것이 사실이 아니라는 것을 알게 되었을 때 사용하고, '-는 줄 모르다'는 어떤 사실에 대해 몰랐거나 예상이나 기대를 하지 못했을 때 사용한다.

② '-는 줄'에 조사 '로', '을', '은', '만' 등이 붙을 수 있다.

· 김치가 이렇게 매운 줄은 몰랐어.

· 오늘 소풍을 가는 줄만 알고 책을 안 가져왔어.

③ '-을 줄 알다/모르다'는 어떤 일을 하는 방법을 알거나 모를 때 사용한다.

· 저는 수영을 할 줄 몰라요.
· 제 동생은 아직 어려서 한글을 읽을 줄 몰라요.

[확인]

교사는 문법을 설명한 뒤 '연습 문제'를 통해 학생들이 문법을 이해했는지 확인한다.

정답
(1) 뛰어난 줄 몰랐어
(2) 실력이 좋은 줄 몰랐어

어휘 및 표현

꼼꼼히	◆ 정의 빈틈이 없이 자세하고 차분하게. 🔲 예 내일 발표할 자료니까 꼼꼼히 확인해 주세요. ● 설명 "가족 여행을 가요. 여행을 떠나기 전에 문을 잘 잠갔는지 확인해야 해요. 그래서 한 번이 아니라 여러 번 자세하게 확인했어요. 이렇게 '하나하나 자세하게'라는 뜻으로 '꼼꼼히'가 있어요. 문을 잘 잠갔는지 꼼꼼히 확인했어요."
사랑스럽다	◆ 정의 사랑을 느낄 만큼 귀엽다. 🔲 예 자고 있는 아기의 모습이 정말 사랑스러워요. ● 설명 "(귀여운 강아지 사진을 보여 주며) 이 강아지 정말 귀엽지요? 사랑을 느낄 만큼 귀엽다는 뜻으로 '사랑스럽다'가 있어요. 강아지가 정말 사랑스러워요."
우승	◆ 정의 경기나 시합에서 상대를 모두 이겨 1위를 차지함. 🔲 예 이 경기에서 이기면 우리 팀이 우승을 하게 돼요. ● 설명 "'경기에 나가서 1등을 하는 것'을 '우승'이라고 해요. 우리 팀이 우승을 하면 좋겠어요."

교수-학습 지침

※ 고등학생 대상 수업의 경우 필수적으로 5분간 다음 활동을 추가로 진행함.

➔ 교사는 학생들에게 목표 문법을 활용할 수 있는 새로운 화제를 제시한다.

🔲 "최근에 새롭게 알게 된 사실이 있어요? '-는 줄 알다/모르다'를 사용해서 말해 보세요."

예시 답안
와니와 영수가 친한 줄 몰랐어요. 선생님이 결혼하신 줄 몰랐어요. 결혼을 안 하신 줄 알았어요.

1) 교사는 학생들에게 대화문을 다시 한번 읽게 한다.

2) 교사는 교재에 제시된 열린 질문을 통해 학생들에게 배운 문법을 활용하여 자유롭게 이야기를 나누게 한다.

🔲 "어떤 일을 어떻게 해야 하는지 알아요? 몰라요? '-는 줄 알다'와 '-는 줄 모르다'를 사용하여 말해 보세요."

┌─────────────────────────────────────┐
예시 답안
자습실에서 음료수를 마셔도 되는 줄 알았어요. 책을 빌릴 때 학생증이 필요한 줄 몰랐어요.
└─────────────────────────────────────┘

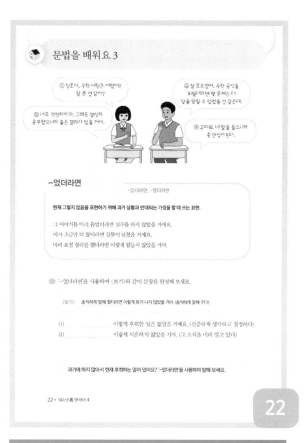

● **5차시 | 문법을 배워요 3**

[학습 목표]

• 시험공부를 열심히 하지 않은 것에 대한 후회하는 말을 할 수 있다.

• '-었더라면'을 사용하여 현재 그렇지 않음을 표현하기 위해 과거 상황과 반대되는 가정을 할 수 있다.

도입 – 5분

1) 교사는 학생들에게 대화문을 읽게 한다. 그리고 학생들이 대화 상황을 이해했는지 확인 질문을 한다.

🔲 "오늘 무슨 시험을 봤어요?"

🔲 "선영이는 정호를 어떻게 위로해 줬어요?"

2) 교사는 학생들에게 목표 문법의 의미를 추측할 수 있는 질문을 한다.

🔲 "정호는 수학 공식을 외우지 않은 것을 후회하고 있어요. 이 일에 대해서 뭐라고 말했어요?"

전개 – 35분

┌─────────────────────────────────────┐
다음의 절차에 따라 문법에 대해 설명한다. 그리고 새로 제시되는 어휘 및 표현이 있다면 그 의미를 함께 설명한다.
└─────────────────────────────────────┘

[설명]

📖 "'-었더라면'은 현재 그렇지 않음을 표현하기 위해 과거 상황과 반대되는 가정을 할 때 사용해요."

[예시]

· 조금만 늦었더라면 비행기를 놓쳤을 거예요.
· 미리 예매했더라면 공연을 볼 수 있었을 텐데.
· 날씨가 좋았더라면 등산을 갔을 거예요.

[정보]

▶ 형태 정보:

	ㅏ, ㅗ	ㅓ, ㅜ, ㅣ…	하다
동사, 형용사	-았더라면	-었더라면	-였더라면

① 동사 및 형용사 어간 끝음절의 모음이 'ㅏ, ㅗ'인 경우 '-았더라면', 동사 및 형용사 어간 끝음절의 모음이 'ㅏ, ㅗ'가 아닌 경우 '-었더라면', '-하다'가 붙은 동사 및 형용사 어간에는 '-였더라면'을 쓰는데, 흔히 줄여서 '-했더라면'으로 쓴다.

② '이다, 아니다'는 '었더라면'을 쓴다. 단, '이다' 앞의 명사에 받침이 없으면 '였더라면'이라고 쓴다.

▶ 주의 사항:

① 과거에 있었던 일을 반대로 가정해서 그렇게 하지 않아 다행이었다는 것을 나타낸다.

② 과거에 있었던 일을 반대로 가정해서 그렇게 하지 않은 것에 대한 후회나 안타까움을 나타낸다.

③ 주로 '-었을 것이다', '-었을 텐데'와 사용된다.

[확인]

교사는 문법을 설명한 뒤 '연습 문제'를 통해 학생들이 문법을 이해했는지 확인한다.

> **정답**
> (1) 신중하게 생각하고 결정했더라면
> (2) 그 소식을 미리 알고 있었더라면

어휘 및 표현

맞히다	◆ 정의 문제에 대한 답을 옳게 대다. 📷 문제를 낼 테니까 답을 맞혀 보세요. ● 설명 "문제를 듣고 맞는 답을 말하는 것을 '맞히다'라고 해요. 문제를 다 맞히면 100점을 받을 수 있어요."
넘치다	◆ 정의 가득 차서 밖으로 흘러나오다. 📷 욕조에 물이 넘치니까 빨리 물을 잠그세요. ● 설명 "컵에 물을 따르는데 너무 많이 따랐어요. 그럼 어떻게 되지요? 컵 밖으로 물이 흐르지요? 그것을 '넘치다'라고 해요."

솔직하다	◆ 정의 거짓이나 꾸밈이 없다. 📷 네 감정을 솔직하게 이야기해 봐. ● 설명 "거짓이 없는 것을 '솔직하다'라고 해요. 선생님이나 부모님께는 항상 솔직하게 이야기해야 해요."
신중하다	◆ 정의 매우 조심스럽다. 📷 첫인상만 보고 사람을 판단하는 것은 신중하지 못한 행동이에요. ● 설명 "영수는 말이나 행동을 조심하는 성격이에요. 이런 성격을 '신중하다'라고 해요."
서운하다	◆ 정의 생각처럼 되지 않아 만족스럽지 못하다. 📷 친구들이 제 말을 믿어 주지 않아서 서운한 마음이 들었어요. ● 설명 "나는 친구들에게 생일 선물을 줬는데 친구들은 내 생일을 잊어버렸어요. 이럴 때 서운하다고 할 수 있어요. '서운하다'는 생각처럼 되지 않아 만족스럽지 못한 감정을 말해요."

> **교수-학습 지침**
>
> ※ 고등학생 대상 수업의 경우 필수적으로 5분간 다음 활동을 추가로 진행함.
> → 교사는 학생들에게 목표 문법을 활용할 수 있는 새로운 화제를 제시한다.
> 📖 "계획이 있었지만 하지 못한 일에 대해 '-었더라면'을 사용해서 말해 보세요."

> **예시 답안**
> 노트북이 고장 나지 않았더라면 숙제를 다 끝냈을 거예요. 길이 막히지 않았더라면 이미 도착했을 거예요.

정리 - 5분

1) 교사는 학생들에게 대화문을 다시 한번 읽게 한다.

2) 교사는 교재에 제시된 열린 질문을 통해 학생들에게 배운 문법을 활용하여 자유롭게 이야기를 나누게 한다.

📖 "과거에 하지 않아서 현재 후회하는 일이 있어요? '-었더라면'을 사용하여 말해 보세요."

> **예시 답안**
> 아프지 않았더라면 친구들과 축구를 했을 거예요. 문제를 한두 개만 더 맞혔더라면 시험에 합격할 수 있었을 거예요.

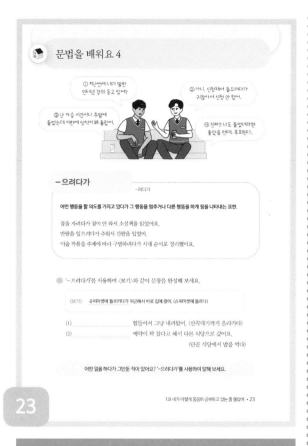

• 6차시 | 문법을 배워요 4

[학습 목표]

- 인터넷 강의를 들어서 성적이 오른 친구의 이야기를 듣고 인터넷 강의를 듣지 않은 것에 대한 후회하는 말을 할 수 있다.
- '-으려다가'를 사용하여 어떤 행동을 할 의도를 가지고 있다가 그 행동을 멈추거나 다른 행동을 하게 됨을 나타낼 수 있다.

도입 – 5분

1) 교사는 학생들에게 대화문을 읽게 한다. 그리고 학생들이 대화 상황을 이해했는지 확인 질문을 한다.

📖 "민우는 언제 인터넷 강의를 들어요?"

📖 "인터넷 강의를 들은 후 민우의 성적에 어떤 변화가 생겼어요?"

2) 교사는 학생들에게 목표 문법의 의미를 추측할 수 있는 질문을 한다.

📖 "세인이도 인터넷 강의를 듣고 있어요?"

전개 – 35분

다음의 절차에 따라 문법에 대해 설명한다. 그리고 새로 제시되는 어휘 및 표현이 있다면 그 의미를 함께 설명한다.

[설명]

📖 "'-으려다가'는 어떤 행동을 할 의도를 가지고 있다가 그 행동을 멈추거나 다른 행동을 하게 되었다는 것을 나타낼 때 사용해요."

[예시]

- 전화로 이야기하려다가 얼굴 보고 이야기하는 게 나을 것 같아서 왔어.
- 혼자 과자를 먹으려다가 동생한테 들켰어요.
- 자려다가 잠이 안 와서 텔레비전을 봤어요.

[정보]

▶ 형태 정보:

	받침 O	받침 X, 'ㄹ' 받침
동사	-으려다가	-려다가

① 동사 어간 끝음절에 받침이 있으면 '-으려다가', 동사 어간 끝음절에 받침이 없거나 'ㄹ' 받침으로 끝나면 '-려다가'를 쓴다. 단, 'ㄹ' 받침으로 끝날 때는 'ㄹ'이 탈락한다.

▶ 주의 사항:

① '-으려고 하다가'가 줄어든 말이다.

② 앞 문장과 뒤 문장의 주어가 같아야 한다.

③ '-으려다'로 줄여 쓸 수 있다.

④ 이유를 함께 이야기할 때에는 '-으려다가 – 어서'의 형태를 사용할 수 있다.

⑤ '-으려다가 말았다'의 형태로도 쓰인다.

- 연락하려다가 말았어.

[확인]

교사는 문법을 설명한 뒤 '연습 문제'를 통해 학생들이 문법을 이해했는지 확인한다.

> 정답
> (1) 산꼭대기까지 올라가려다가
> (2) 단골 식당에서 밥을 먹으려다가

어휘 및 표현

단골	◆ **정의** 정해 놓고 자주 가는 가게. 📖 저 식당이 제가 자주 가는 단골 식당이에요. ● **설명** "집 근처에 옷 가게가 있는데 옷이 예쁘고 가격도 싸요. 종류도 많고요. 그래서 이 옷 가게에 자주 가요. 자주 가는 가게를 '단골'이라고 해요. 이 옷 가게는 제 단골 가게예요."
작품	◆ **정의** 그림, 조각, 소설, 시 등 예술 창작 활동으로 만든 것. 📖 전시회에 가서 작품을 감상했어요. ● **설명** "미술관에 가면 멋진 그림을 볼 수 있지요? 그림이나 조각, 소설, 시처럼 예술 활동의 결과로 나온 것을 '작품'이라고 해요."

※ 고등학생 대상 수업의 경우 필수적으로 5분간 다음 활동을 추가로 진행함.

➡ 교사는 학생들에게 목표 문법을 활용할 수 있는 새로운 화제를 제시한다.

🔟 "어떤 일을 하려고 했는데 시간이 없어서 못한 일이 있지요? '-으려다가'를 사용해서 말해 보세요."

예시 답안

약속 장소까지 버스를 타고 가려다가 시간이 없어서 택시를 탔어요. 아침에 밥을 먹으려다가 시간이 없어서 주스만 한 잔 마시고 왔어요.

정리 - 5분

1) 교사는 학생들에게 대화문을 다시 한번 읽게 한다.

2) 교사는 교재에 제시된 열린 질문을 통해 학생들에게 배운 문법을 활용하여 자유롭게 이야기를 나누게 한다.

🔟 "어떤 일을 하다가 그만둔 적이 있어요? '-으려다가'를 사용하여 말해 보세요."

예시 답안

반장 선거에 나가려다가 자신이 없어서 안 나갔어요. 기타를 배워 보려다가 어려울 것 같아서 포기했어요.

● 문화

[학습 목표]

- 한국의 학교 제도에 대해 알 수 있다.
- 한국의 학교 제도와 다른 나라의 학교 제도를 비교하여 이야기할 수 있다.

1) 질문을 통해 학생들에게 주제를 추측하게 한다.

　📋 "여러분은 지금 무슨 학교에 다니고 있어요? 몇 학년이에요?"

　📋 "한국의 초등학교, 중학교, 고등학교는 몇 년 과정이에요?"

2) 교재 24쪽을 보며 초등학교와 중학교에 대해 설명한다.

3) 교재 25쪽을 보며 고등학교와 대학교에 대해 설명한다.

4) 본 문화와 관련하여 상호문화적 관점에서 이야기할 수 있도록 한다.

　📋 "여러분은 다른 나라의 학교 제도를 알고 있어요? 한국의 학교 제도와 비교해서 공통점이나 차이점을 이야기해 볼까요?"

더 알아보기

미국	K-12로 표시되는 미국의 학교 제도는 일반적으로 6-3-3 제도이다. 초, 중, 고등학교를 12학년까지 공부하지만 지역에 따라 유치원 과정을 의무 교육에 넣어 13학년으로 하기도 한다. 한국과 달리 1학기가 9월에 시작한다.
베트남	한국과 달리 5-4-3 제도로 초등학교는 5년, 중학교는 4년을 다닌다. 중학교를 졸업한 후 일반 고등학교 또는 기술학교에 입학할 수 있는데 기술학교는 중학교 졸업생을 대상으로 하는 3~4년 과정과 고등학교 졸업생을 대상으로 하는 2년 과정으로 나뉜다.
중국	한국과 같은 6-3-3 제도이며 중학교까지 의무 교육을 실시하고 있다. 중학교 이후로는 시험을 본 후 고등학교와 대학교에 진학할 수 있다. 한국과 달리 1학기가 9월에 시작한다.

01 더 배워요

학습 목표
궁금한 내용에 대해 묻고 답할 수 있다.
아쉬운 일에 대하여 이야기할 수 있다.
강의 소개 및 안내 사항을 읽고 학업 계획을 세울 수 있다.

◎ 1과에서 무엇을 배우는지 알아봅시다.

노트 필기를 해요.　　오답 노트를 작성해요.

다양한
학습 방법

인터넷 강의를 들어요.　　공부가 잘되는 장소에 가요.

함께 이야기해 봐요

1. 인터넷 강의의 장단점은 뭐예요?

2. 여러분은 시험을 보기 전에 시험 준비 계획을 어떻게 세워요?

〈더 배워요〉 학습 목표

- 궁금한 내용에 대해 묻고 답할 수 있다.
- 아쉬운 일에 대하여 이야기할 수 있다.

7차시	• 필기 방법에 대해 묻고 답할 수 있다.
8차시	• 공부가 소홀했던 과목에 대해 후회하며 공부 방법을 추천 받을 수 있다.
9차시	• 소개 및 안내 사항을 읽고 이해할 수 있다.
10차시	• 시험 준비 계획을 세울 수 있다.

〈학습 도구 한국어〉 학습 목표

7~8차시	• 풀이에서 문제 해결하기에 대해 안다.
9~10차시	• 문제 풀이에서 오류 확인하기에 대해 안나.

• 7차시 | 〈더 배워요〉 도입 및 대화해 봐요 1

도입 – 5분

1) 〈꼭 배워요〉의 목표 어휘 및 문법 등을 확인할 수 있는 질문을 통해 학생들이 해당 표현을 사용하여 답할 수 있도록 유도한다.

　🏫 "어떤 태도로 수업을 들어야 할까요?"

　🏫 "여러분만의 공부 방법이 있지요? 소개해 주세요."

　🏫 "성적이 크게 오르거나 떨어진 적이 있어요?"

　🏫 "여러분은 후회되는 일이 있어요?"

2) '대화해 봐요 1, 2'에서 학습할 내용을 대표하는 네 개의 그림들을 확인하며 학생들이 앞으로 배우게 될 주제 및 내용을 추측할 수 있도록 한다.

　🏫 "노트 필기를 하면 무엇이 좋아요?"

　🏫 "노트 필기를 할 때 중요한 내용에 어떻게 표시해요?"

　🏫 "여러분은 언제 오답 노트를 작성해요?"

　🏫 "무슨 과목의 오답 노트를 작성해요?"

　🏫 "여러분은 인터넷 강의를 들어 본 적이 있어요?"

　🏫 "언제, 어디에서 인터넷 강의를 들어요?"

　🏫 "혼자 공부할 때 보통 어디에서 공부해요?"

　🏫 "공부에 집중할 수 있는 자신만의 방법이 있어요?"

3) '함께 이야기해 봐요'에 제시된 질문을 통해 이야기를 나눔으로써 '읽고 써 봐요'에서 학습할 내용을 추측하게 한다.

　🏫 "인터넷 강의의 징단짐은 무엇일까요?"

　🏫 "여러분은 시험 보기 전에 시험 준비 계획을 어떻게 세워요?"

28 · 의사소통 한국어 4

[학습 목표]
- 필기 방법에 대해 묻고 답할 수 있다.
- 부가 문법: -다니
- 목표 표현: 그건 – 은 거야
  -어서 – 으려고 –어 놓았어

본 대화는 호민이가 와니의 공책을 빌린 후 와니의 공책을 보면서 필기 방법을 묻고 있는 상황이다.

도입 – 5분

1) 교사는 학생들에게 '대화해 봐요 1'의 내용을 추측할 수 있는 질문을 한다.
   📖 "여러분은 필기하는 것을 좋아해요?"
   📖 "어떤 방법으로 필기해요?"
   📖 "친구가 필기한 공책을 빌려 달라고 부탁하면 어떻게 할 거예요?"

2) 교사는 학생들에게 28쪽의 첫 번째 QR 코드 속 영상을 보게 한다.
   📖 "호민이가 와니에게 부탁을 하고 있어요. 무슨 부탁인지 함께 확인해 봐요."

3) 교사는 학생들이 대화 내용을 잘 이해했는지 질문을 한다. 그리고 새 표현이 있다면 그 의미를 함께 설명한다.
   📖 "호민이가 와니에게 무슨 부탁을 했어요?"
   📖 "와니는 어떻게 할 거예요?"

전개 – 20분

1) 교사는 학생들에게 본 대화 내용을 소개하며 28쪽의 두 번째 QR 코드 속 영상을 보게 한다.
   📖 "호민이가 와니에게 필기 방법을 묻고 있어요. 어떤 방법이 있는지 함께 확인해 봐요."

2) 교사는 학생들이 대화의 전체 내용을 이해했는지 확인하는 질문을 한다.
   📖 "와니는 어떻게 필기를 해요?"

3) 교사는 학생들에게 대화문을 읽게 한다. 그리고 세부 내용을 이해했는지 확인하는 질문을 한다.
   📖 "와니가 필기한 것에 대해 이야기해 볼까요? 어떤 내용에 형광펜으로 표시해요?"
   📖 "공책에 있는 별표는 무슨 의미예요?"
   📖 "호민이는 평소에 노트 필기를 잘해요?"

4) 대화에 제시된 새 표현의 의미를 설명한다.

어휘 및 표현

별표	◆ **정의** 별 모양의 표. 例 이건 아주 중요한 내용이라서 별표로 표시해 놓았어요. ● **설명** "(책에 필기된 별표 그림을 보여 주며) 공부하다가 중요한 내용이 있으면 이렇게 별을 그리지요? 이것을 '별표'라고 해요. 중요한 내용에 별표를 해 놓았어요."
형광펜	◆ **정의** 투명한 성질이 있는 형광 물질이 들어 있어 글자를 강조할 때에 쓰는 필기도구 중 하나. 例 나는 필기할 때 형광펜을 많이 사용해. ● **설명** "(형광펜을 보여 주면서) 여러분, 필통에 이런 펜이 있지요? 이것을 '형광펜'이라고 해요. 언제 형광펜을 사용해요?"
색칠하다	◆ **정의** 색깔이 나도록 칠을 하다. 例 색연필로 예쁘게 색칠해요. ● **설명** "그림을 그려요. 먼저 연필로 그림을 그려요. 그 다음에는 무엇을 해요? 여러 가지 색으로 색칠해요."
강조하다	◆ **정의** 어떤 것을 특히 두드러지게 하거나 강하게 주장하다. 例 어머니는 항상 저축의 필요성을 강조하세요. ● **설명** "책에 중요한 내용이 있으면 형광펜으로 색칠하지요? 중요하니까 잘 볼 수 있도록 이렇게 해요. 이렇게 어떤 것을 잘 볼 수 있도록 한다는 뜻으로 '강조하다'가 있어요."
꼼꼼하다	◆ **정의** 빈틈이 없고 자세하고 차분하다. 例 민우는 꼼꼼한 성격이라서 실수하는 일이 거의 없어요. ● **설명** "수호는 어떤 일을 할 때 아주 작은 곳까지 신경을 써요. 이런 성격을 '꼼꼼하다'라고 해요."

5) 교사는 학생들에게 대화문을 다시 한번 읽게 한다. 이때 역할을 나누는 등 다양한 방식으로 읽게 할 수 있다.

6) 교사는 다음의 절차에 따라 부가 문법 '-다니'에 대해 설명한다. 그리고 새로 제시되는 어휘가 있다면 그 의미를 함께 설명한다.

<table>
<tr><td>부가 문법</td><td>'-다니'</td></tr>
</table>

[설명]

📚 "정호는 공부하는 것을 싫어해요. 지각도 자주 하고 수업 시간에 졸기도 해요. 그런데 이번에 정호가 시험을 잘 봐서 상을 받았어요. 친구들이 이 사실을 알고 크게 놀랐겠지요? 이럴 때 '정호가 시험을 잘 보다니!', '정호가 시험을 잘 봐서 상을 받다니!'라고 이야기할 수 있어요. 이렇게 '-다니'는 뜻밖의 사실에 놀라거나 감탄할 때 사용해요."

[예시]

· 한 번 들은 것을 다 기억하다니!
· 우리 반이 체육 대회에서 우승을 하다니!
· 영수가 약속 시간을 어기다니!
· 비가 그쳤다고 우산을 버리다니!

[정보]

▶ 형태 정보:

	받침 O	받침 X
동사, 형용사		-다니

① 동사 및 형용사 어간 끝음절의 받침 유무에 관계없이 '-다니'를 쓴다.

② '이다, 아니다'는 '라니'를 쓴다. 단, '이다' 앞의 명사에 받침이 없으면 '명사+라니'라고 쓴다.

▶ 주의 사항:

① 주로 구어나 혼잣말로 많이 사용한다.

② 동사 어간 끝음절에 받침이 있으면 '-는다니', 동사 어간 끝음절에 받침이 없거나 'ㄹ' 받침으로 끝나면 '-ㄴ다니'를 쓰는 것을 허용하기도 한다.

③ 부정문은 '-지 않는다니', '안 -는다니'로 쓴다. '안 -는다니'는 주로 구어에서 쓴다.

④ '-다니' 뒤에 말하는 사람의 생각이나 판단, 감정 등을 나타내는 문장이 올 수 있어서 연결어미처럼 기능하기도 한다.
· 이렇게 비가 많이 오다니 정말 큰일이에요.
· 제가 1등을 하다니 정말 기뻐요.

7) 교사는 학생들에게 목표 표현에 대해 설명한다.

<table>
<tr><td>목표 표현 1</td><td>'그건 -은 거야'</td></tr>
</table>

[설명]

📚 "'그건 -은 거야'는 질문에 대해 대답할 때 사용하는 표현이에요."

[예시]

· 그건 싸게 할인해서 사 온 거야.
· 그건 생일 선물로 언니에게 받은 거야.
· 그건 심심할 때 보려고 빌려 놓은 거야.
· 그건 저녁에 먹으려고 남겨 놓은 거야.

<table>
<tr><td>목표 표현 2</td><td>'-어서 -으려고 -어 놓았어'</td></tr>
</table>

[설명]

📚 "'-어서 -으려고 -어 놓았어'는 어떤 일을 한 이유와 목적에 대해서 대답할 때 사용하는 표현이에요."

[예시]

· 날씨가 춥다고 해서 입으려고 꺼내 놓았어.
· 약속을 자주 잊어버려서 기억하려고 적어 놓았어.
· 배고파서 빨리 먹으려고 먼저 시켜 놓았어요.
· 이 문제를 어떻게 푸는지 몰라서 선생님께 여쭤보려고 표시해 놓았어.

1) 교사는 학생들이 목표 표현을 사용하여 대답할 수 있도록 질문을 한다.
- 🎓 "게시판에 붙어 있는 종이들은 뭐예요?"
- 🎓 "여러분 제가 칠판에 빨간색으로 쓴 건 뭐예요? 저는 왜 썼어요?"

2) 교사는 질문을 통해 학생들이 '활용하기'의 대화 상황을 추측할 수 있도록 한다.
- 🎓 "정호가 선영이의 오답 노트를 보고 있어요. 무슨 이야기를 할까요?"

3) 교사는 학생들에게 대화문을 읽게 한 후 대화의 내용을 이해했는지 확인하는 질문을 한다. 그리고 새 표현이 있다면 그 의미를 함께 설명한다.
- 🎓 "선영이는 필기할 때 중요한 내용을 어떻게 표시해요?"
- 🎓 "선영이의 오답 노트에 있는 빨간색 별표는 무슨 의미예요?"

4) 교사는 학생들에게 대화문을 다시 한번 읽게 한다. 이때 역할을 나누는 등 다양한 방식으로 읽게 할 수 있다.

교수-학습 지침

※ 고등학생 대상 수업의 경우 필수적으로 5분간 다음 활동을 추가로 진행함.
→ 교사는 짝 활동, 그룹 활동을 통해 서로의 필기 방법에 대해 이야기하도록 지도한다.

정리 – 5분

교사는 학생들에게 29쪽의 '전체 대화를 들어 보세요' QR 코드 속 대화를 듣게 하고 수업을 마무리한다.

---

8) 교사는 학생들에게 교재의 1번과 2번 문제를 풀게 한다.

9) 교사는 학생들과 함께 문제의 답을 확인한다.

정답
1. (1) ○ (2) × (3) ○
2. 빨간색 볼펜으로 표시해요. 따로 메모지에 적어서 공책에 붙여 놓아요.

10) 교사는 학생들에게 29쪽의 첫 번째 QR 코드 속 영상을 보게 한다.
- 🎓 "와니가 필기의 장점을 말하고 있어요. 어떤 장점이 있는지 함께 확인해 봐요."

11) 교사는 학생들이 대화 내용을 잘 이해했는지 질문을 한다. 그리고 새 표현이 있다면 그 의미를 함께 설명한다.
- 🎓 "호민이는 노트 필기를 잘하고 있어요?"
- 🎓 "노트 필기를 하면 무엇이 좋아요?"

어휘 및 표현

한눈	◆ 정의 눈으로 한 번에 볼 수 있는 범위. 예 산에 올라가면 도시를 한눈에 볼 수 있어. ● 설명 "요점 정리를 하면 중요한 내용을 한 번에, 한눈에 볼 수 있어요. '한눈'은 눈으로 한 번에 보는 것이에요."

대화해 봐요 2

세인이가 인터넷 강의를 듣지 않는 이유를 말하고 있어요.
■로 확인해 보세요.

세인이가 후회하고 있어요. 먼저 ■로 확인해 보세요.

① 세인아, 저번에 말한
수학 인터넷 강의 말이야.
기초 단계로 신청해서 듣고 있어?

④ 아니, 들으려다가 문제집 사서
풀고 있어. 선생님께서 문제집 한 권을
추천해 주셨거든. 그런데 너무 어려워.
그동안 수학을 열심히 공부했더라면
이렇게 힘들지 않았을 텐데.

② 그렇구나. 그럼 인터넷 강의도 들으면서
문제집을 풀어 보는 게 어때? 인터넷 강의를
들으면 이해 안되는 부분을 반복해서
들을 수도 있고, 필요한 부분만 골라서 들을
수도 있잖아. 우리처럼 기초가 부족한
사람들한테는 이런 게 딱이야.

③ 그래?
그럼 한번 들어 볼까?

⑤ 응. 내가 듣고 있는 강의 소개해 줄게.
저번에 신청한 강의에 비하면 훨씬 쉬울 거야.

30 • 의사소통 한국어 4

30

● 8차시 | 대화해 봐요 2

[학습 목표]

- 공부가 소홀했던 과목에 대해 후회하며 공부 방법을 추천 받을 수 있다.
- 부가 문법: 에 비하면
- 목표 표현: -었더라면 -을 텐데
　　　　　　-은 사람들한테는 ~이 딱이야

본 대화는 그동안 수학 공부를 열심히 하지 않아 후회하고 있는 세인이에게 나나가 인터넷 강의를 추천해 주는 상황이다.

도입 – 7분

1) 교사는 학생들에게 '대화해 봐요 2'의 내용을 추측할 수 있는 질문을 한다.

　📖 "잘 못하는 과목이 있어요. 어떻게 공부하면 좋을까요?"

　📖 "여러분은 친구에게 추천해 주고 싶은 인터넷 강의가 있어요?"

2) 교사는 학생들에게 30쪽의 첫 번째 QR 코드 속 영상을 보게 한다.

　📖 "세인이가 인터넷 강의를 듣지 않는 이유를 말하고 있어요. 어떤 이유 때문인지 함께 확인해 봐요."

3) 교사는 학생들이 대화 내용을 잘 이해했는지 질문을 한다. 그리고 새 표현이 있다면 그 의미를 함께 설명한다.

　📖 "세인이는 요즘 왜 인터넷 강의를 안 들어요?"

　📖 "세인이는 무엇을 신청할 거예요? 왜 신청해요?"

어휘 및 표현

기초	◆ 정의 사물이나 일 등의 기본이 되는 바탕. 　📖 예 기초가 부족하면 아무리 공부해도 성적이 오르지 않아요. ● 설명 "케이크를 만들려면 빵을 만드는 것부터 배워야 해요. 어떤 일의 시작, '기초'부터 배워야 해요."
단계	◆ 정의 일이 변화해 나가는 각 과정. 　📖 예 다음 단계에서 배울 내용은 뭐예요? ◆ 정보 유의어 '과정' ● 설명 "나나는 인터넷 강의를 들으면서 일본어를 공부하고 있어요. 먼저 초급 수업을 듣고 그 다음에는 중급 수업, 그 후에는 고급 수업을 들어요. 이런 과정을 '단계'라고 해요."

전개 – 20분

1) 교사는 학생들에게 본 대화 내용을 소개하며 30쪽의 두 번째 QR 코드 속 영상을 보게 한다.

　📖 "세인이가 후회하고 있어요. 무슨 일을 후회하고 있는지 함께 확인해 봐요."

2) 교사는 학생들이 대화의 전체 내용을 이해했는지 확인하는 질문을 한다.

　📖 "세인이가 무엇을 후회하고 있어요?"

3) 교사는 학생들에게 대화문을 읽게 한다. 그리고 세부 내용을 이해했는지 확인하는 질문을 한다.

　📖 "세인이는 요즘 인터넷 강의를 듣는 대신 무엇을 하고 있어요?"

　📖 "인터넷 강의를 들으면 무엇이 좋아요?"

4) 대화에 제시된 새 표현의 의미를 설명한다.

5) 교사는 학생들에게 대화문을 다시 한번 읽게 한다. 이때 역할을 나누는 등 다양한 방식으로 읽게 할 수 있다.

6) 교사는 다음의 절차에 따라 부가 문법 '에 비하면'에 대해 설명한다. 그리고 새로 제시되는 어휘가 있다면 그 의미를 함께 설명한다.

부가 문법　　　'에 비하면'

[설명]

　📖 "여러분 이 볼펜은 그렇게 좋은 볼펜이 아니에요. 하지만 쓸 만해요. 그런데 이 볼펜은 100원이에요. 여러분 100원이라고 생각한 후에 이 볼펜을 보세요. 어때요? 가격에 비하면 품질이 좋은 것 같지요? 이렇게 '에 비하면'은 앞에 오는 말과 비교하여 뒤의 내용과 같은 결과가 있다는 것을 나타낼 때 사용해요."

[예시]
- 다른 과목에 비하면 사회는 쉬운 것 같아요.
- 노력에 비하면 결과가 아쉬운 편이야.
- 시골은 도시에 비하면 훨씬 공기가 좋아.
- 제 할아버지께서는 연세에 비하면 엄청 젊어 보이세요.

[정보]
▶ 형태 정보:

	받침 O	받침 X
명사	에 비하면	

① 명사 끝음절의 받침 유무에 관계없이 명사 뒤에 '에 비하면'을 쓴다.

▶ 주의 사항:

① '에 비하면'의 뒤 절은 현재, 과거, 미래 시제 모두 가능하다.
- 이번 여름은 작년에 비하면 더 더워요.
- 이번 여름은 작년에 비하면 더 더웠어요.
- 이번 여름은 작년에 비하면 더 더울 거예요.

② 큰 의미 차이 없이 '에 비하여', '에 비해서', '에 비해'로 바꿔 쓸 수 있다.
- 이 식당은 가격에 비하면 맛이 없어요.
- 이 식당은 가격에 비하여 맛이 없어요.
- 이 식당은 가격에 비해서 맛이 없어요.
- 이 식당은 가격에 비해 맛이 없어요.

7) 교사는 학생들에게 목표 표현에 대해 설명한다.

목표 표현 1   '-었더라면 -을 텐데'

[설명]
🖥 "'-었더라면 -을 텐데'는 지난 일에 대한 후회나 아쉬움을 말할 때 쓰는 표현이에요."

[예시]
- 일찍 일어났더라면 지각하지 않았을 텐데.
- 어머니 말씀을 잘 들었더라면 후회하지 않았을 텐데.
- 시간이 있었더라면 밥을 먹고 왔을 텐데.
- 표를 미리 예매했더라면 영화를 볼 수 있었을 텐데.

목표 표현 2   '-은 사람들한테는 ~이 딱이야'

[설명]
🖥 "'-은 사람들한테는 ~이 딱이야'는 다른 사람에게 추천할 때 사용하는 표현이에요."

[예시]
- 피부가 하얀 사람들한테는 밝은 색 옷이 딱이야.
- 간단하게 먹고 싶은 사람들한테는 샌드위치가 딱이야.
- 피곤한 사람들한테는 이 비타민이 딱이야.
- 얼굴이 작은 사람들한테는 짧은 머리가 딱이야.

8) 교사는 학생들에게 교재의 1번과 2번 문제를 풀게 한다.

9) 교사는 학생들과 함께 문제의 답을 확인한다.

> 정답
> 1. (1) × (2) × (3) ○
> 2. 수업 시간에 집중해요. 매일 하루에 한 시간씩 수학 공부를 해요. 문제집을 많이 풀어요.

10) 교사는 학생들에게 31쪽의 첫 번째 QR 코드 속 영상을 보게 한다.
🖥 "세인이가 나나에게 고마워하고 있어요. 어떻게 고마움을 표현할지 함께 확인해 봐요."

11) 교사는 학생들이 대화 내용을 잘 이해했는지 질문을 한다. 그리고 새 표현이 있다면 그 의미를 함께 설명한다.
🖥 "나나는 무엇을 걱정했어요?"

어휘 및 표현

괜히	◆ 정의 특별한 이유나 실속이 없게. 예 이럴 줄 알았으면 안 오는 건데 괜히 왔어요. ● 설명 "'괜히'는 어떤 일을 했는데 결과가 좋지 않아서 보람을 느끼지 못하는 상황에서 사용해요. 동생이 좋아할 것 같아서 햄버거를 사 왔는데 먹고 싶지 않대요. 이럴 때 '괜히 사 왔네.'라고 말할 수 있어요."

향상되다	◆ **정의** 실력, 수준, 기술 등이 더 나아짐. 또는 나아 지게 함. **예** 적당한 휴식은 집중력 향상에 도움이 돼요. ◆ **정보** 유의어 '발전' ● **설명** "실력, 수준, 기술이 좋아진다는 뜻으로 '향 상되다'가 있어요. 어떤 일을 열심히 하면 실력이 향상될 거예요."
한턱내다	◆ **정의** 남에게 크게 음식이나 술을 대접하다. **예** 지난번에 네가 밥을 샀으니까 이번에는 내 가 한턱낼게. ● **설명** "나나가 시험에서 1등을 했어요. 기분이 좋 아서 그런지 주말에 맛있는 것을 사겠대요. 이렇게 다른 사람에게 음식을 사 주는 것을 '한턱내다'라고 해요. 주말에 나나가 한턱 낼 거예요."

활용 - 10분

1) 교사는 학생들이 목표 표현을 사용하여 대답할 수 있 도록 질문을 한다.

　📖 "여러분은 후회되는 일이 있을 때 어떻게 말해요?"

　📖 "어떤 일을 후회하고 있는 친구에게 다른 일을 추천해 줄 때 어떻게 말해요?"

2) 교사는 질문을 통해 학생들이 '활용하기'의 대화 상 황을 추측할 수 있도록 한다.

　📖 "나나가 민우에게 어디에서 공부하는 게 좋을지 이야기하 고 있어요. 무슨 이야기를 할까요?"

3) 교사는 학생들에게 대화문을 읽게 한 후 대화의 내용 을 이해했는지 확인하는 질문을 한다. 그리고 새 표현 이 있다면 그 의미를 함께 설명한다.

　📖 "민우는 어제 어디에서 공부했어요? 어땠어요?"

　📖 "나나는 어디에서 공부해야 공부가 잘 돼요?"

4) 교사는 학생들에게 대화문을 다시 한번 읽게 한다. 이때 역할을 나누는 등 다양한 방식으로 읽게 할 수 있다.

교수-학습 지침

※ 고등학생 대상 수업의 경우 필수적으로 5분간 다음 활동을 추가로 진행함.

→ 교사는 짝 활동, 그룹 활동을 통해 서로 후회하는 일에 대해 이야기하도록 지도한다.

정리 - 8분

교사는 학생들에게 31쪽의 '전체 대화를 들어 보세요' QR 코드 속 대화를 듣게 하고 수업을 마무리한다.

• 9차시 | 읽고 써 봐요 - 읽기

[학습 목표]

• 강의 소개 및 안내 사항을 읽고 이해할 수 있다.

본 활동은 인터넷 강의 소개 및 안내 사항을 읽고 이해 하기 위한 활동이다.

읽기 전 - 5분

교사는 학생들에게 읽기 내용을 추측할 수 있는 질문을 한다.

　📖 "여러분은 인터넷 강의 광고를 본 적이 있어요?"

　📖 "이 광고에는 무슨 내용이 있었어요?"

　📖 "인터넷 강의를 듣는다면 어떤 과목의 강의를 듣고 싶어 요?"

　📖 "그 강의를 듣고 싶은 이유가 뭐예요?"

읽기 중 - 30분

1) 교사는 학생들에게 읽기 지문을 개별적으로 읽게 한다.

2) 교사는 학생들이 읽기 지문의 전체 내용을 이해했는 지 확인하는 질문을 한다.

　📖 "여러분, 책에 있는 글을 보세요 무슨 글이에요?"

　📖 "이런 글을 어디에서 볼 수 있어요?"

3) 교사는 학생들에게 읽기 지문을 읽게 한다. 그리고 세부 내용을 이해했는지 확인하는 질문을 한다.

📖 "어떤 학생들이 이 강의를 들으면 좋아요?"

📖 "이 강의를 들으면 어떤 효과가 있을까요?"

📖 "이 강의는 어떻게 진행돼요?"

📖 "교재와 자료는 어디에서 구할 수 있어요?"

4) 읽기 지문에 제시된 새 표현의 의미를 설명한다.

어휘 및 표현

맛보기	◆ **정의** (비유적으로) 본격적으로 하기 전에 시험 삼아 조금 해 보는 것. 📖 이 예고편은 맛보기라 영화 내용을 전부 보여 주지 못해요. ● **설명** "어떤 일을 하기 전에 조금 해 보는 것을 '맛보기'라고 해요. 인터넷 강의를 선택하기 전에 수업이 어떤지 한번 맛보기로 들어 보세요."
수강	◆ **정의** 강의나 강습을 받음. 📖 대학교에서는 제가 듣고 싶은 수업으로 수강 신청을 해요. ● **설명** "강의를 듣는 것을 '수강'이라고 해요. 인터넷 강의를 들으려면 먼저 수강 신청을 해야 해요."
자료실	◆ **정의** 인터넷에서 파일 자료를 모아 놓은 공간. 📖 학교 홈페이지 자료실에 가면 다양한 학습 자료를 볼 수 있어요. ● **설명** "인터넷에서 파일 자료를 모아 놓은 공간을 '자료실'이라고 해요. 우리 학교 홈페이지 자료실에는 어떤 자료들이 있어요?"
시수	◆ **정의** 어떤 일 따위를 하거나 어떤 일 따위가 행해지는 시간의 수. 📖 내년부터 논술 수업 시수가 늘어난다고 해요. ● **설명** "영어 인터넷 강의를 듣고 있는데 기초 단계가 50시간으로 되어 있어요. 어떤 일이 진행되는 시간의 수를 '시수'라고 해요. 이 인터넷 강의 시수는 총 50시수예요."
교재	◆ **정의** 교육이나 학습을 하는 데 필요한 교과서나 그 외의 자료. 📖 이 인터넷 강의는 교재를 중심으로 진행되기 때문에 꼭 사야 해요. ● **설명** "공부를 하는 데 필요한 교과서나 자료를 '교재'라고 해요."
개념	◆ **정의** 어떤 사실이나 관념, 사물에 대한 많은 구체적인 예나 특성을 통해 얻은 일반적인 지식이나 생각. 📖 제 동생은 아직 어려서 돈에 대한 개념이 없어요. ● **설명** "미세 먼지는 눈으로 볼 수 없을 만큼 매우 작은 먼지를 말해요. 옛날에는 이 미세 먼지에 대해 알지 못했어요. 미세 먼지에 대한 개념이 없었어요. '개념'은 어떤 것에 대해 일반적으로 알고 있는 것을 말해요."
유형	◆ **정의** 성질이나 특징, 모양 등이 비슷한 것끼리 묶은 하나의 무리 또는 그 무리에 속하는 것. 📖 이 문제집은 문제 유형이 다양해서 좋아요. ● **설명** "시험 문제는 번호를 선택하는 객관식 문제와 직접 답을 쓰는 주관식 문제, 이렇게 두 가지 유형으로 나눌 수 있어요. 여기에서 '유형'은 비슷한 것끼리 모아 놓은 것을 말해요."
투자하다	◆ **정의** 이익을 얻기 위해 어떤 일이나 사업에 돈을 대거나 시간이나 정성을 쏟다. 📖 많은 시간과 노력을 투자한 결과 이제 피아노를 잘 칠 수 있어요. ● **설명** "좋은 결과를 얻기 위해 어떤 일에 돈이나 시간을 쓰면서 노력하는 것을 '투자하다'라고 해요. 많은 학생들이 공부에 시간을 투자하고 있어요."
자신감	◆ **정의** 어떤 일을 스스로 충분히 해낼 수 있다고 믿는 마음. 📖 발표할 때는 자신감 있는 태도가 중요해요. ● **설명** "'자신감'은 어떤 일을 잘할 수 있다고 믿는 마음을 말해요. 어떤 일을 하기 전에 자신감을 가지는 것은 매우 중요해요. 여러분은 어떤 일에 자신감을 가지고 있어요?"

읽기 후 – 10분

1) 교사는 학생들에게 교재의 문제를 풀게 한다.

2) 교사는 학생들과 함께 문제의 답을 확인한다.

> **정답**
> 1. (1) × (2) × (3) ○
> 2. 고1, 고2 학생을 대상으로 60시간 동안 진행돼요.
> 3. 강의 맛보기를 클릭하면 돼요.

3) 교사는 질문을 통해 읽기 내용을 재확인하며 수업을 마무리한다.

📖 "인터넷 강의를 들으면 시험공부에도 도움이 돼요? 여러분은 시험을 보기 전에 인터넷 강의를 들어요? 시험을 보기 전에 어떻게 공부해요?"

> **교수-학습 지침**
> ※ **고등학생 대상 수업의 경우 필수적으로 5분간 다음 활동을 추가로 진행함.**
> → 교사는 실제 인터넷 강의 소개 글을 준비해 강의 정보를 확인하는 활동을 하도록 지도한다.

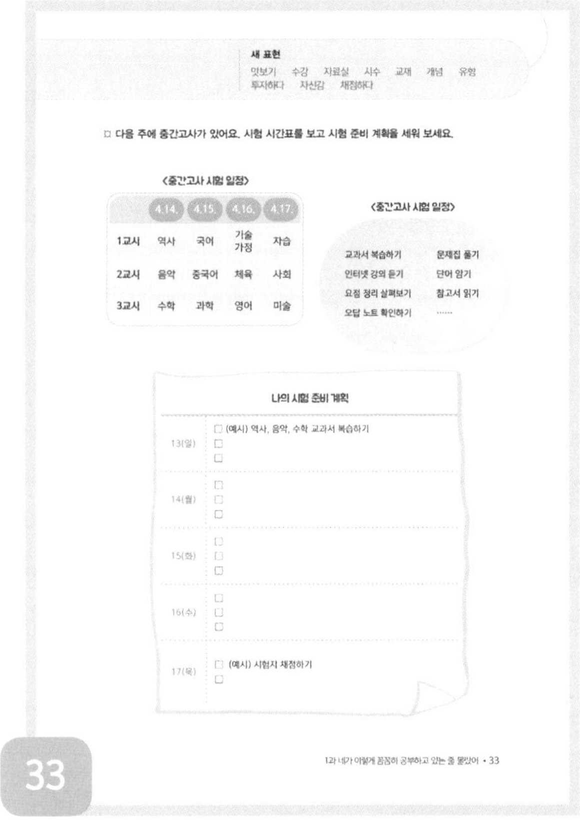

새 표현

맛보기 수강 자율실 시수 교재 개념 유형
투자하다 자신감 채점하다

□ 다음 주에 중간고사가 있어요. 시험 시간표를 보고 시험 준비 계획을 세워 보세요.

〈중간고사 시험 일정〉

	4.14.	4.15.	4.16.	4.17.
1교시	역사	국어	기술 가정	자습
2교시	음악	중국어	체육	사회
3교시	수학	과학	영어	미술

〈중간고사 시험 일정〉

교과서 복습하기   문제집 풀기
인터넷 강의 듣기   단어 암기
요점 정리 살펴보기   참고서 읽기
오답 노트 확인하기   ……

나의 시험 준비 계획

13(일)	□ (예시) 역사, 음악, 수학 교과서 복습하기 □
14(월)	□ □
15(화)	□ □
16(수)	□ □
17(목)	□ (예시) 시험지 채점하기

1과 네가 아떻게 꼼꼼히 공부하고 있는 줄 몰랐어 · 33

33

● 10차시 | 읽고 써 봐요 – 쓰기

[학습 목표]
• 시험 준비 계획을 세울 수 있다.

본 활동은 학생들이 중간고사 시험을 앞두고 어떻게 공부할지 자신의 시험 준비 계획을 써 보도록 하는 활동이다.

쓰기 전 – 5분

1) 교사는 학생들에게 쓰기 내용을 추측할 수 있는 질문을 한다.
🔲 "중간고사(기말고사)가 언제예요?"
🔲 "여러분은 시험 준비를 어떻게 해요?"

2) 교사는 학생들에게 어떤 쓰기 활동을 할 것인지 명확히 알려 준다.
🔲 "이번 시간에는 중간고사를 보기 전 시험 준비 계획표를 쓸 거예요."

쓰기 중 – 30분

시험 준비 계획표를 쓰는 활동이다.

1) 교사는 학생들에게 무엇을 써야 하는지 알려 준다. 그리고 새 표현이 있다면 그 의미를 함께 설명한다.

🔲 "언제 교과서를 복습해요? 교과서를 복습하면 무엇이 좋아요?"
🔲 "여러분이 자주 하거나 좋아하는 공부 방법이 있어요?"
🔲 "그 방법으로 공부를 하면 어떤 점이 좋아요?"
🔲 "시험을 보기 전에 시험 준비 계획을 세우지요? 어떤 계획을 세워요?"
🔲 "그런 계획을 세운 이유가 뭐예요?"
🔲 "이제부터 시험 준비 계획표를 쓸 거예요. 날짜에 따라 어떻게 시험을 준비할 것인지 쓰세요. 그리고 왜 이렇게 시험을 준비하는지 그 이유도 함께 써 보세요."

어휘 및 표현

채점하다	◆ 정의 시험이나 시합에서 점수를 매기다. 🔲 예 선생님께서 지금 답안지를 채점하고 계세요. ● 설명 "시험이 끝난 후에 선생님은 무슨 일을 해요? 학생들의 답안지를 보면서 맞았는지 틀렸는지 확인하면서 점수를 줘요. 이것을 '채점하다'라고 해요."

2) 교사는 학생들에게 시험 준비 계획표를 쓰게 한다. 이때 교사는 학생들에게 개별적으로 쓰기 지도를 할 수 있다.

쓰기 후 – 10분

1) 쓰기 활동이 모두 마무리되면 교사는 학생들에게 각자 쓴 것을 발표하게 한다.

2) 교사는 시험 준비 계획표를 보면서 적절한 공부 방법에 대해 다시 한번 정리하며 수업을 마무리한다.

교수-학습 지침

※ 고등학생 대상 수업의 경우 필수적으로 5분간 다음 활동을 추가로 진행함.
→ 교사는 학생들에게 수업 중에 지도 받은 내용을 반영해 공책에 글을 다시 쓰게 할 수 있다. 이를 통해 학생들 스스로 자신의 글을 점검하도록 지도한다.

화재 시에는 문을 함부로 연다거나 엘리베이터를 타면 안 된대

● 단원 목표

위급 상황에서의 대처 방법을 지시할 수 있고 질병 예방법에 대해 설명할 수 있다.

● 단원 내용

꼭 배워요 (필수)	• 주제: 안전과 보건
	• 기능: 대처 방법 지시하기, 질병 예방법 설명하기
	• 어휘: 재난과 질병 관련 어휘
	• 문법: -는다거나, 피동 표현, -을 뿐만 아니라, -던
문화	• 문화: 한국의 위인을 만나다
더 배워요 (선택)	• 대화 1: 화재 발생 시 대피 방법 지시하기 • 대화 2: 식중독 예방법 설명하기
	• 읽기: 소화기의 필요성과 사용 방법
	• 쓰기: 재난 상황에서 필요한 물건 쓰기

● 수업 개요

〈꼭 배워요〉 학습 목표

• 어떤 일에 대한 대처 방법을 지시할 수 있다.
• 질병 예방법을 설명할 수 있다.

1차시	• 도입 대화를 통해 본 단원의 주제에 대해 이해하고 말할 수 있다.
2차시	• 재난과 질병 관련 어휘 및 표현을 알고 활용할 수 있다.
3차시	• 화재가 발생했을 때 대피하는 방법에 대해 설명할 수 있다. • '-는다거나'를 사용하여 여러 가지 행위를 예로 들어 나열하거나 설명할 수 있다.
4차시	• 태풍 대비를 위해 해야 하는 일을 지시할 수 있다. • '피동 표현'을 사용하여 주어의 의지와 상관없이 외부적인 영향에 의한 상황의 변화를 나타낼 수 있다.

5차시	• 질병의 증상에 대해 이야기하고 대처 방법에 대해 지시할 수 있다. • '-을 뿐만 아니라'를 사용하여 앞의 말이 나타내는 내용에 더해 뒤의 말이 나타내는 내용까지 작용한다는 것을 나타낼 수 있다.
6차시	• 질병을 예방하는 방법에 대해 설명할 수 있다. • '-던'을 사용하여 앞의 말이 관형어의 기능을 하게 만들고 사건이나 동작이 과거에 완료되지 않고 중단되었다는 것을 나타낼 수 있다.

● 1차시 | 복습 및 〈꼭 배워요〉 도입

[학습 목표]

• 도입 대화를 통해 본 단원의 주제에 대해 이해하고 말할 수 있다.

복습 – 20분

1단원에서 배운 주제 및 문법에 대해 복습한다.

1) 교사는 지난 단원의 주제와 관련된 질문을 하여 학생들에게 학습한 내용을 떠올리게 한다.

 📖 "가장 좋아하는 과목이 뭐예요?"

 📖 "그 과목을 배우는 수업 시간이 되었어요. 어떻게 공부해요?"

 📖 "자습 시간에 무엇을 해요?"

 📖 "어떻게 하면 수학 성적을 올릴 수 있을까요?"

 📖 "영어를 잘하는 방법에 대해 이야기해 볼까요?"

2) 교사는 '-어서 그런지'와 관련된 질문을 하여 학생들에게 학습한 내용을 떠올리게 한다.

 📖 "오늘 수학 시간에 배운 내용이 이해가 잘 안 돼요. 그 이유를 추측해 볼까요?"

 📖 "영수는 영어 발음이 아주 좋아요. 왜 그럴까요? 이유를 추측해 보세요."

3) 교사는 '-는 줄 알다/모르다'와 관련된 질문을 하여 학생들에게 학습한 내용을 떠올리게 한다.

 📖 "한국어가 생각보다 어렵지요? 한국어를 배우기 전에는 한국어가 이렇게 어렵다는 것을 알았어요?"

 📖 "비가 많이 오는데 왜 우산을 안 가지고 왔어요?"

4) 교사는 '-었더라면'과 관련된 질문을 하여 학생들에게 학습한 내용을 떠올리게 한다.

 📖 "내일 서울로 가는 기차표가 매진되었대요. 어떡하죠?"

 📖 "왜 이렇게 늦었어요?"

5) 교사는 '-으려다가'와 관련된 질문을 하여 학생들에게 학습한 내용을 떠올리게 한다.

 📖 "아까 머리를 자르러 미용실에 간다고 하지 않았어요? 왜 안 갔어요?"

 📖 "배가 많이 고플 텐데 왜 밥을 안 먹고 빵을 먹고 있어요?"

35

〈꼭 배워요〉 도입 – 25분

1) 교사는 학생들에게 이번 단원에서 배울 주제가 무엇인지 추측할 수 있는 질문을 한다. 이때 교재 35쪽에 있는 '함께 이야기해 봐요'에 제시되어 있는 질문을 활용하며 질문에 대해 학생들이 자유롭게 이야기할 수 있도록 한다.

 📖 "화재가 났을 때 어떻게 해야 해요?"

 📖 "화재가 났을 때 무엇을 하면 안 돼요?"

2) 교사는 이번 단원에서 학습하게 될 주제가 무엇인지 제시한다. 학습 주제가 배우지 않은 어휘나 표현이라면 쉬운 말로 풀어서 설명한 후 학습 주제를 제시한다.

 📖 "화재가 났을 때 어떻게 해야 하는지에 대해서 이야기해 봤어요. 2과에서는 화재와 질병에 대해 배울 거예요."

3) 교사는 학생들에게 교재 35쪽의 대화를 읽게 한다. 그리고 세부 내용을 이해했는지 확인하는 질문을 한다.

 📖 "불이 나면 어디에 전화해야 해요?"

 📖 "전화해서 뭐라고 말해야 해요?"

 📖 "화재 신고를 하고 싶은데 전화기가 없으면 어떻게 해야 할까요?"

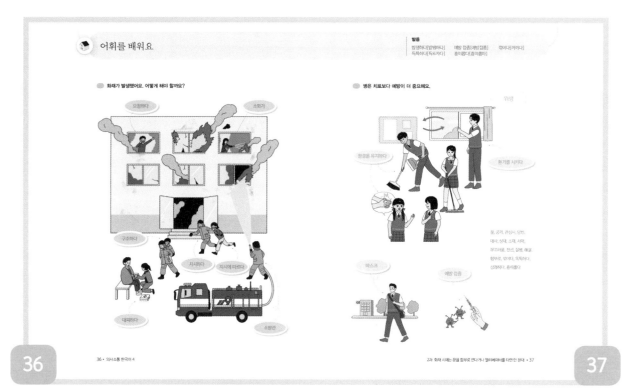

• 2차시 | 어휘를 배워요

[학습 목표]

• 재난과 질병 관련 어휘 및 표현을 알고 활용할 수 있다.

본 단원에는 화재 대처 방법과 질병 예방 방법에 관련된 어휘 및 표현이 제시되어 있다.

도입 – 5분

1) 교사는 질문을 통해 학습하게 될 어휘 및 표현을 자연스럽게 노출한다.

📖 "작은 불이 난 것을 발견했어요. 무엇을 이용해서 불을 끌 수 있어요?"

📖 "교실이 깨끗해야 우리가 건강하게 생활할 수 있어요. 어떻게 해야 깨끗한 교실을 만들 수 있을까요?"

2) 교사는 학생들과 제시된 그림을 보며 이야기를 나눈다.

📖 "36쪽의 그림을 보세요. 화재가 났어요. 어떻게 해야 할까요?"

📖 "37쪽의 그림을 보세요. 병은 치료보다 예방이 더 중요해요. 병을 예방하기 위해서 무엇을 할 수 있을까요?"

전개 – 35분

1. 화재가 발생했을 때 해야 하는 일 관련 어휘 및 표현이다.

1) 교사는 다음에 제시되는 내용을 참고하여 학생들에게 어휘 및 표현을 설명한다. 이때 새로 등장하는 발음 규칙이 있다면 함께 설명한다.

화재	◆ **정의** 집이나 물건이 불에 타는 재앙이나 재난. 예 화재 신고는 119로 하세요. ● **설명** "불이 나는 사고를 '화재'라고 해요. 화재가 나면 119에 빨리 신고해야 해요."
발생하다	◆ **정의** 어떤 일이 일어나거나 사물이 생겨나다. 예 화재가 발생했다면 빨리 주변에 알려야 해요. ● **설명** "어떤 일이 일어나는 것을 '발생하다'라고 해요. '화재가 나다'와 '화재가 발생하다'는 같은 뜻이에요."
요청하다	◆ **정의** 필요한 일을 해 달라고 부탁하다. 예 도움이 필요하면 언제든지 요청하세요. ● **설명** "도움이 필요할 때 어떻게 해요? 선생님이나 친구들에게 해 달라고 부탁하지요? 그것을 '요청하다'라고 해요. 도움이 필요하면 선생님이나 친구들에게 도움을 요청해 보세요."
소화기	◆ **정의** 화학 물질을 퍼뜨려 불을 끄는 기구. 예 소화기로 작은 불을 끌 수 있어요. ● **설명** "(교실에 있는 소화기나 소화기 그림을 보여 주며) 이것을 '소화기'라고 해요. 소화기는 화재가 발생했을 때 불을 끌 수 있는 물건이에요."
소방관	◆ **정의** 화재를 막거나 진압하는 일을 하는 공무원. 예 소방관은 화재 현장에서 불을 끄는 일을 해요. ● **설명** "(소방관 사진을 보여 주며) 이 사람의 직업이 무엇인지 알아요? 소방관이에요. 소방관은 화재가 났을 때 불을 끄는 일을 해요."

지시하다	◆ **정의** 무엇을 하라고 시키다. 예 선생님께서 각 팀이 발표할 주제를 정하라고 지시하셨어요. ● **설명** "시험을 시작하기 전에 선생님이 여러분에게 무엇을 하라고 해요? 시험지에 반과 이름을 쓰라고 지시하시지요? 이렇게 무엇을 하라고 시킨다는 뜻으로 '지시하다'가 있어요. 또 '지시'는 명사로 무엇을 하라고 시키는 것을 의미해요."
따르다	◆ **정의** 정해진 법규나 절차, 관행 또는 다른 사람의 의견을 그대로 실행하다. 예 소방관의 지시에 따라 건물 밖으로 나갔어요. ● **설명** "우리 학교에 화재가 발생했다고 생각해 볼까요? 119에 신고를 해서 소방관 아저씨들이 왔어요. 소방관 아저씨들이 우리를 안전한 곳으로 안내해 줄 거예요. 그럼 우리는 소방관 아저씨들의 말을 잘 듣고 행동해야겠지요? 그것을 '따르다'라고 해요. 소방관의 지시에 잘 따라야 해요."
구조하다	◆ **정의** 재난으로 위험에 처한 사람을 구하다. 예 사람을 구조하는 일이 힘들지만 보람을 느껴요. ● **설명** "어떤 사람이 바다에 빠졌어요. 119에 신고하면 소방관 아저씨들이 와서 바다에 빠진 사람을 바다 밖으로 데리고 나오겠지요? 이렇게 위험한 상황에 있는 사람을 안전한 곳으로 데리고 가는 것을 '구조하다'라고 해요."
대피하다	◆ **정의** 위험을 피해 잠깐 안전한 곳으로 가다. 예 여기는 위험하니까 안전한 곳으로 대피하세요. ● **설명** "다시 한번 우리 학교에 화재가 발생했다고 생각해 봐요. 그럼 먼저 119에 신고를 해야 해요. 그리고 소방관 아저씨들의 지시에 따라서 안전한 곳으로 가야겠지요? 위험한 곳을 피해서 잠깐 안전한 곳으로 가는 것을 '대피하다'라고 해요. 불이 났을 때에는 건물 밖으로 대피해야겠지요?"

2) 교사는 질문을 통해 학생들이 어휘 및 표현을 잘 이해했는지 확인한다.

  🏫 "건물 안에 있는데 불이 났어요. 어디로 대피해야 할까요?"

  🏫 "소방관은 화재 현장에서 무슨 일을 해요?"

> **2. 병을 예방하는 방법 관련 어휘 및 표현이다.**

1) 교사는 다음에 제시되는 내용을 참고하여 학생들에게 어휘 및 표현을 설명한다. 이때 새로 등장하는 발음 규칙이 있다면 함께 설명한다.

위생	◆ **정의** 건강에 이롭거나 도움이 되도록 조건을 갖추거나 대책을 세우는 일. 예 여름에는 음식이 상하기 쉬우니까 위생에 신경을 써야 해요. ● **설명** "식사 전에 손을 깨끗이 씻고 식사 후에는 이를 깨끗이 닦아요. 이것은 모두 건강을 위해서 그리고 병에 걸리지 않기 위해서예요. 이렇게 건강해지고 병에 걸리지 않기 위해 노력하는 것을 '위생'이라고 해요. 우리 모두 건강한 생활을 위해서 위생에 신경 써야 해요."
청결	◆ **정의** 맑고 깨끗함. 예 음식을 만들 때에는 위생과 청결에 신경을 써야 해요. ● **설명** "(깨끗한 싱크대 사진을 보여 주며) 주방이 아주 깨끗해요. 요리를 한 후 창문을 열어서 음식 냄새도 없애고 깨끗하게 정리해요. 이렇게 깨끗한 상태를 '청결'이라고 해요. 주방과 화장실은 항상 청결해야 해요."
환기	◆ **정의** 더럽고 탁한 공기를 맑은 공기로 바꿈. 예 잠깐 창문을 열고 환기를 시킬까요? ● **설명** "집에서 밥을 먹고 나서 창문을 열어 놓지요? 냄새가 나니까요. 더러운 공기를 맑은 공기로 바꾸는 것을 '환기'라고 해요. 자주 창문을 열고 환기를 해야 깨끗한 공기를 마실 수 있어요."
유지하다	◆ **정의** 어떤 상태나 상황 등을 그대로 이어 나가다. 예 건강을 유지하기 위해 매일 운동을 하고 있어요. ● **설명** "매일 교실을 청소하지요? 그러면 깨끗한 상태를 계속 지킬 수 있어요. 어떤 상태나 상황을 그대로 지키는 것을 '유지하다'라고 해요. 교실의 청결을 유지하기 위해서는 매일 깨끗이 청소를 해야 해요."
마스크	◆ **정의** 병균이나 찬 공기 등을 막기 위하여 입과 코를 가리는 물건. 예 외출할 때 가능하면 마스크를 쓰세요. ● **설명** "(마스크 그림을 보여 주며) 이것을 '마스크'라고 해요. 감기에 걸렸을 때에는 마스크를 쓰는 것이 좋아요."
예방	◆ **정의** 병이나 사고 등이 생기지 않도록 미리 막음. 예 병은 치료보다 예방이 중요해요. ● **설명** "병에 걸리기 전에 미리 막는 것을 '예방'이라고 해요. 손을 깨끗이 씻고 평소에 운동을 하면 예방에 도움이 돼요."
예방 접종	◆ **정의** 전염병을 미리 막기 위해 백신을 넣은 주사를 맞아 면역성이 생기게 하는 일. 예 건강을 유지하기 위해서는 때에 맞춰서 예방 접종을 하는 것이 좋아요. ● **설명** "병에 걸리는 것을 막기 위해 맞는 주사가 있지요? 그것을 '예방 접종'이라고 해요. 예방 접종을 잘 하면 다양한 병을 막을 수 있어요."

2) 교사는 질문을 통해 학생들이 어휘 및 표현을 잘 이해했는지 확인한다.

  🏫 "손의 청결을 유지하면 어떤 좋은 점이 있어요?"

  🏫 "마스크를 쓰면 어떤 효과가 있어요?"

※ 고등학생 대상 수업의 경우 필수적으로 5분간 다음 활동을 추가로 진행함.

→ 교사는 준비물로 불이 났을 때의 행동 요령에 대한 그림 자료를 준비한다. 학생들에게 그림 자료를 보여 주고 화재 상황에서 어떻게 해야 하는지 말하게 하는 활동을 하도록 지도한다.

→ 교사는 준비물로 질병 예방에 도움이 되는 행동과 도움이 되지 않는 다양한 그림 자료를 준비한다. 학생들에게 그림 자료를 보여 주고 해당 그림 자료의 행동이 옳은지 그렇지 않은지 말하게 하는 활동을 하도록 지도한다.

정리 – 5분

교사는 질문을 통해 어휘 및 표현 학습을 마무리한다.

📖 "화재가 발생하면 가장 먼저 무엇을 해야 해요?"

📖 "소화기가 어디에 있는지 알고 있어요?"

📖 "질병을 예방하기 위해서는 어떻게 해야 해요?"

📖 "실내 공기를 깨끗하게 유지하려면 어떻게 해야 해요?"

교사 지식

→ '발생하다[발쌩하다]'에서 확인되는 발음 규칙:
· 경음화 ▶ 1과 29쪽 참고

→ '예방 접종[예방접쫑], 흥미롭다[흥미롭따]'에서 확인되는 발음 규칙:
· 경음화 ▶ 1과 29쪽 참고

→ '꺾이다[꺼끼다]'에서 확인되는 발음 규칙:
· 연음 법칙 ▶ 홑받침이나 쌍받침이 모음으로 시작된 조사나 어미, 접미사와 결합되는 경우에는, 제 음가대로 뒤 음절 첫소리로 옮겨 발음한다.

→ '독특하다[독트카다]'에서 확인되는 발음 규칙:
· 'ㅎ' 축약 ▶ 1과 29쪽 참고

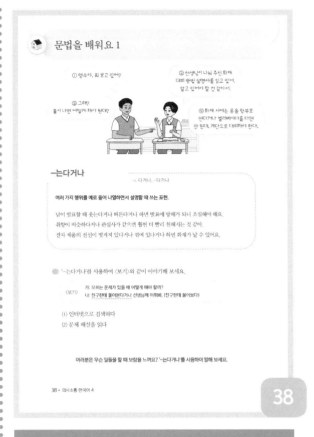

• 3차시 | 문법을 배워요 1

[학습 목표]

• 화재가 발생했을 때 대피하는 방법에 대해 설명할 수 있다.

• '-는다거나'를 사용하여 여러 가지 행위를 예로 들어 나열하거나 설명할 수 있다.

도입 – 5분

1) 교사는 학생들에게 대화문을 읽게 한다. 그리고 학생들이 대화 상황을 이해했는지 확인 질문을 한다.

📖 "영수가 무엇을 보고 있어요?"

📖 "불이 났을 때 엘리베이터를 이용해 대피해도 돼요?"

2) 교사는 학생들에게 목표 문법의 의미를 추측할 수 있는 질문을 한다.

📖 "불이 났을 때 하면 안 되는 행동이 있지요? 어떤 행동을 하면 안 되는지 말해 볼까요?"

전개 – 35분

다음의 절차에 따라 문법에 대해 설명한다. 그리고 새로 제시되는 어휘 및 표현이 있다면 그 의미를 함께 설명한다.

[설명]

📕 "'-는다거나'는 여러 가지 행위를 예로 들어 나열하거나 설명할 때 사용해요."

[예시]

· 주말에는 드라마를 본다거나 게임을 한다거나 하면서 시간을 보내요.
· 밤늦게 음악을 크게 듣는다거나 쿵쿵 뛴다거나 하면 이웃에게 피해를 주게 돼요.
· 이 약을 먹고도 계속 아프다거나 증상이 심해진다거나 하면 병원에 다시 오세요.

[정보]

▶ 형태 정보:

	받침 ○	받침 X, 'ㄹ' 받침
동사	-는다거나	-ㄴ다거나
형용사	-다거나	

① 동사 어간 끝음절에 받침이 있으면 '-는다거나', 동사 어간 끝음절에 받침이 없거나 'ㄹ' 받침으로 끝나면 '-ㄴ다거나'를 쓴다. 단, 'ㄹ' 받침으로 끝날 때는 'ㄹ'이 탈락한다.

② 형용사 어간 끝음절의 받침 유무와 관계없이 '-다거나'를 쓴다.

③ '이다, 아니다'는 '라거나'를 쓴다. 단, '이다' 앞의 명사에 받침이 없으면 주로 '명사+라거나'라고 쓴다.

▶ 제약 정보:

① 앞 절과 뒤 절의 주어가 같아도 되고 달라도 된다.

▶ 주의 사항:

① '-는다거나' 또는 '-는다거나 -는다거나 하다'의 형식으로 사용된다.

② 부정의 의미를 나타낼 때에는 '-지 않는다거나' 또는 '안 -는다거나'의 형식으로 사용된다.

③ 둘 이상의 행위를 나열한다는 점에서 '-거나'와 유사하나 '-거나'는 두 개 이상의 행위나 상태를 제시해 어느 쪽이든 상관없음을 나타내지만 '-는다거나'는 그렇지 않다.

④ 둘 이상의 동작이나 상태, 대상 중 하나를 선택함을 나타내기도 하는데 이때에는 대립되는 상황에서만 사용할 수 있다.

· 이거 내가 쓴 글인데 읽어 보고 재미있다거나 재미없다고 솔직하게 이야기해 줘.

[확인]

교사는 문법을 설명한 뒤 '연습 문제'를 통해 학생들이 문법을 이해했는지 확인한다.

정답
(1) 인터넷으로 검색한다거나
(2) 문제 해설을 읽는다거나

어휘 및 표현

함부로	◆ 정의 조심하거나 깊이 생각하지 않고 마구. 예 다른 사람에 대해 함부로 말하면 안 돼요. ● 설명 "옆 친구의 물건이 필요할 때 여러분은 써도 되냐고 물어보고 쓰지요? 다른 사람의 물건을 함부로 쓰면 안 되니까요. 이렇게 '함부로'는 조심하지 않거나 깊이 생각하지 않고 행동하는 것을 말해요."
관심사	◆ 정의 관심을 끄는 일이나 대상. 예 학생들의 최대 관심사는 성적이라고 해요. ◆ 정보 유의어 '관심거리' ● 설명 "와니는 요즘 운동에 관심이 많아요. 와니의 관심사는 운동이에요. 이렇게 관심이 있는 일을 '관심사'라고 해요. 여러분의 관심사는 뭐예요?"
전선	◆ 정의 전기가 흐르는 선. 예 전선에 걸리지 않게 조심하세요. ● 설명 "(전선을 가리키며) 이것은 전선이에요. 여기로 전기가 흐르니까 조심해야 해요."
꺾이다	◆ 정의 물체가 구부려지거나 굽혀지다. 예 전선이 구불구불하게 꺾여 있으면 위험해요. ● 설명 "(전선을 살짝 굽히며) 전선이 어떻게 되었어요? 꺾였어요. 어떤 물건이 이렇게 되는 것을 '꺾이다'라고 해요. 전선이 꺾이면 위험하니까 꺾이지 않도록 조심해야 해요."
해설	◆ 정의 어려운 문제나 사건의 내용 등을 알기 쉽게 풀어 설명함. 또는 그런 글이나 책. 예 이 책은 해설이 자세하게 잘 되어 있어서 좋아요. ● 설명 "참고서를 보면 문제에 대한 설명이 잘 되어 있지요? 그것을 '해설'이라고 해요. 모르는 문제가 있으면 참고서의 해설을 읽어 보세요."

교수-학습 지침

※ 고등학생 대상 수업의 경우 필수적으로 5분간 다음 활동을 추가로 진행함.
→ 교사는 학생들에게 목표 문법을 활용할 수 있는 새로운 화제를 제시한다.

📕 "감기에 걸렸을 때 무엇을 하면 안 돼요? '-는다거나'를 사용해서 말해 보세요."

예시 답안
추운 곳에 오래 있는다거나 찬 음료를 마시면 안 돼요. 충분히 쉬지 않는다거나 약을 먹지 않는다거나 하면 증상이 더 심해질 수 있어요.

1) 교사는 학생들에게 대화문을 다시 한번 읽게 한다.

2) 교사는 교재에 제시된 열린 질문을 통해 학생들에게 배운 문법을 활용하여 자유롭게 이야기를 나누게 한다.

📕 "여러분은 무슨 일들을 할 때 보람을 느껴요? '-는다거나'를 사용하여 말해 보세요."

┌─────────────────────────────────────┐
│ 예시 답안   │
│ 친구의 부탁을 들어준다거나 친구에게 도움을 준다거나 할 때 보람을 │
│ 느껴요. 선생님께 칭찬을 받는다거나 친구들한테서 인정을 받는다거나 │
│ 하면 보람을 느껴요.   │
└─────────────────────────────────────┘

• 4차시 | 문법을 배워요 2

[학습 목표]

• 태풍 대비를 위해 해야 하는 일을 지시할 수 있다.
• '피동 표현'을 사용하여 주어의 의지와 상관없이 외부적인 영향에 의한 상황의 변화를 나타낼 수 있다.

도입 – 5분

1) 교사는 학생들에게 대화문을 읽게 한다. 그리고 학생들이 대화 상황을 이해했는지 확인 질문을 한다.

📕 "오늘 밤에 왜 비가 많이 온대요?"
📕 "내일 학교에 올 때 무엇을 가지고 와야 해요?"

2) 교사는 학생들에게 목표 문법의 의미를 추측할 수 있는 질문을 한다.

📕 "청소 당번은 무엇을 확인했어요?"

전개 – 35분

다음의 절차에 따라 문법에 대해 설명한다. 그리고 새로 제시되는 어휘가 있다면 그 의미를 함께 설명한다.

[설명]

📕 "'피동 표현'은 주어의 의지와 상관없이 외부적인 영향에 의한 상황의 변화를 나타낼 때 사용해요."

[예시]

- 전화번호가 바뀌었으니까 다시 저장해 주세요.
- 운동화 끈이 풀려서 다시 묶어야겠어요.
- 컴퓨터가 갑자기 안 켜져. 고장 났나 봐.
- 며칠 전에 교통사고가 나서 입원하게 되었어요.

[정보]

▶ 형태 정보:

	-이-	-히-	-리-	-기-
동사	놓이다 보이다 쓰이다 바뀌다 잠기다	닫히다 막히다 읽히다 잡히다 먹히다	열리다 걸리다 들리다 팔리다 풀리다	끊기다 안기다 쫓기다 씻기다 담기다

	ㅏ, ㅗ	ㅓ, ㅜ, ㅣ…	하다
동사	-아지다	-어지다	-여지다

	받침 O	받침 X
동사, 형용사	-게 되다	

① 동사 어간 끝음절 모음이 'ㅏ, ㅗ'인 경우 '-아지다', 동사 어간 끝음절 모음이 'ㅏ, ㅗ'가 아닌 경우 '-어지다', '-하다'가 붙은 동사 및 형용사 어간에는 '-여지다'를 쓰는데, 흔히 줄여서 '-해지다'로 쓴다.

② 동사 및 형용사 어간 끝음절의 받침 유무와 관계없이 '-게 되다'를 쓴다.

▶ 주의 사항:

① '피동 표현'은 주어의 행동이 다른 사람의 행동 때문에 이루어지거나 주어가 직접 한 것이 아니라 다른 일이나 다른 사람 때문에 그런 상황이 됐을 때 사용한다.

② '피동 표현'에는 세 가지 방법이 있다. 첫 번째는 일부 동사에 '-이/히/리/기-'를 붙이는 방법이고, 두 번째는 '-이/히/리/기-'가 붙지 않는 동사에 '-어지다'를 붙이는 방법이다. 세 번째는 '-게 되다'를 붙이는 방법인데 어떤 일이 주어의 의지와 관계없이 일어날 때 사용한다.

③ '걸리다, 꽂히다, 놓이다, 쌓이다, 쓰이다' 등은 '-어 있다'와 자주 결합한다.

- 벽에 가족사진이 걸려 있어요.

④ 형용사 뒤에 '-어지다'를 사용하면 상태의 변화를 나타낸다.

- 약을 먹었더니 좀 괜찮아졌어.

⑤ 동사 뒤에 '-게 되다'를 사용하면 변화의 결과를 나타낸다.

- 아버지가 다니시는 회사 근처로 이사를 가게 되었어요.

[확인]

교사는 문법을 설명한 뒤 '연습 문제'를 통해 학생들이 문법을 이해했는지 확인한다.

정답
(1) 책을 여기에 놓았어요/책이 여기에 놓여
(2) 꽃병에 물을 담았어요/꽃병에 물이 담겨

어휘 및 표현

당번	◆ 정의 어떤 일을 할 차례가 됨. 또는 그 차례가 된 사람. 예 매일 두 명씩 돌아가면서 청소 당번을 하고 있어요. ● 설명 "우리 반은 매일 2명씩(교실 상황에 따라 다를 수 있으니 교실 상황에 맞게 수정이 필요함) 돌아가면서 칠판도 지우고 쓰레기도 버리지요? 어떤 일을 할 차례가 된 사람을 '당번'이라고 해요."

교수-학습 지침
※ 고등학생 대상 수업의 경우 필수적으로 5분간 다음 활동을 추가로 진행함.
→ 교사는 학생들에게 목표 문법을 활용할 수 있는 새로운 화제를 제시한다.
교 "바람이 세게 불어요. 어떤 일이 생길까요? '피동 표현'을 사용해서 말해 보세요."

예시 답안
문이 '쾅' 하고 닫힐 거예요. 실내에서도 바람 소리가 들릴 거예요.

정리 - 5분

1) 교사는 학생들에게 대화문을 다시 한번 읽게 한다.

2) 교사는 교재에 제시된 열린 질문을 통해 학생들에게 배운 문법을 활용하여 자유롭게 이야기를 나누게 한다.
교 "지진이 나면 어떤 일이 생겨요? '-피동 표현'을 사용하여 말해 보세요."

예시 답안
건물이 흔들려요. 전기가 끊겨요.

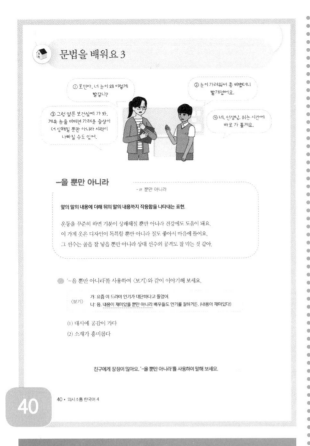

• 5차시 | 문법을 배워요 3

[학습 목표]

- 질병의 증상에 대해 이야기하고 대처 방법에 대해 지시할 수 있다.
- '-을 뿐만 아니라'를 사용하여 앞의 말이 나타내는 내용에 더해 뒤의 말이 나타내는 내용까지 작용한다는 것을 나타낼 수 있다.

도입 - 5분

1) 교사는 학생들에게 대화문을 읽게 한다. 그리고 학생들이 대화 상황을 이해했는지 확인 질문을 한다.
   📖 "호민이의 눈이 왜 빨개요?"
   📖 "선생님은 호민이에게 어디에 가 보라고 하셨어요?"

2) 교사는 학생들에게 목표 문법의 의미를 추측할 수 있는 질문을 한다.
   📖 "선생님은 호민이에게 눈을 계속 비비면 어떻게 될 거라고 하셨어요?"

전개 - 35분

다음의 절차에 따라 문법에 대해 설명한다. 그리고 새로 제시되는 어휘 및 표현이 있다면 그 의미를 함께 설명한다.

[설명]

📖 "'-을 뿐만 아니라'는 앞의 말이 나타내는 내용에 더해 뒤의 말이 나타내는 내용까지 작용할 때 사용해요."

[예시]

- 그 식당은 음식이 맛있을 뿐만 아니라 서비스도 좋아요.
- 시내는 교통이 복잡할 뿐만 아니라 소음도 심해.
- 민우는 노래를 잘할 뿐만 아니라 춤도 잘 춰.

[정보]

▶ 형태 정보:

	받침 O	받침 X, 'ㄹ' 받침
동사, 형용사	-을 뿐만 아니라	-ㄹ 뿐만 아니라

	ㅏ, ㅗ	ㅓ, ㅜ, ㅣ …	하다
동사, 형용사 과거	-았을 뿐만 아니라	-었을 뿐만 아니라	-였을 뿐만 아니라

① 동사 및 형용사 어간 끝음절에 받침이 있으면 '-을 뿐만 아니라', 동사 및 형용사 어간 끝음절에 받침이 없거나 'ㄹ' 받침으로 끝나면 '-ㄹ 뿐만 아니라'를 쓴다. 단, 'ㄹ' 받침으로 끝날 때는 'ㄹ'이 탈락한다.

② 과거의 경우 동사 및 형용사 어간 끝음절 모음이 'ㅏ, ㅗ'인 경우 '-았을 뿐만 아니라', 동사 및 형용사 어간 끝음절 모음이 'ㅏ, ㅗ'가 아닌 경우 '-었을 뿐만 아니라', '-하다'가 붙은 동사 및 형용사 어간에는 '-였을 뿐만 아니라'를 쓰는데, 흔히 줄여서 '-했을 뿐만 아니라'로 쓴다.

▶ 주의 사항:

① 앞 절이 긍정이면 뒤 절도 긍정이고, 앞 절이 부정이면 뒤 절도 부정을 나타낸다.

② '만'을 생략하여 '-을 뿐 아니라'의 형태로도 사용한다.

③ 명사가 올 때에는 '뿐만 아니라' 형태를 사용한다.
   - 와니는 한국어뿐만 아니라 영어도 잘해요.

[확인]

교사는 문법을 설명한 뒤 '연습 문제'를 통해 학생들이 문법을 이해했는지 확인한다.

정답
(1) 대사에 공감이 갈 뿐만 아니라
(2) 소재가 흥미로울 뿐만 아니라

어휘 및 표현

시력	◆ 정의 물체를 볼 수 있는 눈의 능력. 예 시력이 점점 나빠지는 것 같아요. ● 설명 "왜 안경을 썼어? 눈의 능력인 '시력'이 나빠졌기 때문이에요."
상쾌하다	◆ 정의 기분이나 느낌 등이 시원하고 산뜻하다. 예 산에 올라오니까 기분이 상쾌해요. ● 설명 "일요일에 집에만 있으면 답답해요. 밖에 나가서 맑은 공기를 마시면 기분이 상쾌해져요. '상쾌하다'는 기분이나 느낌이 시원하다는 뜻이에요."
독특하다	◆ 정의 다른 것과 비교하여 특별하게 다르다. 예 이 음식은 맛과 향이 아주 독특해요. ◆ 정보 반의어 '평범하다' ● 설명 "선생님이 좋아하는 가수는 목소리 때문에 인기가 많아요. 이 가수의 목소리는 특별하게 달라요. 목소리가 아주 독특해요."
골	◆ 정의 축구, 농구, 하키, 핸드볼 등의 경기에서 공을 넣어 득점하는 일. 또는 득점이 된 공. 예 우리 팀이 한 골 차로 이겼어요. ● 설명 "축구 경기를 해요. 어떻게 해야 이겨요? 맞아요, 공을 넣어야 해요. 공을 넣는 것을 '골'이라고 해요"
상대	◆ 정의 서로 승부를 겨룸. 또는 그런 대상. 예 결승 경기에서 어려운 상대를 만나게 되었어요. ● 설명 "운동 경기를 할 때 나 또는 우리 팀과 싸우는 사람이나 팀을 '상대'라고 해요."
공격	◆ 정의 운동 경기에서 상대편을 이기려고 적극적으로 행동함. 예 저 선수의 공격은 쉽게 막을 수가 없어요. ◆ 정보 반의어 '수비' ● 설명 "축구를 할 때 골을 넣기 위해 적극적으로 행동하는 것을 '공격'이라고 해요."
대사	◆ 정의 영화나 연극에서 배우가 하는 말. 예 그 많은 대사를 외우는 배우들을 보면 대단하다는 생각이 들어요. ● 설명 "영화나 드라마에서 배우들이 하는 말을 '대사'라고 해요 배우들은 영화나 드라마를 찍기 전에 대사를 외워야 해요."
소재	◆ 정의 예술 작품을 만드는 데 바탕이 되는 구체적이거나 추상적인 대상. 예 사랑을 소재로 한 노래가 아주 많아요. ● 설명 "(가족 관련 드라마 포스터를 보여 주며) 이 드라마는 무엇에 대한 이야기일까요? 가족에 대한 이야기예요. 이 드라마는 가족을 소재로 했어요. '소재'는 영화, 드라마, 노래, 그림 등의 기초가 되는 내용을 말해요."
흥미롭다	◆ 정의 흥미가 있다. 예 두 팀의 실력이 비슷해서 경기가 아주 흥미로워요. ◆ 정보 유의어 '재미있다', 반의어 '시시하다' ● 설명 "'흥미롭다'는 재미있다는 뜻이에요. 어제 저녁에 책을 읽기 시작했는데 잠을 자지 않고 끝까지 다 읽었어요. 왜 그랬을까요? 책이 아주 흥미로워서 멈출 수 없었어요."

※ 고등학생 대상 수업의 경우 필수적으로 5분간 다음 활동을 추가로 진행함.
→ 교사는 학생들에게 목표 문법을 활용할 수 있는 새로운 화제를 제시한다.
   敎 "자신의 취미를 소개하고 취미 생활을 하는 이유에 대해 '-을 뿐만 아니라'를 사용해서 말해 보세요."

예시 답안
제 취미는 외국 드라마 보기인데요. 재미있을 뿐만 아니라 외국 문화에 대해 알 수 있어서 좋아요. 제 취미는 축구예요. 축구를 하면 스트레스가 풀릴 뿐만 아니라 몸도 건강해지는 것 같아요.

정리 – 5분

1) 교사는 학생들에게 대화문을 다시 한번 읽게 한다.

2) 교사는 교재에 제시된 열린 질문을 통해 학생들에게 배운 문법을 활용하여 자유롭게 이야기를 나누게 한다.
   敎 "친구에게 장점이 많아요. '-을 뿐만 아니라'를 사용하여 말해 보세요."

예시 답안
유미는 말을 잘할 뿐만 아니라 글도 잘 써요. 수호는 똑똑할 뿐만 아니라 성격도 좋아요.

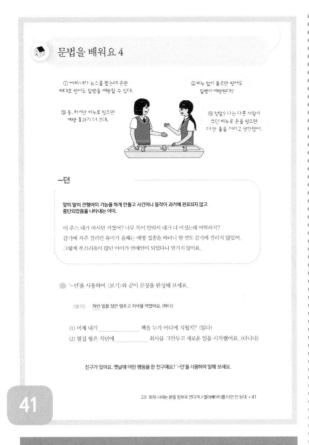

• 6차시 | 문법을 배워요 4

[학습 목표]

- 질병을 예방하는 방법에 대해 설명할 수 있다.
- '-던'을 사용하여 앞의 말이 관형어의 기능을 하게 만들고 사건이나 동작이 과거에 완료되지 않고 중단되었다는 것을 나타낼 수 있다.

도입 – 5분

1) 교사는 학생들에게 대화문을 읽게 한다. 그리고 학생들이 대화 상황을 이해했는지 확인 질문을 한다.
   🔲 "두 사람은 지금 무엇을 하고 있어요?"
   🔲 "손을 제대로 씻으면 어떤 효과가 있어요?"

2) 교사는 학생들에게 목표 문법의 의미를 추측할 수 있는 질문을 한다.
   🔲 "유미는 무엇을 잘못 알고 있었어요?"

전개 – 35분

다음의 절차에 따라 문법에 대해 설명한다. 그리고 새로 제시되는 어휘 및 표현이 있다면 그 의미를 함께 설명한다.

[설명]

🔲 "'-던'은 앞의 말이 관형어의 기능을 하게 만들고 사건이나 동작이 과거에 완료되지 않고 중단되었다는 것을 나타

낼 때 사용해요."

[예시]

- 그 우유는 내가 마시던 거니까 새로 따라 줄게.
- 새 노트북은 너무 비싸서 다른 사람이 쓰던 것으로 샀어요.
- 그렇게 조용하던 시내 거리가 사람들로 꽉 찼어요.

[정보]

▶ 형태 정보:

	받침 O	받침 X
동사, 형용사	-던	

① 동사나 형용사 어간 끝음절의 받침 유무와 관계없이 '-던'을 쓴다.

▶ 주의 사항:

① '-던'은 여러 번 또는 한동안 계속된 과거의 사건이나 행위, 상태를 다시 떠올리는 의미를 나타내거나 과거의 사건, 행위, 상태가 완료되지 않고 중단되었다는 미완의 의미를 나타낸다. '아까 마시던 우유'는 아까 우유를 마시고 있었으나 아직 다 마시지 못하고 중단되었음을 나타내고 '내가 살던 곳'은 과거에 한동안 살았으나 지금은 살지 않는 곳을 다시 떠올리며 이야기할 때 사용한다.

② 보통 '아까, 어제, 지난번에' 등 과거의 한 시점이나 때를 나타내는 말과 함께 사용한다.

③ 과거에 한 번만 일어난 일에는 사용하지 않는다.

[확인]

교사는 문법을 설명한 뒤 '연습 문제'를 통해 학생들이 문법을 이해했는지 확인한다.

> 정답
> (1) 읽던
> (2) 다니던

어휘 및 표현

질병	◆ 정의 몸에 생기는 온갖 병. 예 비위생적인 환경에서는 질병에 걸리기 쉬워요. ● 설명 "감기, 배탈 같이 몸이 아픈 것을 '병'이라고 해요. '질병'은 병이라는 뜻이에요. 질병에 걸리지 않도록 조심해야 해요."
부끄러움	◆ 정의 부끄러워하는 느낌이나 마음. 예 나는 부끄러움을 많이 타는 성격이라 사람들 앞에서 말을 못 하겠어. ● 설명 "'부끄럽다' 뒤에 '-음'을 사용해서 명사 '부끄러움'을 만들어요. 소연이는 사람들 앞에서 말을 하면 얼굴이 빨개져요. 성격이 어때요? 부끄러움이 많은 성격이에요. 부끄러움을 잘 타는 성격이에요."

※ 고등학생 대상 수업의 경우 필수적으로 5분간 다음 활동을 추가로 진행함.

→ 교사는 학생들에게 목표 문법을 활용할 수 있는 새로운 화제를 제시한다.

📖 "집에 있는 물건 중에서 지금은 쓰지 않고 보관만 하고 있는 물건이 있지요? '-던'을 사용해서 말해 보세요."

<u>예시 답안</u>
어렸을 때 입던 옷을 안 버리고 가지고 있어요. 어렸을 때 가지고 놀던 인형을 버리지 않고 모아 놓았어요.

정리 - 5분

1) 교사는 학생들에게 대화문을 다시 한번 읽게 한다.

2) 교사는 교재에 제시된 열린 질문을 통해 학생들에게 배운 문법을 활용하여 자유롭게 이야기를 나누게 한다.

📖 "친구가 있어요. 옛날에 어떤 행동을 한 친구예요? '-던'을 사용하여 말해 보세요."

<u>예시 답안</u>
유미는 어렸을 때 책을 즐겨 읽던 아이였어요. 제 친구 수호는 장난을 잘 치던 아이였어요.

● 문화

[학습 목표]
• 한국을 대표하는 위인에 대해서 알 수 있다.

1) 질문을 통해 학생들에게 주제를 추측하게 한다.
  📖 "여러분은 '위인'이 무슨 의미인지 알아요?"
  📖 "여러분은 '한국의 위인'이라고 하면 누가 가장 먼저 떠올라요?"

2) 교재 42쪽을 보며 허준과 이순신에 대해 설명한다.

3) 교재 43쪽을 보며 장영실과 대장금에 대해 설명한다.

더 알아보기

광개토대왕	고구려의 영토를 넓힌 왕
대조영	발해를 세운 왕
강감찬	고려의 명장
세종대왕	훈민정음을 창제한 왕
허난설헌	조선 시대 여류 시인
김정호	대표적인 지리학자로 대동여지도를 편찬
김홍도	조선의 풍속화가
박에스더	한국 최초의 여성 양의사
안중근, 유관순	독립운동가

교수-학습 지침

교사는 그룹 활동을 통해 자신이 읽은 위인전기에 대해 말하게 하는 활동을 할 수 있다. 위인의 이름, 위인이 한 일 등에 대해 자유롭게 이야기 나눌 수 있도록 지도한다.

4) 본 문화와 관련하여 상호문화적 관점에서 이야기할 수 있도록 한다.
  📖 "여러분은 다른 나라의 위인을 알고 있어요? 외국의 위인에 대해서 말해 볼까요?"

더 알아보기

간디	인도의 민족해방운동의 지도자
나폴레옹	프랑스의 군인, 황제
넬슨 만델라	남아프리카공화국 최초의 흑인 대통령, 흑인 인권운동가
마오쩌둥	중국의 정치가
에디슨	미국의 발명가
퀴리부인	프랑스의 물리학자, 화학자
호치민	베트남의 혁명가, 정치가

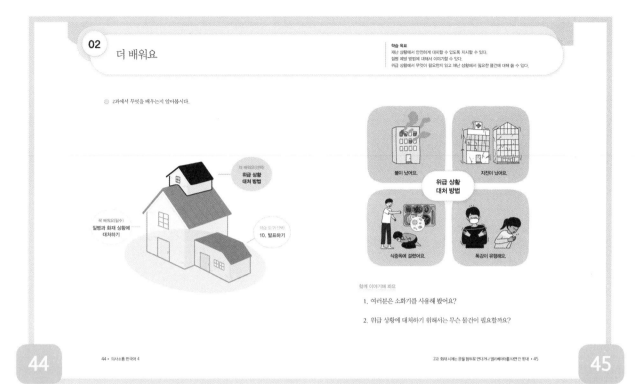

〈더 배워요〉 학습 목표

- 재난 상황에서 안전하게 대피할 수 있도록 지시할 수 있다.
- 질병 예방 방법에 대해서 이야기할 수 있다.

7차시	• 화재 발생 시 대피 방법에 대해 지시할 수 있다.
8차시	• 식중독 예방 방법을 설명할 수 있다.
9차시	• 위급 상황에서 무엇이 필요한지 읽고 이해할 수 있다.
10차시	• 재난 상황에서 필요한 물건에 대해 쓸 수 있다.

〈학습 도구 한국어〉 학습 목표

7~8차시	• 발표하기에서 표현하기에 대해 안다.
9~10차시	• 발표하기에서 재구조화하기에 대해 안다.

• 7차시 | 〈더 배워요〉 도입 및 대화해 봐요 1

도입 – 5분

1) 〈꼭 배워요〉의 목표 어휘 및 문법 등을 확인할 수 있는 질문을 통해 학생들이 해당 표현을 사용하여 답할 수 있도록 유도한다.

🎓 "화재가 발생했을 때 어떻게 해야 해요?"

🎓 "요즘 유행하는 질병이 있어요? 뭐예요?"

🎓 "병을 예방하기 위해서는 어떻게 해야 해요?"

2) '대화해 봐요 1, 2'에서 학습할 내용을 대표하는 네 개의 그림들을 확인하며 학생들이 앞으로 배우게 될 주제 및 내용을 추측할 수 있도록 한다.

🎓 "불이 났을 때 어떻게 해야 하는지 교육을 받은 적이 있어요?"

🎓 "화재 사고를 예방하기 위해서는 무엇을 조심해야 해요?"

🎓 "화재 이외에 우리 주변에서 발생할 수 있는 재난 상황에는 어떤 것이 있어요?"

🎓 "만약 지진이 난다면 어떻게 행동해야 할까요?"

🎓 "식중독이 무엇인지 알아요?"

🎓 "식중독에 걸리면 어떤 증상이 나타나요?"

🎓 "독감은 주로 무슨 계절에 유행해요?"

🎓 "독감의 증상에 대해 이야기해 볼까요?"

3) '함께 이야기해 봐요'에 제시된 질문을 통해 이야기를 나눔으로써 '읽고 써 봐요'에서 학습할 내용을 추측하게 한다.

📺 "소화기를 사용해 봤어요?"

📺 "어떤 일이나 상태가 매우 위험하고 급할 때를 '위급'이라고 해요. 위급 상황의 예를 말해 볼까요?"

📺 "위급 상황에 대처하기 위해서는 무슨 물건이 필요할까요?"

[학습 목표]

- 화재가 났을 때 대피 방법에 대해 지시할 수 있다.
- 부가 문법: 으로 인해
- 목표 표현: –지 않도록 조심하세요
  아무리 –어도 절대 –으면 안 됩니다

본 대화는 학생들이 선생님께 화재가 났을 때 주의 사항에 대해 수업을 듣고 있는 상황이다.

도입 – 5분

1) 교사는 학생들에게 '대화해 봐요 1'의 내용을 추측할 수 있는 질문을 한다.

📺 "여러분은 화재 발생 시 어떻게 대처해야 하는지 알고 있어요?"

📺 "화재 시 안전하게 대피하려면 어떻게 해야 할까요?"

2) 교사는 학생들에게 46쪽의 첫 번째 QR 코드 속 영상을 보게 한다.

📺 "학생들이 화재 예방 동영상을 보고 있어요. 무슨 내용인지 함께 확인해 봐요."

3) 교사는 학생들이 대화 내용을 잘 이해했는지 질문을

한다. 그리고 새 표현이 있다면 그 의미를 함께 설명한다.

📺 "불이 났을 때 제일 먼저 무엇을 해야 해요?"

📺 "그 후에는 어떻게 해야 해요?"

어휘 및 표현

외치다	◆ **정의** 큰 소리를 지르다. 예 산에서 "야호"라고 외쳤어요. ● **설명** "화재가 발생했어요. 그럼 큰 소리로 '불이야'라고 말할 거지요? 큰 소리로 말하는 것을 '외치다'라고 해요. '불이야'라고 큰 소리로 외쳐요."
경보	◆ **정의** 위험에 대비하여 주의하고 조심할 수 있도록 미리 알리는 일, 또는 그 보도나 신호. 예 태풍 경보 문자 메시지를 받았어요. ● **설명** "(화재 경보 소리를 들려주며) 이것은 화재가 났다는 것을 알려 주는 소리예요. 이 소리처럼 위험한 일이 있다고 알려 주는 것을 '경보'라고 해요."
비상벨	◆ **정의** 위급한 상황을 알리기 위하여 울리는 벨. 예 비상벨 소리에 밖으로 대피했어요. ● **설명** "(화재 경보 비상벨을 보여 주며) 화재가 났을 때 이것을 누르면 건물 안에 있는 사람들에게 불이 났다는 것을 빠르게 알려 줄 수 있어요. 이것을 '비상벨'이라고 해요."

전개 – 20분

1) 교사는 학생들에게 본 대화 내용을 소개하며 46쪽의 두 번째 QR 코드 속 영상을 보게 한다.

📺 "선생님이 학생들에게 대피할 때 주의 사항을 이야기해 주고 있어요. 무슨 내용인지 함께 확인해 봐요."

2) 교사는 학생들이 대화의 전체 내용을 이해했는지 확인하는 질문을 한다.

📺 "선생님이 무엇에 대해 이야기하고 있어요?"

3) 교사는 학생들에게 대화문을 읽게 한다. 그리고 세부 내용을 이해했는지 확인하는 질문을 한다.

📺 "불이 났을 때 주변에 알려야 해요. 어떻게 알릴 수 있어요?"

📺 "화재 장소에서 벗어날 때 어떤 자세로 이동해야 해요?"

📺 "왜 그런 자세로 대피해야 해요?"

4) 대화에 제시된 새 표현의 의미를 설명한다.

어휘 및 표현

벗어나다	◆ **정의** 일정한 공간이나 범위 밖으로 빠져나가다. 예 주말에는 도시에서 벗어나 야외로 드라이브를 갈 거예요. ◆ **정보** 유의어 '빠져나오다', '탈출하다' ● **설명** "건물 안에 있는데 불이 났어요. 어떻게 해야 해요? 빨리 밖으로 나가야 해요. 어떤 공간에서 밖으로 빠져나가는 것을 '벗어나다'라고 해요. 불이 난 곳에서 빨리 벗어나야 해요."

연기	◆ **정의** 물체가 불에 탈 때 생겨나는 기체. **예** 연기 때문에 앞이 안 보여요. ● **설명** "(화재 현장에서 연기가 나는 사진을 보여 주며) 불이 나면 이것도 나지요? 이것을 '연기'라고 해요. 불이 났을 때 연기를 마시지 않도록 해야 해요."
자세	◆ **정의** 몸을 움직이거나 가누는 태도. **예** 바른 자세로 앉으세요. ● **설명** "여러분은 잠을 잘 때 똑바로 누워서 자요? 옆으로 누워서 자요? 잠을 자는 모습을 잠을 자는 '자세'라고 해요."
큰일	◆ **정의** 돌이킬 수 없을 만큼 큰 사고나 안 좋은 일. **예** 조금만 더 늦었어도 큰일 났을 거예요. ● **설명** "'큰일'은 안 좋은 일을 의미해요. 안 좋은 일이 생겼을 때, 상황이 좋지 않을 때 '큰일 났어요.'라고 말할 수 있어요."
사망	◆ **정의** 사람의 죽음. **예** 좋아하는 가수의 사망 소식을 들었는데 믿을 수가 없어요. ● **설명** "사람이 죽는 것을 '사망'이라고 해요."
깔리다	◆ **정의** 널리 퍼져 있다. **예** 벌써 해가 지고 어둠이 깔렸어요. ● **설명** "(안개가 자욱한 사진을 보여 주며) 날씨가 어때요? 안개 때문에 앞을 잘 볼 수 없어요. 이렇게 안개가 많이 있는 것을 '깔리다'라고 해요. 안개가 깔려서 바로 앞도 잘 볼 수가 없어요."
낮추다	◆ **정의** 아래에서 위까지 길이를 짧게 하다. **예** 아이를 업으려고 몸을 낮췄어요. ◆ **정보** 반의어 '높이다' ● **설명** "(높이 조절이 가능한 책상을 보여 주며) 이런 책상 본 적이 있지요? 서서 공부하다가 앉아서 공부하고 싶으면 책상을 아래로 하면 돼요. 이렇게 아래로 내리는 것을 '낮추다'라고 해요."

5) 교사는 학생들에게 대화문을 다시 한번 읽게 한다. 이때 역할을 나누는 등 다양한 방식으로 읽게 할 수 있다.

6) 교사는 다음의 절차에 따라 부가 문법 '으로 인해'에 대해 설명한다. 그리고 새로 제시되는 어휘가 있다면 그 의미를 함께 설명한다.

부가 문법   **'으로 인해'**

[설명]

📖 "저는 며칠 전에 뉴스에서 큰 태풍에 대한 이야기를 들었어요. 태풍이 크게 불었어요. 그래서 비행기가 모두 취소되었어요. 태풍으로 인해 비행기가 취소되었어요. 이렇게 '으로 인해'는 앞에 오는 말이 어떤 일에 대한 원인이나 이유라는 것을 나타낼 때 사용해요."

[예시]

· 오늘 경기는 큰비로 인해 취소되었다.

· 잘못된 생활 습관으로 인해 건강이 나빠지고 있다.
· 산불로 인해 나무가 모두 다 타 버렸어요.
· 갑자기 추워진 날씨로 인해 거리에 사람이 없어요.

[정보]

▶ 형태 정보:

	받침 O	받침 X, 'ㄹ' 받침
명사	으로 인해	로 인해

① 명사 어간 끝음절에 받침이 있으면 '으로 인해', 명사 어간 끝음절에 받침이 없거나 'ㄹ' 받침으로 끝나면 '로 인해'를 쓴다.

▶ 주의 사항:

① 주로 공식적인 말이나 글에 사용한다.

② 어떤 상황이나 행위에 대한 원인이나 이유를 뜻하는 '으로'로 줄여 쓸 수 있다.

· 잘못된 식습관으로 인해 요즘 살이 많이 쪘어요.
· 잘못된 식습관으로 요즘 살이 많이 쪘어요.

7) 교사는 학생들에게 목표 표현에 대해 설명한다.

목표 표현 1   **'-지 않도록 조심하세요'**

[설명]

📖 "'-지 않도록 조심하세요'는 어떤 일에 대해 조심하라고 주의를 줄 때 사용하는 표현이에요."

[예시]

· 넘어지지 않도록 조심하세요.
· 물건을 잃어버리지 않도록 조심하세요.
· 감기에 걸리지 않도록 조심하세요.
· 다치지 않도록 조심하세요.

목표 표현 2   **'아무리 -어도 절대 -으면 안 됩니다'**

[설명]

📖 "'아무리 -어도 절대 -으면 안 됩니다'는 어떤 행동을 하면 안 된다는 금지의 의미를 나타낼 때 사용해요."

[예시]

· 아무리 힘들어도 절대 포기하면 안 돼요.
· 에스컬레이터에서는 아무리 급해도 절대 뛰면 안 됩니다.
· 그 물건은 아무리 싸도 절대 사면 안 됩니다.
· 약속은 아무리 바빠도 절대 어기면 안 됩니다.

8) 교사는 학생들에게 교재의 1번과 2번 문제를 풀게 한다.

9) 교사는 학생들과 함께 문제의 답을 확인한다.

정답
1. (1) ○ (2) × (3) ×
2. 가스레인지를 사용한 후 밸브를 잠가야 해요. 전자제품의 전원을 꺼 놓아요. 하나의 콘센트에 여러 개의 플러그를 꽂지 않아요.

10) 교사는 학생들에게 47쪽의 첫 번째 QR 코드 속 영 상을 보게 한다.

　📖 "두 사람이 동영상을 보고 느낀 점에 대해서 이야기하고 있어요. 무엇을 느꼈는지 함께 확인해 봐요."

11) 교사는 학생들이 대화 내용을 잘 이해했는지 질문 을 한다. 그리고 새 표현이 있다면 그 의미를 함께 설명한다.

　📖 "와니가 이 동영상을 보지 않았다면 불이 났을 때 어떻게 했을 것 같아요?"

　📖 "와니는 오늘 집에 가서 무엇을 할 거예요?"

활용 – 10분

1) 교사는 학생들이 목표 표현을 사용하여 대답할 수 있 도록 질문을 한다.

　📖 "다른 사람이 위험해 보일 때 뭐라고 이야기해요?"

　📖 "재난 상황에서 대피 방법을 지시할 때 어떻게 이야기해 요?"

2) 교사는 질문을 통해 학생들이 '활용하기'의 대화 상 황을 추측할 수 있도록 한다.

　📖 "선생님께서 지진 시 주의 사항을 알려 주고 계세요. 무슨 이야기를 할까요?"

3) 교사는 학생들에게 대화문을 읽게 한 후 대화의 내용 을 이해했는지 확인하는 질문을 한다.

　📖 "지진이 났을 때 어떻게 해야 해요?"

　📖 "지진이 나면 언제 건물 밖으로 나가야 해요?"

어휘 및 표현

흔들리다	◆ 정의 위아래나 좌우 또는 앞뒤로 자꾸 움직이다. 　예 비행기가 흔들려서 너무 무서웠어요. ● 설명 "태풍 때문에 바람이 세게 불어요. 그럼 창 문이 어떻게 돼요? 위아래나 앞뒤 또는 오른 쪽 왼쪽으로 계속 움직이지요? 그것을 '흔들 리다'라고 해요. 바람 때문에 창문이 흔들려 요."
지진	◆ 정의 화산 활동이나 땅속의 큰 변화 때문에 땅이 흔들리는 현상. 　예 지진이 발생했지만 다행히 큰 피해는 없었 어요. ● 설명 "자연 현상으로 땅이 흔들리는 것을 '지진' 이라고 해요. 지진이 나면 건물이 흔들리거 나 땅이 갈라지기도 해요."
이동	◆ 정의 움직여서 옮김. 또는 움직여서 자리를 바꿈. 　예 옛날에 말은 아주 중요한 이동 수단이었어 요. ● 설명 "움직여서 자리를 바꾸는 것을 '이동'이라고 해요. 우리는 이동을 위해서 버스나 차 등을 이용해요."

4) 교사는 학생들에게 대화문을 다시 한번 읽게 한다. 이때 역할을 나누는 등 다양한 방식으로 읽게 할 수 있다.

교수-학습 지침
※ 고등학생 대상 수업의 경우 필수적으로 5분간 다음 활동을 추가로 진행함.
→ 교사는 짝 활동, 그룹 활동을 통해 서로 재난 상황에서 대처하 는 상황에 대해 이야기하도록 지도한다.

정리 – 5분

교사는 학생들에게 47쪽의 '전체 대화를 들어 보세요' QR 코드 속 대화를 듣게 하고 수업을 마무리한다.

대화해 봐요 2

엄마가 민우에게 주의를 주고 있어요. ▣로 확인해 보세요.

엄마가 식중독 예방법을 민우에게 설명하고 있어요.
먼저 ▣로 확인해 보세요.

① 엄마, 어제 제가 먹던 커버크림 우유 못 보셨어요? 신명이는 안 먹었다는데요.

② 그거? 상한 것 같아서 아침에 버렸어. 멀쩡이 먹고서 남은 건 냉장고에 꼭 넣으라고 했잖아.

③ 아니야. 조심하지 않으면 식중독에 걸릴 수 있어. 식중독은 상한 음식을 먹었을 때 걸리는 병인데 특히 요즘처럼 더운 여름에 많이 걸려. 식중독에 걸리면 복통으로 고생할 뿐만 아니라 심하면 열도 나고 설사도 해.

④ 아, 망했어요. 최송해요. 그런데 며칠 만에 정말 상할까요? 전 그냥 먹어도 괜찮을 것 같은데

⑤ 그래요? 몰랐어요. 그럼 음식을 냉장고에만 잘 보관하면 식중독을 예방할 수 있어요?

⑥ 응, 그렇게 그리고 그것 말고도 이렇게 손도 자주 씻고 음식을 익혀서 먹으면 식중독 예방에 도움이 돼.

48 · 의사소통 한국어 4

8차시 | 대화해 봐요 2

[학습 목표]

- 식중독 예방 방법을 설명할 수 있다.
- 부가 문법: -고서
- 목표 표현: ~은 ~인데 -어
  -으면 -을 뿐만 아니라 -어

본 대화는 엄마가 민우에게 식중독 예방 방법에 대해서 설명하고 있는 상황이다.

도입 - 7분

1) 교사는 학생들에게 '대화해 봐요 2'의 내용을 추측할 수 있는 질문을 한다.

📖 "더운 날씨에 음식을 냉장 보관하지 않으면 어떻게 돼요?"

📖 "상한 음식을 먹으면 어떤 증상이 나타나요?"

2) 교사는 학생들에게 48쪽의 첫 번째 QR 코드 속 영상을 보게 한다.

📖 "엄마가 민우에게 주의를 주고 있어요. 무슨 이야기를 하는지 함께 확인해 봐요."

3) 교사는 학생들이 대화 내용을 잘 이해했는지 질문을 한다. 그리고 새 표현이 있다면 그 의미를 함께 설명한다.

📖 "엄마는 왜 먹고 남은 음식을 냉장고에 넣으라고 했어요?"

어휘 및 표현

곧바로	◆ 정의 바로 즉시에. 📝 방학을 하고 곧바로 여행을 떠났어요. ◆ 정보 유의어 '즉시' ● 설명 "'곧바로'는 어떤 행동을 하고 바로 즉시에 한다는 뜻이에요. 밥을 먹고 곧바로 누우면 소화가 잘 되지 않아요. 눕고 싶어도 시간이 조금 지난 후에 누워야 해요."
상하다	◆ 정의 음식이 썩다. 📝 이 음식은 상했으니까 먹지 마세요. ● 설명 "'상하다'는 음식이 오래돼서 변했다는 뜻이에요. 상한 음식을 먹으면 안 되겠지요? 그러니까 음식이 상했는지 안 상했는지 꼭 확인하고 먹어야 해요."

전개 - 20분

1) 교사는 학생들에게 본 대화 내용을 소개하며 48쪽의 두 번째 QR 코드 속 영상을 보게 한다.

📖 "엄마가 식중독 예방법을 민우에게 설명하고 있어요. 무슨 방법이 있는지 함께 확인해 봐요."

2) 교사는 학생들이 대화의 전체 내용을 이해했는지 확인하는 질문을 한다.

📖 "민우가 지금 무엇을 찾고 있어요?"

📖 "엄마는 민우가 먹고 남긴 그 음식을 어떻게 했어요?"

3) 교사는 학생들에게 대화문을 읽게 한다. 그리고 세부 내용을 이해했는지 확인하는 질문을 한다.

📖 "식중독에 걸리면 어떻게 돼요?"

📖 "식중독을 예방하기 위해서는 어떻게 해야 돼요?"

4) 대화에 제시된 새 표현의 의미를 설명한다.

어휘 및 표현

복통	◆ 정의 배가 아픈 증세. 📝 복통이 심해서 학교에 못 갔어요. ◆ 정보 참조어 '두통', '치통' ● 설명 "머리가 아픈 것을 '두통'이라고 하지요? 배가 아픈 것은 '복통'이라고 해요."
설사	◆ 정의 장에서 음식물을 소화하는 데에 이상이 생겨 물기가 많은 똥을 눔. 또는 그런 똥. 📝 설사가 심할 때는 물을 끓여서 마시는 게 좋아요. ● 설명 "여름에 덥다고 차가운 물이나 아이스크림을 많이 먹으면 배탈이 나요. 그러면서 물기가 많은 똥이 나와요. 그것을 '설사'라고 해요."
식중독	◆ 정의 음식물에 들어 있는 독성 물질을 먹어서 걸리는 병. 📝 상한 음식을 먹으면 식중독에 걸릴 수 있어요. ● 설명 "오래된 음식이나 상한 음식을 먹으면 복통, 설사 같은 증상이 생기지요? 그 병이 바로 '식중독'이에요. 식중독에 걸리지 않도록 조심해야 해요."

보관하다	◆ **정의** 물건을 맡아서 간직하여 두다. **예** 열쇠는 제가 보관하고 있을게요. ● **설명** "어렸을 때 찍은 사진을 버리지 않고 잘 가지고 있지요? 물건을 버리지 않고 잘 놓는 것을 '보관하다'라고 해요. 사진을 앨범에 넣어서 잘 보관해요."
익히다	◆ **정의** 고기, 채소, 곡식 등의 날것을 열을 가해 맛과 성질이 달라지게 하다. **예** 고기는 잘 익혀서 먹어야 해요. ● **설명** "(익히지 않은 고기 그림을 보여 주며) 그냥 먹으면 안 되지요? 삶거나 구워서 먹어야 해요. 고기를 왜 삶거나 구워요? 익히기 위해서예요. '익히다'는 불을 사용해서 고기, 달걀, 채소 등을 먹기 좋은 상태로 만드는 것을 말해요."

5) 교사는 학생들에게 대화문을 다시 한번 읽게 한다. 이때 역할을 나누는 등 다양한 방식으로 읽게 할 수 있다.

6) 교사는 다음의 절차에 따라 부가 문법 '-고서'에 대해 설명한다. 그리고 새로 제시되는 어휘가 있다면 그 의미를 함께 설명한다.

▨▨▨ **부가 문법** ▨▨▨　　'-고서'

[설명]

🏫 "저는 밥을 먹은 후에 과일을 먹어요. 밥을 먹기 전에 과일을 안 먹어요. 밥을 먹고서 과일을 먹어요. 이렇게 '-고서'는 앞에 오는 말이 뒤에 오는 말보다 앞서 일어났거나 뒤에 오는 말의 이유나 원인이라는 것을 강조하여 나타낼 때 사용해요."

[예시]

· 먼저 숙제를 하고서 게임을 해야 해요.
· 세인이는 전화를 받고서 밖으로 나갔어요.
· 저는 아침마다 커피를 한 잔 마시고서 일을 시작해요.
· 비가 오고서 갑자기 날씨가 많이 추워졌어요.

[정보]

▶ 형태 정보:

	받침 O	받침 X
동사	-고서	

① 동사 어간 끝음절의 받침 유무와 관계없이 '-고서'를 쓴다.

▶ 제약 정보:

① 과거의 '-었-', 미래 · 추측을 나타내는 '-겠-'과 결합하지 않는다.
· 유미가 밥을 먹고서 학교에 갔다. (O)
· 유미가 밥을 먹었고서 학교에 갔다. (X)

② 앞 절과 뒤 절의 주어가 다른 경우 앞 절의 주어에는 주격 조사 '이'를 써야 한다. 보조사 '은'은 올 수 없다.
· 동생이 학교에 가고서 나는 청소를 시작했다. (O)

· 동생은 학교에 가고서 나는 청소를 시작했다. (X)

▶ 주의 사항:

① 여러 개의 행위를 연결하는 경우 앞 행위에는 '-고'만 쓰고 마지막 행위에만 '-고서'를 쓰는 것이 자연스럽다.
· 나는 항상 저녁을 먹고 운동을 하고서 잠을 잔다.

② 앞 절의 내용이 뒤 절 내용의 이유나 근거임을 나타낼 때 사용할 수 있다.
· 선영이가 상한 음식을 먹고서 배탈이 났어요.

③ 앞 절의 행위나 동작의 결과가 지속되면서 뒤 절의 내용이 진행될 때 사용할 수 있다.
· 어머니께서 아픈 동생을 업고서 병원까지 뛰어가셨어요.

④ 앞 절의 내용이 뒤 절 내용의 수단이나 방법을 나타낼 때 사용할 수 있다.
· 부산에서 배를 타고서 제주도에 갈 수 있어요.

⑤ 앞과 뒤의 내용이 서로 대립 관계에 있음을 나타낼 때 사용할 수 있다. 이때 대립의 뜻을 강조하기 위해 보조사 '도'를 덧붙일 수 있다.
· 수호는 자기가 잘못을 하고서(도) 오히려 내게 화를 냈다.

7) 교사는 학생들에게 목표 표현에 대해 설명한다.

▨▨▨ **목표 표현 1** ▨▨▨　　'~은 ~인데 -어'

[설명]

🏫 "'~은 ~인데 -어'는 어떤 것을 자세하게 설명할 때 쓰는 표현이에요."

[예시]

· 설날은 한국의 명절인데 설날이 되면 떡국을 먹고 어른들께 세배를 해.
· KTX는 기차의 한 종류인데 기차 중에서 제일 빨라.
· 이 책은 내가 제일 좋아하는 작가의 책인데 며칠 전에 새로 나왔어.
· 무지개는 물방울이 햇빛을 받아 나타나는 것인데 일곱 가지 색깔로 나타나.

▨▨▨ **목표 표현 2** ▨▨▨　　'-으면 -을 뿐만 아니라 -어'

[설명]

🏫 "'-으면 -을 뿐만 아니라 -어'는 어떤 상황이 되었을 때 나타나는 결과를 설명하는 표현이에요."

[예시]

· 편식을 하면 건강에 안 좋을 뿐만 아니라 키도 안 커.
· 개념을 모르면 내용을 이해할 수 없을 뿐만 아니라 문제도 풀 수 없어.
· 늦게 자면 아침에 일어나기 힘들 뿐만 아니라 하루 종일 피곤해.
· 나쁜 거짓말을 계속 하면 다른 사람들이 네 말을 더 이상 믿어 주지 않을 뿐만 아니라 친구도 사귈 수 없어.

새 표현
곰바로 상하다 식중독 복통 설사 보관하다 익히다
진찰 쑤시다 독감 독하다 복용하다 -고서

■ 질문에 답하세요.

1. 내용과 같으면 O, 다르면 X 하세요.
   (1) 남자는 어제 먹인 케이크를 냉장고에 넣었습니다. (   )
   (2) 식중독은 상한 음식을 먹었을 때 걸릴 수 있는 병입니다. (   )
   (3) 음식을 익혀 먹는 것은 식중독 예방에 도움이 됩니다. (   )

2. 여름에는 무슨 병에 걸리기 쉬워요? 그 병을 예방하기 위한 방법에는 어떤 것이 있어요?
   →

민우가 자신이 알고 있는 정보를 다른 사람에게 전달하고 있어요. [QR]로 확인해 보세요.   [QR] 전체 대화를 들어 보세요.

■ 활용하기

나나가 병원에서 진찰을 받고 있어요.

[얼굴] : 어디가 아파서 오셨어요?

[얼굴] : 학을 먹어도 열이 안 내려서 왔어요. 열이 날 뿐만 아니라 몸 여기저기도 쑤시고 아파요.

[얼굴] : 어디 좀 봅시다? 음, 독감이시네요. 독감은 겨울에 많이 걸리는 독한 감기인데 잘 낫지 않으니 푹 쉬고 시간 맞춰 약도 잘 복용해야 해요. 내일 한 번 더 오세요.

[얼굴] : 네, 알겠습니다.

2과 · 화재 시에는 문을 함부로 연다거나 엘리베이터를 타면 안 된대 · 49

---

8) 교사는 학생들에게 교재의 1번과 2번 문제를 풀게 한다.

9) 교사는 학생들과 함께 문제의 답을 확인한다.

정답
1. (1)✕ (2)○ (3)○
2. 냉방병에 걸리기 쉽기 때문에 적정 온도를 유지해야 해요. 열사병에 걸리기 쉽기 때문에 충분한 수분을 섭취하고 양산을 사용해야 해요. 땀띠가 날 수 있기 때문에 시원한 환경을 유지하고 통풍이 잘 되는 옷을 입어야 해요.

10) 교사는 학생들에게 49쪽의 첫 번째 QR 코드 속 영상을 보게 한다.
   [교] "민우가 자신이 알고 있는 정보를 다른 사람에게 전달하고 있어요. 무슨 내용인지 함께 확인해 봐요."

11) 교사는 학생들이 대화 내용을 잘 이해했는지 질문을 한다. 그리고 새 표현이 있다면 그 의미를 함께 설명한다.
   [교] "선영이는 왜 먹고 남은 음식을 식탁 위에 뒀어요?"

활용 – 10분

1) 교사는 학생들이 목표 표현을 사용하여 대답할 수 있도록 질문을 한다.
   [교] "(교실에 있는 사물들을 가리키며) 이게 뭐예요? 언제 사용해요?"
   [교] "그 물건을 사용하면 무엇이 좋아요?"

2) 교사는 질문을 통해 학생들이 '활용하기'의 대화 상황을 추측할 수 있도록 한다.

[교] "나나가 병원에서 진찰을 받고 있어요. 무슨 이야기를 할까요?"

3) 교사는 학생들에게 대화문을 읽게 한 후 대화의 내용을 이해했는지 확인하는 질문을 한다. 그리고 새 표현이 있다면 그 의미를 함께 설명한다.
   [교] "나나는 어디가 아파요?"
   [교] "다 나으려면 어떻게 해야 돼요?"

어휘 및 표현

진찰	◆ **정의** 의사가 치료를 위하여 환자의 병이나 상태를 살핌. [예] 아프면 병원에 가서 진찰을 받아야 해요. ● **설명** "병원에 가면 의사 선생님이 우리가 어디가 어떻게 아픈지 보지요? 그것을 '진찰'이라고 해요."
쑤시다	◆ **정의** 몸이 바늘로 찌르는 것처럼 아프다. [예] 저희 할아버지는 비만 오면 무릎이 쑤시다고 하셔요. ● **설명** "오랜만에 등산을 했더니 다리가 너무 아파요. 그런데 바늘로 찌르는 것처럼 아파요. 이런 느낌으로 아픈 것을 '쑤시다'라고 해요."
독감	◆ **정의** 감기와 비슷하지만 훨씬 증상이 독하고 바이러스에 의해 전염되는 유행성 병의 증상. [예] 요즘 독감이 유행이니까 조심하세요. ● **설명** "겨울이 되면 감기가 유행하지요? 잘 낫지도 않아요. 그런 감기를 '독감'이라고 해요. 독감에 걸리지 않으려면 예방 접종을 하는 것이 좋아요."
독하다	◆ **정의** 건강에 해를 끼치는 독성이 있다. [예] 화재가 나면 독한 연기를 마실 수 있으니까 조심하세요. ● **설명** "불이 나면 연기가 나요. 그런데 이 연기는 마시면 아주 위험해요. 왜냐하면 연기가 독하기 때문이에요. '독하다'는 건강에 위험이 되는 성질이 있다는 뜻이에요."
복용하다	◆ **정의** 약을 먹다. [예] 시간을 맞춰서 이 약을 복용하세요. ● **설명** "'복용하다'는 약을 먹는다는 뜻이에요."

4) 교사는 학생들에게 대화문을 다시 한번 읽게 한다. 이때 역할을 나누는 등 다양한 방식으로 읽게 할 수 있다.

교수-학습 지침

※ 고등학생 대상 수업의 경우 필수적으로 5분간 다음 활동을 추가로 진행함.
→ 교사는 학생들에게 계절에 따라 유행하는 질병과 어떻게 하면 그 질병을 예방할 수 있는지 이야기하도록 지도한다.

정리 – 8분

교사는 학생들에게 49쪽의 '전체 대화를 들어 보세요' QR 코드 속 대화를 듣게 하고 수업을 마무리한다.

• 9차시 | 읽고 써 봐요 – 읽기

[학습 목표]
• 위급 상황에서 무엇이 필요한지 읽고 이해할 수 있다.

본 활동은 소화기와 소화기 사용법에 대해서 알려 주고 있는 설명문을 읽고 이해하기 위한 활동이다.

읽기 전 – 5분

교사는 학생들에게 읽기 내용을 추측할 수 있는 질문을 한다.

🏫 "소화기는 언제 사용해요?"

🏫 "소화기를 본 적이 있지요?"

🏫 "학교에 소화기가 있어요? 어디에 있어요?"

읽기 중 – 30분

1) 교사는 학생들에게 읽기 지문을 개별적으로 읽게 한다.

2) 교사는 학생들이 읽기 지문의 전체 내용을 이해했는지 확인하는 질문을 한다.

🏫 "책에 있는 글을 보세요. 무슨 종류의 글이에요?"

🏫 "무엇에 대한 글이에요?"

3) 교사는 학생들에게 읽기 지문을 읽게 한다. 그리고 세부 내용을 이해했는지 확인하는 질문을 한다.

🏫 "항상 화재에 대비하고 있어야 하는 이유가 뭐예요?"

🏫 "화재가 났을 때 가장 중요한 것이 뭐예요?"

🏫 "소화기를 사용할 때 가장 먼저 무엇을 해야 해요?"

🏫 "소화기 사용 방법을 알고 있으면 무엇이 좋아요?"

4) 읽기 지문에 제시된 새 표현의 의미를 설명한다.

어휘 및 표현

대비하다	◆ **정의** 앞으로 일어날 수 있는 어려운 상황에 대해 미리 준비하다. 예 호민이는 비가 올 때를 대비해서 항상 사물함에 우산을 넣어 두었어요. ◆ **정보** 유의어 '준비하다' ● **설명** "교실마다 소화기가 있는 이유가 뭘까요? 불이 날지도 모르니까 화재에 미리 준비하기 위해서 교실마다 소화기를 준비해 놓은 거예요. 이렇게 앞으로 일어날 수 있는 어려운 상황을 미리 준비한다는 뜻으로 '대비하다'가 있어요. 화재에 대비해서 교실에 소화기를 준비해 놓았어요."
불씨	◆ **정의** 불을 옮겨 붙이는 데 쓰려고 재 속에 묻어 두는 작은 불덩이. 예 난로 속에 아직 불씨가 살아 있어요. ● **설명** "(큰 불의 사진을 보여 주며) 불은 처음부터 이렇게 크지 않아요.(불씨 사진을 보여 주며) 이렇게 작은 불이 점점 커지는 거예요. 이 작은 불을 '불씨'라고 해요. 불을 끌 때에는 불씨가 잘 꺼졌는지 꼭 확인해야 해요."
순식간	◆ **정의** 눈을 한 번 깜빡하거나 숨을 한 번 쉴 만큼의 아주 짧은 동안. 예 오빠가 순식간에 밥을 먹고 나갔어요. ◆ **정보** 유의어 '순간' ● **설명** "산에서 불이 나면 아주 위험해요. 왜냐하면 아주 짧은 시간에 불이 커질 수 있기 때문이에요. '아주 짧은 시간 동안'이라는 뜻으로 '순식간'이 있어요. 산불은 순식간에 커질 수 있기 때문에 아주 위험해요."
이어지다	◆ **정의** 어떤 일의 결과나 어떤 상황이 그다음 단계에 영향을 미치다. 예 졸음운전은 큰 사고로 이어질 수 있어요. ● **설명** "불씨가 위험한 이유가 뭐예요? 작은 불씨가 커지면 화재 사고가 날 수 있기 때문이지요? 어떤 상황이 그다음 단계에 영향을 준다는 뜻으로 '이어지다'가 있어요. 불씨가 큰 화재로 이어질 수 있으니까 항상 조심해야 해요."
초기	◆ **정의** 어떤 기간의 처음이 되는 시기. 예 이 미술 작품이 만들어진 정확한 날짜는 알 수 없지만 조선 초기에 만들어졌다는 것은 알아요. ◆ **정보** 참조어 '중기', '말기' ● **설명** "감기에 걸린 지 얼마 안 되었을 때 약을 먹으면 빨리 낫지요? 감기는 시작된 지 얼마 안 되었을 때, 즉, '초기'에 약을 먹으면 빨리 좋아질 수 있어요."

안전핀	◆ **정의** 포탄이나 폭발물이 함부로 터지지 않도록 꽂는 핀. **예** 소화기를 사용할 때는 안전핀을 뽑아야 해요. ● **설명** "(소화기에 있는 안전핀을 보여 주며) 이게 뭐예요? 이것은 '안전핀'이라고 해요. 소화기를 사용하려면 우선 안전핀을 뽑아야 해요."
호스	◆ **정의** 물이나 가스 등을 보내는 데 쓰며, 잘 휘어지도록 비닐, 고무 등으로 만든 관. **예** 호스로 물을 뿌렸어요. ● **설명** "(긴 호스로 연결된 수도꼭지를 보여 주며) 이것을 '호스'라고 해요. 먼 곳에 물이 필요할 때 호스를 사용해요."
향하다	◆ **정의** 무엇이 어느 한 방향을 바라보게 하다. **예** 식탁에서 생선의 머리는 손님이나 어른 쪽을 향하도록 두어야 해요. ● **설명** "꽃은 햇빛이 없는 쪽은 보지 않아요. 햇빛이 있는 쪽을 보고 있어요. 꽃은 햇빛이 있는 쪽을 향해서 피어요. 이렇게 '향하다'는 어느 한 방향을 본다는 뜻이에요."
손잡이	◆ **정의** 어떤 물건을 손으로 잡기 쉽게 만들어 붙인 부분. **예** 제 책상 서랍은 손잡이가 빠져서 열기가 힘들어요. ● **설명** "(버스에 달려 있는 손잡이 사진을 보여 주며) 버스에 자리가 없어서 서서 갈 때에는 이것을 잡지요? 이것을 '손잡이'라고 해요. 손잡이는 다양한 물건에 붙어 있어요. 문에도, 컵에도, 냄비에도 있어요."
재난	◆ **정의** 뜻하지 않게 일어난 불행한 사고나 고난. **예** 재난이 발생하지 않도록 예방에 힘써야 해요. ● **설명** "화재 사고나 교통사고처럼 갑자기 일어난 안 좋은 사고를 '재난'이라고 해요. 재난은 일어나지 않는 것이 좋겠지요?"
현장	◆ **정의** 일이 벌어졌거나 벌어지고 있는 곳. **예** 운전자는 현장에서 사망했다고 해요. ● **설명** "교통사고가 난 그곳을 교통사고 현장이라고 해요. '현장'은 어떤 일이나 사고가 난 곳이라는 뜻이에요. 그럼 화재 사고가 난 곳은 뭐라고 할까요? 맞아요. 화재 사고 현장이라고 해요."

읽기 후 – 10분

1) 교사는 학생들에게 교재의 문제를 풀게 한다.

2) 교사는 학생들과 함께 문제의 답을 확인한다.

정답
1. (1) × (2) ○ (3) ×
2. 순식간에 큰 화재로 이어질 수 있기 때문에 화재 발생 초기에 꺼야 해요.
3. 안전핀을 뽑아야 해요.

---

3) 교사는 질문을 통해 읽기 내용을 재확인하며 수업을 마무리한다.

🔲 "화재를 대비하고 피해를 줄이기 위해서 소화기는 꼭 필요한 물건이에요. 다른 재난 상황에서 필요한 물건은 무엇이 있을까요?"

교수-학습 지침

※ 고등학생 대상 수업의 경우 필수적으로 5분간 다음 활동을 추가로 진행함.
➔ 교사는 학생들에게 다양한 화재 유형과 소화기에 대해 이야기하도록 지도한다.

• 10차시 | 읽고 써 봐요 - 쓰기

[학습 목표]
• 재난 상황에서 필요한 물건에 대해 쓸 수 있다.

본 활동은 학생들이 각각의 재난 상황에서 필요로 하는 비상 용품에 대해서 생각하고 써 보도록 하는 활동이다.

쓰기 전 - 5분

1) 교사는 학생들에게 쓰기 내용을 추측할 수 있는 질문을 한다.
   📖 "일상생활에서 꼭 필요한 물건에는 무엇이 있어요?"
   📖 "재난 상황에서는 무슨 물건이 꼭 필요해요?"
   📖 "지진을 경험한 적이 있어요?"

2) 교사는 학생들에게 어떤 쓰기 활동을 할 것인지 명확히 알려 준다.
   📖 "이번 시간에는 재난 상황에 꼭 필요하다고 생각하는 물건을 쓸 거예요."

쓰기 중 - 30분

재난 상황에 따라 필요한 물건을 쓰는 활동이다.

1) 교사는 학생들에게 무엇을 써야 하는지 알려 준다. 그리고 새 표현이 있다면 그 의미를 함께 설명한다.

📖 "여기에 없는 재난 용품 중에 여러분이 생각하기에 꼭 필요하다고 생각되는 물건에는 무엇이 있어요?"

📖 "'지진, 폭설, 홍수' 같은 재난 상황에서는 무슨 물건이 필요할까요?"

📖 "이제부터 재난 상황에 따라 필요한 재난 용품을 쓸 거예요. 각각의 재난 상황에서 필요한 물건을 중요하다고 생각하는 순서에 따라서 3개씩 쓰세요. 그리고 왜 그 물건이 필요한지 그 이유도 함께 써 보세요."

📖 "('물건'이라고 쓰인 칸을 가리키며) 여기에 무슨 물건이 필요한지 쓰세요."

📖 "('이유'라고 쓰인 칸을 가리키며) 여기에 왜 그 물건이 필요한지 쓰세요."

어휘 및 표현

손전등	◆ **정의** 가지고 다닐 수 있는 작은 전등. 例 손전등을 켜서 침대 아래를 비췄어요. ● **설명** "(손전등 사진을 보여 주며) 이 물건의 이름을 알아요? 이것은 '손전등'이에요. 정전이 돼서 불이 들어오지 않을 때 필요해요."
구급함	◆ **정의** 구급약 및 간단한 의료 도구를 넣어 두는 상자. 例 구급함에서 반창고 좀 꺼내 주세요. ◆ **정보** 참조어 '구급상자' ● **설명** "(구급함 사진을 보여 주며) 여러분, 이 안에는 뭐가 들어 있어요? 급할 때 먹거나 쓸 수 있는 약, 연고, 밴드 같은 것이 들어 있지요? 이것을 '구급함'이라고 해요."
홍수	◆ **정의** 비가 많이 내려서 갑자기 크게 불어난 강이나 개천의 물. 例 이번 홍수로 피해를 입은 사람들이 많아요. ◆ **정보** 참조어 '가뭄' ● **설명** "비가 너무 많이 오면 강이 넘치기도 하지요? 그것을 '홍수'라고 해요. 여름에 태풍이 불면 비가 많이 내려서 홍수가 날 때가 있어요."
폭설	◆ **정의** 갑자기 많이 내리는 눈. 例 폭설로 인해 학교가 휴교했어요. ◆ **정보** 참조어 '폭우' ● **설명** "한국은 겨울에 갑자기 눈이 많이 내리기도 해요. 그것을 '폭설'이라고 해요. 폭설이 내리면 밖에 나가지 않는 것이 좋겠지요?"

2) 교사는 학생들에게 재난 상황에 따라 필요한 재난 용품을 쓰게 한다. 이때 교사는 학생들에게 개별적으로 쓰기 지도를 할 수 있다.

쓰기 후 - 10분

1) 쓰기 활동이 모두 마무리되면 교사는 학생들에게 각자 쓴 것을 발표하게 한다.

2) 교사는 재난 상황에 따라 필요한 물건들을 보면서 재난 상황 대비에 대해 다시 한번 정리하며 수업을 마무리한다.

● 메모

3과 | 나나도 너한테 미안해하고 있을걸

● 단원 목표

고민에 대해 말하고 조언을 구할 수 있으며 어려운 상황에서 다른 사람에게 도움을 요청할 수 있다.

● 단원 내용

꼭 배워요 **(필수)**	• 주제: 고민 상담
	• 기능: 조언 구하기, 도움 요청하기
	• 어휘: 고민 관련 어휘
	• 문법: -는 대로, -다면서, -고 보니, -을걸
문화	• 문화: 한국 중고등학생의 고민을 들여다보다
더 배워요 **(선택)**	• 대화 1: 고민에 대한 조언 구하기 • 대화 2: 고민 해결을 위해 도움 요청하기
	• 읽기: 교내 상담 신청 안내
	• 쓰기: 자신의 고민에 대해 쓰고 다른 사람의 고민에 대해 조언하기

● 수업 개요

〈꼭 배워요〉 학습 목표

• 고민에 대해 말하고 조언을 구할 수 있다.
• 어려운 상황에서 다른 사람에게 도움을 요청할 수 있다.

1차시	• 도입 대화를 통해 본 단원의 주제에 대해 이해하고 말할 수 있다.
2차시	• 고민 관련 어휘 및 표현을 알고 활용할 수 있다.
3차시	• 자신에게 어울리는 머리 모양에 대해 조언을 구할 수 있다. • '-는 대로'를 사용하여 앞의 행동과 똑같이 뒤의 행동을 한다는 것을 나타낼 수 있다.
4차시	• 성적을 올리는 방법에 대해 조언을 구할 수 있다. • '-는다면서'를 사용하여 다른 사람에게 들은 내용을 확인해서 물어볼 수 있다.

5차시	• 용돈과 관련된 고민을 털어놓고 조언을 구할 수 있다. • '-고 보니'를 사용하여 어떤 행동을 하기 전에는 몰랐으나 그 행동을 한 후 새로운 결과를 알게 되었다는 것을 나타낼 수 있다.
6차시	• 혼자서 하기 힘든 일에 대해 다른 사람에게 도움을 요청할 수 있다. • '-을걸'을 사용하여 어떤 사실이나 잘 모르는 일에 대한 확실하지 않은 추측을 나타낼 수 있다.

• 1차시 | 복습 및 〈꼭 배워요〉 도입

[학습 목표]
• 도입 대화를 통해 본 단원의 주제에 대해 이해하고 말할 수 있다.

복습 – 20분

2단원에서 배운 주제 및 문법에 대해 복습한다.

1) 교사는 지난 단원의 주제와 관련된 질문을 하여 학생들에게 학습한 내용을 떠올리게 한다.
   🔲 "화재가 났을 때 어떻게 해야 해요?"
   🔲 "소방관이라는 직업을 알고 있지요? 무슨 일을 해요?"
   🔲 "소화기를 어떻게 사용하는지 알지요? 사용 방법을 설명해 주세요."
   🔲 "질병은 예방이 중요해요. 어떻게 예방할 수 있는지 말해 볼까요?"
   🔲 "특별히 위생과 청결에 신경 써야 하는 직업에는 무엇이 있을까요?"

2) 교사는 '-는다거나'와 관련된 질문을 하여 학생들에게 학습한 내용을 떠올리게 한다.
   🔲 "도서관에서 공부를 하는데 집중이 잘 안 돼요. 집중이 잘 안 될 때 어떻게 해요?"
   🔲 "밤 10시가 넘었는데 잠이 오지 않아요. 잠이 오지 않을 때 하는 행동이 있어요?"

3) 교사는 '피동 표현'과 관련된 질문을 하여 학생들에게 학습한 내용을 떠올리게 한다.
   🔲 "문을 열어 놓았는데 바람이 세게 불어요. 그럼 문이 어떻게 돼요?"
   🔲 "벽을 한번 볼까요? 벽에 뭐가 있어요?"

4) 교사는 '-을 뿐만 아니라'와 관련된 질문을 하여 학생들에게 학습한 내용을 떠올리게 한다.
   🔲 "영수가 우리 반 반장이 됐어요. 여러분은 왜 영수를 반장으로 뽑았어요?"
   🔲 "운동을 하면 좋은 점에 대해 이야기해 볼까요?"

5) 교사는 '-던'과 관련된 질문을 하여 학생들에게 학습한 내용을 떠올리게 한다.
   🔲 "우유를 반만 마시고 책상 위에 올려놓았는데 없어졌어요. 친구에게 어떻게 물어봐요?"
   🔲 "어렸을 때 찍은 사진을 보는데 그때는 키가 정말 작았는데 지금은 커요. 어떻게 말해요?"

교수-학습 지침
※ 고등학생 대상 수업의 경우 필수적으로 5분간 다음 활동을 추가로 진행함.
→ 교사는 짝 활동, 그룹 활동을 통해 화재 발생 시 대처 방법에 대해 이야기하게 할 수 있다. 이때 교사는 지난 단원에서 배운 '-는다거나', 피동 표현, '-을 뿐만 아니라', '-던' 중 세 가지 이상의 문법을 사용하여 대화문을 만들 수 있도록 지도한다.

〈꼭 배워요〉 도입 – 25분

1) 교사는 학생들에게 이번 단원에서 배울 주제가 무엇인지 추측할 수 있는 질문을 한다. 이때 교재 53쪽에 있는 '함께 이야기해 봐요'에 제시되어 있는 질문을 활용하며 질문에 대해 학생들이 자유롭게 이야기할 수 있도록 한다.
   🔲 "여러분은 무슨 고민이 있어요?"
   🔲 "그 고민을 어떻게 해결할 수 있을까요?"

2) 교사는 이번 단원에서 학습하게 될 주제가 무엇인지 제시한다. 학습 주제가 배우지 않은 어휘나 표현이라면 쉬운 말로 풀어서 설명한 후 학습 주제를 제시한다.

📖 "무슨 고민이 있는지 어떻게 그 고민을 해결할 수 있는지 이야기해 봤어요. 3과에서는 고민에 대해 배울 거예요."

3) 교사는 학생들에게 교재 53쪽의 대화를 읽게 한다. 그리고 세부 내용을 이해했는지 확인하는 질문을 한다.

📖 "안나가 고민이 있다고 해요. 무엇 때문에 고민해요?"

📖 "안나는 왜 선영이가 자신을 이해할 수 없다고 생각해요?"

● 메모

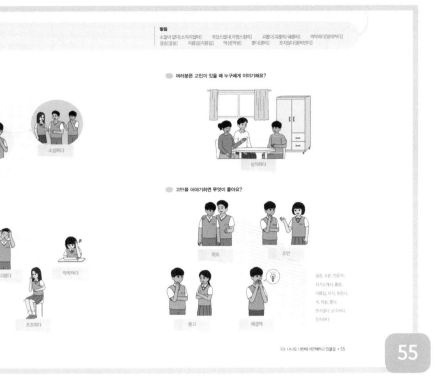

• 2차시 | 어휘를 배워요

[학습 목표]
• 고민 관련 어휘 및 표현을 알고 활용할 수 있다.

본 단원에는 고민에 관련된 어휘 및 표현이 제시되어 있다.

도입 – 5분

1) 교사는 질문을 통해 학습하게 될 어휘 및 표현을 자연스럽게 노출한다.
   📖 "여러분 같은 학생들의 가장 큰 고민은 무엇일까요?"
   📖 "고민이 있을 때 마음이 어때요?"
   📖 "성적 때문에 고민이 있을 때 누구와 이야기하면 도움을 받을 수 있을까요?"

2) 교사는 학생들과 제시된 그림을 보며 이야기를 나눈다.
   📖 "54쪽의 그림을 보세요. 이 친구는 무슨 고민이 있어요?"
   📖 "여러분은 고민이 있을 때 마음이 어때요?"
   📖 "55쪽의 그림을 보세요. 여러분은 고민이 있을 때 누구에게 이야기해요?"
   📖 "고민을 이야기하면 무엇이 좋아요?"

전개 – 35분

1. 고민을 하는 이유와 고민이 있을 때의 마음 관련 어휘 및 표현이다.

1) 교사는 다음에 제시되는 내용을 참고하여 학생들에게 어휘 및 표현을 설명한다. 이때 새로 등장하는 발음 규칙이 있다면 함께 설명한다.

다투다	◆ 정의 생각이나 마음이 달라 따지며 싸우다. 예 아까 친구랑 다퉈서 기분이 별로 좋지 않아. ● 설명 "가끔 친구와 생각이 달라서 친구와 싸울 때가 있지요? '싸우다'와 같은 뜻으로 '다투다'가 있어요."
소질	◆ 정의 태어날 때부터 지니고 있는 능력이나 성질. 예 저는 수학은 잘하는데 언어 쪽으로는 소질이 없는 것 같아요. ● 설명 "세인이는 운동을 참 잘해요. 처음 해 보는 운동도 몇 번 해 보면 다른 사람들보다 잘하는 것 같아요. 배워서 그런 것이 아니에요. 어렸을 때부터 원래 가지고 있는 능력이 있어서 그래요. 이렇게 태어날 때부터 가지고 있는 능력을 '소질'이라고 해요. 세인이는 운동에 소질이 있어요. 여러분은 무엇에 소질이 있어요?"
소심하다	◆ 정의 겁이 많아 대담하지 못하고 지나치게 조심스럽다. 예 저는 성격이 소심한 편이에요. ● 설명 "제 동생은 걱정이 많아서 어떤 일을 할 때 항상 조심해요. 이런 성격을 '소심하다'라고 해요."
걱정스럽다	◆ 정의 좋지 않은 일이 있을까 봐 두렵고 불안하다. 예 혼자 사시는 할머니가 걱정스러워서 매일 전화를 드려요. ● 설명 "친구가 아파서 학교에 못 왔어요. 친구가 얼마나 아플지 걱정돼서 마음이 불안하지요? 이런 마음을 '걱정스럽다'라고 해요."

괴롭다	◆ **정의** 몸이나 마음이 편하지 않고 아프고 고통스럽다. **예** 밤에 잠이 오지 않아서 정말 괴로워요. ● **설명** "요즘 밤에 잠이 오지 않아요. 밤에 잠을 잘 못 자니까 항상 피곤해요. 그래서 너무 힘들어요. 이렇게 몸이나 마음이 힘들다는 뜻으로 '괴롭다'가 있어요. 요즘 잠을 제대로 못 자서 괴로워요."
막막하다	◆ **정의** 아득하고 막연하다. **예** 방학 숙제를 할 생각을 하니까 막막해져요. ● **설명** "내일 영어 단어 시험이 있는데 외워야 할 단어가 너무 많아요. 이럴 때 기분이 답답하지요? 이렇게 막힌 것 같이 답답한 기분을 '막막하다'라고 해요."
우울하다	◆ **정의** 걱정 등으로 마음이 답답하여 활발한 기운이 없다. **예** 성적이 떨어져서 우울해요. ● **설명** "걱정이 있으면 마음이 답답하지요? 마음이 답답해서 힘이 없고요. 그래서 평소 때처럼 잘 웃거나 말을 많이 하지 않아요. 이렇게 걱정 때문에 힘이 없는 것을 나타내는 의미로 '우울하다'가 있어요."
초조하다	◆ **정의** 답답하거나 안타깝거나 걱정이 되어 마음이 조마조마하다. **예** 검사 결과를 초조하게 기다리고 있어요. ● **설명** "삼촌이 회사에 들어가려고 면접시험을 봤어요. 오늘 저녁에 결과가 나와요. 지금 삼촌의 기분이 어떨까요? 떨어질까 봐 마음이 불안하겠지요? 미래의 일이 걱정돼서 마음이 불안하다는 뜻으로 '초조하다'가 있어요."

2) 교사는 질문을 통해 학생들이 어휘 및 표현을 잘 이해했는지 확인한다.

　🔲 "교재에 나와 있는 고민 중에서 가장 심각한 고민이 뭐라고 생각해요?"

　🔲 "친구와 다툰 후 사과를 했는데 친구가 사과를 안 받아 줘요. 이럴 때 어떤 기분이 들어요?"

2. 고민 상담과 상담 후 받을 수 있는 도움 관련 어휘 및 표현이다.

1) 교사는 다음에 제시되는 내용을 참고하여 학생들에게 어휘 및 표현을 설명한다. 이때 새로 등장하는 발음 규칙이 있다면 함께 설명한다.

상의하다	◆ **정의** 서로 의견을 주고받다. **예** 혼자 고민하지 말고 가족들과 상의해 보세요. ● **설명** "고민이 있을 때 다른 사람의 생각을 들어보고 싶지요? 혼자 고민하지 않고 선생님, 부모님 또는 친구들과 이야기하면서 의견을 주고받는 것을 '상의하다'라고 해요."

위로	◆ **정의** 따뜻한 말이나 행동 등으로 괴로움을 덜어 주거나 슬픔을 달래 줌. **예** 제 말이 조금이라도 위로가 되었으면 좋겠어요. ● **설명** "친구에게 좋은 일이 있을 때에는 축하의 말을 해 주지요? 그럼 친구에게 안 좋은 일이 있을 때에는 어떤 말을 해 주면 좋을까요? 위로의 말을 해 줘야 해요. '위로'는 따뜻한 말이나 행동을 해서 괴롭고 슬픈 마음을 작아지게 하는 것을 말해요."
조언	◆ **정의** 도움이 되도록 말로 거들거나 깨우쳐 줌. 또는 그런 말. **예** 선생님의 조언이 큰 도움이 되었어요. ● **설명** "고민이 있을 때 경험이 많은 사람과 상의하면 좋을 거예요. 왜냐하면 도움이 되는 말인 '조언'을 들을 수 있기 때문이에요. 고민이 있을 때 사람들에게 조언을 구해 보세요."
충고	◆ **정의** 남의 허물이나 잘못을 진심으로 타이름. 또는 그런 말. **예** 제 동생은 고집이 세서 다른 사람의 충고를 잘 듣지 않아요. ● **설명** "동생이 친구와 다투었는데 다툰 이유를 들어 보니 동생이 잘못을 한 것 같아요. 여러분은 동생에게 뭐라고 말해 줄 거예요? '네가 잘못했으니까 가서 사과해. 앞으로는 그러면 안 돼.'라고 이야기해 줄 거지요? 잘못에 대해 진심으로 말해 주는 것을 '충고'라고 해요."
해결책	◆ **정의** 사건이나 문제, 일 등을 처리해 끝을 내기 위한 방법. **예** 모두가 해결책을 찾기 위해 노력하고 있어요. ● **설명** "무슨 문제가 있을 때 어떻게 해요? 문제를 끝낼 수 있는 방법을 찾아야 되겠지요? 그것을 '해결책'이라고 해요."

2) 교사는 질문을 통해 학생들이 어휘 및 표현을 잘 이해했는지 확인한다.

　🔲 "여러분은 고민이 있을 때 어떻게 해요? 혼자 계속 고민해요?"

　🔲 "부모님이나 선생님 또는 친구에게 고민에 대해 이야기하면 어떤 도움을 받을 수 있을까요?"

교수-학습 지침

※ 고등학생 대상 수업의 경우 필수적으로 5분간 다음 활동을 추가로 진행함.
→ 교사는 두 명씩 짝을 지어 한 학생에게는 자신의 고민과 현재 감정에 대해 말하게 하고, 다른 학생은 조언이나 충고를 말하게 하는 활동을 하도록 지도한다.

정리 – 5분

교사는 질문을 통해 어휘 및 표현 학습을 마무리한다.

　🔲 "여러분은 요즘 무슨 고민이 있어요?"

　🔲 "그래서 마음이 어때요?"

　🔲 "그 고민에 대해서 상의해 봤어요? 누구와 상의했어요?"

교 "그 고민에 대한 해결책으로는 무엇이 있을까요?"

교사 지식

➡ '소질이 없다[소지리업따], 걱정스럽다[걱쩡스럽따], 괴롭다
[괴롭따/궤롭따], 지름길[지름낄], 막상[막쌍], 못지않다[몯
찌안타]'에서 확인되는 발음 규칙:
· 경음화 ▶ 1과 29쪽 참고

➡ '소질이 없다[소지리업따]'에서 확인되는 발음 규칙:
· 연음 법칙 ▶ 2과 52쪽 참고

➡ '괴롭다[괴롭따/궤롭따]'에서 확인되는 발음 규칙:
· 원래는 단모음이었으나 현대에 와서는 이중 모음으로 발음
되고 있다.

➡ '막막하다[망마카다]'에서 확인되는 발음 규칙:
· 비음화 ▶ 받침 'ㄱ', 'ㄷ', 'ㅂ'은 'ㄴ', 'ㅁ' 앞에서 [ㅇ], [ㄴ],
[ㅁ]으로 발음한다.
· 'ㅎ' 축약 ▶ 1과 29쪽 참고

➡ '결승[결씅]'에서 확인되는 발음 규칙:
· 경음화 ▶ 1과 29쪽 참고

➡ '못지않다[몯찌안타]'에서 확인되는 발음 규칙:
· 7종성법 ▶ 1과 29쪽 참고
· 'ㅎ' 축약 ▶ 1과 29쪽 참고

• 3차시 | 문법을 배워요 1

[학습 목표]

• 자신에게 어울리는 머리 모양에 대해 조언을 구할 수
있다.
• '-는 대로'를 사용하여 앞의 행동과 똑같이 뒤의 행동
을 한다는 것을 나타낼 수 있다.

도입 – 5분

1) 교사는 학생들에게 대화문을 읽게 한다. 그리고 학생
들이 대화 상황을 이해했는지 확인 질문을 한다.

교 "와니는 안나에게 어떤 머리 모양을 추천했어요?"
교 "와니의 말을 들은 안나는 무엇을 걱정해요?"

2) 교사는 학생들에게 목표 문법의 의미를 추측할 수 있
는 질문을 한다.

교 "와니는 자기가 이야기한 것처럼 안나에게 머리를 자르라
고 다시 한번 이야기했어요. 뭐라고 말했어요?"

전개 – 35분

다음의 절차에 따라 문법에 대해 설명한다. 그리고 새로 제시되
는 어휘 및 표현이 있다면 그 의미를 함께 설명한다.

[설명]

📖 "'-는 대로'는 앞의 행동과 똑같이 뒤의 행동을 한다는 것을 나타낼 때 사용해요."

[예시]

· 졸리면 내가 하는 대로 스트레칭을 해 봐.
· 그동안 연습한 대로 하면 잘할 수 있을 거예요.
· 선생님께서 말씀하신 대로 따라해 보세요.

[정보]

▶ 형태 정보:

	받침 ○	받침 X, 'ㄹ' 받침
동사	-는 대로	
형용사	-은 대로	-ㄴ 대로

① 동사 어간 끝음절의 받침 유무에 관계없이 '-는 대로'를 쓴다. 단, 'ㄹ' 받침으로 끝날 때는 'ㄹ'이 탈락한다.

② 형용사 어간 끝음절에 받침이 있으면 '-은 대로', 형용사 어간 끝음절에 받침이 없거나 'ㄹ' 받침으로 끝나면 '-ㄴ 대로'를 쓴다.

③ '있다, 없다'나 '있다, 없다'가 붙어서 만들어진 합성어 '재미있다, 재미없다, 맛있다, 맛없다' 등의 형용사는 '-는 대로'를 쓴다.

▶ 제약 정보:

① 과거 '-었-', 미래·추측의 '-겠-'과 결합하지 않는다.

② 앞 절에 부정 표현이 올 수 없다.

· 네가 잠을 자지 않는 대로 나도 잠을 자지 않을 거야. (X)

▶ 주의 사항:

① 앞 절과 뒤 절의 주어가 같거나 달라도 된다.

② 앞 절과 뒤 절의 시제가 같거나 달라도 된다.

③ 과거는 '-은/ㄴ 대로'의 형태로 사용된다.

④ 명사와 함께 쓰여 앞 말에 근거하거나 달라짐이 없음을 나타낼 수 있다.

· 거짓말 하지 말고 사실대로 말해.

⑤ '-자마자'와 같이 어떤 행동이나 상황이 나타나는 그때 바로, 또는 직후에 곧의 뜻을 나타내기도 한다.

· 수업을 마치는 대로 집에 가야 돼.

[확인]

교사는 문법을 설명한 뒤 '연습 문제'를 통해 학생들이 문법을 이해했는지 확인한다.

정답
(1) 본 대로
(2) 추천한 대로

어휘 및 표현

졸음	◆ **정의** 잠이 오는 느낌이나 상태. 예 밤늦게까지 졸음을 참으면서 숙제를 했어요. ● **설명** "수업 시간에 눈이 감기고 잠이 오는 느낌이 들 때가 있지요? 이것을 '졸음이 온다'라고 해요. 세수를 하면 졸음을 깰 수 있어요."
쫓다	◆ **정의** 졸음이나 잡념 등을 물리치다. 예 졸음을 쫓으려고 찬물로 세수를 했어요. ● **설명** "집에서 시험 준비를 하고 있는데 너무 졸려요. 졸음이 오면 어떻게 해요? 스트레칭을 하거나 시원한 것을 마시면 졸음을 쫓을 수 있지요? '쫓다'는 졸음이나 불필요한 생각을 없앤다는 뜻이에요."
꼭	◆ **정의** 어떤 것을 빈틈이 없이 힘주어 세게 누르거나 잡는 모양. 예 오랜만에 만난 친구의 손을 꼭 잡았어요. ◆ **정보** 유의어 '꽉' ● **설명** "큰 식당에 가면 필요한 것이 있을 때 누를 수 있는 벨이 있지요? 그것을 살짝 누르면 안 돼요. 힘을 줘서 세게 눌러야 해요. 이렇게 세게 누르거나 잡는 것을 '꼭'이라고 해요."
지름길	◆ **정의** 목적지까지 빠르게 갈 수 있는 길. 예 학교로 빨리 갈 수 있는 지름길을 찾았어. ● **설명** "지름길은 빠르게 갈 수 있는 길을 말해요. 집에서 학교로 오는 지름길이 있어요?"

교수-학습 지침

※ 고등학생 대상 수업의 경우 필수적으로 5분간 다음 활동을 추가로 진행함.

→ 교사는 학생들에게 목표 문법을 활용할 수 있는 새로운 화제를 제시한다.

📖 "여행을 가서 길을 찾아요. 어떻게 하면 좋은지 '-는 대로'를 사용해서 말해 보세요."

예시 답안
지도에 나와 있는 대로 길을 찾아요. 다른 사람에게 길을 물어보고 알려 주는 대로 길을 찾아요.

정리 – 5분

1) 교사는 학생들에게 대화문을 다시 한번 읽게 한다.

2) 교사는 교재에 제시된 열린 질문을 통해 학생들에게 배운 문법을 활용하여 자유롭게 이야기를 나누게 한다.

📖 "무엇을 따라서 어떤 일을 해요. '-는 대로'를 사용하여 말해 보세요."

예시 답안
엄마가 가르쳐 주신 대로 음식을 만들어요. 설명서에 나와 있는 대로 의자를 조립해요.

78 의사소통 한국어 교사용 지도서 4

● 4차시 | 문법을 배워요 2

[학습 목표]

• 성적을 올리는 방법에 대해 조언을 구할 수 있다.
• '-는다면서'를 사용하여 다른 사람에게 들은 내용을 확인해서 물어볼 수 있다.

도입 – 5분

1) 교사는 학생들에게 대화문을 읽게 한다. 그리고 학생들이 대화 상황을 이해했는지 확인 질문을 한다.
   교 "수호는 공부를 안 해서 성적이 떨어졌어요?"
   교 "민우는 수호에게 어떻게 해 보라고 조언했어요?"

2) 교사는 학생들에게 목표 문법의 의미를 추측할 수 있는 질문을 한다.
   교 "민우는 수호가 성적 때문에 고민이 많다고 들었어요. 그래서 수호에게 확인하고 싶어요. 어떻게 물어봤어요?"

전개 – 35분

다음의 절차에 따라 문법에 대해 설명한다. 그리고 새로 제시되는 어휘 및 표현이 있다면 그 의미를 함께 설명한다.

[설명]

교 "'-는다면서'는 다른 사람에게 들은 내용을 확인해서 물어볼 때 사용해요."

[예시]

• 매일 아침 신문을 읽는다면서요?
• 이 식당 음식이 싸고 맛있다면서요?
• 내일 기온이 뚝 떨어진다면서요?
• 어제 약속 시간에 늦었다면서?

[정보]

▶ 형태 정보:

	받침 O	받침 X, 'ㄹ' 받침
동사	-는다면서	-ㄴ다면서
형용사	-다면서	

	ㅏ, ㅗ	ㅓ, ㅜ, ㅣ …	하다
동사, 형용사 과거	-았다면서	-었다면서	-였다면서

① 동사 어간 끝음절에 받침이 있으면 '-는다면서', 동사 어간 끝음절에 받침이 없거나 'ㄹ' 받침으로 끝나면 '-ㄴ다면서'를 쓴다. 단, 'ㄹ' 받침으로 끝날 때는 'ㄹ'이 탈락한다.

② 형용사 어간 끝음절의 받침 유무에 관계없이 '-다면서'를 쓴다.

③ '이다'나 '아니다'는 '라면서'를 쓴다. 단, '이다' 앞의 명사에 받침이 없으면 주로 '명사+라면서'로 쓴다.

④ 과거의 경우 동사 및 형용사 어간 끝음절의 모음이 'ㅏ, ㅗ'인 경우 '-았다면서', 동사 및 형용사 어간 끝음절의 모음이 'ㅏ, ㅗ'가 아닌 경우 '-었다면서', '-하다'가 붙은 동사 및 형용사 어간에는 '-였다면서'를 쓰는데, 흔히 줄여서 '-했다면서'로 쓴다.

▶ 제약 정보:

① '-는다면서'는 '-는다며'로 줄여 쓸 수 있지만 '-는다며'는 해요체를 쓸 수 없다.

   • 내일 비가 온다며요? (X)

▶ 주의 사항:

① '-는다면서'는 구어적 상황에서 친구나 아랫사람에게 사용하며, 듣는 사람이 나이가 많거나 지위가 높을 때는 '-는다면서요'로 쓴다.

② 들은 내용이 과거의 일이면 '-었다면서'를 쓴다.

③ '-는다면서'는 현재나 가까운 미래의 일을 나타낸다.

④ 말하는 사람이 직접 보거나 경험한 일에 대해서는 사용할 수 없다.

[확인]

교사는 문법을 설명한 뒤 '연습 문제'를 통해 학생들이 문법을 이해했는지 확인한다.

어휘 및 표현

진지하다	◆ **정의** 태도나 성격이 경솔하지 않고 신중하고 성실하다. **예** 우리 형은 저와 다르게 성격이 진지한 편이에요. ● **설명** "영수는 평소에 장난도 안 치고 말도 함부로 하지 않아요. 농담을 해도 농담인지 잘 몰라요. 이런 성격을 '진지하다'라고 해요."
결승	◆ **정의** 운동 경기에서 마지막 승부를 결정하는 것. **예** 결승에서 이기기 위해 최선을 다 할 거예요. ● **설명** "내일 야구 경기 결승이 있어요. 이 경기에서 이기면 1위, 지면 2위를 해요. 이렇게 운동 경기에서 마지막으로 1등을 결정하는 경기를 '결승'이라고 해요."

교수-학습 지침

※ 고등학생 대상 수업의 경우 필수적으로 5분간 다음 활동을 추가로 진행함.

➡ 교사는 학생들에게 목표 문법을 활용할 수 있는 새로운 화제를 제시한다.

📺 "오늘 들은 뉴스에 대해 '-는다면서'를 사용해서 말해 보세요."

예시 답안

축구 대회에서 우리나라가 우승을 했다면서요? 내일부터 날씨가 많이 추워진다면서요?

정리 – 5분

1) 교사는 학생들에게 대화문을 다시 한번 읽게 한다.

2) 교사는 교재에 제시된 열린 질문을 통해 학생들에게 배운 문법을 활용하여 자유롭게 이야기를 나누게 한다.

📺 "다른 사람에게 확인하고 싶은 것이 있어요? '-는다면서'를 사용하여 친구에게 말해 보세요."

예시 답안

다음 주가 네 생일이라면서? 감기에 걸렸다면서?

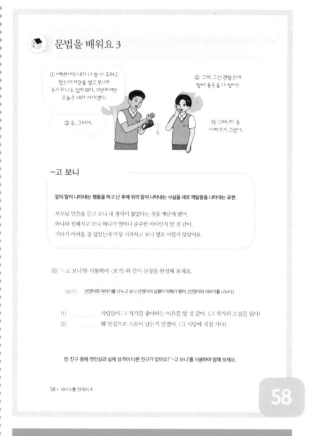

• 5차시 | 문법을 배워요 3

[학습 목표]

• 용돈과 관련된 고민을 털어놓고 조언을 구할 수 있다.

• '-고 보니'를 사용하여 어떤 행동을 하기 전에는 몰랐으나 그 행동을 한 후 새로운 결과를 알게 되었다는 것을 나타낼 수 있다.

도입 – 5분

1) 교사는 학생들에게 대화문을 읽게 한다. 그리고 학생들이 대화 상황을 이해했는지 확인 질문을 한다.

📺 "정호에게 무슨 문제가 있어요?"

📺 "누가 밥을 살 거예요?"

2) 교사는 학생들에게 목표 문법의 의미를 추측할 수 있는 질문을 한다.

📺 "정호가 용돈을 다 쓴 것을 어떻게 알게 되었어요?"

전개 – 35분

다음의 절차에 따라 문법에 대해 설명한다. 그리고 새로 제시되는 어휘 및 문법이 있다면 그 의미를 함께 설명한다.

[설명]

📊 "'-고 보니'는 어떤 행동을 하기 전에는 몰랐으나 그 행동을 한 후 새로운 결과를 알게 되었을 때 사용해요."

[예시]

· 지하철을 타고 보니 반대 방향으로 가는 거였어요.
· 박물관에 도착하고 보니 박물관이 문을 닫는 날이었어.
· 약속을 정하고 보니 그날 다른 일이 있어서 얼른 취소했어요.

[정보]

▶ 형태 정보:

	받침 O	받침 X
동사	-고 보니	

① 동사 어간 끝음절의 받침 유무와 관계없이 '-고 보니'를 쓴다.

② '이다, 아니다'는 '고 보니'를 쓴다. 단, '이다' 앞의 명사에 받침이 없으면 주로 '명사+고 보니'라고 쓴다.

▶ 제약 정보:

① 일반적으로 형용사와 결합하지 않지만, 형용사가 변화의 의미를 지닐 때 결합이 가능하다.

· 배가 부르고 보니 약속이 있었다는 것이 생각났다.

② 과거 '-었-', 미래 · 추측의 '-겠-'과 결합하지 않는다.

▶ 주의 사항:

① 부정문 '-지 않고 보니', '안 -고 보다'의 형태로 거의 쓰지 않는다.

[확인]

교사는 문법을 설명한 뒤 '연습 문제'를 통해 학생들이 문법을 이해했는지 확인한다.

정답
(1) 그 작가의 소설을 읽고 보니
(2) 그 식당에 직접 가고 보니

어휘 및 표현

순수하다	◆ 정의 개인적인 욕심이나 못된 생각이 없다. 예 와니는 천사처럼 순수한 것 같아요. ● 설명 "(천사 그림을 보여 주며) 천사는 어때요? 욕심이 없고 착하지요? 천사처럼 욕심이 없고 나쁜 생각이 없는 것을 '순수하다'라고 해요."
막상	◆ 정의 전에 생각한 것과는 다르게 실제로 닥쳐 보니. 예 김치찌개가 아주 매워 보였는데 막상 먹고 보니 그렇게 맵지 않아요. ● 설명 "나나는 요즘 기타를 배우고 있어요. 배우기 전에는 기타가 어려울 줄 알았어요. 그런데 배워 보니 어렵지 않아요. 이렇게 전에 생각한 것과 다르게 실제 해 보니 그렇지 않은 상황에서 '막상'을 쓸 수 있어요. 막상 기타를 배워 보니 생각보다 어렵지 않아요."

소문	◆ 정의 사람들 사이에 널리 퍼진 말이나 소식. 예 소문과 사실은 다를 수 있으니까 믿지 마세요. ● 설명 "'소문'은 사람들 사이에 많이 알려진 말이나 소식을 말해요. 사실일 수도 있고 아닐 수도 있어요. 여러분은 요즘 어떤 소문을 들었어요?"

교수-학습 지침

※ 고등학생 대상 수업의 경우 필수적으로 5분간 다음 활동을 추가로 진행함.
➜ 교사는 학생들에게 목표 문법을 활용할 수 있는 새로운 화제를 제시한다.
교 "보기에는 쉬워 보였는데 막상 해 보니 잘 안되는 일이 있지요? '-고 보니'를 사용해서 말해 보세요."

예시 답안
풀고 보니 제가 풀 수 있는 문제가 아니었어요. 플루트를 불고 보니 제 생각보다 소리 내는 게 힘들었어요.

정리 - 5분

1) 교사는 학생들에게 대화문을 다시 한번 읽게 한다.

2) 교사는 교재에 제시된 열린 질문을 통해 학생들에게 배운 문법을 활용하여 자유롭게 이야기를 나누게 한다.

교 "반 친구 중에 첫인상과 실제 성격이 다른 친구가 있어요? '-고 보니'를 사용하여 말해 보세요."

예시 답안
와니가 조용한 성격일 줄 알았는데 친해지고 보니 정말 활발해요. 나나를 처음 봤을 때에는 성격이 급한 것 같았는데 같이 지내고 보니 전혀 그렇지 않아요.

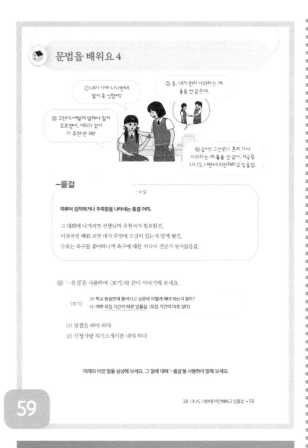

59

• 6차시 | 문법을 배워요 4

[학습 목표]

• 혼자서 하기 힘든 일에 대해 다른 사람에게 도움을 요청할 수 있다.
• '-을걸'을 사용하여 어떤 사실이나 잘 모르는 일에 대한 확실하지 않은 추측을 나타낼 수 있다.

도입 – 5분

1) 교사는 학생들에게 대화문을 읽게 한다. 그리고 학생들이 대화 상황을 이해했는지 확인 질문을 한다.
   📖 "유미에게 무슨 일이 있는 것 같아요?"
   📖 "소연이는 유미에게 어떻게 하라고 조언해 줬어요?"

2) 교사는 학생들에게 목표 문법의 의미를 추측할 수 있는 질문을 한다.
   📖 "소연이는 나나도 유미에게 미안해하고 있을 거라고 추측해요. 어떻게 말했어요?"

전개 – 35분

다음의 절차에 따라 문법에 대해 설명한다. 그리고 새로 제시되는 어휘 및 표현이 있다면 그 의미를 함께 설명한다.

[설명]

📖 "'-을걸'은 어떤 사실이나 잘 모르는 일에 대한 확실하지 않은 추측을 나타낼 때 사용해요."

[예시]

· 그 옷은 너한테 좀 클걸.
· 지금 수업 중이라서 전화를 못 받을걸.
· 아직 교실에 아무도 안 왔을걸.

[정보]

▶ 형태 정보:

	받침 O	받침 X, 'ㄹ' 받침
동사, 형용사	-을걸	-ㄹ걸

	ㅏ, ㅗ	ㅓ, ㅜ, ㅣ…	하다
동사, 형용사 과거	-았을걸	-었을걸	-였을걸

① 동사 및 형용사 어간 끝음절에 받침이 있으면 '-을걸', 동사 및 형용사 어간 끝음절에 받침이 없거나 'ㄹ' 받침으로 끝나면 '-ㄹ걸'을 쓴다. 단, 'ㄹ' 받침으로 끝날 때는 'ㄹ'이 탈락한다.

② '이다, 아니다'는 'ㄹ걸'을 쓴다. 단, '이다' 앞의 명사에 받침이 없으면 '이'를 생략하고 'ㄹ걸'의 'ㄹ'이 앞 모음과 결합할 수 있다.

③ 과거의 경우 동사 및 형용사 어간 끝음절의 모음이 'ㅏ, ㅗ'인 경우 '-았을걸', 동사 및 형용사 어간 끝음절의 모음이 'ㅏ, ㅗ'가 아닌 경우 '-었을걸', '-하다'가 붙은 동사 및 형용사 어간에는 '-였을걸'을 쓰는데, 흔히 줄여서 '-했을걸'로 쓴다.

▶ 제약 정보:

① 1인칭 주어, 2인칭 주어와 결합할 수 없다.

② 과거 '-었-'과만 결합할 수 있고, 미래·추측 '-겠-'과는 결합할 수 없다.

③ 추측의 의미를 나타낼 때 부정 표현으로 '-지 말다'를 사용할 수 없다. 만약 '-지 말다'를 사용하면 후회의 의미로 쓰인다.
   · 사진을 찍지 말걸.

▶ 주의 사항:

① '-을걸'은 구어적 상황에서 친구나 아랫사람에게 사용하며, 듣는 사람이 나이가 많거나 지위가 높을 때는 '-을걸요'로 쓴다.

② 어떤 일에 대해 가벼운 뉘우침이나 아쉬움을 나타내기도 한다. 이때에는 해요체를 사용할 수 없고 '-을걸 그랬다'의 형태로도 쓰인다.
   · 방학 동안 여행을 많이 다녔으면 좋았을걸.

[확인]

교사는 문법을 설명한 뒤 '연습 문제'를 통해 학생들이 문법을 이해했는지 확인한다.

정답
(1) 면접을 봐야 할걸
(2) 신청서랑 자기소개서를 내야 할걸

어휘 및 표현

추천서	◆ **정의** 추천하는 내용을 적은 글. 예 선생님이 써 주신 추천서가 큰 도움이 되었어요. ● **설명** "영어 말하기 대회에 나가려면 영어 선생님이 추천을 해 주셔야 한대요. 어떤 사람이나 물건이 좋다고 소개하는 것을 '추천하다'라고 하고, 추천하는 내용으로 쓴 글을 '추천서'라고 해요."
지식	◆ **정의** 어떤 대상에 대하여 배우거나 직접 경험하여 알게 된 내용. 예 이 책은 어려운 과학 지식을 재미있는 만화로 설명해 놓았어요. ● **설명** "'지식'은 배우거나 경험해서 알게 된 것을 말해요. 책을 많이 읽으면 지식이 많아져요."
전문가	◆ **정의** 어떤 한 분야에 많은 지식과 경험, 기술을 가지고 있는 사람. 예 전문가가 되기 위해서는 많은 노력이 필요해요. ● **설명** "(파일럿 사진을 보여 주며) 이 사람의 직업이 뭐예요? 파일럿이에요. 파일럿은 아무나 할 수 있는 일이 아니지요? 이렇게 많은 지식과 경험 그리고 기술을 가지고 있는 사람을 '전문가'라고 해요."
못지않다	◆ **정의** 다른 것과 비교했을 때 뒤떨어지거나 못하지 않다. 예 나나는 가수 못지않게 노래를 잘해요. ● **설명** "와니의 엄마는 요리를 정말 잘하세요. 텔레비전에 나오는 요리사와 비교해도 실력이 부족하지 않으시대요. 이렇게 다른 것과 비교했을 때 비슷하다는 뜻으로 '못지않다'가 있어요. 와니의 엄마는 요리사 못지않아요. 요리사 못지않게 요리를 잘하세요."
자기소개서	◆ **정의** 자기의 이름, 경력, 직업 따위를 알리는 내용이 담긴 문서. 예 자기소개서를 쓰기 전에 무슨 내용을 쓸 것인지 잘 생각해 보세요. ● **설명** "처음 만난 사람에게 이름, 나이, 직업 같은 것을 알려 주는 것을 자기소개라고 하지요? 자기를 소개하는 글을 '자기소개서'라고 해요."

교수-학습 지침
※ 고등학생 대상 수업의 경우 필수적으로 5분간 다음 활동을 추가로 진행함.
→ 교사는 학생들에게 목표 문법을 활용할 수 있는 새로운 화제를 제시한다.
교 "친구가 약속에 못 나온다고 해요. '-을걸'을 사용해서 이유를 추측해 말해 보세요."

예시 답안
아마 늦잠을 잤을걸. 숙제를 다 못 끝냈을걸.

정리 - 5분

1) 교사는 학생들에게 대화문을 다시 한번 읽게 한다.

2) 교사는 교재에 제시된 열린 질문을 통해 학생들에게 배운 문법을 활용하여 자유롭게 이야기를 나누게 한다.
교 "미래의 어떤 일을 상상해 보세요. 그 일에 대해 '-을걸'을 사용하여 말해 보세요."

예시 답안
우주여행을 할 수 있을걸. 시험이 없어질걸.

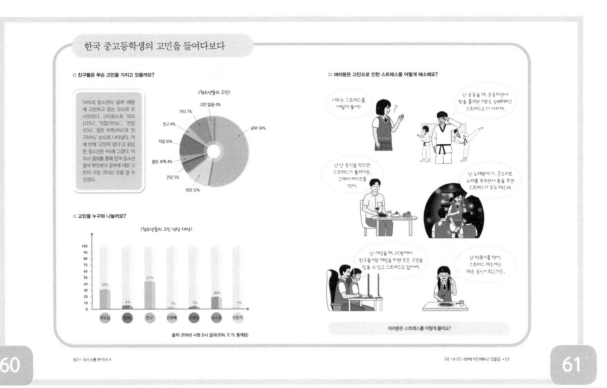

● 문화

[학습 목표]

- 한국 청소년들의 고민이 무엇인지, 고민을 누구와 나누는지 알 수 있다.
- 스트레스를 해소하는 방법을 이야기할 수 있다.

1) 질문을 통해 학생들에게 주제를 추측하게 한다.

　🔲 "여러분은 무슨 고민거리가 있어요?"

　🔲 "고민이 있을 때 혼자 생각해요? 아니면 다른 사람에게 조언을 구해요?"

2) 교재 60쪽을 보며 청소년들의 고민에 대해 설명한다.

3) 교재 60쪽을 보며 청소년들의 고민 상담 대상에 대해 설명한다.

더 알아보기

주변 사람들에게 말하지 못할 고민거리가 있을 때, 전문가의 도움이 필요할 때 아래에 있는 전화번호를 눌러 보세요.

1388 (청소년 사이버상담센터)	가출, 학업 중단, 인터넷 중독 등에 대해 상담 및 도움을 받을 수 있어요.
117 (학교 폭력 예방 및 상담)	학교 폭력 예방 교육도 받을 수 있고 학교 폭력으로 고민이 있을 때 상담을 받을 수 있어요.
02-3141-6191 (탁틴내일)	성에 대한 고민이 있을 때 도움을 받을 수 있어요.

교수-학습 지침

교사는 고민을 털어놓고 반 친구들이 함께 해결책을 모색해 보는 활동을 진행할 수 있다. 교사는 학생들에게 고민을 적을 수 있는 종이를 나눠 주고 익명으로 고민을 쓰게 한다. 그리고 수합 후 차례대로 공개한다. 그리고 반 학생들이 직접 충고나 조언을 할 수 있도록 지도한다

4) 교재 61쪽을 보며 스트레스 해소 방법에 대해 설명한다.

5) 자신의 스트레스 해소 방법에 대해 이야기할 수 있도록 한다.

　🔲 "여러분은 스트레스를 어떻게 풀어요? 스트레스를 푸는 나만의 방법을 말해 볼까요?"

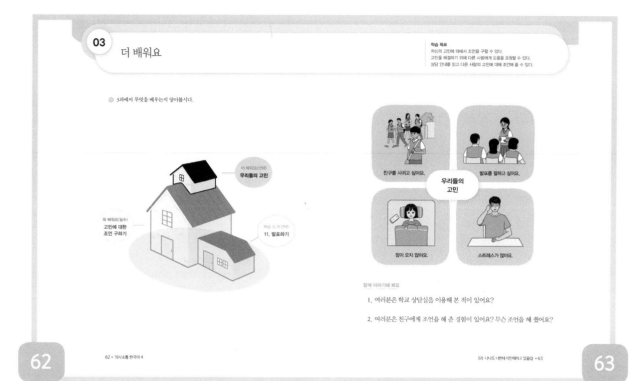

	〈더 배워요〉 학습 목표

- 자신의 고민에 대해서 조언을 구할 수 있다.
- 고민을 해결하기 위해 다른 사람에게 도움을 요청할 수 있다.

7차시	• 자신의 성격으로 인한 고민을 선생님께 말씀드리고 조언을 구할 수 있다.
8차시	• 친구와 서로의 고민을 토로하며 고민 해결 방안을 묻고 알려 줄 수 있다.
9차시	• 상담 안내문을 읽고 이해할 수 있다.
10차시	• 다른 사람의 고민에 대해 조언해 줄 수 있다.

	〈학습 도구 한국어〉 학습 목표

7~8차시	• 토론하기에서 질문하기에 대해 안다.
9~10차시	• 토론하기에서 진위 확인하기에 대해 안다.

• 7차시 | 〈더 배워요〉 도입 및 대화해 봐요 1

도입 - 5분

1) 〈꼭 배워요〉의 목표 어휘 및 문법 등을 확인할 수 있는 질문을 통해 학생들이 해당 표현을 사용하여 답할 수 있도록 유도한다.

🔲 "여러분은 고민이 있을 때 기분이 어때요?"

🔲 "고민이 있을 때 누구와 상의해요? 고민에 대해 이야기하고 나면 기분이 어때요?"

🔲 "여러분은 친구의 고민을 잘 들어 주는 편이에요?"

🔲 "친구의 고민을 듣고 나서 친구를 어떻게 도와줄 수 있어요?"

2) '대화해 봐요 1, 2'에서 학습할 내용을 대표하는 네 개의 그림들을 확인하며 학생들이 앞으로 배우게 될 주제 및 내용을 추측할 수 있도록 한다.

🔲 "제일 친한 친구가 누구예요?"

🔲 "수업이 끝나고 집에 갈 때 친구와 같이 집에 가요? 친구와 집에 가면서 무엇을 해요?"

🔲 "발표하는 것을 좋아해요?"

🔲 "발표를 할 때 기분이 어때요?"

🔲 "보통 몇 시에 잠을 자요? 잠이 부족하지 않아요?"

🔲 "잠이 오지 않을 때 무엇을 해요?"

🔲 "언제 스트레스를 받아요?"

🔲 "스트레스를 받으면 기분이 어때요?"

3) '함께 이야기해 봐요'에 제시된 질문을 통해 이야기를 나눔으로써 '읽고 써 봐요'에서 학습할 내용을 추

측하게 한다.
- 🏫 "학교 상담실을 이용해 본 적이 있어요?"
- 🏫 "친구에게 조언을 해 준 경험이 있어요? 무슨 조언을 해 줬어요?"

64

[학습 목표]
- 자신의 성격으로 인한 고민을 선생님께 말씀드리고 조언을 구할 수 있다.
- 부가 문법: -는 사이에
- 목표 표현: 그렇게 - 으면 - 게 될 거야
  -는 대로 한번 해 볼게요

본 대화는 호민이가 선생님께 자신의 고민을 이야기하며 상담을 받고 있는 상황이다.

도입 – 5분

1) 교사는 학생들에게 '대화해 봐요 1'의 내용을 추측할 수 있는 질문을 한다.
- 🏫 "고민이 있을 때 선생님과 상담한 적이 있어요?"
- 🏫 "선생님과 상담을 하면 어떤 좋은 점이 있어요?"

2) 교사는 학생들에게 64쪽의 첫 번째 QR 코드 속 영상을 보게 한다.
- 🏫 "호민이가 선생님과 약속을 정하고 있어요. 무슨 약속인지 함께 확인해 봐요."

3) 교사는 학생들이 대화 내용을 잘 이해했는지 질문을

한다. 그리고 새 표현이 있다면 그 의미를 함께 설명한다.
- 🏫 "호민이는 언제 선생님과 상담을 할 거예요?"

어휘 및 표현

표정	◆ 정의 마음속에 품은 감정이나 생각 등이 얼굴에 드러남. 또는 그런 모습. 예 나나가 친구와 싸워서 그런지 표정이 안 좋아요. ● 설명 "친구의 기분이 어떤지 추측할 수 있어요. 어떻게 추측할 수 있어요? (다양한 기분의 표정을 보여 주며) 이렇게 감정이나 생각이 얼굴에서 보이는 모습을 '표정'이라고 해요."
찾아뵙다	◆ 정의 웃어른을 만나러 가서 뵙다. 예 이번 주말에 부모님과 함께 시골에 계시는 할머니를 찾아뵙기로 했어요. ● 설명 "어른을 만나러 가서 뵙는 것을 '찾아뵙다' 라고 해요. 설이나 추석에는 할아버지와 할머니를 찾아뵙고 인사드려요."

전개 – 20분

1) 교사는 본 대화 내용을 소개하며 64쪽의 두 번째 QR 코드 속 영상을 보게 한다.
- 🏫 "선생님이 호민이에게 조언해 주고 있어요. 무슨 조언을 하는지 함께 확인해 봐요."

2) 교사는 학생들이 대화의 전체 내용을 이해했는지 확인하는 질문을 한다.
- 🏫 "호민이에게 무슨 고민이 있어요?"

3) 교사는 학생들에게 대화문을 읽게 한다. 그리고 세부 내용을 이해했는지 확인하는 질문을 한다.
- 🏫 "호민이는 작년에도 같은 문제로 고민했어요?"
- 🏫 "선생님이 호민이에게 뭐라고 조언해 줬어요?"
- 🏫 "자신이 없어하는 호민이에게 선생님이 어떤 응원의 말을 해 줬어요?"

4) 대화에 제시된 새 표현의 의미를 설명한다.

어휘 및 표현

팀장	◆ 정의 회사 등에서 같은 일을 맡아서 하는 한 팀의 책임자. 예 각 팀의 팀장들이 보고서를 제출하세요. ◆ 정보 유의어 '조장' ● 설명 "'팀장'은 같은 일을 하는 팀의 대표를 말해요."
자연스럽다	◆ 정의 억지로 꾸미지 않아 이상하지 않다. 예 그 배우는 연기가 자연스러워요. ◆ 정보 반의어 '부자연스럽다' ● 설명 "모델은 자주 사진을 찍어요. 카메라 앞에서 모델의 모습이 어때요? 아주 자연스럽지요? 이렇게 잘 어울리고 이상하지 않은 것을 '자연스럽다'라고 해요."

5) 교사는 학생들에게 대화문을 다시 한번 읽게 한다. 이때 역할을 나누는 등 다양한 방식으로 읽게 할 수 있다.

6) 교사는 다음의 절차에 따라 부가 문법 '-는 사이에'에 대해 설명한다. 그리고 새로 제시되는 어휘가 있다면 그 의미를 함께 설명한다.

▰ 부가 문법   '-는 사이에'

[설명]

🔳 "정호는 공부하다가 잠깐 쉴 때 음악을 들어요. 정호는 쉬는 사이에 음악을 들어요. 저는 일을 하다가 쉬는 사이에 산책을 해요. 여러분은 공부하다가 잠깐 쉴 때 무엇을 해요? 이렇게 '-는 사이에'는 어떤 행동이나 상황이 일어나는 중간의 어느 짧은 시간을 나타낼 때 사용해요."

[예시]

· 친구와 이야기하는 사이에 버스가 지나가 버렸어요.
· 낮잠을 자는 사이에 오빠가 집에 왔다 갔어요.
· 부모님께서 외출하신 사이에 동생이랑 청소를 했어요.
· 쉬는 시간에 화장실에 간 사이에 수업이 시작되었어요.

[정보]

▶ 형태 정보:

	받침 O	받침 X, 'ㄹ' 받침
동사	-는 사이에	

	받침 O	받침 X, 'ㄹ' 받침
동사 과거	-은 사이에	-ㄴ 사이에

① 동사 어간 끝음절의 받침 유무에 관계없이 '-는 사이에'를 쓴다. 단, 'ㄹ' 받침으로 끝날 때는 'ㄹ'이 탈락한다.

② 과거의 경우 동사 어간 끝음절에 받침이 있으면 '-은 사이에', 동사 어간 끝음절에 받침이 없거나 'ㄹ' 받침으로 끝날 때는 '-ㄴ 사이에'를 쓴다. 단, 'ㄹ' 받침으로 끝날 때는 'ㄹ'이 탈락한다.

▶ 주의 사항:

① 앞 절과 뒤 절의 주어가 같아도 되고 달라도 된다.
· (내가) 라면을 끓이고 있는 사이에 (내가) 잠이 들어 버렸어요.
· (내가) 방에서 쉬는 사이에 엄마가 밥을 차려 놓으셨다.

② 앞 절과 뒤 절의 시제가 같거나 달라도 된다.
· 오빠가 요리를 하는 사이에 제가 청소를 했어요.
· 오빠가 요리를 하는 사이에 제가 청소를 할 거예요.

③ 미래를 나타내는 '-을 사이에'의 형태는 사용되지 않는다.

④ 조사 '에'를 생략할 수 있다.

⑤ '-는 탓에', '-는 바람에', '-는 동안에' 등과 달리 '-는 사이다', '-는 사이로' 등의 구성으로 확장하여 쓸 수 없다.

7) 교사는 학생들에게 목표 표현에 대해 설명한다.

▰ 목표 표현 1   '그렇게 -으면 -게 될 거야'

[설명]

🔳 "'그렇게 -으면 -게 될 거야'는 어떻게 하면 좋을지 방법을 설명하며 조언할 때 사용하는 표현이에요."

[예시]

· 그렇게 매일 노력하면 좋은 결과를 얻게 될 거야.
· 그렇게 솔직하게 이야기하면 영수도 네 마음을 이해하게 될 거야.
· 그렇게 반복해서 외우면 금방 외우게 될 거야.
· 그렇게 꾸준히 운동을 하면 체력이 좋아지게 될 거야.

▰ 목표 표현 2   '-는 대로 한번 해 볼게요'

[설명]

🔳 "'-는 대로 한번 해 볼게요'는 앞에서 이야기한 행동을 똑같이 따라 하겠다는 다짐을 표현할 때 사용해요."

[예시]

· 영수가 하는 대로 한번 똑같이 해 볼게요.
· 선생님께 배운 대로 한번 따라 해 볼게요.
· 오빠가 이야기한 대로 한번 그대로 해 볼게요.
· 선배가 조언해 준 대로 한번 해 볼게요.

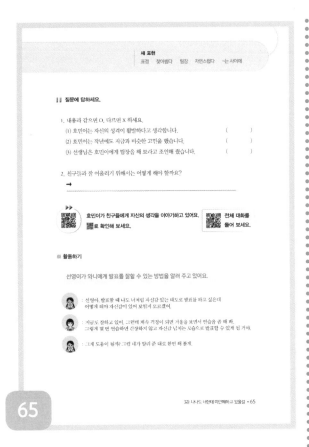

8) 교사는 학생들에게 교재의 1번과 2번 문제를 풀게 한다.

9) 교사는 학생들과 함께 문제의 답을 확인한다.

정답
1. (1) ✕ (2) ○ (3) ○
2. 웃으면서 친구에게 먼저 다가가요. 친구의 고민을 잘 들어 줘요. 간식을 나눠 먹어요.

10) 교사는 학생들에게 65쪽의 첫 번째 QR 코드 속 영상을 보게 한다.

🔲 "호민이가 친구들에게 자신의 생각을 이야기하고 있어요. 무슨 이야기를 하는지 함께 확인해 봐요."

11) 교사는 학생들이 대화 내용을 잘 이해했는지 질문을 한다. 그리고 새 표현이 있다면 그 의미를 함께 설명한다.

🔲 "호민이가 친구들에게 무엇을 하고 싶다고 이야기했어요?"

🔲 "호민이는 팀장을 잘할 자신이 있어요?"

🔲 "친구들은 호민이가 팀장을 하고 싶어 하는 것을 알고 있었어요?"

활용 – 10분

1) 교사는 학생들이 목표 표현을 사용하여 대답할 수 있도록 질문을 한다.

🔲 "학교생활에 대한 고민이 있어요? 그 고민을 부모님이나 선생님에게 말하면 뭐라고 조언해 주실까요?"

🔲 "조언을 들은 후 뭐라고 이야기할 거예요?"

2) 교사는 질문을 통해 학생들이 '활용하기'의 대화 상황을 추측할 수 있도록 한다.

🔲 "선영이가 와니에게 발표를 잘할 수 있는 방법을 알려 주고 있어요. 무슨 이야기를 할까요?"

3) 교사는 학생들에게 대화문을 읽게 한 후 대화의 내용을 이해했는지 확인하는 질문을 한다. 그리고 새 표현이 있다면 그 의미를 함께 설명한다.

🔲 "선영이는 발표를 할 때 어떤 태도로 발표해요?"

🔲 "어떻게 하면 발표를 잘할 수 있어요?"

4) 교사는 학생들에게 대화문을 다시 한번 읽게 한다. 이때 역할을 나누는 등 다양한 방식으로 읽게 할 수 있다.

교수-학습 지침
※ 고등학생 대상 수업의 경우 필수적으로 5분간 다음 활동을 추가로 진행함.
→ 교사는 짝 활동, 그룹 활동을 통해 서로의 고민에 대해서 조언하는 상황에 대해 이야기하도록 지도한다.

정리 – 5분

교사는 학생들에게 65쪽의 '전체 대화를 들어 보세요' QR 코드 속 대화를 듣게 하고 수업을 마무리한다.

대화해 봐요 2

민우가 소연이에게 수호의 소식을 알려 줘요. 🔲로 확인해 보세요.

수호와 소연이가 서로의 고민에 대해 이야기해요.
먼저 🔲로 확인해 보세요.

① 수호야, 민우한테 들었는데 너 요즘 아팠다면서? 수영 배우러 다닌다면서요.

② 응. 아침에 일어나는 것도 힘들고 수업 시간에 집중이 안될 정도로 체력이 떨어져서 운동 좀 하려고 다짐한 일이야. 해결 좀 걸려 보려고 말이야.

③ 가 밤는데 어디가 아픈 건 아니라, 그냥 체력이 떨어져서 그런 거야.

④ 그래? 어디 아픈 건 아니야? 병원부터 가 보지 그래요?

⑤ 정말? 난 요즘 잠을 못 자서 고민이었는데 내 말을 듣고 보니도 체력이 떨어져서 그런가? 아무리 자려고 해도 잠이 들지 않아서 밤마다 너무 괴로워.

⑥ 그럼 소연이 너도 나하고 같이 수영 한번 다녀 볼래? 매일 새벽에 수영장에 다니면 체력이 좋아질 거야.

⑦ 그래, 그래야겠다. 내일부터 같이 다니자.

66 · 의사소통 한국어 4

66

8차시 | 대화해 봐요 2

[학습 목표]
- 친구와 서로의 고민을 토론하며 고민 해결 방안을 묻고 알려 줄 수 있다.
- 부가 문법: -을 정도로
- 목표 표현: 통 -어서 고민이었는데
  아무리 -으려고 해도 -어

본 대화는 수호가 소연이의 고민을 듣고 해결 방안에 대해 조언해 주고 있는 상황이다.

도입 - 7분

1) 교사는 학생들에게 '대화해 봐요 2'의 내용을 추측할 수 있는 질문을 한다.

   🔲 "여러분은 요즘 잠을 잘 자요?"

   🔲 "잠이 안 올 때 어떻게 하면 잠을 잘 수 있어요?"

2) 교사는 학생들에게 66쪽의 첫 번째 QR 코드 속 영상을 보게 한다.

   🔲 "민우가 소연이에게 수호의 소식을 알려 줘요. 무슨 소식인지 함께 확인해 봐요."

3) 교사는 학생들이 대화 내용을 잘 이해했는지 질문을 한다. 그리고 새 표현이 있다면 그 의미를 함께 설명한다.

   🔲 "수호는 요즘 무엇을 배우고 있어요?"

🔲 "민우와 소연이는 앞으로 어떤 습관을 기를 거예요?"

어휘 및 표현

상당히	◆ 정의 수준이나 실력, 정도가 꽤 높게. 예 중학생에게는 상당히 어려운 문제인 거 같아요. ● 설명 "수준이나 실력, 정도가 높은 것을 말할 때 '상당히'를 사용할 수 있어요. 유미는 글쓰기 실력이 상당히 높아요."
실천	◆ 정의 이론이나 계획, 생각한 것을 실제 행동으로 옮김. 예 말보다는 실천이 중요해요. ◆ 정보 유의어 '행하다' ● 설명 "어떤 일을 할 때 계획을 세운 후에 무엇을 해야 해요? 실천을 해야 하죠? 계획이나 생각한 것을 실제로 행동하는 것을 '실천'이라고 해요."
굉장하다	◆ 정의 매우 훌륭하고 대단하다. 예 민우는 듣던 대로 태권도 실력이 굉장한 거 같아. ◆ 정보 유의어 '상당하다' ● 설명 "매우 훌륭하고 대단한 것을 '굉장하다'라고 해요. 소연이는 어렸을 때부터 피아노를 배워서 피아노 실력이 굉장해요."

전개 - 20분

1) 교사는 본 대화 내용을 소개하며 66쪽의 두 번째 QR 코드 속 영상을 보게 한다.

   🔲 "수호와 소연이가 서로의 고민에 대해 이야기해요. 두 사람의 고민이 무엇인지 함께 확인해 봐요."

2) 교사는 학생들이 대화의 전체 내용을 이해했는지 확인하는 질문을 한다.

   🔲 "수호는 요즘 무슨 운동을 하고 있어요?"

3) 교사는 학생들에게 대화문을 읽게 한다. 그리고 세부 내용을 이해했는지 확인하는 질문을 한다.

   🔲 "수호는 왜 운동을 시작했어요?"

   🔲 "소연이에게 무슨 문제가 있어요?"

   🔲 "수호는 소연이에게 뭐라고 조언해 줬어요?"

4) 대화에 제시된 새 표현의 의미를 설명한다.

어휘 및 표현

다짐하다	◆ 정의 마음을 굳게 먹고 뜻을 정하다. 예 이번 학기에는 매일 도서관에 가기로 다짐했어. ● 설명 "어떤 일을 하기로 생각하고 정한 것을 '다짐하다'라고 해요. 새해에는 항상 새로운 것을 하겠다고 다짐하지요? 여러분은 이번 새해에 무엇을 하기로 다짐했어요?"

통	◆ **정의** 전혀. 또는 도무지. 　例 나나가 요즘 무슨 고민이 있는지 통 말이 　없어요. ● **설명** "전혀 혹은 도무지를 다른 말로 '통'이라고 해요. 너무 바쁘고 피곤하면 어때요? 통 입 맛이 없어요."

5) 교사는 학생들에게 대화문을 다시 한번 읽게 한다. 이때 역할을 나누는 등 다양한 방식으로 읽게 할 수 있다.

6) 교사는 다음의 절차에 따라 부가 문법 '-을 정도로'에 대해 설명한다. 그리고 새로 제시되는 어휘가 있다면 그 의미를 함께 설명한다.

<table>
<tr><td>부가 문법</td><td>'-을 정도로'</td></tr>
</table>

[설명]

　🏛 "지금 매운 음식을 먹고 있어요. 너무 매워서 입에서 불이 날 것 같아요. 그런데 아무리 매워도 입에서 불이 나지 않지요? 불이 날 것처럼 맵다는 뜻이겠지요. 불이 날 정도로 매워요. 이렇게 '-을 정도로'는 실제는 아니지만 그렇게 될 것처럼 또는 된 것처럼 느껴질 때 사용해요."

[예시]

· 나무가 쓰러질 정도로 바람이 많이 불어요.
· 오랜만에 배꼽이 빠질 정도로 많이 웃었어요.
· 둘이 먹다가 하나가 죽어도 모를 정도로 맛있어요.
· 나나는 흥분하면 알아듣기 어려울 정도로 빠르게 말해.

[정보]

▶ 형태 정보:

	받침 O	받침 X, 'ㄹ' 받침
동사, 형용사	-을 정도로	-ㄹ 정도로

① 동사 및 형용사 어간 끝음절에 받침이 있으면 '-을 정도로', 동사 및 형용사 어간 끝음절에 받침이 없거나 'ㄹ' 받침으로 끝나면 '-ㄹ 정도로'를 쓴다. 단, 'ㄹ' 받침으로 끝날 때는 'ㄹ'이 탈락한다.

▶ 주의 사항:

① 큰 의미 차이 없이 '-을 만큼'으로 바꿔 쓸 수 있다.
· 저 영화는 밤에 혼자 화장실을 못 갈 정도로 무서웠어요.
· 저 영화는 밤에 혼자 화장실을 못 갈 만큼 무서웠어요.

7) 교사는 학생들에게 목표 표현에 대해 설명한다.

<table>
<tr><td>목표 표현 1</td><td>'통 -어서 고민이었는데'</td></tr>
</table>

[설명]

　🏛 "'통 -어서 고민이있는데'는 이진과 다르게 어떤 일을 힐 수 없어서 고민이 될 때 쓰는 표현이에요."

[예시]

· 통 힘이 없어서 고민이었는데.
· 통 먹지 못해서 고민이었는데.
· 통 집중이 안 돼서 고민이었는데.
· 통 기억이 나지 않아서 고민이었는데.

<table>
<tr><td>목표 표현 2</td><td>'아무리 -으려고 해도 -어'</td></tr>
</table>

[설명]

　🏛 "'아무리 -으려고 해도 -어'는 어떤 일을 하려고 노력했지만 그 일이 뜻대로 되지 않을 때 쓰는 표현이에요."

[예시]

· 아무리 집중하려고 해도 집중이 안 돼.
· 아무리 문제를 풀어 보려고 해도 어려워서 도저히 못 풀겠어.
· 아무리 일찍 일어나려고 해도 계속 늦잠을 자.
· 아무리 이해하려고 해도 세인이가 왜 계속 약속에 늦는지 이해하기가 어려워.

8) 교사는 학생들에게 교재의 1번과 2번 문제를 풀게 한다.

9) 교사는 학생들과 함께 문제의 답을 확인한다.

정답
1. (1) ○ (2) ○ (3) ×
2. 일찍 자고 일찍 일어나요. 운동을 꾸준히 해요. 채소와 과일을 자주 먹어요.

10) 교사는 학생들에게 67쪽의 1번째 QR 코드 속 영상을 보여 준다.

📖 "소연이도 수영장에 다니기 시작했어요. 수영을 배우는 게 어떤지 함께 확인해 봐요."

11) 교사는 학생들이 대화 내용을 잘 이해했는지 질문을 한다. 그리고 새 표현이 있다면 그 의미를 함께 설명한다.

📖 "소연이가 수영장에 다닌 후 어떤 변화가 생겼어요?"

어휘 및 표현

쏟아지다	◆ 정의 어떤 일이나 대상, 현상 등이 한꺼번에 많이 생기다. 📖 예 요즘 맛있는 음식을 소개하는 방송이 쏟아지고 있어요. ● 설명 "어떤 일이 갑자기 한 번에 많이 생기는 것을 '쏟아지다'라고 해요. 피곤하면 하품이 쏟아져요."

---

1) 교사는 학생들이 목표 표현을 사용하여 대답할 수 있도록 질문을 한다.

📖 "고민이 있을 때 다른 사람에게 어떻게 말해요?"

📖 "고민에 대해 친구와 상의하고 조언을 구하고 싶어요. 어떻게 말해요?"

2) 교사는 질문을 통해 학생들이 '활용하기'의 대화 상황을 추측할 수 있도록 한다.

📖 "나나가 민우에게 왜 요가를 배우기 시작했는지 이야기하고 있어요. 무슨 이야기를 할까요?"

3) 교사는 학생들에게 대화문을 읽게 한 후 대화의 내용을 이해했는지 확인하는 질문을 한다. 그리고 새 표현이 있다면 그 의미를 함께 설명한다.

📖 "나나는 왜 요가를 배우기 시작했어요?"

📖 "민우는 요즘 무슨 고민이 있어요?"

어휘 및 표현

기운	◆ 정의 생물이 몸을 움직이고 활동하는 힘. 📖 예 날씨가 더워서 그런지 통 기운이 없어요. ● 설명 "몸을 움직이고 활동하는 힘을 '기운'이라고 해요. 기운이 없는 친구에게 뭐라고 말하면 좋을까요? '친구야, 기운 내.'라고 말해 보세요."
꾸준히	◆ 정의 거의 변함이 없이 한결같이. 📖 예 매일 열심히 노력했더니 성적이 꾸준히 오르고 있어요. ◆ 정보 유의어 '끊임없이' ● 설명 "거의 변하지 않고 똑같이 계속 하는 것을 '꾸준히'라고 해요. 어떤 일을 잘하기 위해서는 꾸준히 노력해야 해요."

4) 교사는 학생들에게 대화문을 다시 한번 읽게 한다. 이때 역할을 나누는 등 다양한 방식으로 읽게 할 수 있다.

교수-학습 지침
※ 고등학생 대상 수업의 경우 필수적으로 5분간 다음 활동을 추가로 진행함.
→ 교사는 학생들에게 요즘 새로 배우고 있는 것과 그것을 배우는 이유에 대해 이야기하도록 지도한다.

교사는 학생들에게 67쪽의 '전체 대화를 들어 보세요' QR 코드 속 대화를 듣게 하고 수업을 마무리한다.

68 • 의사소통 한국어 4

• 9차시 | 읽고 써 봐요 - 읽기

[학습 목표]

• 상담 안내문을 읽고 이해할 수 있다.

본 활동은 상담 신청 안내문을 읽고 이해하기 위한 활동이다.

읽기 전 – 5분

교사는 학생들에게 읽기 내용을 추측할 수 있는 질문을 한다.

🏫 "학교 상담실에 가 본 적이 있어요?"

🏫 "우리 학교 상담실에서 무엇을 할 수 있어요?"

🏫 "상담실은 아무 때나 갈 수 있어요?"

읽기 중 – 30분

1) 교사는 학생들에게 읽기 지문을 개별적으로 읽게 한다.

2) 교사는 학생들이 읽기 지문의 전체 내용을 이해했는지 확인하는 질문을 한다.

🏫 "여러분, 책에 있는 글을 보세요. 무슨 글이에요?"

🏫 "이 글을 어디에서 볼 수 있어요?"

3) 교사는 학생들에게 읽기 지문을 읽게 한다. 그리고 세부 내용을 이해했는지 확인하는 질문을 한다.

🏫 "주변 사람들에게 고민을 털어놓은 후에 왜 후회를 해요?"

🏫 "학교 상담실에는 누가 있어요?"

🏫 "학교에서 하는 상담의 종류에는 어떤 것들이 있어요?"

🏫 "'온라인 상담'은 무슨 장점이 있어요?"

4) 읽기 지문에 제시된 새 표현의 의미를 설명한다.

어휘 및 표현

털어놓다	◆ 정의 마음속에 있는 비밀이나 생각을 숨김없이 모두 말하다. 예 수호에게 제 비밀을 털어놓았어요. ● 설명 "다른 사람에게 비밀이나 생각을 모두 이야기하는 것을 '털어놓다'라고 해요. 누구나 다른 사람에게 털어놓고 싶은 비밀이 하나씩은 있을 거예요."
상담실	◆ 정의 어떤 문제를 해결하기 위하여 서로 이야기하는 방. 예 학교 상담실에서는 다양한 상담을 할 수 있어요. ● 설명 "고민이나 문제를 해결하기 위해서 이야기하는 것을 '상담'이라고 해요. 그리고 상담을 하는 곳을 '상담실'이라고 해요. 선생님과 상담하고 싶으면 상담실로 가면 돼요."
차	◆ 정의 어떤 일의 차례나 횟수를 나타내는 말. 예 1차 필기시험을 준비하고 있어요. ● 설명 "어떤 일의 순서나 차례를 나타내는 말로 '차'가 있어요. 미용사가 되려면 2번의 시험을 봐야 해요. 시험이 2차까지 있어요."
고민거리	◆ 정의 마음속을 괴롭고 힘들게 하는 내용이나 대상. 예 저의 가장 큰 고민거리는 성적이에요. ● 설명 "'고민거리'는 고민이 되는 대상을 말해요. 여러분의 고민거리는 뭐예요?"
진단하다	◆ 정의 어떤 대상이나 현상에 대해 상태를 판단하다. 예 문제점을 진단한 후에 해결할 거예요. ● 설명 "어떤 문제에 대해서 관찰한 후 그 문제가 왜 생겼는지 판단하는 것을 '진단하다'라고 해요. 병원에 가면 의사 선생님이 환자를 진찰한 후 무슨 병인지 진단해요."
두드리다	◆ 정의 소리가 나도록 잇따라 치거나 때리다. 예 방문을 두드리는 소리에 잠에서 깼어요. ● 설명 "학교에서 교무실이나 화장실 문을 열기 전에 먼저 무엇을 해요? 똑똑 문을 두드려요. 이렇게 소리가 나게 치는 것을 '두드리다'라고 해요."
대면	◆ 정의 직접 얼굴을 보며 만남. 예 이번이 첫 대면이었는데 생각보다 어색하지 않았어. ● 설명 "만나서 얼굴을 직접 보는 것을 다른 말로 '대면'이라고 해요. 전화로 상담을 하는 것은 전화 상담, 만나서 상담하는 것은 대면 상담이라고 해요."

집단	◆ **정의** 여럿이 모여서 이룬 무리나 단체. 　　　**예** 오늘 급식을 먹은 사람들이 집단으로 식중 　　　　독에 걸렸어요. ◆ **정보** 유의어 '단체', 반의어 '개인' ● **설명** "여러 명이 모여서 이루어진 모임을 '집단' 　　　이라고 해요. 개미나 벌과 같은 곤충은 집단 　　　으로 생활해요. 사람도 집단으로 생활해요."	
진로	◆ **정의** 장래의 삶의 방향. 　　　**예** 진로를 선택할 때는 주변 사람들의 조언이 　　　　도움이 될 거예요. ● **설명** "앞으로 무슨 일을 할지 어떻게 해야 할지 　　　자주 고민하지요? 이렇게 미래에 어떤 삶을 　　　살지 생각하는 것을 '진로'라고 해요."	
실시하다	◆ **정의** 어떤 일이나 법, 제도 등을 실제로 행하다. 　　　**예** 학교에서는 매달 화재 시 대피 훈련을 실시 　　　　하고 있어요. ● **설명** "어떤 일을 실제로 하는 것을 '실시하다'라 　　　고 해요. 나라에서 모든 초등학생을 대상으 　　　로 무료 급식을 실시하고 있어요."	
활용	◆ **정의** 어떤 대상이 가지고 있는 쓰임이나 능력을 　　　충분히 잘 이용함. 　　　**예** 학교에서 컴퓨터 활용 교육을 무료로 실시 　　　　하고 있어요. ◆ **정보** 유의어 '이용' ● **설명** "휴대 전화로 통화뿐만 아니라 쇼핑도 하고 　　　음악도 듣고 동영상도 봐요. 이렇게 어떤 물 　　　건을 충분히 잘 이용하는 것을 '활용'이라고 　　　해요."	

읽기 후 – 10분

1) 교사는 학생들에게 교재의 문제를 풀게 한다.

2) 교사는 학생들과 함께 문제의 답을 확인한다.

> **정답**
> 1. (1)× (2)○ (3)×
> 2. 자기 이해, 학습 방법, 진로 선택, 직업 세계 등의 자료들이 준비되
　어 있어요
> 3. 선생님과 시간을 정한 후 2시간에 상담실에 가면 돼요.

3) 교사는 질문을 통해 읽기 내용을 재확인하며 수업을
　마무리한다.
> 🔲 "친구들이 무슨 고민을 하고 있을까요? 친구들의 고민을
　　듣고 어떤 조언을 해 줄 수 있어요?"

교수-학습 지침

※ 고등학생 대상 수업의 경우 필수적으로 5분간 다음 활동을
　추가로 진행함.
→ 교사는 학생들이 상담실 선생님이 되어 상담 신청 안내문에
　어떤 내용들을 넣을지 서로 이야기하도록 지도한다.

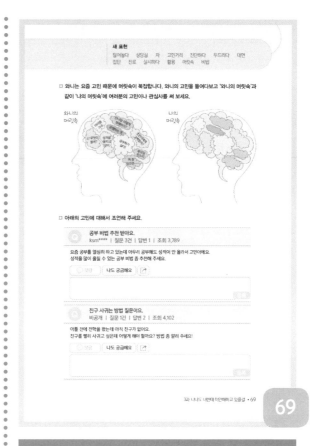

• 10차시 | 읽고 써 봐요 – 쓰기

[학습 목표]
• 다른 사람의 고민에 대해 조언해 줄 수 있다.

본 활동은 학생들이 자신의 고민이나 관심사를 쓴 후에
다른 사람의 고민에 대한 조언을 써 보도록 하는 활동
이다.

쓰기 전 – 5분

1) 교사는 학생들에게 쓰기 내용을 추측할 수 있는 질문
　을 한다.
> 🔲 "여러분은 친구의 고민을 잘 들어 줘요?"
> 🔲 "친구의 고민에 대해 조언해 준 적이 있어요? 무슨 이야기
　　를 해 줬어요?"

2) 교사는 학생들에게 어떤 쓰기 활동을 할 것인지 명확
　히 알려 준다.
> 🔲 "이번 시간에는 자신의 고민과 다른 사람의 고민에 대해
　　조언하는 글을 쓸 거예요."

쓰기 중 – 30분

1. 자신의 고민과 관심사에 대해 쓰는 활동이다.

1) 교사는 학생들에게 무엇을 써야 하는지 알려 준다. 그리고 새 표현이 있다면 그 의미를 함께 설명한다.

🎙 "와니는 무슨 고민이 있는 것 같아요?"

🎙 "여러분은 무슨 고민거리가 있어요?"

어휘 및 표현

머릿속	◆ **정의** 머리의 속, 생각 속, 마음 속. 　例 좋은 생각이 머릿속에 떠올랐다. ● **설명** "'머릿속'은 머리의 속, 마음 속을 가리켜요. 어떤 말을 하기 전에 먼저 머릿속으로 많이 생각하면 말실수를 줄일 수 있어요."

2) 교사는 학생들에게 자신의 고민과 관심사에 대해 쓰게 한다. 이때 교사는 학생들에게 개별적으로 쓰기 지도를 할 수 있다.

---

2. 다른 사람의 고민에 대한 조언을 쓰는 활동이다.

1) 교사는 학생들에게 무엇을 써야 하는지 알려 준다. 그리고 새 표현이 있다면 그 의미를 함께 설명한다.

🎙 "여러분의 머릿속에 무슨 고민거리들이 있는지 썼어요?"

🎙 "그 고민을 해결하려면 어떻게 해야 할까요?"

🎙 "인터넷에서 다른 사람의 고민에 대한 글을 본 적이 있어요?"

🎙 "그 글을 읽고 댓글을 써 줬어요? 뭐라고 썼어요?"

🎙 "이제부터 다른 사람의 고민에 내한 조언을 쓸 거예요. 사람들이 쓴 고민을 읽고 어떻게 하면 좋을지 고민 해결 방법을 써 보세요."

🎙 "(첫 번째 상자의 '댓글'이라고 써진 아래 칸을 가리키며) 이 사람은 공부 비법을 물어보고 있어요. 어떻게 하면 성적을 올릴 수 있을까요? 여러분이 알고 있는 공부 비법을 쓰세요."

🎙 (두 번째 상자의 '댓글'이라고 써진 아래 칸을 가리키며) "이 사람은 전학을 왔어요. 어떻게 하면 새 학교에서 친구를 사귈 수 있을까요? 친구를 사귀는 방법에 대해 쓰세요."

어휘 및 표현

비법	◆ **정의** 남에게 알려지지 않은 특별한 방법. 　例 그림을 잘 그리는 저만의 비법이 있어요. ◆ **정보** 유의어 '비결' ● **설명** "다른 사람은 모르는 자신만의 특별한 방법을 '비법'이라고 해요. 단어를 쉽게 외울 수 있는 자신만의 비법이 있어요?"

2) 교사는 학생들에게 다른 사람의 고민에 대한 조언을 쓰게 한다. 이때 교사는 학생들에게 개별적으로 쓰기 지도를 할 수 있다.

1) 쓰기 활동이 모두 마무리되면 교사는 학생들에게 각자 쓴 것을 발표하게 한다.

2) 교사는 고민 상담과 고민 해결 방법에 대해 다시 한번 정리하며 수업을 마무리한다.

교수-학습 지침

※ 고등학생 대상 수업의 경우 필수적으로 5분간 다음 활동을 추가로 진행함.

➜ 교사는 학생들에게 수업 중에 지도받은 내용을 반영해 공책에 글을 다시 쓰게 할 수 있다. 이를 통해 학생들 스스로 자신의 글을 점검하도록 지도한다.

4과 연습할수록 실력이 점점 더 늘 거야

● 단원 목표

어떤 일을 할 때 하면 안 되는 일에 대해 경고할 수 있고 어떤 일을 하는 방법과 과정을 묘사할 수 있다.

● 단원 내용

꼭 배워요 (필수)	• 주제: 실습과 실기
	• 기능: 경고하기, 과정 묘사하기
	• 어휘: 실습과 실기 관련 어휘
	• 문법: -을수록, -던데, -는 모양이다, -은 채로
문화	• 문화: 한국의 민속놀이를 엿보다
더 배워요 (선택)	• 대화 1: 요리 시 주의 사항 경고하기 • 대화 2: 멀리뛰기를 잘할 수 있는 방법 묘사하기
	• 읽기: 비빔밥의 유래와 특징
	• 쓰기: 좋아하는 음식 소개하기

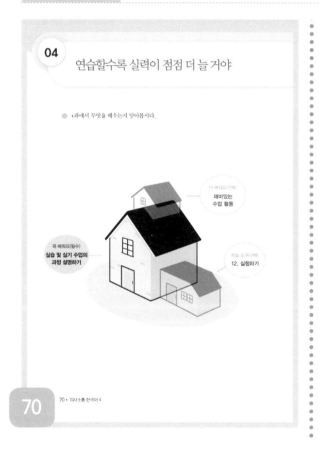

● 수업 개요

〈꼭 배워요〉 학습 목표

• 어떤 일을 할 때 하면 안 되는 일에 대해 경고할 수 있다.
• 어떤 일을 하는 방법과 과정을 묘사할 수 있다.

1차시	• 도입 대화를 통해 본 단원의 주제에 대해 이해하고 말할 수 있다.
2차시	• 실습과 실기 관련 어휘 및 표현을 알고 활용할 수 있다.
3차시	• 단소를 잘 부는 방법과 과정에 대해 말할 수 있다. • '-을수록'을 사용하여 앞의 말이 나타내는 정도가 심해지면 뒤의 말이 나타내는 내용의 정도도 그에 따라 변한다는 의미를 나타낼 수 있다.

4차시	• 자신의 현재 상황에 대해 설명할 수 있다. • '-던데'를 사용하여 뒤의 말을 하기 위하여 그 대상과 관련이 있는 과거의 상황을 미리 말할 수 있다.
5차시	• 무리하게 대회 연습을 하는 친구를 걱정하며 발생할 수 있는 상황에 대해 말할 수 있다. • '-는 모양이다'를 사용하여 다른 사실이나 상황으로 보아 현재 어떤 일이 일어나고 있거나 어떤 상태라고 추측할 수 있다.
6차시	• 송편을 만드는 방법과 과정에 대해 묘사할 수 있다. • '-은 채로'를 사용하여 앞의 말이 나타내는 어떤 행위를 한 상태 그대로 있다는 것을 나타낼 수 있다.

• 1차시 | 복습 및 〈꼭 배워요〉 도입

[학습 목표]
• 도입 대화를 통해 본 단원의 주제에 대해 이해하고 말할 수 있다.

복습 – 20분

3단원에서 배운 주제 및 문법에 대해 복습한다.

1) 교사는 지난 단원의 주제와 관련된 질문을 하여 학생들에게 학습한 내용을 떠올리게 한다.
   📖 "요즘 고민이 있어요? 무슨 고민이에요?"
   📖 "어떻게 하면 그 고민을 해결할 수 있을까요?"
   📖 "심각한 고민이 있으면 마음이 어때요?"
   📖 "고민이 있을 때 누구와 상의해요?"
   📖 "다른 사람의 조언이나 충고를 듣고 고민을 해결한 적이 있어요?"

2) 교사는 '-는 대로'와 관련된 질문을 하여 학생들에게 학습한 내용을 떠올리게 한다.
   📖 "이번 시험에서 성적이 많이 올랐지요? 어떻게 해서 성적이 올랐어요?"
   📖 "길을 모를 때 어떻게 해요?"

3) 교사는 '-는다면서'와 관련된 질문을 하여 학생에게 학습한 내용을 떠올리게 한다.
   📖 "내일 영수가 모범상을 받는다고 들었는데 사실인지 확인하고 싶어요. 어떻게 말해요?"
   📖 "나나가 제주도에 갔다 왔다고 들었는데 확인하고 싶어요. 어떻게 말해요?"

4) 교사는 '-고 보니'와 관련된 질문을 하여 학생들에게 학습한 내용을 떠올리게 한다.
   📖 "와니의 이야기를 듣기 전에는 화가 났어요. 그런데 이야

기를 들은 후에는 와니가 왜 그랬는지 이해가 됐어요. 어떻게 말해요?"
   📖 "일본어를 배우기 전에는 일본어가 어려울 줄 알았어요. 그런데 생각보다 쉬워요. 어떻게 말해요?"

5) 교사는 '-을걸'과 관련된 질문을 하여 학생들에게 학습한 내용을 떠올리게 한다.
   📖 "동생이 내 운동화를 신고 싶다고 하는데 동생한테는 클 것 같아요. 어떻게 말해요?"
   📖 "약속 시간이 지났는데 수호가 오지 않아요. 그 이유를 추측해 볼까요?"

교수-학습 지침

※ 고등학생 대상 수업의 경우 필수적으로 5분간 다음 활동을 추가로 진행함.
➡ 교사는 짝 활동을 통해 한 명은 자신의 고민을 말하고 한 명은 조언을 하게 할 수 있다. 이때 교사는 지난 단원에서 배운 '-는 대로', '-는다면서', '-고 보니', '-을걸' 중 세 가지 이상의 문법을 사용하여 대화문을 만들 수 있도록 지도한다.

〈꼭 배워요〉 도입 – 25분

1) 교사는 학생들에게 이번 단원에서 배울 주제가 무엇인지 추측할 수 있는 질문을 한다. 이때 교재 71쪽에 있는 '함께 이야기해 봐요'에 제시되어 있는 질문을 활용하며 질문에 대해 학생들이 자유롭게 이야기할 수 있도록 한다.
   📖 "여러분은 음악이나 체육 같은 예체능 시간을 좋아해요?"

🔲 "그 시간에 무슨 활동을 해요?"

2) 교사는 이번 단원에서 학습하게 될 주제가 무엇인지 제시한다. 학습 주제가 배우지 않은 어휘나 표현이라면 쉬운 말로 풀어서 설명한 후 학습 주제를 제시한다.

   🔲 "예체능 시간에 무슨 활동을 하는지 이야기해 봤어요. 4과에서는 실습과 실기 시간에 무엇을 하는지에 대해 배울 거예요."

3) 교사는 학생들에게 교재 71쪽의 대화를 읽게 한다. 그리고 세부 내용을 이해했는지 확인하는 질문을 한다.

   🔲 "다음 미술 시간에 무엇을 할 거예요?"

   🔲 "미술 실기 시험에서 무엇을 그려야 해요?"

   🔲 "어떻게 하면 좋은 점수를 받을 수 있어요?"

● 메모

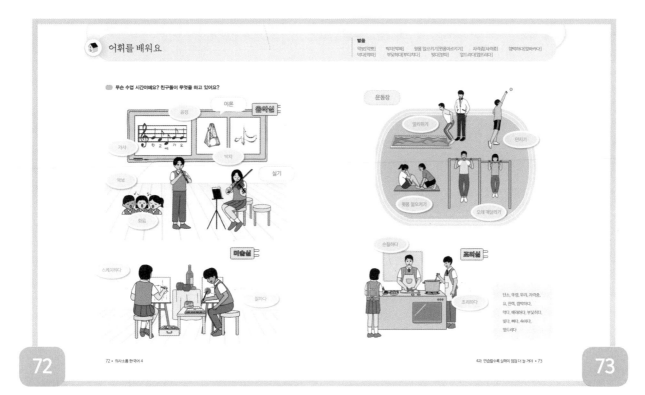

• 2차시 | 어휘를 배워요

[학습 목표]

• 실습과 실기 관련 어휘 및 표현을 알고 활용할 수 있다.

본 단원에는 음악, 미술, 체육, 가정 시간에 이루어지는 실습과 실기에 관련된 어휘 및 표현이 제시되어 있다.

도입 – 5분

1) 교사는 질문을 통해 학습하게 될 어휘 및 표현을 자연스럽게 노출한다.

🔳 "음악 시간에 무슨 활동을 해요?"

🔳 "미술 시간에 그림을 그려요. 무엇이 필요해요?"

🔳 "체육 시간에 무슨 활동을 해요?"

🔳 "조리실에 무슨 조리 도구가 있어요?"

2) 교사는 학생들과 제시된 그림을 보며 이야기를 나눈다.

🔳 "72쪽 음악실 그림을 보세요. 친구들이 무엇을 하고 있어요?"

🔳 "72쪽 미술실의 그림을 보세요. 친구들이 무엇을 하고 있어요?"

🔳 "73쪽 운동장 그림을 보세요. 친구들이 무엇을 하고 있어요?"

🔳 "73쪽 조리실 그림을 보세요. 친구들이 무엇을 하고 있어요?"

전개 – 35분

1. 음악 시간과 미술 시간에 하는 활동 관련 어휘 및 표현이다.

1) 교사는 다음에 제시되는 내용을 참고하여 학생들에게 어휘 및 표현을 설명한다. 이때 새로 등장하는 발음 규칙이 있다면 함께 설명한다.

이론	◆ 정의 어떤 이치나 지식을 논리적으로 일반화한 명제의 체계. 예 과학 이론이 어려워요. ● 설명 "미술 시간에 직접 그림을 그리기도 하지만 유명한 작가, 유명한 그림 등에 대해서도 배우지요? 이렇게 배우는 지식들을 '이론'이라고 해요."
가사	◆ 정의 음악에 붙여 부르는 말. 예 노래 가사를 아직 다 못 외웠어요. ◆ 정보 유의어 '노랫말' ● 설명 "'가사'는 음악에 붙여서 부르는 말이에요. 가사를 알아야 노래를 부를 수 있어요. 여러분은 교가의 가사를 외우고 있어요?"
음정	◆ 정의 높이가 다른 두 음의 높낮이 차이. 예 음정이 틀린 부분을 반복해서 연습하세요. ● 설명 "(음정이 각각 다른 도를 불러 주며) 이렇게 두 음의 높낮이 차이를 '음정'이라고 말해요. 노래를 잘 부르는 사람은 음정이 정확해요."

4과 · 연습할수록 실력이 점점 더 늘 거야 **99**

악보	◆ **정의** 음악의 곡조를 여러 가지 글자나 음표 등을 써서 기록한 것. **예** 가사를 다 외웠으면 악보를 보지 않고 노래해 볼까요? ● **설명** "(악보를 보여 주며) 이렇게 음악에 대해 여러 가지 글자, 기호, 숫자 등을 사용해서 써 놓은 것을 '악보'라고 해요. 악기를 연주할 때, 노래를 할 때 악보를 봐요."
박자	◆ **정의** 음악에서, 센 소리와 여린 소리가 규칙적으로 반복되면서 생기는 리듬. 또는 그 단위. **예** 박자에 맞춰서 손뼉을 쳐 봐. ● **설명** "(2/4, 3/4, 4/4박자 기호를 보여 주며) 이것을 '박자'라고 해요. 박자에 맞춰서 노래를 불러야 해요."
화음	◆ **정의** 높이가 서로 다른 둘 이상의 음이 함께 어울리는 소리. **예** 화음을 넣어서 부르니까 더 좋은 것 같아요. ● **설명** "서로 높이가 다른 두 개 이상의 음이 어울리게 부르는 소리를 '화음'이라고 해요. 노래 대회에 나가서 화음을 넣어서 노래를 부르면 더 좋은 점수를 받을 수 있을 거예요."

2) 교사는 질문을 통해 학생들이 어휘 및 표현을 잘 이해했는지 확인한다.

🔳 "가수나 성악가처럼 노래를 부르는 직업을 가진 사람들은 어떤 능력이 있어야 해요?"

🔳 "악보에 무엇이 그려져 있어요?"

🔳 "우리 반 학생들이 모두 외우고 있는 노래 가사가 있어요? 무슨 노래예요?"

🔳 "그림 그리는 순서를 말해 볼까요?"

---

2. 체육 시간과 가정 시간에 하는 활동 관련 어휘 및 표현이다.

1) 교사는 다음에 제시되는 내용을 참고하여 학생들에게 어휘 및 표현을 설명한다. 이때 새로 등장하는 발음 규칙이 있다면 함께 설명한다.

멀리뛰기	◆ **정의** 일정한 지점에서 뛰어올라 최대한 멀리 뛰어 그 거리를 겨루는 경기. **예** 우선 선생님이 멀리뛰기를 해 볼 테니까 잘 보세요. ● **설명** "(멀리뛰기 그림을 보여 주며) 이 운동은 '멀리뛰기'예요. 최대한 멀리 뛰는 운동이에요."
윗몸 일으키기	◆ **정의** 누운 상태에서 다리를 고정하고 윗몸을 일으켰다 다시 눕기를 반복하는 운동. **예** 윗몸 일으키기를 하면 배에 근육이 생겨요. ● **설명** "(윗몸 일으키기 그림을 보여 주며) 이 운동은 '윗몸 일으키기'예요. 누워서 윗몸을 위로 일으키는 운동이에요. 여러분은 윗몸 일으키기를 몇 개 할 수 있어요?"

오래 매달리기	◆ **정의** 철봉에 매달려서 팔을 굽힌 자세로 최대한 오랫동안 버티는 일. 철봉에 매달려 있는 동안 몸이 흔들리지 않도록 한다. **예** 오래 매달리기를 잘하려면 팔에 힘이 강해야 해요. ● **설명** "(오래 매달리기 그림을 보여 주며) 이 운동은 '오래 매달리기'예요. 철봉에 매달린 후 내려오지 않고 오래 버티는 운동이에요."
던지기	◆ **정의** 원반, 포환, 창 등을 멀리 던져 그 거리를 재는 육상 경기. **예** 던지기를 할 때에는 어깨를 다치지 않게 조심해야 돼요. ● **설명** "(던지기 그림을 보여 주며) 이 운동은 '던지기'예요. 보통 공을 던져요."
손질하다	◆ **정의** 어떤 것을 손으로 매만져서 잘 다듬다. **예** 거울을 보면서 머리를 손질했어요. ● **설명** "음식을 만들기 전에 재료를 씻고 껍질을 벗기고 잘라 놓아야 해요. 이렇게 손으로 만져서 잘 준비해 놓거나 좋아 보이게 만드는 것을 '손질하다'라고 해요."
조리하다	◆ **정의** 재료를 이용하여 음식을 만들다. **예** 조리하는 방법에 따라서 맛이 달라요. ● **설명** "음식 재료를 손질한 후에 음식을 만들어요. 음식을 만드는 것을 다른 말로 '조리하다'라고 해요."

2) 교사는 질문을 통해 학생들이 어휘 및 표현을 잘 이해했는지 확인한다.

🔳 "우리 반에서 누가 멀리뛰기를 가장 잘해요?"

🔳 "팔 힘이 강한 사람은 무슨 운동을 잘할 수 있을까요?"

🔳 "조리실에서 친구들과 함께 요리를 해요. 일을 어떻게 나눠서 하면 좋을까요?"

교수-학습 지침

※ 고등학생 대상 수업의 경우 필수적으로 5분간 다음 활동을 추가로 진행함.

→ 교사는 짝 활동을 통해 지금까지 경험해 본 실기 및 실습 시간에 대해 이야기하도록 지도한다.

정리 - 5분

교사는 질문을 통해 어휘 및 표현 학습을 마무리한다.

🔳 "노래를 부르거나 악기를 연주할 때 무엇이 필요해요?"

🔳 "그림 그리는 과정을 설명해 주세요."

🔳 "공 없이 할 수 있는 운동에는 무엇이 있을까요?"

🔳 "음식을 조리하기 전에 무엇을 해야 해요?"

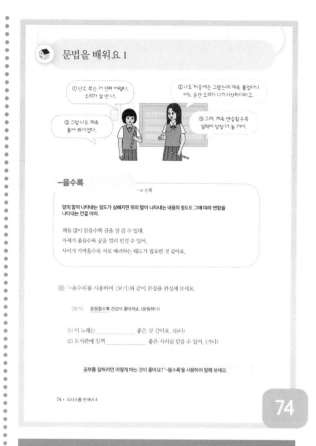

• 3차시 | 문법을 배워요 1

[학습 목표]

· 단소를 잘 부는 방법과 과정에 대해 말할 수 있다.
· '-을수록'을 사용하여 앞의 말이 나타내는 정도가 심
해지면 뒤의 말이 나타내는 내용의 정도도 그에 따라
변한다는 의미를 나타낼 수 있다.

도입 – 5분

1) 교사는 학생들에게 대화문을 읽게 한다. 그리고 학생
들이 대화 상황을 이해했는지 확인 질문을 한다.

📖 "두 사람이 무슨 악기에 대해 이야기하고 있어요?"

📖 "선영이와 안나는 단소를 잘 불어요?"

2) 교사는 학생들에게 목표 문법의 의미를 추측할 수 있
는 질문을 한다.

📖 "안나는 선영이에게 어떻게 하라고 조언했어요?"

전개 – 35분

다음의 절차에 따라 문법에 대해 설명한다. 그리고 새로 제시되
는 어휘 및 표현이 있다면 그 의미를 함께 설명한다.

[설명]

📖 "'-을수록'은 앞의 말이 나타내는 정도가 심해지면 뒤의 말이 나타내는 내용의 정도도 그에 따라 변한다는 것을 나타낼 때 사용해요."

[예시]

· 나이가 어릴수록 외국어를 쉽게 배울 수 있어요.
· 산은 높이 올라갈수록 기온이 떨어지니까 긴 옷을 준비하세요.
· 돈이나 재산이 많을수록 행복한 것은 아니에요.
· 책을 많이 읽을수록 상식이 풍부해져요.

[정보]

▶ 형태 정보:

	받침 ○	받침 X, 'ㄹ' 받침
동사, 형용사	-을수록	-ㄹ수록

① 동사 및 형용사 어간 끝음절에 받침이 있으면 '-을수록', 동사 및 형용사 어간 끝음절에 받침이 없거나 'ㄹ' 받침으로 끝나면 '-ㄹ수록'을 쓴다. 단, 'ㄹ' 받침으로 끝날 때는 'ㄹ'이 탈락한다.

② '이다, 아니다'는 'ㄹ수록'을 쓴다.

▶ 주의 사항:

① '-으면 -을수록'의 형태로 사용할 수 있다.

② '갈수록'은 관용적 표현으로 '시간이 흐르거나 일이 진행됨에 따라 더욱'이라는 의미이다.

[확인]

교사는 문법을 설명한 뒤 '연습 문제'를 통해 학생들이 문법을 이해했는지 확인한다.

> 정답
> (1) 들을수록
> (2) 갈수록

어휘 및 표현

단소	◆ 정의 오래된 대나무로 짧고 가늘게 만들어 앞에 넷, 뒤에 하나의 구멍을 뚫은 한국의 전통 관악기. 예 단소는 한국의 대표적인 전통 악기예요. ● 설명 "(단소 그림을 보여 주며) 이 악기는 '단소'라고 하는 한국 전통 악기예요. 입으로 불어서 소리를 내요."
배려하다	◆ 정의 관심을 가지고 보살펴 주거나 도와주다. 예 남을 배려하는 마음을 가져야 해요. ● 설명 "지하철이나 버스에서 할아버지, 할머니에게 자리를 양보해요. 또 어려운 상황의 사람들을 보면 도와줘요. 이렇게 다른 사람들에게 관심을 가지고 도와주는 것을 '배려하다'라고 해요."

> 교수-학습 지침
> ※ 고등학생 대상 수업의 경우 필수적으로 5분간 다음 활동을 추가로 진행함.
> → 교사는 학생들에게 목표 문법을 활용할 수 있는 새로운 화제를 제시한다.
> 📖 "학교에서 반별로 장기 자랑을 하는데 무엇을 어떻게 준비하면 좋을지에 대해 '-을수록'을 사용해서 말해 보세요."

> 예시 답안
> 친구들과 함께 춤을 출 건데 친구들이 많이 참여할수록 더 멋진 무대가 될 거예요. 악기를 연주할 건데 연습하면 연습할수록 장기 자랑 때 잘할 수 있을 거예요.

정리 – 5분

1) 교사는 학생들에게 대화문을 다시 한번 읽게 한다.

2) 교사는 교재에 제시된 열린 질문을 통해 학생들에게 배운 문법을 활용하여 자유롭게 이야기를 나누게 한다.

📖 "공부를 잘하려면 어떻게 하는 것이 좋아요? '-을수록'을 사용하여 말해 보세요."

> 예시 답안
> 수업에 집중할수록 배운 내용을 잘 기억할 수 있어요. 공식이나 단어를 많이 외울수록 공부를 잘할 수 있어요.

75

• 4차시 | 문법을 배워요 2

[학습 목표]

- 자신의 현재 상황에 대해 설명할 수 있다.
- '-던데'를 사용하여 뒤의 말을 하기 위하여 그 대상과 관련이 있는 과거의 상황을 미리 말할 수 있다.

도입 - 5분

1) 교사는 학생들에게 대화문을 읽게 한다. 그리고 학생들이 대화 상황을 이해했는지 확인 질문을 한다.

   📺 "두 사람이 무엇을 하고 있어요?"

   📺 "호민이는 와니를 어떻게 도와줄 거예요?"

2) 교사는 학생들에게 목표 문법의 의미를 추측할 수 있는 질문을 한다.

   📺 "와니는 조금 전에 호민이가 스케치하고 있는 것을 봤어요. 그런데 벌써 색까지 다 칠했대요. 이런 상황에 대해 와니가 호민이에게 어떻게 말했어요?"

전개 - 35분

다음의 절차에 따라 문법에 대해 설명한다. 그리고 새로 제시되는 어휘 및 표현이 있다면 그 의미를 함께 설명한다.

[설명]

📺 "'-던데'는 뒤의 말을 하기 위하여 그 대상과 관련이 있는 과거의 상황을 미리 말할 때 사용해요."

[예시]

- 저 식당 앞에는 항상 사람들이 줄을 서 있던데 우리도 한번 가 봐요.
- 아까 영어 단어를 열심히 외우던데 단어 시험 잘 봤어?
- 요즘 감기에 걸린 사람들이 많던데 감기 조심하세요.
- 지난번에 보니까 기타를 잘 치던데 언제부터 배웠어요?

[정보]

▶ 형태 정보:

	받침 O	받침 X
동사, 형용사	-던데	

① 동사 및 형용사 어간 끝음절의 받침 유무에 관계없이 '-던데'를 쓴다.

② '이다, 아니다'는 '던데'를 쓴다. 단, '이다' 앞의 명사에 받침이 없으면 주로 '명사+던데'라고 쓴다.

▶ 제약 정보:

① 사람의 심리나 기분, 감정 또는 감각을 나타내는 형용사와 함께 쓸 때는 1인칭 주어를 사용해야 한다.

   - 나는 라면을 먹으면 금방 배고프던데 너는 안 그래?

▶ 주의 사항:

① '-던데'의 뒤 절에는 말하는 이가 직접 경험하거나 사실을 근거로 한 질문, 명령, 설명이 주로 온다.

   - 김치찌개가 정말 맛있던데 어떻게 만들었어요?
   - 김치찌개가 정말 맛있던데 한번 드셔 보세요.

② '-던데'는 완료를 나타내는 '-었-'과 결합하여 과거에 어떤 사건을 경험하거나 관찰할 당시 이미 그 사건이 끝났음을 나타낸다.

   - 밤새 눈이 많이 왔던데 넘어지지 않게 조심하세요.

③ 과거에 다른 사람으로부터 들어서 알게 된 사실에 대해 말할 때에는 간접 인용에 '-던데'를 붙인다.

   - 내일이 나나 생일이라고 하던데/생일이라던데 선물 준비했어?

[확인]

교사는 문법을 설명한 뒤 '연습 문제'를 통해 학생들이 문법을 이해했는지 확인한다.

정답
(1) 고개를 숙이고 걸어가던데
(2) 기침을 계속하던데

어휘 및 표현

요	◆ **정의** (낮잡아 이르거나 귀엽게 이르는 말로) 말하는 사람에게 가까이 있거나 말하는 사람이 생각하고 있는 대상을 가리킬 때 사용하는 말. **예** 요 귀여운 아이는 누구예요? ● **설명** "'요'는 '이'처럼 가까이에 있거나 생각하고 있는 것을 가리키는 말인데 귀여운 느낌이 있어요. '요 아이, 요 근처'처럼 뒤에 명사가 필요해요."
자격증	◆ **정의** 일정한 자격을 인정하는 증서. **예** 조리사 자격증을 따려면 요리 학원에 다니는 게 좋을 거예요. ● **설명** "의사나 미용사처럼 어떠한 능력을 가지고 있는 사람에게 그 능력이 있다고 확인해 주는 종이를 '자격증'이라고 해요. 자격증을 얻기 위해서는 시험을 봐야 해요. 여러분은 무슨 자격증을 갖고 싶어요?"
숙이다	◆ **정의** 머리나 몸을 앞으로 기울어지게 하다. **예** 화재가 났을 때는 머리를 숙이고 대피해야 해요. ◆ **정보** 반의어 '젖히다' ● **설명** "(허리를 굽혀서 인사하는 사진을 보여 주며) 어른에게 인사할 때에는 이렇게 머리를 앞으로 해야 해요. 이렇게 하는 것을 '숙이다'라고 해요. 어른에게 인사할 때에는 머리를 숙여서 인사해야 해요."

교수-학습 지침

※ 고등학생 대상 수업의 경우 필수적으로 5분간 다음 활동을 추가로 진행함.
→ 교사는 학생들에게 목표 문법을 활용할 수 있는 새로운 화제를 제시한다.

교 "친구가 어떤 일을 잘해요. 그래서 그 친구한테 가르쳐 달라고 부탁하고 싶어요. '-던데'를 사용해서 친구에게 말해 보세요."

예시 답안
민우야, 너 춤을 잘 추던데 나도 춤 좀 가르쳐 줄 수 있어? 네가 어제 읽던 책 재미있어 보이던데 좀 빌려줄 수 있어?

정리 – 5분

1) 교사는 학생들에게 대화문을 다시 한번 읽게 한다.

2) 교사는 교재에 제시된 열린 질문을 통해 학생들에게 배운 문법을 활용하여 자유롭게 이야기를 나누게 한다.

교 "어떤 이유 때문에 그 장소가 좋아요. 그래서 친구에게 추천하려고 해요. '-던데'를 사용하여 친구에게 말해 보세요."

예시 답안
설악산 단풍이 정말 아름답던데 너도 가서 구경해 봐. 박물관에 볼거리가 많던데 시간 있을 때 한번 가 봐.

● 5차시 | 문법을 배워요 3

[학습 목표]

* 무리하게 대회 연습을 하는 친구를 걱정하며 발생할 수 있는 상황에 대해 말할 수 있다.
* '-는 모양이다'를 사용하여 다른 사실이나 상황으로 보아 현재 어떤 일이 일어나고 있거나 어떤 상태라고 추측할 수 있다.

도입 – 5분

1) 교사는 학생들에게 대화문을 읽게 한다. 그리고 학생들이 대화 상황을 이해했는지 확인 질문을 한다.

교 "두 사람이 왜 민우를 걱정하고 있어요?"
교 "민우는 언제, 무슨 대회에 나가려고 해요?"

2) 교사는 학생들에게 목표 문법의 의미를 추측할 수 있는 질문을 한다.

교 "수호는 민우가 태권도 연습을 열심히 하는 것을 보고 민우가 대회에 나갈 거라고 추측을 했어요. 수호가 어떻게 말했어요?"

전개 – 35분

다음의 절차에 따라 문법에 대해 설명한다. 그리고 새로 제시되는 어휘 및 표현이 있다면 그 의미를 함께 설명한다.

[설명]

> 🔲 "'-는 모양이다'는 다른 사실이나 상황으로 보아 현재 어떤 일이 일어나고 있거나 어떤 상태라고 추측할 때 사용해요."

[예시]

- 민우가 대회 준비 때문에 바쁜 모양이에요.
- 가구를 옮기는 것을 보니 이사를 하는 모양이에요.
- 전화를 안 받는 걸 보니까 벌써 가게 문을 닫은 모양이에요.
- 하늘이 흐린 걸 보니 저녁에 비가 올 모양이에요.

[정보]

▶ 형태 정보:

	받침 O	받침 X, 'ㄹ' 받침
동사	-는 모양이다	
형용사	-은 모양이다	-ㄴ 모양이다

	받침 O	받침 X, 'ㄹ' 받침
동사 과거	-은 모양이다	-ㄴ 모양이다
동사 미래	-을 모양이다	-ㄹ 모양이다

① 동사 어간 끝음절의 받침 유무에 관계없이 '-는 모양이다'를 쓴다. 단, 'ㄹ' 받침으로 끝날 때는 'ㄹ'이 탈락한다.

② 형용사 어간 끝음절에 받침이 있으면 '-은 모양이다', 형용사 어간 끝음절에 받침이 없거나 'ㄹ' 받침으로 끝나면 '-ㄴ 모양이다'를 쓴다. 단, 'ㄹ' 받침으로 끝날 때는 'ㄹ'이 탈락한다.

③ '이다, 아니다'는 '인 모양이다'를 쓴다.

④ 과거의 경우 동사 어간 끝음절에 받침이 있으면 '-은 모양이다', 동사 어간 끝음절에 받침이 없거나 'ㄹ' 받침으로 끝나면 '-ㄴ 모양이다'를 쓴다. 단, 'ㄹ' 받침으로 끝날 때는 'ㄹ'이 탈락한다.

⑤ 미래의 경우 동사 어간 끝음절에 받침이 있으면 '-을 모양이다', 동사 어간 끝음절에 받침이 없거나 'ㄹ' 받침으로 끝나면 '-ㄹ 모양이다'를 쓴다. 단, 'ㄹ' 받침으로 끝날 때는 'ㄹ'이 탈락한다.

▶ 주의 사항:

① 앞에 추측의 근거가 되는 표현인 '-는 걸 보니까'를 사용하는 경우가 많다.

② 자신이 직접 경험한 일에 대해서는 사용하지 않는다.

③ 비슷한 문법으로 말하는 사람의 추측을 나타내는 '-나 보다'가 있다. 이 두 문법 모두 이유가 있는 추측에 사용한다는 점에서 유사하나 '-나 보다'는 비격식적인 구어에서, '-는 모양이다'는 격식적인 문어에서 많이 사용된다는 점이 다르다.

④ '-는 것 같다'는 말하는 사람이 직접적으로 경험하거나 간접적으로 경험한 사실 모두에 대해 추측해서 말할 때 사용하지만 '-는 모양이다'는 간접적인 경험이나 연관된 상황을 바탕으로 추측할 때 쓴다.

[확인]

교사는 문법을 설명한 뒤 '연습 문제'를 통해 학생들이 문법을 이해했는지 확인한다.

> 정답
> (1) 골을 넣다가 넘어진 모양이야
> (2) 무리해서 달리다가 발목을 삔 모양이야

어휘 및 표현

무리	◆ 정의 어떤 일을 지나치게 해서 생긴 해로움. 예 운동을 시작하기 전에 준비 운동을 해야 몸에 무리가 안 가요. ● 설명 "잠을 안 자고 공부를 해서 코피가 나요. 이렇게 너무 힘들 때까지 일을 하는 것을 '무리'라고 해요. 열심히 하는 것도 중요하지만 무리가 되지 않도록 쉬어 가면서 해야 해요."
엎드리다	◆ 정의 배가 아래로 향하게 하여 몸 전체를 바닥에 대다. 예 저는 침대에 엎드려서 책을 읽어요. ● 설명 "(책상에 엎드려서 자는 그림을 보여 주며) 가끔 이렇게 하고 잠을 자지요? 이렇게 몸을 앞으로 하는 것을 '엎드리다'라고 해요. 책상에 엎드려서 잠을 자요."
깜박하다	◆ 정의 기억하지 못하거나 주의를 기울이지 못하다. 예 친구 생일을 깜박하는 바람에 축하 인사도 못 했어요. ● 설명 "친구에게 오늘 돌려주기로 약속하고 빌린 책을 집에 두고 왔어요. 일부러 놓고 온 게 아니에요. 잊어버렸어요. 이렇게 기억하지 못한 것을 '깜박하다'라고 해요. 깜박하고 친구의 책을 집에 두고 왔어요."
잔뜩	◆ 정의 더할 수 없이 심하게. 예 시험을 앞두고 모두 잔뜩 긴장하고 있어요. ● 설명 "생각할 수 없을 정도로 매우 심한 것을 '잔뜩'이라고 해요. 어제 새로 산 휴대 전화를 동생이 떨어뜨려서 고장이 났어요. 그래서 잔뜩 화가 났어요."
부딪히다	◆ 정의 매우 세게 마주 닿게 되다. 예 복도에서 정신없이 뛰어나가다 친구와 부딪혔어요. ● 설명 "사람이 많은 곳에서 앞을 보지 않고 걸으면 어떻게 돼요? 앞에 오는 사람과 부딪힐 수 있어요. '부딪히다'는 어떤 사람이나 물건이 다른 사람이나 물건에 매우 세게 닿는 것을 말해요."

막다	◆ **정의** 적이나 상대편의 공격이나 침입에 맞서서 버티어 지키다. **예** 이번 공격만 막으면 이 경기를 이길 수 있어요. ● **설명** "(공을 막는 골키퍼 사진을 보여 주며) 축구 경기에서 이 사람은 무엇을 해요? 상대편의 공을 막아요. '막다'는 상대편의 공격에 맞서서 지키는 것을 말해요."
삐다	◆ **정의** 몸의 한 부분이 충격을 받아 접히거나 비틀려서 뼈마디가 어긋나다. **예** 발목을 삐어서 걷기 힘들어요. ● **설명** "'삐다'는 뼈가 어긋난 것을 말해요. 부러진 것이 아니에요."

교수-학습 지침

※ 고등학생 대상 수업의 경우 필수적으로 5분간 다음 활동을 추가로 진행함.
➡ 교사는 학생들에게 목표 문법을 활용할 수 있는 새로운 화제를 제시한다.
  🔲 "식당에 사람들이 길게 줄을 서서 기다리고 있어요. 그 이유가 무엇인지 '-는 모양이다'를 사용해서 추측해 보세요."

예시 답안
음식이 맛있는 모양이야. 가격이 싼 모양이야.

정리 – 5분

1) 교사는 학생들에게 대화문을 다시 한번 읽게 한다.

2) 교사는 교재에 제시된 열린 질문을 통해 학생들에게 배운 문법을 활용하여 자유롭게 이야기를 나누게 한다.
  🔲 "친구가 기분이 좋은 이유를 알아요. '-는 모양이다'를 사용하여 말해 보세요."

예시 답안
나나가 선생님께 칭찬을 받은 모양이에요. 수호가 시험을 잘 본 모양이에요.

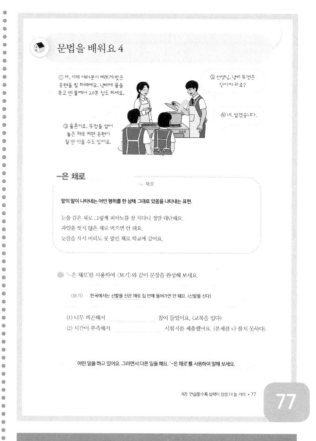

• 6차시 | 문법을 배워요 4

[학습 목표]

• 송편을 만드는 방법과 과정에 대해 묘사할 수 있다.
• '-은 채로'를 사용하여 앞의 말이 나타내는 어떤 행위를 한 상태 그대로 있음을 표현할 수 있다.

도입 – 5분

1) 교사는 학생들에게 대화문을 읽게 한다. 그리고 학생들이 대화 상황을 이해했는지 확인 질문을 한다.
  🔲 "선생님과 학생들이 무슨 음식을 만들고 있어요?"
  🔲 "이제 무엇을 할 차례예요?"

2) 교사는 학생들에게 목표 문법의 의미를 추측할 수 있는 질문을 한다.
  🔲 "어떤 실수를 하면 송편이 잘 안 익어요?"

전개 – 35분

다음의 절차에 따라 문법에 대해 설명한다. 그리고 새로 제시되는 어휘 및 표현이 있다면 그 의미를 함께 설명한다.

[설명]

  🔲 "'-은 채로'는 앞의 말이 나타내는 어떤 행위를 한 상태 그대로 있을 때 사용해요."

[예시]
- 안경을 쓴 채로 잠이 들었어요.
- 주머니에 손을 넣은 채로 눈길을 걷다가 넘어졌어요.
- 물을 계속 틀어 놓은 채로 설거지를 하면 안 돼요.

[정보]

▶ 형태 정보:

	받침 O	받침 X, 'ㄹ' 받침
동사	-은 채로	-ㄴ 채로

① 동사 어간 끝음절에 받침이 있으면 '-은 채로', 동사 어간 끝음절에 받침이 없거나 'ㄹ' 받침으로 끝나면 '-ㄴ 채로'를 쓴다. 단, 'ㄹ' 받침으로 끝날 때는 'ㄹ'이 탈락한다.

② '이다, 아니다'는 '인 채로'를 쓴다.

▶ 주의 사항:

① 조사 '로'가 생략된 '-은 채' 형태로도 쓰인다.

② '-어 놓은 채로'나 '-어 둔 채로'의 형태로도 많이 쓰인다.
- 물을 계속 틀어 놓은 채로 설거지를 하면 안 돼요.

[확인]

교사는 문법을 설명한 뒤 '연습 문제'를 통해 학생들이 문법을 이해했는지 확인한다.

> 정답
> (1) 교복을 입은 채로
> (2) 문제를 다 풀지 못한 채로

어휘 및 표현

빚다	◆ 정의 곡물 가루를 반죽하여 음식을 만들다. 예 집에서 만두를 빚을 거예요. ● 설명 "(반죽하는 사진을 보여 주며) 밀가루에 물을 넣어서 이렇게 하는 것을 '반죽하다'라고 해요. 그리고 반죽해서 음식을 만드는 것을 '빚다'라고 해요. 추석에 송편을 빚어요."
뚜껑	◆ 정의 그릇이나 상자, 펜 등의 열린 윗부분을 덮거나 막는 물건. 예 밥을 먹고 반찬 그릇의 뚜껑을 잘 닫으세요. ● 설명 "(그릇 뚜껑, 펜 뚜껑의 그림을 보여 주며) 이것을 '뚜껑'이라고 해요. 뚜껑이 있으면 물건을 보관하기 좋아요."

교수-학습 지침

※ 고등학생 대상 수업의 경우 필수적으로 5분간 다음 활동을 추가로 진행함.

→ 교사는 학생들에게 목표 문법을 활용할 수 있는 새로운 화제를 제시한다.

> 교 "식사를 할 때 하면 안 되는 행동에 대해 '-은 채로'를 사용해서 말해 보세요."

> 예시 답안
> 그릇을 든 채로 밥을 먹으면 안 돼요. 음식을 입에 문 채로 말하면 안 돼요.

정리 - 5분

1) 교사는 학생들에게 대화문을 다시 한번 읽게 한다.

2) 교사는 교재에 제시된 열린 질문을 통해 학생들에게 배운 문법을 활용하여 자유롭게 이야기를 나누게 한다.

> 교 "어떤 일을 하고 있어요. 그러면서 다른 일을 해요. '-은 채로'를 사용하여 말해 보세요."

> 예시 답안
> 피곤해서 눈을 감은 채로 이야기를 들었어요. 물을 틀어 놓은 채로 양치질을 해요.

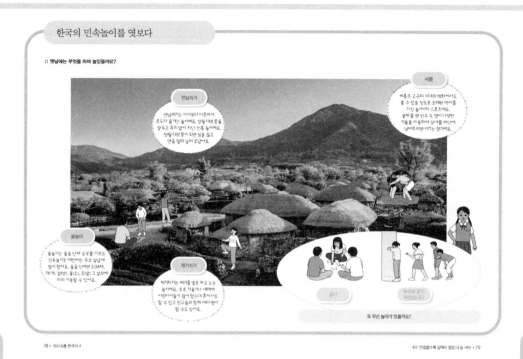

● 문화

[학습 목표]
- 한국 민속놀이에 대해 알 수 있다.

1) 질문을 통해 학생들에게 주제를 추측하게 한다.
   📖 "민속놀이를 해 본 적이 있어요?"
   📖 "그 민속놀이는 무엇을 가지고 어떻게 하는 거예요?"

2) 교재 78쪽을 보며 한국의 민속놀이에 대해 설명한다.

3) 교재 79쪽을 보며 한국의 민속놀이 및 아이들이 하는 놀이에 대해 설명한다.

더 알아보기

널뛰기	단오나 한가위 등 명절 때 부녀자들이 즐겨 했는데 널빤지 양쪽 끝에 한 사람씩 올라가서 서로 발을 구르며 높이 뛰어오르는 놀이이다.
투호	병을 일정한 거리에 놓고 그 속에 화살을 던져 승부를 가리는 놀이이다.

교수-학습 지침

교사는 교재에 나와 있는 민속놀이를 직접 체험해 보는 문화 활동을 진행할 수 있다. 그룹을 나누어 교실에서 할 수 있는 윷놀이, 제기차기, 공기놀이 등을 하도록 지도한다.

4) 본 문화와 관련하여 상호문화적 관점에서 이야기할 수 있도록 한다.
   📖 "다른 나라에는 어떤 민속놀이가 있을까요?"

더 알아보기

베트남	냐이 삽 대나무를 양손에 들고 땅에서 움직이면 대나무 중간에 있는 사람이 대나무를 피하는 방식의 놀이이다.
일본	다루마오토시 4~5개의 작은 나무토막을 사용한 놀이로 맨 꼭대기의 나무토막을 제외한 다른 나무토막들을 나무망치로 하나씩 쳐 내는 놀이이다.
중국	콩주 대나무를 장구 모양처럼 만든 것을 콩주라고 하는데 이 콩주를 끈으로 돌리는 놀이이다.

04 더 배워요

학습 목표
어떤 일을 할 때 주의할 사항에 대해 이야기할 수 있다.
어떤 일을 잘할 수 있는 방법을 설명할 수 있다.
비빔밥의 유래와 특징을 알 수 있다.
자신이 좋아하는 음식에 대해 소개할 수 있다.

◎ 4과에서 무엇을 배우는지 알아봅시다.

꼭 배워요(필수)
실습 및 실기 수업의 과정 설명하기

더 배워요(선택)
재미있는 수업 활동

학습 도구(선택)
12. 실험하기

요리 실습을 해요. 음악 실기 시험을 봐요.

재미있는 수업 활동

멀리뛰기를 해요. 스케치를 해요.

함께 이야기해 봐요

1. 여러분은 한식을 좋아해요? 한식 중에 무슨 음식을 좋아해요?

2. 친구에게 추천해 주고 싶은 음식이 있어요?

〈더 배워요〉 학습 목표

- 어떤 일을 할 때 주의할 사항에 대해 이야기할 수 있다.
- 어떤 일을 잘할 수 있는 방법을 설명할 수 있다.

7차시	• 요리를 할 때 주의해야 할 사항에 대해 이야기할 수 있다.
8차시	• 멀리뛰기를 잘할 수 있는 방법을 설명할 수 있다.
9차시	• 비빔밥의 유래와 특징을 알 수 있다.
10차시	• 자신이 좋아하는 음식에 대해 소개할 수 있다.

〈학습 도구 한국어〉 학습 목표

7~8차시	• 실험하기에서 증명하기에 대해 안다.
9~10차시	• 실험하기에서 비교하기에 대해 안다.

• 7차시 | 〈더 배워요〉 도입 및 대화해 봐요 1

도입 – 5분

1) 〈꼭 배워요〉의 목표 어휘 및 문법 등을 확인할 수 있는 질문을 통해 학생들이 해당 표현을 사용하여 답할 수 있도록 유도한다.

📋 "여러분이 가장 좋아하는 과목은 뭐예요? 그 과목 시간에는 무엇을 해요?"

📋 "음악, 미술, 체육, 가정 시간에 무슨 활동을 해요?"

📋 "친구는 무슨 수업 활동을 잘해요? 왜 그런 거 같아요?"

2) '대화해 봐요 1, 2'에서 학습할 내용을 대표하는 네 개의 그림들을 확인하며 학생들이 앞으로 배우게 될 주제 및 내용을 추측할 수 있도록 한다.

📋 "여러분은 요리하는 것을 좋아해요? 무슨 음식을 만들 수 있어요?"

📋 "영수가 무슨 악기를 연주하고 있어요?"

📋 "여러분은 무슨 악기를 연주할 줄 알아요?"

📋 "음악 실기 시험으로 악기 연주를 한 적이 있어요? 무슨 악기를 연주했어요?

📋 "유미가 체육 시간에 무슨 운동을 하고 있어요?"

📋 "여러분은 멀리뛰기를 잘해요?"

📋 "미술 시간에 그림을 그린 적이 있어요? 무엇을 그렸어요?"

📋 "그림을 그릴 때 가장 먼저 무엇을 해요?"

3) '함께 이야기해 봐요'에 제시된 질문을 통해 이야기를 나눔으로써 '읽고 써 봐요'에서 학습할 내용을 추측하게 한다.

🔲 "여러분은 한식을 좋아해요? 한식 중에서 무슨 음식을 좋아해요?"

🔲 "친구에게 추천해 주고 싶은 음식이 있어요?"

[학습 목표]

- 요리를 할 때 주의해야 할 사항에 대해 이야기할 수 있다.
- 부가 문법: -을지도 모르다
- 목표 표현: -으면 -을지도 몰라요
  -을 수도 있으니 -으면 안 돼요

본 대화는 요리 실습 시 선생님이 학생들에게 주의해야 할 사항에 대해 이야기하고 있는 상황이다.

도입 – 5분

1) 교사는 학생들에게 '대화해 봐요 1'의 내용을 추측할 수 있는 질문을 한다.

🔲 "학교에서 친구들과 같이 음식을 만들어 본 적이 있어요?"

🔲 "요리를 할 때 무엇을 조심해야 할까요?"

2) 교사는 학생들에게 82쪽의 첫 번째 QR 코드 속 영상을 보게 한다.

🔲 "안나와 영수가 실습 시간에 만들 요리에 대해 이야기를 나누고 있어요. 무엇을 만들지 힘께 확인해 봐요."

3) 교사는 학생들이 대화 내용을 잘 이해했는지 질문을 한다. 그리고 새 표현이 있다면 그 의미를 함께 설명 한다.

🔲 "안나네 조는 무슨 음식을 만들 거예요?"

🔲 "영수네 조는 무슨 음식을 만들 거예요?"

🔲 "'궁중떡볶이'는 어떤 음식이에요?"

어휘 및 표현

궁	◆ **정의** 왕과 그의 가족들이 사는 큰 집. **예** 서울에는 다섯 개의 궁이 있어요. ● **설명** "옛날에 왕과 그의 가족이 살던 곳을 '궁'이 라고 해요. 서울에는 경복궁, 창덕궁, 창경 궁, 덕수궁, 경희궁이 있어요."
궁중	◆ **정의** 대궐 안. **예** 궁중 요리는 만들기가 어려워요. ● **설명** "왕이 살던 궁 안을 '궁중'이라고 해요. 궁 안 에서 연주하던 음악을 궁중 음악, 궁 안에서 만들어 먹던 음식을 궁중 음식, 궁 안에서 그 림을 그리는 화가를 궁중 화가라고 말해요."
고추장	◆ **정의** 고춧가루를 주재료로 해서 만든 붉은 색의 한국 고유의 양념. **예** 할머니께서 직접 만드신 고추장이라서 맛 이 좋아요. ● **설명** "'고추장'은 요리할 때 넣는 매운 양념이에 요. 비빔밥 먹을 때도 넣어요. 떡볶이에도 고 추장이 들어가요."
간장	◆ **정의** 음식의 간을 맞추는 데 쓰는, 짠맛이 나는 검 은색 액체. **예** 부침개를 간장에 찍어 먹어요. ● **설명** "'간장'은 요리할 때나 음식을 먹을 때 짠맛 을 내기 위해 쓰는 양념이에요."

전개 – 20분

1) 교사는 학생들에게 본 대화 내용을 소개하면 82쪽의 두 번째 QR 코드 속 영상을 보게 한다.

🔲 "선생님께서 요리를 시작하기 전 주의 사항을 이야기하고 계세요. 무슨 말씀을 하시는지 함께 확인해 봐요."

2) 교사는 학생들이 대화의 전체 내용을 이해했는지 확 인하는 질문을 한다.

🔲 "선생님이 무엇에 대해 이야기하고 있어요?"

3) 교사는 학생들에게 대화문을 읽게 한다. 그리고 세부 내용을 이해했는지 확인하는 질문을 한다.

🔲 "선생님이 주의 사항 몇 가지를 말씀하셨어요?"

🔲 "왜 장난을 치거나 한눈팔면 안 돼요?"

🔲 "요리를 하다가 사고가 나면 어떻게 해야 해요?"

4) 대화에 제시된 새 표현의 의미를 설명한다.

어휘 및 표현

실습	◆ 정의	배운 기술이나 지식을 실제로 해 보면서 익힘.
	예	가정 시간에 요리 실습을 했어요.
	● 설명	"수업 시간에 배운 내용을 실제로 해 보는 것을 '실습'이라고 해요. 가정 시간에 배운 요리를 직접 만들어 보는 것을 요리 실습이라고 할 수 있어요."
주의하다	◆ 정의	마음에 새겨 두고 조심하다.
	예	바닥이 미끄러우니까 넘어지지 않도록 주의하세요.
	◆ 정보	반의어 '부주의하다'
	● 설명	"칼처럼 날카로운 물건을 사용할 때 잘못하면 다칠 수 있어요. 그래서 이런 물건을 사용할 때에는 항상 잘못하면 다칠 수 있다는 것을 생각하고 조심히 사용해야 해요. 이렇게 어떤 일을 할 때 조심히 생각해서 행동하는 것을 '주의하다'라고 해요. 칼을 사용할 때 다치지 않도록 주의하세요."
가스	◆ 정의	연료로 사용하는 기체.
	예	날씨가 추워서 가스 요금이 많이 나왔어요.
	● 설명	"(가스레인지 사진을 보여 주며) 요리할 때 이것이 필요하지요? 이것을 '가스레인지'라고 하는데 여기에서 '가스'가 나와요. 요리할 때, 집을 따뜻하게 할 때 모두 가스를 사용해요."
한눈팔다	◆ 정의	당연히 보아야 할 곳을 보지 않고 다른 곳을 보다.
	예	길을 걷다가 한눈팔면 넘어질 수 있어요.
	● 설명	"봐야 하는 것을 보지 않고 다른 곳을 보는 것을 '한눈팔다'라고 해요. 공부할 때는 책을 봐야 하는데 책 대신 휴대 전화를 봐요. 이럴 때 한눈을 팔았다고 말할 수 있어요."

5) 교사는 학생들에게 대화문을 다시 한번 읽게 한다. 이때 역할을 나누는 등 다양한 방식으로 읽게 할 수 있다.

6) 교사는 다음의 절차에 따라 부가 문법 '-을지도 모르다'에 대해 설명한다. 그리고 새로 제시되는 어휘가 있다면 그 의미를 함께 설명한다.

부가 문법　　　　　'-을지도 모르다'

[설명]

　📖 "비가 안 오는데 정호가 우산을 가지고 왔어요. 정호는 날씨가 흐려서 이따가 비가 올 수 있다고 생각했기 때문이에요. 정호는 비가 올지도 몰라서 우산을 가지고 왔어요. 이렇게 '-을지도 모르다'는 어떤 일의 실현 가능성에 대해 의문을 나타낼 때 사용해요."

[예시]

· 와니가 자고 있을지도 몰라서 전화를 안 했어요.
· 차를 타고 가는 것보다 걸어서 가는 것이 오히려 더 빠를지도 모르겠어.
· 가게 문을 닫았을지도 몰라서 미리 전화를 하고 갔어요.

· 약속을 잊어버려서 친구가 화가 났을지도 몰라요.

[정보]

▶ 형태 정보:

	받침 O	받침 X, 'ㄹ' 받침
동사, 형용사	-을지도 모르다	-ㄹ지도 모르다

① 동사 및 형용사 어간 끝음절에 받침이 있으면 '-을지도 모르다', 동사 및 형용사 끝음절에 받침이 없거나 'ㄹ' 받침으로 끝나면 '-ㄹ지도 모르다'를 쓴다. 단 'ㄹ' 받침으로 끝날 때는 'ㄹ'이 탈락한다.

② '이다, 아니다'는 'ㄹ지도 모르다'를 쓴다. 단, '이다' 앞의 명사에 받침이 없으면 주로 '명사+ㄹ지도 모르다'라고 쓴다.

7) 교사는 학생들에게 목표 표현에 대해 설명한다.

목표 표현 1　　　'-으면 -을지도 몰라요'

[설명]

　📖 "'-으면 -을지도 몰라요'는 앞에서 말하는 행동을 했을 때 뒤에서 말하는 결과가 나타날 수도 있다고 가정할 때 사용하는 표현이에요."

[예시]

· 걸어가면 늦을지도 몰라요.
· 2개만 사면 부족할지도 몰라요.
· 도서관에 일찍 가지 않으면 자리가 없을지도 몰라요.
· 정호에게 발표하라고 하면 싫어할지도 몰라요.

목표 표현 2　　　'-을 수도 있으니 -으면 안 돼요'

[설명]

　📖 "'-을 수도 있으니 -으면 안 돼요'는 부정적 결과가 올 수 있기 때문에 어떤 행동을 하면 안 된다고 경고할 때 사용하는 표현이에요."

[예시]

· 증상이 더 심해질 수도 있으니 무리하면 안 돼요.
· 오래된 물건이라서 망가질 수도 있으니 함부로 만지면 안 돼요.
· 자습 시간에는 다른 친구에게 방해가 될 수도 있으니 떠들면 안 돼요.
· 밤에 비가 올 수도 있으니 창문을 열어 놓고 가면 안 돼요.

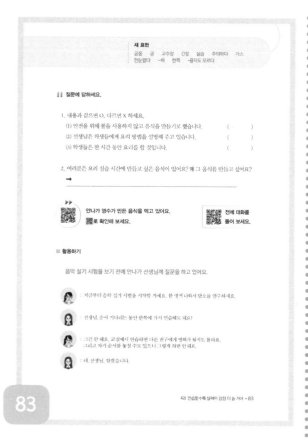

8) 교사는 학생들에게 교재의 1번과 2번 문제를 풀게 한다.

9) 교사는 학생들과 함께 문제의 답을 확인한다.

> **정답**
> 1. (1) × (2) × (3) ○
> 2. 여러 사람이 나눠서 먹기 편한 피자를 만들고 싶어요. 라면이 만들기 쉬우니까 라면을 만들면 좋겠어요.

10) 교사는 학생들에게 83쪽의 첫 번째 QR 코드 속 영상을 보게 한다.

> 📖 "안나가 영수가 만든 음식을 먹고 있어요. 맛이 어떨지 함께 확인해 봐요."

11) 교사는 학생들이 대화 내용을 잘 이해했는지 질문을 한다. 그리고 새 표현이 있다면 그 의미를 함께 설명한다.

> 📖 "영수네 조가 만든 떡볶이는 맛이 어때요?"
> 📖 "영수가 만든 떡볶이는 왜 짜요?"

활용 – 10분

1) 교사는 학생들이 목표 표현을 사용하여 대답할 수 있도록 질문을 한다.

> 📖 "도서관, 미술관, 박물관 같은 공공장소에서는 무엇을 하면 안 돼요? 그 행동을 하면 어떻게 돼요?"

2) 교사는 질문을 통해 학생들이 '활용하기'의 대화 상황을 추측할 수 있도록 한다.

> 📖 "음악 실기 시험을 보기 전에 안나가 선생님께 질문을 하고 있어요. 무슨 이야기를 할까요?"

3) 교사는 학생들에게 대화문을 읽게 한 후 대화의 내용을 이해했는지 확인하는 질문을 한다. 그리고 새 표현이 있다면 그 의미를 함께 설명한다.

> 📖 "학생들은 무슨 악기를 연주할 거예요?"
> 📖 "반 친구들이 모두 함께 악기를 연주할 거예요?"
> 📖 "다른 친구가 악기를 연주하는 동안 연습을 해도 돼요?"

어휘 및 표현

-씩	◆ **정의** '그 수량이나 크기로 나눔'의 뜻을 더하는 접미사. 예 떡국을 한 그릇씩 가지고 가세요. ● **설명** "피자 한 판을 4명이 똑같이 나눠 먹어요. 피자 한 판은 8조각이니까 한 사람이 2조각을 먹을 수 있어요. 4명이 모두 똑같이 2조각을 먹어요. 이렇게 똑같이 나눴을 때 '씩'을 사용할 수 있어요. 피자 한 판을 4명이 나누면 2조각씩 먹을 수 있어요."
한쪽	◆ **정의** 어느 한 부분이나 방향. 예 마당 한쪽에 작은 꽃밭을 만들었어요. ● **설명** "점심을 먹고 나서 친구와 배드민턴을 치려고 운동장에 나왔어요. 운동장에는 축구를 하는 친구들이 있어요. 그래서 저기 나무가 있는 쪽으로 가서 배드민턴을 쳐요. 이렇게 어느 한 부분을 이야기할 때 '한쪽'을 사용할 수 있어요. 운동장 한쪽에 가서 배드민턴을 쳐요."

4) 교사는 학생들에게 대화문을 다시 한번 읽게 한다. 이때 역할을 나누는 등 다양한 방식으로 읽게 할 수 있다.

> **교수-학습 지침**
> ※ 고등학생 대상 수업의 경우 필수적으로 5분간 다음 활동을 추가로 진행함.
> → 교사는 짝 활동, 그룹 활동을 통해 요리 실습 전후에 무엇을 주의해야 하는지 이야기하도록 지도한다.

정리 – 5분

교사는 학생들에게 83쪽의 '전체 대화를 들어 보세요' QR 코드 속 대화를 듣게 하고 수업을 마무리한다.

대화해 봐요 2

유미가 멀리뛰기를 잘 못해서 고민이에요. 📱로 확인해 보세요.

수호가 멀리뛰기 잘하는 방법을 가르쳐 주고 있어요.
먼저 📱로 확인해 보세요.

① 수호야, 너 멀리뛰기 진짜 잘한다. 너처럼 멀리뛰기를 잘하려면 어떻게 하는 거야?

② 글쎄, 음. 그럼 일단 한번 뛰어 볼래? 내가 자세 좀 봐 줄게.

③ 알겠어. 자, 뛴다. 하나, 둘, 셋!

④ 유미야, 너 뛰기 전에 허리를 구부리던데 그렇게 하면 멀리 못 뛰어. 허리를 곧게 펴서 몸을 앞으로 쭉 뻗으면서 하면 되는데, 한번 볼래?

⑤ 몸을 앞으로 쭉 뻗으라고? 이렇게 하라는 말이지?

⑥ 바로 그거야. 그리고 뛸 때 몸을 앞으로 쭉 뻗으면 뻗을수록 더 멀리 나갈 수 있을 거야.

84 · 의사소통 한국어 4

84

● 8차시 | 대화해 봐요 2

[학습 목표]
• 멀리뛰기를 잘할 수 있는 방법을 설명할 수 있다.
• 부가 문법: -기만 하다
• 목표 표현: -으려면 어떻게 해야 하는 거야?
　　　　　　 -으면 -을수록 -을 수 있을 거야

본 대화는 유미가 수호에게 멀리뛰기를 잘할 수 있는 방법에 대해 물어보고 있는 상황이다.

도입 – 7분

1) 교사는 학생들에게 '대화해 봐요 2'의 내용을 추측할 수 있는 질문을 한다.
　📖 "체육 시간에 무슨 운동을 해요?"
　📖 "우리 반에서 그 운동을 제일 잘하는 친구는 누구예요?"

2) 교사는 학생들에게 84쪽의 첫 번째 QR 코드 속 영상을 보게 한다.
　📖 "유미가 멀리뛰기를 잘 못해서 고민이에요. 어떻게 할지 함께 확인해 봐요."

3) 교사는 학생들이 대화 내용을 잘 이해했는지 질문을 한다. 그리고 새 표현이 있다면 그 의미를 함께 설명한다.
　📖 "누가 멀리뛰기를 잘해요?"
　📖 "유미는 수호한테 무엇을 물어볼 거예요?"

전개 – 20분

1) 교사는 학생들에게 본 대화 내용을 소개하며 84쪽의 두 번째 QR 코드 속 영상을 보게 한다.
　📖 "수호가 멀리뛰기 잘하는 방법을 가르쳐 주고 있어요. 어떻게 하면 되는지 함께 확인해 봐요."

2) 교사는 학생들이 대화의 전체 내용을 이해했는지 확인하는 질문을 한다.
　📖 "멀리뛰기를 잘하려면 어떻게 해야 해요?"

3) 교사는 학생들에게 대화문을 읽게 한다. 그리고 세부 내용을 이해했는지 확인하는 질문을 한다.
　📖 "유미의 멀리뛰기 자세에 어떤 문제가 있었어요?"
　📖 "수호는 멀리뛰기를 할 때 어떻게 하라고 가르쳐 줬어요?"

4) 대화에 제시된 새 표현의 의미를 설명한다.

어휘 및 표현

일단	◆ 정의 우선 먼저. 예 아프면 일단 병원부터 가 보세요. ● 설명 "할 일이 많아요. 어떤 것부터 해야 할까요? 일단 제일 급한 일부터 해야 해요. '일단'은 우선 먼저라는 뜻이에요."
구부리다	◆ 정의 한쪽으로 굽히다. 예 무릎을 구부릴 때마다 아파요. ◆ 정보 유의어 '숙이다', 반의어 '펴다' ● 설명 "(얇은 철사를 손으로 구부리는 사진을 보여 주며) 지금 뭐 해요? 철사를 구부려요. '구부리다'는 한쪽으로 굽히는 것을 말해요."
곧다	◆ 정의 길, 선, 자세 등이 휘지 않고 똑바르다. 예 소연이는 자가 없어도 선을 곧게 잘 그려요. ◆ 정보 유의어 '바르다', 반의어 '휘다' ● 설명 "(곧은 길과 비뚤비뚤한 길 그림을 보여 주며) '곧다'는 옆으로 구부러지지 않고 한 방향으로 똑바르다는 뜻이에요. 의자에 곧은 자세로 앉아야 허리가 아프지 않아요."
뻗다	◆ 정의 구부리고 있던 몸의 일부를 쭉 펴다. 예 다리가 저리면 다리를 뻗고 앉으세요. ● 설명 "(기지개 하는 그림을 보여 주며) 그림처럼 몸을 쭉 펴는 것을 '뻗다'라고 해요. 공부하다가 졸리면 일어나서 몸을 쭉 뻗어 보세요."

5) 교사는 학생들에게 대화문을 다시 한번 읽게 한다. 이때 역할을 나누는 등 다양한 방식으로 읽게 할 수 있다.

6) 교사는 다음의 절차에 따라 부가 문법 '-기만 하다'에 대해 설명한다. 그리고 새로 제시되는 어휘가 있다면 그 의미를 함께 설명한다.

[설명]

📖 "저는 스트레스를 받으면 계속 잠을 자요. 다른 행동은 아무것도 하지 않아요. 하루 종일 밥도 안 먹고 계속 자요. 저는 스트레스를 받으면 자기만 해요. 이렇게 '-기만 하다'는 다른 행동은 하지 않고 오직 한 가지 행동만 한다는 것을 나타낼 때 사용해요."

[예시]

· 민우가 화를 내는 모습을 한 번도 못 봤어요. 항상 웃기만 해요.
· 우유를 마시기만 하면 배가 아파요.
· 유미에게는 항상 받기만 하는 것 같아서 미안해요.
· 제 동생은 공부는 하지 않고 놀기만 해요.

[정보]

▶ 형태 정보:

	받침 O	받침 X
동사	\-기만 하다	

① 동사 어간 끝음절의 받침 유무에 관계없이 '-기만 하다'를 쓴다.

▶ 제약 정보:

① 과거 '-었-', 미래 · 추측의 '-겠-'과 결합하지 않는다.
· 아무 말 없이 먹었기만 해요. (X)
· 아무 말 없이 먹기만 해요. (O)

▶ 주의 사항:

① 형용사와 결합하는 경우 다른 말이나 상황의 영향을 받지 않거나 그것과 관계없이 어떤 상태가 지속됨을 나타낸다.
· 시험 볼 때는 그저 떨리기만 해요.

7) 교사는 학생들에게 목표 표현에 대해 설명한다.

[설명]

📖 "'-으려면 어떻게 해야 하는 거야?'는 어떤 행동을 할 의도가 있을 경우 그 방법을 물을 때 쓰는 표현이에요."

[예시]

· 게임에서 이기려면 어떻게 해야 하는 거야?
· 건강을 유지하려면 어떻게 해야 하는 거야?
· 시험을 잘 보려면 어떻게 해야 하는 거야?
· 아침에 일찍 일어나려면 어떻게 해야 하는 거야?

[설명]

📖 "'-으면 -을수록 -을 수 있을 거야'는 앞에서 이야기하는 행동의 정도가 심해지면 뒤에 행동이 가능함을 가정할 때 사용하는 표현이에요."

[예시]

· 단어를 많이 알면 알수록 외국어를 잘할 수 있을 거야.
· 피아노 연습을 많이 하면 할수록 잘 칠 수 있을 거야.
· 체력이 좋으면 좋을수록 더 잘 뛸 수 있을 거야.
· 요리는 많이 만들어 보면 볼수록 잘 만들 수 있을 거야.

85

8) 교사는 학생들에게 교재의 1번과 2번 문제를 풀게 한다.

9) 교사는 학생들과 함께 문제의 답을 확인한다.

정답
1. (1) ○ (2) ○ (3) ○
2. 저는 수영을 잘하는데 저처럼 숨을 오래 참을 수 있으면 수영을 잘할 수 있는 것 같아요. 저는 탁구를 잘 치는 편인데 공이 움직이는 각도를 생각하면서 쳐요.

10) 교사는 학생들에게 85쪽의 첫 번째 QR 코드 속 영상을 보게 한다.

📟 "유미가 이제 멀리뛰기를 잘할 수 있을까요? 함께 확인해 봐요."

11) 교사는 학생들이 대화 내용을 잘 이해했는지 질문을 한다. 그리고 새 표현이 있다면 그 의미를 함께 설명한다.

📟 "유미가 이제 멀리뛰기를 잘할 자신이 있어요?"

📟 "세인이는 유미가 멀리뛰기를 얼마나 잘할 거라고 생각해요?"

활용 – 10분

1) 교사는 학생들이 목표 표현을 사용하여 대답할 수 있도록 질문을 한다.

📟 "친구들과 함께 모둠 과제를 해요. 어떻게 해야 할지 방법을 모르는 일이 있을 때 친구에게 뭐라고 물어봐요?"

📟 "실습, 실기 수업에서 잘하지 못해서 걱정하는 친구가 있어요. 친구에게 그 일을 잘할 수 있는 방법에 대해 어떻게 이야기해 줄 거예요?"

2) 교사는 질문을 통해 학생들이 '활용하기'의 대화 상황을 추측할 수 있도록 한다.

📟 "나나가 세인이에게 그림을 잘 그리는 방법을 묻고 있어요. 무슨 이야기를 할까요?"

3) 교사는 학생들에게 대화문을 읽게 한 후 대화의 내용을 이해했는지 확인하는 질문을 한다. 그리고 새 표현이 있다면 그 의미를 함께 설명한다.

📟 "세인이가 그린 그림이 어때요?"

📟 "세인이는 그림 연습을 어떻게 하라고 알려 줬어요?"

4) 교사는 학생들에게 대화문을 다시 한번 읽게 한다. 이때 역할을 나누는 등 다양한 방식으로 읽게 할 수 있다.

교수-학습 지침
※ 고등학생 대상 수업의 경우 필수적으로 5분간 다음 활동을 추가로 진행함.
→ 교사는 학생들에게 서로 잘하는 일과 그 일을 잘할 수 있는 방법에 대해 이야기하도록 지도한다.

정리 – 8분

교사는 학생들에게 85쪽의 '전체 대화를 들어 보세요' QR 코드 속 대화를 듣게 하고 수업을 마무리한다.

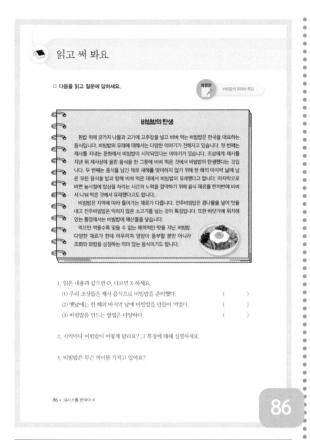

• 9차시 | 읽고 써 봐요 – 읽기

[학습 목표]
• 비빔밥의 유래와 특징을 알 수 있다.

본 활동은 한국 전통 음식인 비빔밥의 유래와 특징에 대한 설명문을 읽고 이해하기 위한 활동이다.

읽기 전 – 5분

교사는 학생들에게 읽기 내용을 추측할 수 있는 질문을 한다.

📖 "여러분은 비빔밥을 좋아해요? 자주 먹어요?"

📖 "비빔밥을 어떻게 만드는지 알아요? 무슨 재료가 필요해요?"

📖 "한국 사람들은 언제부터 비빔밥을 만들어 먹었을까요?"

읽기 중 – 30분

1) 교사는 학생들에게 읽기 지문을 개별적으로 읽게 한다.

2) 교사는 학생들이 읽기 지문의 전체 내용을 이해했는지 확인하는 질문을 한다.

📖 "한국을 대표하는 음식에는 무엇이 있어요?"

📖 "이 글은 무엇을 설명하는 글이에요?"

3) 교사는 학생들에게 읽기 지문을 읽게 한다. 그리고 세부 내용을 이해했는지 확인하는 질문을 한다.

📖 "비빔밥의 유래에 대해 몇 가지를 소개하고 있어요?"

📖 "농사철이 되면 왜 비빔밥을 만들어 먹었어요?"

📖 "통영비빔밥에 해산물이 들어가는 이유가 뭐예요?"

📖 "비빔밥은 무엇을 상징해요?"

4) 읽기 지문에 제시된 새 표현의 의미를 설명한다.

어휘 및 표현

탄생	◆ **정의** 기관이나 조직, 제도 등이 새로 생김. 📷 (비행기와 라이트 형제 그림을 보여 주며) 비행기의 탄생은 라이트 형제 덕분에 가능했어요. ● **설명** "'탄생'은 어떤 것이 새롭게 생기는 것을 말해요."
갖가지	◆ **정의** 여러 가지. 📷 상자 안에 지금은 사용하지 않는 갖가지 물건이 담겨 있어요. ● **설명** "'여러 가지'를 다른 말로 '갖가지'라고 해요. 명절이 되면 갖가지 음식을 준비해요."
나물	◆ **정의** 먹을 수 있는 풀이나 나뭇잎, 채소 등을 삶거나 볶거나 또는 날것으로 양념하여 무친 반찬. 📷 세인이는 나물 반찬을 좋아해요. ● **설명** "(다양한 나물 사진을 보여 주며) 이런 것들을 '나물'이라고 해요. 여러분은 나물을 좋아해요? 무슨 나물을 제일 좋아해요?"
유래	◆ **정의** 사물이나 일이 생겨남. 또는 그 사물이나 일이 생겨난 내력. 📷 김치는 유래가 깊은 음식이에요. ● **설명** "어떤 일이나 물건이 처음에 생기게 된 이유를 '유래'라고 해요. 짜장면의 유래에 대해 알아요? 중국의 '작장면'이라는 음식이 1890년대에 인천으로 전해진 후 한국 사람의 입맛에 맞게 바뀌었다고 해요."
제사	◆ **정의** 신이나 죽은 사람의 영혼에게 음식을 바쳐 정성을 나타냄. 또는 그런 의식. 📷 내일은 돌아가신 할머니 제사예요. ● **설명** "'제사'는 죽은 사람을 위해 음식을 준비하고 기도하는 것을 말해요. 여러분 집에서는 제사를 지내요?"
농사철	◆ **정의** 농사를 짓는 시기. 📷 농사철에 농부들은 정신없이 바빠요. ● **설명** "일 년 중에서 어떤 일을 하기 가장 좋은 때를 '철'이라고 해요. 농사철은 농사를 짓기 좋은 때를 말해요."
한꺼번에	◆ **정의** 몰아서 한 번에. 또는 전부 다 동시에. 📷 밀린 청소를 주말에 한꺼번에 했어요. ● **설명** "어떤 일을 모아 놓았다가 한 번에 하거나 동시에 하는 것을 '한꺼번에'라고 해요. 방학 숙제를 한꺼번에 하려면 힘들어요. 매일 조금씩 하는 것이 좋아요."

지역	◆ **정의** 어떤 특징이나 일정한 기준에 따라 범위를 나눈 땅. **예** 내일부터 남부 지역에 큰 폭우가 올 거예요. ● **설명** "어떠한 특징에 따라서 나눈 땅을 '지역'이라고 해요. 지역마다 문화가 조금씩 달라요. 말도 달라요."
해산물	◆ **정의** 바다에서 나는 동물과 식물. **예** 저는 오징어나 새우 같은 해산물을 좋아해요. ● **설명** "(미역, 조개, 오징어 등의 해산물 사진을 보여 주며) 바다에서 사는 식물과 동물을 '해산물'이라고 해요. 여러분은 무슨 해산물을 좋아해요?"
매력적	◆ **정의** 사람의 마음을 강하게 끄는 힘이 있는 것. **예** 수호는 웃는 얼굴이 참 매력적이에요. ● **설명** "어떤 배우가 있어요. 예쁘거나 멋있지 않지만 인기가 많아요. 왜 그럴까요? 그 배우가 매력적이기 때문이에요. 사람들의 마음을 강하게 끄는 것을 '매력적'이라고 해요."
한데	◆ **정의** 같은 곳이나 하나로 정해진 곳. **예** 미술관에서 유명 작가의 작품을 한데 모아 전시한다고 해요. ● **설명** "같은 곳이나 하나로 정해진 곳을 '한데'라고 해요. 동대문 시장은 옷가게들이 한데 모여 있어요."
어우러지다	◆ **정의** 여럿이 함께 어울려 하나를 이루다. **예** 꽃다발은 다양한 꽃들이 어우러져서 더 아름다운 것 같아요. ● **설명** "두 개 이상의 것들이 모여서 한 개의 큰 것이 되는 것을 '어우러지다'라고 해요. (합창단 사진을 보여 주며) 합창은 다양한 목소리가 모여 하나의 아름다운 소리로 어우러지는 거예요."
영양	◆ **정의** 생물이 활동하고 살아가는 데 필요한 에너지와 물질을 받아들여 생명을 유지하고 몸을 성장시키는 작용. 또는 그것을 위하여 필요한 성분. **예** 이 음식은 맛도 좋고 영양도 많아요. ● **설명** "음식을 먹어야 움직일 수 있는 힘이 생겨요. 왜냐하면 음식에는 '영양'이 있기 때문이에요."
풍부하다	◆ **정의** 넉넉하고 많다. **예** 우유는 맛있을 뿐만 아니라 영양도 풍부해요. ● **설명** "넉넉하고 많은 것을 다른 말로 '풍부하다'라고 해요. 제주도는 볼거리와 먹을거리가 풍부한 여행지예요."
조화	◆ **정의** 서로 잘 어울림. **예** 이 그림은 색의 조화가 훌륭한 작품이에요. ◆ **정보** 반의어 '부조화' ● **설명** "음악회에는 다양한 악기가 사용돼요. 각각의 악기 연주는 각각 다른 소리를 내지만 서로 잘 어울려요. 이렇게 여러 가지의 것들이 하나로 잘 어울리는 것을 '조화'라고 해요."
화합	◆ **정의** 사이좋게 어울림. **예** 전 세계 사람들이 올림픽을 통해 화합을 해요. ● **설명** "사이좋게 어울리는 것을 '화합'이라고 해요. 전 세계 사람들이 화합을 해서 세계 평화가 이루어졌으면 좋겠어요."
상징하다	◆ **정의** 추상적인 사물이나 개념을 구체적인 사물로 나타내다. **예** 태극기는 한국을 상징하는 국기예요. ● **설명** "눈에 보이지 않는 것을 구체적인 사물로 나타내는 것을 '상징하다'라고 해요. 한국을 상징하는 것에는 태극기와 무궁화가 있어요."

읽기 후 - 10분

1) 교사는 학생들에게 교재의 문제를 풀게 한다.

2) 교사는 학생들과 함께 문제의 답을 확인한다.

> **정답**
> 1. (1) ✕ (2) ○ (3) ○
> 2. 전주비빔밥은 콩나물을 넣고 진주비빔밥은 익히지 않은 소고기를 넣어요. 그리고 통영비빔밥은 해산물을 넣어요.
> 3. 조화와 화합을 상징해요.

3) 교사는 질문을 통해 읽기 내용을 재확인하며 수업을 마무리한다.

> 교 "비빔밥은 지역에 따라 들어가는 재료가 달라요. 여러분은 비빔밥을 만들 때 어떤 재료를 넣고 싶어요? 비빔밥 말고 좋아하는 다른 음식이 있어요?"

> **교수-학습 지침**
> ※ 고등학생 대상 수업의 경우 필수적으로 5분간 다음 활동을 추가로 진행함.
> → 교사는 학생들에게 각국을 대표하는 음식에 대해 이야기하도록 지도한다.

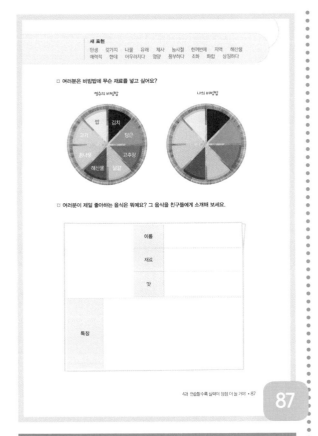

● 10차시 | 읽고 써 봐요 - 쓰기

[학습 목표]
- 자신이 좋아하는 음식에 대해 소개할 수 있다.

본 활동은 학생들이 자신이 좋아하는 음식을 소개하는 글을 써 보도록 하는 활동이다.

쓰기 전 - 5분

1) 교사는 학생들에게 쓰기 내용을 추측할 수 있는 질문을 한다.
   - 🎓 "여러분이 제일 좋아하는 음식은 뭐예요?"
   - 🎓 "왜 그 음식을 좋아해요?"
   - 🎓 "그 음식은 무엇으로 만들어요?"
   - 🎓 "그 음식의 맛이 어때요?"
   - 🎓 "그 음식은 어떤 특징을 가지고 있어요?"
   - 🎓 "그 음식의 유래를 알고 있어요? 소개해 주세요."

2) 교사는 학생들에게 어떤 쓰기 활동을 할 것인지 명확히 알려 준다.
   - 🎓 "이번 시간에는 여러분이 좋아하는 음식에 대해 소개하는 글을 쓸 거예요."

쓰기 중 - 30분

1. 비빔밥에 넣고 싶은 재료에 대해 쓰는 활동이다.

1) 교사는 학생들에게 무엇을 써야 하는지 알려 준다. 그리고 새 표현이 있다면 그 의미를 함께 설명한다.
   - 🎓 "여러분은 비빔밥에 무슨 재료를 넣고 싶어요?"
   - 🎓 "그 재료를 넣고 싶은 이유가 뭐예요?"
   - 🎓 "비빔밥에 넣기 싫은 재료가 있어요?"

2) 교사는 학생들에게 비빔밥에 넣고 싶은 재료에 대해 쓰게 한다. 이때 교사는 학생들에게 개별적으로 쓰기 지도를 할 수 있다.

2. 좋아하는 음식을 소개하는 글을 쓰는 활동이다.

1) 교사는 학생들에게 무엇을 써야 하는지 알려 준다. 그리고 새 표현이 있다면 그 의미를 함께 설명한다.
   - 🎓 "비빔밥에 넣고 싶은 재료를 썼어요? 여러분은 이 재료를 넣어서 비빔밥을 만들어 본 적이 있어요?"
   - 🎓 "이 재료를 넣고 비빔밥을 만들면 맛이 어떨까요?"
   - 🎓 "이제부터 여러분이 좋아하는 음식을 소개하는 글을 쓸 거예요. 음식 이름과 재료 그리고 음식의 맛을 쓰세요. 그리고 그 음식의 특징도 써 보세요."
   - 🎓 "(아무것도 쓰여 있지 않는 빈칸을 가리키며) 여기에 여러분이 소개하고 싶은 음식을 그려 보세요."
   - 🎓 "(나머지 칸들을 가리키며) 여기에 음식 이름, 재료, 맛, 그리고 특징을 생각해서 쓰세요."

2) 교사는 학생들에게 좋아하는 음식을 소개하는 글을 쓰게 한다. 이때 교사는 학생들에게 개별적으로 쓰기 지도를 할 수 있다.

쓰기 후 - 10분

1) 쓰기 활동이 모두 마무리되면 교사는 학생들에게 각자 쓴 것을 발표하게 한다.

2) 교사는 좋아하는 음식을 소개하는 글을 보면서 학생들이 추천하는 음식에 대해 다시 한번 정리하며 수업을 마무리한다.

> **교수-학습 지침**
>
> ※ 고등학생 대상 수업의 경우 필수적으로 5분간 다음 활동을 추가로 진행함.
> → 교사는 학생들에게 수업 중에 지도받은 내용을 반영해 공책에 글을 다시 쓰게 할 수 있다. 이를 통해 학생들 스스로 자신의 글을 점검하도록 지도한다.

소연이가 피아노 정말 잘 치더라

• 단원 목표

어떤 일에 참가하고자 하는 의도를 표현하고 그 결과에 대한 심정을 표현할 수 있다.

• 단원 내용

꼭 배워요 (필수)	• 주제: 대회 참가
	• 기능: 의도 표현하기, 심정 표현하기
	• 어휘: 대회 관련 어휘
	• 문법: -는 탓에, -어 버리다, -을 뻔하다, -더라
문화	• 문화: 한국의 관람 문화를 엿보다
더 배워요 (선택)	• 대화 1: 대회에 참가하려는 의도 표현하기 • 대화 2: 대회 결과에 대한 심정 표현하기
	• 읽기: 대회 문의
	• 쓰기: 자신이 개최하고 싶은 대회 포스터 만들기

• 수업 개요

〈꼭 배워요〉 학습 목표

• 어떤 일에 참가하고자 하는 의도를 표현할 수 있다.
• 어떤 일의 결과에 대한 심정을 표현할 수 있다.

1차시	• 도입 대화를 통해 본 단원의 주제에 대해 이해하고 말할 수 있다.
2차시	• 대회 관련 어휘 및 표현을 알고 활용할 수 있다.
3차시	• 사생 대회 참가 신청을 하지 않을 거라는 의도를 표현할 수 있다. • '-는 탓에'를 사용하여 앞에 오는 말이 뒤의 부정적인 현상이 생겨난 원인이나 까닭이라는 것을 나타낼 수 있다.
4차시	• 수학 경시대회에 참가하는 친구에게 격려하는 말을 할 수 있다. • '-어 버리다'를 사용하여 앞의 말이 나타내는 행동이 완전히 끝났다는 것을 나타낼 수 있다.

5차시	• 영어 말하기 대회에 참가했을 때의 심정을 표현할 수 있다. • '-을 뻔하다'를 사용하여 앞의 말이 나타내는 일이 일어나지는 않았지만 일어나기 직전의 상태까지 갔다는 것을 나타낼 수 있다.
6차시	• 피아노 경연 대회에 참가한 친구에 대한 심정을 표현할 수 있다. • '-더라'를 사용하여 직접 경험하여 새롭게 알게 된 사실을 지금 전달할 수 있다.

● 1차시 | 복습 및 〈꼭 배워요〉 도입

[학습 목표]

• 도입 대화를 통해 본 단원의 주제에 대해 이해하고 말할 수 있다.

복습 - 20분

4단원에서 배운 주제 및 문법에 대해 복습한다.

1) 교사는 지난 단원의 주제와 관련된 질문을 하여 학생들에게 학습한 내용을 떠올리게 한다.

🔲 "음악 시간과 체육 시간에 실기 시험을 본 적이 있지요? 어떤 시험을 봤어요?"

🔲 "미술 시간에 무슨 활동을 해요?"

🔲 "가정 시간에 요리 실습을 해 봤지요? 무슨 음식을 만들었어요?"

2) 교사는 '-을수록'과 관련된 질문을 하여 학생들에게 학습한 내용을 떠올리게 한다.

🔲 "기타를 잘 치고 싶은데 어떻게 하면 잘 칠 수 있을까요?"

🔲 "여러분이 생각하는 행복은 뭐예요?"

3) 교사는 '-던데'와 관련된 질문을 하여 학생들에게 학습한 내용을 떠올리게 한다.

🔲 "와니가 영어로 말하는 것을 들은 적이 있는데 영어를 정말 잘해요. 그래서 와니에게 영어를 가르쳐 달라고 부탁하고 싶어요. 어떻게 말하면 좋을까요?"

🔲 "세인이가 맛집을 많이 알고 있는 것 같아요. 세인이에게 비빔밥이 맛있는 식당을 추천해 달라고 말해 보세요."

4) 교사는 '-는 모양이다'와 관련된 질문을 하여 학생들에게 학습한 내용을 떠올리게 한다.

🔲 "밖에 우산을 쓰고 있는 사람들이 있어요. 지금 날씨가 어떨까요? 추측해 보세요."

🔲 "수호가 기침을 해요. 수호의 건강 상태를 추측해 볼까요?"

5) 교사는 '-은 채로'와 관련된 질문을 하여 학생들에게 학습한 내용을 떠올리게 한다.

🔲 "딸기를 안 씻었는데 동생이 먹으려고 해요. 뭐라고 말할 거예요?"

🔲 "무서운 영화를 볼 때 어떻게 해요?"

〈꼭 배워요〉 도입 - 25분

1) 교사는 학생들에게 이번 단원에서 배울 주제가 무엇인지 추측할 수 있는 질문을 한다. 이때 교재 89쪽에 있는 '함께 이야기해 봐요'에 제시되어 있는 질문을 활용하며 질문에 대해 학생들이 자유롭게 이야기할 수 있도록 한다.

🔲 "우리 학교에서 무슨 대회가 열려요?"

🔲 "그 대회에 나가서 상을 받는다면 기분이 어떨 것 같아요?"

2) 교사는 이번 단원에서 학습하게 될 주제가 무엇인지 제시한다. 학습 주제가 배우지 않은 어휘나 표현이라면 쉬운 말로 풀어서 설명한 후 학습 주제를 제시한다.

🔲 "학교에서 열리는 대회와 상을 받았을 때의 기분에 대해서 이야기해 봤어요. 5과에서는 대회 참가에 대해 배울 거예요."

3) 교사는 학생들에게 교재 89쪽의 대화를 읽게 한다. 그리고 세부 내용을 이해했는지 확인하는 질문을 한다.

🔲 "민우는 토론 대회가 열린다는 것을 어떻게 알았어요?"

🔲 "수호는 왜 토론 대회 참가를 포기했어요?"

🔲 "토론 대회 신청 기간이 끝났어요?"

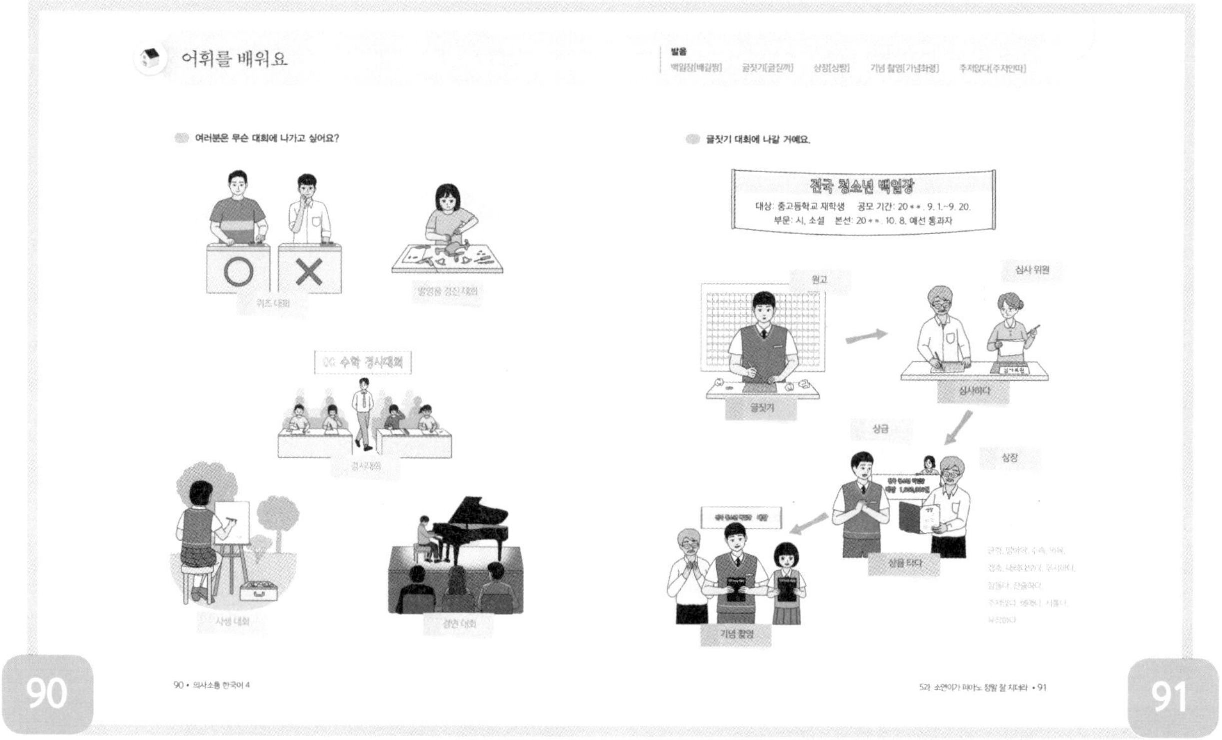

• 2차시 | 어휘를 배워요

[학습 목표]

- 대회 관련 어휘 및 표현을 알고 활용할 수 있다.

본 단원에는 다양한 대회의 유형과 대회 진행 과정에 관련된 어휘 및 표현이 제시되어 있다.

도입 - 5분

1) 교사는 질문을 통해 학습하게 될 어휘 및 표현을 자연스럽게 노출한다.

교 "여러분은 대회에 나간 적이 있어요? 무슨 대회에 나갔어요?"

교 "그 대회에 나가기 전에 무엇을 어떻게 준비했어요?"

2) 교사는 학생들과 제시된 그림을 보며 이야기를 나눈다.

교 "90쪽의 그림을 보세요. 무슨 대회가 있어요? 여러분은 무슨 대회에 나가고 싶어요?"

교 "91쪽의 그림을 보세요. 무슨 대회가 열려요?"

전개 - 35분

1. 대회 종류 관련 어휘 및 표현이다.

1) 교사는 다음에 제시되는 내용을 참고하여 학생들에게 어휘 및 표현을 설명한다. 이때 새로 등장하는 발음 규칙이 있다면 함께 설명한다.

퀴즈 대회	◆ **정의** 어떤 질문에 대한 답을 알아맞히며 서로 겨루는 대회. 예 세인이는 영어 단어 퀴즈 대회에 나가서 우승을 했어요. ● **설명** "(퀴즈 프로그램 사진을 보여 주며) 텔레비전 프로그램 중에 사회자가 문제를 내면 답을 말하는 프로그램이 있지요? 문제에 대한 답을 맞히는 것을 '퀴즈'라고 하고, 퀴즈를 잘 맞히는 사람을 뽑는 것을 '퀴즈 대회'라고 해요."
발명품 경진 대회	◆ **정의** 지금까지 없던 물건을 생각해 새로 만들어 내어 그것의 우열을 가리는 대회. 예 전국 발명품 경진 대회에 참가해 볼까 해요. ● **설명** "새로운 생각을 해서 세상에 없는 물건을 만드는 것을 '발명'이라고 해요. 그리고 그렇게 만든 물건을 '발명품'이라고 하고요. 많은 발명품 중에서 어느 것이 새롭고 좋은지 뽑는 대회를 '발명품 경진 대회'라고 하는데 '경진'은 물건의 좋고 나쁨을 평가하는 것이에요."
경시대회	◆ **정의** 한 분야의 특기자들이 한곳에 모여 시험을 치르는 대회. 예 수학 경시대회가 열린다는데 참가해 보는 게 어때요? ● **설명** "누가 수학을 가장 잘하는지 수학 시험을 보는 것을 '수학 경시대회', 누가 과학을 가장 잘하는지 과학 시험을 보는 것을 '과학 경시대회'라고 해요. '경시대회'는 어떤 과목을 잘하는 사람들이 모여서 시험을 보는 대회를 말해요."

사생 대회	◆ **정의** 실물이나 경치를 보고 그림을 그려 실력을 겨루는 그림 대회. **예** 학교에서 사생 대회가 열렸는데 저는 풍경화를 그렸어요. ● **설명** "여러분은 그림 그리는 대회에 나가 본 적이 있어요? 어떤 물건이나 경치를 보고 똑같이 그려서 가장 좋은 그림을 뽑는 대회를 '사생 대회'라고 해요."
경연 대회	◆ **정의** 개인이나 단체가 모여 예술이나 기술 따위의 실력을 겨루거나 발표하는 대회. **예** 유미는 전국 댄스 경연 대회 준비 때문에 매일 늦게까지 연습을 해요. ● **설명** "노래, 춤, 악기처럼 예술 쪽의 실력을 평가하는 대회를 '경연 대회'라고 해요."

2) 교사는 질문을 통해 학생들이 어휘 및 표현을 잘 이해했는지 확인한다.

📖 "여러분은 무슨 대회에 나가고 싶어요?"

📖 "우리 교재에 나와 있는 대회 말고 또 무슨 대회가 있어요?"

---

2. 대회 진행 과정 관련 어휘 및 표현이다.

1) 교사는 다음에 제시되는 내용을 참고하여 학생들에게 어휘 및 표현을 설명한다. 이때 새로 등장하는 발음 규칙이 있다면 함께 설명한다.

글짓기	◆ **정의** 보통 학생들이 글 쓰는 실력을 기르기 위해 자신의 생각을 글로 쓰는 것. **예** 글짓기 대회에 나가서 '가족'이라는 주제로 글을 썼어요. ● **설명** "글을 쓴다와 같은 뜻으로 '글을 짓다'가 있어요. 이것을 명사로 만들면 '글쓰기', '글짓기'가 돼요. 여러분은 글짓기를 좋아해요?"
백일장	◆ **정의** 국가나 단체에서 실시하는 글짓기 대회. **예** 제 동생은 글을 잘 써서 백일장이 열리면 항상 참가해요. ● **설명** "국가 또는 학교 같은 단체에서 하는 글짓기 대회가 있지요? 그런 대회를 '백일장'이라고 해요."
재학생	◆ **정의** 학교에 소속되어 공부하는 학생. **예** 우리 학교 재학생이면 누구나 백일장에 참가할 수 있어요. ● **설명** "학교에 들어가서 공부하는 학생을 '재학생'이라고 해요. 여러분은 우리 학교의 재학생이에요."
공모	◆ **정의** 일반에게 널리 공개하여 모집함. **예** 이 과자 이름은 공모를 통해 정해진 거래요. ● **설명** "새로 나온 제품의 이름을 회사에서 직접 짓지 않고, 사람들에게 지어 달라고 하는 경우가 있어요. 많은 사람들의 의견을 받은 후 그 중에서 가장 좋은 이름을 뽑아요. 이렇게 사람들에게 널리 공개하여 모집하는 것을 '공개 모집'이라고 하는데 공개 모집을 줄여서 '공모'라고 해요."

부문	◆ **정의** 어떤 분야를 구별하여 갈라놓은 특정한 부분이나 영역. **예** 백일장은 보통 소설과 시 부문으로 나뉘어 열려요. ● **설명** "어떤 기준에 따라 나눈 부분을 '부문'이라고 해요. 예를 들어 학생을 대상으로 하는 글짓기 대회는 참가자들의 나이를 기준으로 하면 초등학생 부문, 중학생 부문, 고등학생 부문 등으로 나눌 수 있고, 글의 종류를 기준으로 하면 시 부문, 소설 부문, 수필 부문 등으로 나눌 수 있어요."
예선	◆ **정의** 어떤 대회에서 본선에 나갈 자격을 얻기 위해 미리 하는 시합. **예** 토론 대회 예선 결과가 나왔어요. ● **설명** "대회에 참가하는 사람이 많으면 어떻게 해야 할까요? 우선 '예선'이라고 하는 대회를 열어서 많은 참가자 중에서 어느 정도 이상 실력을 가진 사람을 뽑아요."
본선	◆ **정의** 경기나 대회 등에서 예비 심사 후 우승자를 결정하기 위한 최종 선발. **예** 이번 대회에서 성적이 좋은 사람은 전국 수학 경시대회 본선에 나갈 수 있어요. ● **설명** "'본선'은 예선에서 뽑힌 사람이 참가하는 대회예요. 본선에서는 1등이 결정돼요."
통과자	◆ **정의** 검사, 시험, 심의 따위에서 해당 기준이나 조건에 맞아 인정되거나 합격한 사람. **예** 예선 통과자는 본선에 나갈 수 있어요. ◆ **정보** 반의어 '탈락자' ● **설명** "대회나 시험에 합격하는 것을 '통과'라고 해요. 그리고 통과를 한 사람을 '통과자'라고 말해요. 본선에는 누가 나갈 수 있어요? 예선 통과자가 나갈 수 있어요."
원고	◆ **정의** 인쇄하거나 발표하기 위하여 쓴 글이나 그림. **예** 글짓기 대회에 참가하려면 미리 원고를 써서 보내야 해요. ● **설명** "영어 말하기 대회에 나가요. 대회에서 말을 잘하려면 좋은 글이 필요하지요? 발표하기 위해 쓴 글을 '원고'라고 해요."
심사하다	◆ **정의** 잘하고 못한 것을 가리기 위해 자세히 살피다. **예** 공정하게 심사하기 위해 참가 학생들의 이름을 모두 가렸어요. ● **설명** "대회에서 누가 잘하는지 누가 못하는지 알기 위해 자세히 보는 것을 '심사하다'라고 해요."
심사 위원	◆ **정의** 기관, 단체 따위에서 특정한 사안에 대하여 심사를 하는 사람. **예** 자리에 앉기 전에 심사 위원들에게 인사하세요. ● **설명** "'심사 위원'은 심사하는 사람을 말해요."
상을 타다	◆ **정의** 시험이나 대회 등에서 상을 받다. **예** 지각이나 결석을 한 번도 안 한 소연이가 개근상을 탔어요. ● **설명** "대회에 나가서 잘한 사람은 상을 받지요? 상을 받는다는 뜻으로 '상을 타다'가 있어요."

상장	◆ **정의** 잘한 일에 대하여 칭찬하는 내용이 쓰인 공식적인 문서. **예** 그동안 받은 상장을 모두 모아 놓았어요. ● **설명** "(상장을 보여 주며) 상을 탈 때 잘했다는 내용이 있는 이런 종이를 받지요? 이것을 '상장'이라고 해요."
상금	◆ **정의** 업적을 세우거나 우승을 하는 등의 일에 대하여 상으로 주는 돈. **예** 노래 대회에서 우승을 하면 상금을 준다고 해요. ● **설명** "상을 탈 때 돈을 받기도 해요. 그 돈을 '상금'이라고 해요."
기념 촬영	◆ **정의** 어떤 일에 대하여 오래도록 잊지 아니하고 간직하기 위하여 하는 촬영. **예** 기념 촬영을 할 거니까 모두 앞으로 나와 주세요. ● **설명** "사진을 찍는 것을 '촬영'이라고 하지요? 졸업식이나 결혼식처럼 의미 있는 일을 잊지 않기 위해 사진 찍는 것을 '기념 촬영'이라고 해요."

2) 교사는 질문을 통해 학생들이 어휘 및 표현을 잘 이해했는지 확인한다.

📖 "글짓기 대회에 나간다면 무엇에 대해 쓰고 싶어요?"

📖 "상을 탄 적이 있지요? 무슨 상을 받았어요?"

정리 – 5분

교사는 질문을 통해 어휘 및 표현 학습을 마무리한다.

📖 "무슨 대회에 관심이 있어요? 참가해 보고 싶은 대회에 대해 말해 보세요."

📖 "그 대회에 나가서 상을 타게 되었다고 생각하고 소감을 말해 보세요."

3차시 | 문법을 배워요 1

[학습 목표]

• 사생 대회 참가 신청을 하지 않을 거라는 의도를 표현할 수 있다.

• '–는 탓에'를 사용하여 앞에 오는 말이 뒤의 부정적인 현상이 생겨난 원인이나 까닭이라는 것을 나타낼 수 있다.

도입 – 5분

1) 교사는 학생들에게 대화문을 읽게 한다. 그리고 학생들이 대화 상황을 이해했는지 확인 질문을 한다.

📖 "호민이는 사생 대회 신청서를 냈어요?"

📖 "선생님이 사생 대회 신청서를 받아 주실까요?"

2) 교사는 학생들에게 목표 문법의 의미를 추측할 수 있는 질문을 한다.

📖 "호민이는 왜 사생 대회 신청서를 못 썼어요?"

전개 – 35분

다음의 절차에 따라 문법에 대해 설명한다. 그리고 새로 제시되는 어휘 및 표현이 있다면 그 의미를 함께 설명한다.

[설명]

📖 "'-는 탓에'는 앞에 오는 말이 뒤의 부정적인 현상이 생겨난 원인이나 까닭이라는 것을 나타낼 때 사용해요."

[예시]

· 대회 준비를 해야 하는 탓에 제대로 쉴 시간이 없어.
· 성격이 급한 탓에 실수를 많이 하는 편이에요.
· 길이 많이 막힌 탓에 약속 시간에 늦었어요.
· 급하게 먹은 탓에 배탈이 났어요.

[정보]

▶ 형태 정보:

	받침 ○	받침 X, 'ㄹ' 받침
동사	-는 탓에	
형용사	-은 탓에	-ㄴ 탓에

	받침 ○	받침 X, 'ㄹ' 받침
동사 과거	-은 탓에	-ㄴ 탓에

① 동사 어간 끝음절의 받침 유무와 관계없이 '-는 탓에'를 쓴다. 단, 'ㄹ' 받침으로 끝날 때는 'ㄹ'이 탈락한다.

② 형용사 어간 끝음절에 받침이 있으면 '-은 탓에', 형용사 어간 끝음절에 받침이 없거나 'ㄹ' 받침으로 끝나면 '-ㄴ 탓에'를 쓴다. 단, 'ㄹ' 받침으로 끝날 때는 'ㄹ'이 탈락한다.

③ '있다, 없다'나 '있다, 없다'가 붙어서 만들어진 합성어 '재미있다, 재미없다, 맛있다, 맛없다' 등의 형용사는 '-는 탓에'를 쓴다.

④ 과거의 경우 동사 어간 끝음절에 받침이 있으면 '-은 탓에', 동사 어간 끝음절에 받침이 없거나 'ㄹ' 받침으로 끝나면 '-ㄴ 탓에'를 쓴다. 단, 'ㄹ' 받침으로 끝날 때는 'ㄹ'이 탈락한다.

▶ 제약 정보:

① 과거 '-었-', 미래·추측의 '-겠-'과 결합하지 않는다.

② 뒤 절의 내용, 즉 결과에 해당하는 내용이 부정적이어야 한다. 앞 절의 내용은 긍정적일 수 있지만 그것이 뒤 절의 결과에 부정적인 영향을 주어야 함에 주의한다.

③ 뒤 절에 청유문이나 명령문이 올 수 없다.

▶ 주의 사항:

① 비슷한 문법으로 '-기 때문에'가 있다. '-는 탓에'는 앞 절의 내용이 뒤 절의 부정적 결과에 영향을 끼쳐야 하지만 '-기 때문에'는 앞 절과 뒤 절의 내용이 긍정적, 부정적인 것과 상관이 없다.

② 비슷한 문법으로 '-는 바람에'가 있다. '-는 탓에'와 '-는 바람에'는 앞 절의 내용이 뒤 절의 부정적 결과에 영향을 끼친다는 점에서 유사하지만 '-는 바람에'는 부정적 원인이 있었음에도 의외의 긍정적 결과가 생긴 경우에도 사용할 수 있다.

· 버스가 늦게 온 탓에 버스를 탈 수 있었어요. (X)
· 버스가 늦게 오는 바람에 버스를 탈 수 있었어요. (O)

③ '-는 덕분에'는 '-는 탓에'와 마찬가지로 어떤 일의 이유나 원인을 나타내지만 앞 절이 뒤 절에 긍정적 영향을 끼칠 때 사용한다.

· 비가 오는 덕분에 체육 대회가 취소됐다. (X)
· 비가 오는 덕분에 더위가 식었다. (O)

[확인]

교사는 문법을 설명한 뒤 '연습 문제'를 통해 학생들이 문법을 이해했는지 확인한다.

> 정답
> (1) 길을 몰라서 헤맨 탓에
> (2) 운전이 서툰 탓에

어휘 및 표현

접촉	◆ 정의 서로 맞닿음. 📝 접촉 사고가 나서 허리가 아파요. ● 설명 "(접촉 사고가 난 사진을 보여 주며) 교통사고가 났어요. 자동차 두 대가 서로 가깝게 닿았지요? 이렇게 난 사고를 '접촉 사고'라고 하는데 '접촉'은 서로 가깝게 닿은 상태를 말해요."
헤매다	◆ 정의 이리저리 돌아다니다. 📝 길이 복잡해서 좀 헤맸어요. ● 설명 "여러분은 길을 잘 찾아요? 선생님은 여러 번 가 본 길도 잘 못 찾아요. 그래서 항상 이리 갔다가 저리 갔다가 해요. 이렇게 이리저리 돌아다닌다는 뜻으로 '헤매다'가 있어요. 여러 번 가 본 길도 헤매요."
서툴다	◆ 정의 어떤 것에 미숙하거나 잘하지 못하다. 📝 요가를 배우기 시작한 지 얼마 되지 않아서 아직 많이 서툴러요. ◆ 정보 '서투르다'의 준말, 반의어 '익숙하다' ● 설명 "어떤 일을 처음 해 보는 사람이 있어요. 일을 잘할까요? 못할까요? 당연히 잘 못하겠지요. 어떤 일을 잘하지 못하는 것을 '서툴다'라고 해요."

> **교수-학습 지침**
> ※ 고등학생 대상 수업의 경우 필수적으로 5분간 다음 활동을 추가로 진행함.
> → 교사는 학생들에게 목표 문법을 활용할 수 있는 새로운 화제를 제시한다.
> 📖 "오늘 수업에 늦은 이유에 대해 '-는 탓에'를 사용해서 말해 보세요."

정리 - 5분

1) 교사는 학생들에게 대화문을 다시 한번 읽게 한다.

2) 교사는 교재에 제시된 열린 질문을 통해 학생들에게 배운 문법을 활용하여 자유롭게 이야기를 나누게 한다.

📖 "어떤 일 때문에 부정적인 결과가 생긴 적이 있어요? '-는 탓에'를 사용하여 말해 보세요."

• 4차시 | 문법을 배워요 2

[학습 목표]

• 수학 경시대회에 참가하는 친구에게 격려하는 말을 할 수 있다.

• '-어 버리다'를 사용하여 앞의 말이 나타내는 행동이 완전히 끝났다는 것을 나타낼 수 있다.

도입 - 5분

1) 교사는 학생들에게 대화문을 읽게 한다. 그리고 학생들이 대화 상황을 이해했는지 확인 질문을 한다.

📖 "민우는 오늘 무슨 대회에 참가해요?"

📖 "나나는 민우에게 어떤 격려의 말을 해 줬어요?"

2) 교사는 학생들에게 목표 문법의 의미를 추측할 수 있는 질문을 한다.

📖 "민우는 왜 이렇게 자신이 없어요?"

전개 - 35분

다음의 절차에 따라 문법에 대해 설명한다. 그리고 새로 제시되는 어휘 및 표현이 있다면 그 의미를 함께 설명한다.

[설명]

📖 "'-어 버리다'는 앞의 말이 나타내는 행동이 완전히 끝났다는 것을 나타낼 때 사용해요."

[예시]

- 수호가 계속 놀려서 화를 내 버렸어.
- 내가 빵을 다 먹어 버렸어.
- 날씨가 너무 더워서 머리를 짧게 잘라 버렸어요.
- 영화 속 주인공들이 헤어지는 장면에서 울어 버렸어요.

[정보]

▶ 형태 정보:

	ㅏ, ㅗ	ㅓ, ㅜ, ㅣ…	하다
동사 과거	-아 버리다	-어 버리다	-여 버리다

① 동사 어간 끝음절의 모음이 'ㅏ, ㅗ'인 경우 '-아 버리다', 동사 어간 끝음절의 모음이 'ㅏ, ㅗ'가 아닌 경우 '-어 버리다', '-하다'가 붙은 동사 어간에는 '-여 버리다'를 쓰는데, 흔히 줄여서 '-해 버리다'로 쓴다.

▶ 제약 정보:

① 형용사와 결합하지 않는다.

② 과거 '-었-', 미래·추측의 '-겠-'이 '-어' 앞에 붙지 않는다.

▶ 주의 사항:

① 높임은 '-어 버리시다'로 사용한다.

- 아버지께서 나 때문에 화가 나 버리셨어.

② '그냥'이나 '다'와 잘 어울려 쓰이는데 '그냥'은 부담스럽지만 더 이상 고민하지 않고 아무 생각 없이 행위를 끝내야 함을 강조할 때 사용하고, '다'는 행위를 통해 아무것도 남지 않음을 나타낼 때 사용한다.

- 머리가 아파서 그냥 자 버렸어요.
- 다음 주 숙제까지 다 해 버렸어.

[확인]

교사는 문법을 설명한 뒤 '연습 문제'를 통해 학생들이 문법을 이해했는지 확인한다.

정답
(1) 무시해 버렸어
(2) 지워 버렸어

어휘 및 표현

잠들다	◆ 정의 잠을 자는 상태가 되다. 예 깜빡 잠들었다가 깨니 두 시간이 지나 있었어요. ◆ 정보 반의어 '깨다' ● 설명 "'잠들다'는 안 자고 있었는데 잠자는 상태가 된다는 뜻이에요. 책을 읽다가 잠이 들 때가 있어요."

수속	◆ 정의 일을 시작하거나 처리하기 전에 거쳐야 할 과정이나 단계. 예 출국 수속을 여유롭게 하려면 일찍 출발하는 게 좋아요. ● 설명 "비행기를 타기 전에 표도 받고 짐도 붙이고 여권도 확인하지요? 이렇게 어떤 일을 시작하거나 처리하기 전에 꼭 해야 할 과정을 '수속'이라고 해요. 비행기를 타기 전에 수속을 밟아야 하니까 공항에 일찍 가야 해요."
진출하다	◆ 정의 어떤 방면으로 활동 범위나 세력을 넓혀 나아가다. 예 우리나라 축구 대표 팀이 결승전에 진출했대요. ● 설명 "지난번에 '예선'과 '본선'에 대해 공부했지요? 예선에 통과하면 본선에 나갈 수 있어요. 본선에 나가는 것처럼 활동 범위를 넓혀 나가는 것을 '진출하다'라고 해요. 예선에 통과하면 본선에 진출할 수 있어요."
무시하다	◆ 정의 중요하게 생각하지 않다. 예 사람들의 충고를 무시해서는 안 돼요. ◆ 정보 반의어 '중시하다' ● 설명 "'무시하다'는 중요하게 생각하지 않는다는 뜻이에요. 회의를 할 때 다른 사람들의 의견을 무시하면 안 돼요. 귀 기울여서 들어야 해요."

교수-학습 지침

※ 고등학생 대상 수업의 경우 필수적으로 5분간 다음 활동을 추가로 진행함.
➔ 교사는 학생들에게 목표 문법을 활용할 수 있는 새로운 화제를 제시한다.
📖 "친구나 동생과 왜 다퉜어요? 다툰 이유를 '-어 버리다'를 사용해서 말해 보세요."

예시 답안
친구가 제 케이크를 모두 먹어 버렸어요. 동생이 제 옷을 입고 나가 버렸거든요.

정리 - 5분

1) 교사는 학생들에게 대화문을 다시 한번 읽게 한다.

2) 교사는 교재에 제시된 열린 질문을 통해 학생들에게 배운 문법을 활용하여 자유롭게 이야기를 나누게 한다.

📖 "어떤 일이 완전히 끝났음을 '-어 버리다'를 사용하여 말해 보세요."

예시 답안
벌써 방학이 끝나 버렸어요. 못 푼 문제가 있었지만 답안지를 제출해 버렸어요.

• 5차시 | 문법을 배워요 3

[학습 목표]

- 영어 말하기 대회에 참가했을 때의 심정을 표현할 수 있다.
- '-을 뻔하다'를 사용하여 앞의 말이 나타내는 일이 일어나지는 않았지만 일어나기 직전의 상태까지 갔다는 것을 나타낼 수 있다.

도입 – 5분

1) 교사는 학생들에게 대화문을 읽게 한다. 그리고 학생들이 대화 상황을 이해했는지 확인 질문을 한다.
   - 교 "와니가 무슨 대회에 나갔어요?"
   - 교 "와니가 긴장한 것처럼 보였어요?"

2) 교사는 학생들에게 목표 문법의 의미를 추측할 수 있는 질문을 한다.
   - 교 "와니는 대회에서 실수했어요?"

전개 – 35분

다음의 절차에 따라 문법에 대해 설명한다. 그리고 새로 제시되는 어휘 및 표현이 있다면 그 의미를 함께 설명한다.

[설명]

- 교 "'-을 뻔하다'는 앞의 말이 나타내는 일이 일어나지는 않았지만 일어나기 직전의 상태까지 갔다는 것을 나타낼 때 사용해요."

[예시]

- 하마터면 약속을 잊어버릴 뻔했어요.
- 표를 예매하지 않았더라면 고향에 못 갈 뻔했어요.
- 영수가 도와주지 않았으면 숙제를 못 끝낼 뻔했어.

[정보]

▶ 형태 정보:

	받침 O	받침 X, 'ㄹ' 받침
동사	-을 뻔하다	-ㄹ 뻔하다

① 동사 어간 끝음절에 받침이 있으면 '-을 뻔하다', 동사 어간 끝음절에 받침이 없거나 'ㄹ' 받침으로 끝나면 '-ㄹ 뻔하다'를 쓴다. 단, 'ㄹ' 받침으로 끝날 때는 'ㄹ'이 탈락한다.

▶ 주의 사항:

① 과거의 일에 대해 이야기하기 때문에 항상 '-을 뻔했다'로 사용한다.

② 부사 '하마터면'과 같이 쓰는 경우가 많다.

[확인]

교사는 문법을 설명한 뒤 '연습 문제'를 통해 학생들이 문법을 이해했는지 확인한다.

> 정답
> (1) 컵이 미끄러워서 놓칠 뻔했어
> (2) 깜짝 놀라서 땅바닥에 주저앉을 뻔했어

어휘 및 표현

균형	◆ **정의** 어느 한쪽으로 기울거나 치우치지 않은 상태. 예 체조 선수들은 균형 감각이 아주 좋아요. ◆ **정보** 반의어 '불균형' ● **설명** "저울이 한쪽으로 기울어지지 않은 상태를 보고 '균형'을 이루었다고 해요. 시소를 탈 때 균형을 이루려면 두 사람의 무게가 같아야 돼요."
땅바닥	◆ **정의** 아무것도 깔려 있지 않은 땅의 바닥. 예 땅바닥이 더러우니까 뭐라도 깔고 앉으세요. ● **설명** "(바닥을 가리키며) 여기를 바닥이라고 하지요? 바닥에 아무 것도 깔려 있지 않으면 '땅바닥'이라고 해요."
주저앉다	◆ **정의** 서 있던 자리에 힘없이 앉다. 예 다리에 힘이 풀려서 그대로 주저앉아 버렸어요. ● **설명** "'주저앉다'는 서 있는 상태에서 힘없이 앉는 것을 말해요. 갑자기 힘이 빠지거나 놀랐을 때 주저앉아요."

※ 고등학생 대상 수업의 경우 필수적으로 5분간 다음 활동을 추가로 진행함.
→ 교사는 학생들에게 목표 문법을 활용할 수 있는 새로운 화제를 제시한다.
📖 "다칠 뻔했지만 다행히 다치지 않은 경험이 있지요? '-을 뻔하다'를 사용해서 말해 보세요."

예시 답안
길이 미끄러워서 넘어질 뻔했어요. 휴대 전화를 보면서 횡단보도를 건너다 교통사고가 날 뻔했어요.

정리 - 5분

1) 교사는 학생들에게 대화문을 다시 한번 읽게 한다.
2) 교사는 교재에 제시된 열린 질문을 통해 학생들에게 배운 문법을 활용하여 자유롭게 이야기를 나누게 한다.
📖 "어떤 일이 일어나기 직전까지 갔음을 '-을 뻔하다'를 사용하여 말해 보세요."

예시 답안
버스를 잘못 탈 뻔했어요. 우유를 엎지를 뻔했어요.

문법을 배워요 4

① 소연이가 피아노 경연 대회에서 대상을 받았다면서요?

③ 맞아. 아주 어렸을 때부터 피아노를 배웠는데 잘 쳐.

② 응. 난 직접 가서 들었는데 소연이가 피아노 정말 잘 치더라.

④ 그렇구나. 무대 위에 있는 소연이가 정말 멋있어 보였어.

−더라

직접 경험하여 새롭게 알게 된 사실을 지금 전달함을 나타내는 종결 어미.

요즘 수호가 무슨 좋은 일이 있는지 모든 일에 의욕이 넘치더라.
세아이가 영어 대화에서 말하는 거 들었는데 유창하게 잘하더라.
산꼭대기에서 내려다보는 경치가 참말 좋더라.

'-더라'를 사용하여 〈보기〉와 같이 이야기해 보세요.

〈보기〉
가: 학교 앞에 새로 생긴 식당 가 봤어?
나: 응. 메뉴가 무척 다양하더라. (메뉴가 무척 다양하다)

(1) 맛은 있는데 직원이 불친절하다
(2) 오늘은 문을 닫았다

여러분이 직접 경험해서 새롭게 알게 된 사실을 '-더라'를 사용하여 친구에게 말해 보세요.

5과 소연이가 피아노 정말 잘 치더라 • 95

95

• 6차시 | 문법을 배워요 4

[학습 목표]
• 피아노 경연 대회에 참가한 친구에 대한 심정을 표현할 수 있다.
• '-더라'를 사용하여 직접 경험하여 새롭게 알게 된 사실을 지금 전달할 수 있다.

도입 - 5분

1) 교사는 학생들에게 대화문을 읽게 한다. 그리고 학생들이 대화 상황을 이해했는지 확인 질문을 한다.
📖 "소연이가 무슨 대회에서 무슨 상을 받았어요?"
📖 "소연이는 언제부터 피아노를 배웠어요?"
2) 교사는 학생들에게 목표 문법의 의미를 추측할 수 있는 질문을 한다.
📖 "수호는 무대에서 피아노를 치는 소연이를 직접 보고 소연이가 피아노를 잘 친다는 사실을 알게 되었어요. 그리고 유미에게 그 사실을 전달했어요. 수호가 뭐라고 말했어요?"

전개 - 35분

다음의 절차에 따라 문법에 대해 설명한다. 그리고 새로 제시되는 어휘 및 표현이 있다면 그 의미를 함께 설명한다.

[설명]

🏫 "'-더라'는 직접 경험하여 새롭게 알게 된 사실을 지금 전달할 때 사용해요."

[예시]

· 주말에 친구들하고 축구를 했는데 세인이가 축구를 정말 잘하더라.
· 어제 시내에 갔는데 사람이 정말 많더라.
· 어렸을 때 살던 동네에 갔다 왔는데 많이 변했더라.

[정보]

▶ 형태 정보:

	받침 O	받침 X
동사, 형용사	-더라	

	ㅏ, ㅗ	ㅓ, ㅜ, ㅣ …	하다
동사, 형용사 과거	-았더라	-었더라	-였더라

① 동사 및 형용사 어간 끝음절의 받침 유무와 관계없이 '-더라'를 쓴다.

② '이다, 아니다'는 '더라'를 쓴다. 단, '이다' 앞의 명사에 받침이 없으면 주로 '명사+더라'라고 쓴다.

③ 과거의 경우 동사 및 형용사 어간 끝음절의 모음이 'ㅏ, ㅗ'인 경우 '-았더라', 동사 및 형용사 어간 끝음절의 모음이 'ㅏ, ㅗ'가 아닌 경우 '-었더라', '-하다'가 붙은 동사 및 형용사 어간에는 '-였더라'를 쓰는데, 흔히 줄여서 '-했더라'로 쓴다.

④ 과거의 경우 '이다, 아니다'는 '었더라'를 쓴다. 단, '이다' 앞의 명사에 받침이 없으면 '였더라'라고 쓴다.

▶ 제약 정보:

① 보조사 '요'가 뒤에 올 수 없다.

· 나나가 김치를 잘 먹더라요. (X)

② 주어가 2, 3인칭일 때 주로 사용한다. '-더라'는 말하는 이가 새롭게 알게 된 사실을 나타내기 때문에 원칙적으로 1인칭 주어를 쓸 수 없다.

· 나는 요즘 많이 바쁘더라. (X)

③ 주어가 1인칭이더라도 자신을 객관화하여 다른 사람에게 알려 주거나 자기에 대한 추측을 말할 때에는 사용할 수 있다.

· 대회 결과가 나왔는데 내가 1등을 했더라. (O)

④ 사람의 심리나 기분, 감정을 나타내는 경우 주어는 말하는 사람이어야 한다.

· 오랜만에 만난 친구가 정말 반갑더라. (O)

⑤ 말하는 사람이 직접 경험한 일에만 쓸 수 있다.

[확인]

교사는 문법을 설명한 뒤 '연습 문제'를 통해 학생들이 문법을 이해했는지 확인한다.

정답
(1) 맛은 있는데 직원이 불친절하더라
(2) 오늘은 문을 닫았더라

어휘 및 표현

의욕	◆ 정의 무엇을 하고자 하는 적극적인 마음이나 의지. 예 부모님이 격려해 주시니까 공부할 의욕이 생기는 것 같아요. ● 설명 "새 학기가 되면 무엇을 하고 싶어지지요? 무엇을 하려고 하는 적극적인 마음을 '의욕'이라고 해요. 새 학기가 되면 공부를 열심히 하려는 의욕이 생기는데 이 의욕이 오랫동안 계속되었으면 좋겠어요."
유창하다	◆ 정의 말을 하거나 글을 읽을 때 거침이 없다. 예 일본어를 유창하게 잘하시네요. ● 설명 "와니는 영어를 참 잘해요. 영어로 말을 하거나 영어 책을 읽을 때 막힌 적이 없어요. 이런 것을 '유창하다'라고 해요. 와니는 영어를 유창하게 참 잘해요."
내려다 보다	◆ 정의 위에서 아래를 향해 보다. 예 저 건물이 올라가서 내려다보는 야경이 정말 멋있더라. ● 설명 "높은 곳에 올라가서 아래쪽을 보는 것을 '내려다보다'라고 해요. 옥상에서 운동장을 내려다봐요. 산에 올라가서 도시를 내려다봐요."

교수-학습 지침

※ 고등학생 대상 수업의 경우 필수적으로 5분간 다음 활동을 추가로 진행함.
→ 교사는 학생들에게 목표 문법을 활용할 수 있는 새로운 화제를 제시한다.

🏫 "여러분은 어느 도시에 가 봤어요? '-더라'를 사용하여 가 본 적이 있는 도시의 특징에 대해 말해 보세요."

예시 답안
하노이에 가 봤는데 오토바이가 정말 많더라. 뉴욕에 가 봤는데 건물들이 엄청 높더라.

정리 – 5분

1) 교사는 학생들에게 대화문을 다시 한번 읽게 한다.

2) 교사는 교재에 제시된 열린 질문을 통해 학생들에게 배운 문법을 활용하여 자유롭게 이야기를 나누게 한다.

🏫 "여러분이 직접 경험해서 새롭게 알게 된 사실을 '-더라'를 사용하여 말해 보세요."

예시 답안
KTX를 타 봤는데 정말 빠르고 편하더라. 학교 앞에 서점이 하나 생겼더라.

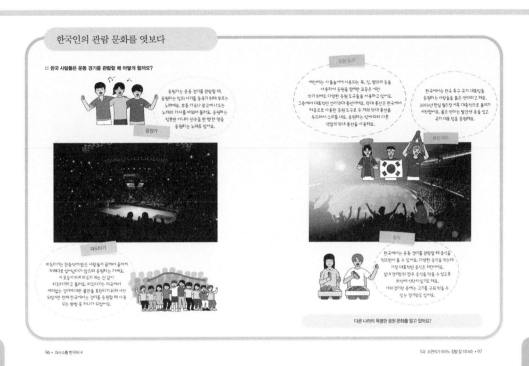

• 문화

[학습 목표]

• 한국에서 운동 경기를 관람하는 문화에 대해 알 수 있다.
• 한국의 응원 문화를 알고 다른 나라의 응원 문화와 비교하여 이야기할 수 있다.

1) 질문을 통해 학생들에게 주제를 추측하게 한다.

🏫 "운동 경기 보는 것을 좋아해요? 어디에서 무슨 운동 경기를 봤어요?"

🏫 "운동 경기를 볼 때 어떻게 응원해요?"

2) 교재 96, 97쪽을 보며 한국의 응원 문화에 대해 설명한다.

더 알아보기
한국의 유명한 운동선수

축구	박지성, 손흥민, 이강인 등
야구	류현진, 이대호, 추신수 등
배구	김연경 등
그 외	김연아, 박태환 등

교수-학습 지침
교사는 응원 구호나 응원 노래를 만드는 문화 활동을 진행할 수 있다. 그룹 활동을 통해 체육 대회 때 사용할 수 있는 우리 반만의 응원 구호 또는 응원 노래를 준비하도록 지도한다.

3) 본 문화와 관련하여 상호문화적 관점에서 이야기할 수 있도록 한다.

🏫 "다른 나라에서는 무슨 운동이 인기가 많아요?"

🏫 "다른 나라에서는 운동 경기를 관람할 때 어떻게 응원해요?"

5과 · 소연이가 피아노 정말 잘 치더라 **131**

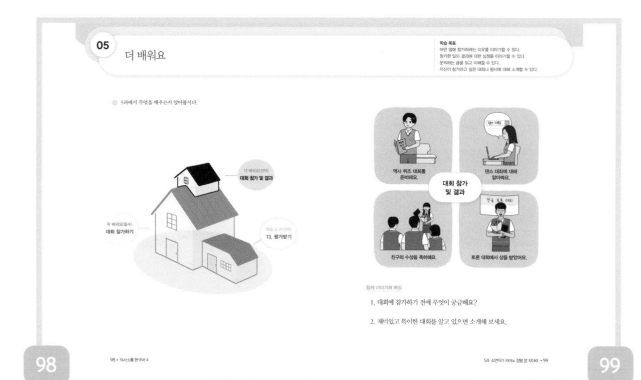

〈더 배워요〉 학습 목표

- 어떤 일에 참가하려는 이유를 이야기할 수 있다.
- 참가한 일의 결과에 대한 심정을 이야기할 수 있다.

7차시	• 역사 퀴즈 대회에 참가 신청을 고민하고 있는 이유를 이야기할 수 있다.
8차시	• 대회에서 상을 탄 친구에 대한 심정을 이야기할 수 있다.
9차시	• 문의하는 글을 읽고 이해할 수 있다.
10차시	• 참가하고 싶은 대회나 행사에 대해 소개할 수 있다.

〈학습 도구 한국어〉 학습 목표

7~8차시	• 평가 받기에서 암기하기에 대해 안다.
9~10차시	• 평가 받기에서 성찰하기에 대해 안다.

• 7차시 | 〈더 배워요〉 도입 및 대화해 봐요 1

도입 – 5분

1) 〈꼭 배워요〉의 목표 어휘 및 문법 등을 확인할 수 있는 질문을 통해 학생들이 해당 표현을 사용하여 답할 수 있도록 유도한다.

📖 "여러분은 무슨 대회에 참가해 보고 싶어요?"

📖 "그 대회의 참가 대상은 누구예요? 무슨 부문이 있어요?"

📖 "만약 여러분이 대회에 나가서 상금을 받는다면 그 돈으로 무엇을 할 거예요?"

2) '대화해 봐요 1, 2'에서 학습할 내용을 대표하는 네 개의 그림들을 확인하며 학생들이 앞으로 배우게 될 주제 및 내용을 추측할 수 있도록 한다.

📖 "영수가 무슨 책을 보고 있어요?"

📖 "퀴즈 대회에 나가기로 했어요. 무슨 준비를 해야 할까요?"

📖 "안나가 무엇을 하고 있어요?"

📖 "대회에 관한 정보를 알고 싶어요. 어떻게 하면 좋을까요?"

📖 "유미가 상을 받았어요. 무슨 대회에서 상을 탔을까요?"

📖 "친구와 함께 대회에 참가했는데 친구만 상을 받았어요. 기분이 어떨 것 같아요? 친구를 진심으로 축하해 줄 수 있어요?"

📖 "민우의 기분이 어때 보여요?"

📖 "대회에 나가서 상을 받는다면 기분이 어떨 것 같아요?"

3) '함께 이야기해 봐요'에 제시된 질문을 통해 이야기를 나눔으로써 '읽고 써 봐요'에서 학습할 내용을 추측하게 한다.

🔲 "대회에 참가하기 전에 무엇이 궁금해요?"

🔲 "재미있고 특이한 대회를 알고 있으면 소개해 보세요."

100 • 의사소통 한국어 4

[학습 목표]
• 역사 퀴즈 대회에 참가 신청을 고민하고 있는 이유를
  이야기할 수 있다.
• 부가 문법: -기는 하다
• 목표 표현: -을까 해서 -어
        일단 -어 봐야겠어

본 대화는 영수와 선영이가 역사 퀴즈 대회 참가 신청에
대해 이야기하고 있는 상황이다.

도입 – 5분

1) 교사는 학생들에게 '대화해 봐요 1'의 내용을 추측할
   수 있는 질문을 한다.
   🔲 "여러분이 알고 있는 퀴즈 대회가 있어요? 무슨 퀴즈 대회
      예요?"
   🔲 "그 퀴즈 대회에 참가해 보고 싶은 생각이 있어요?"

2) 교사는 학생들에게 100쪽의 첫 번째 QR 코드 속 영상
   을 보게 한다.
   🔲 "영수가 선생님께 대회 정보를 요청하고 있어요. 선생님께
      서 무엇을 알려 주셨는지 함께 확인해 봐요."

3) 교사는 학생들이 대화 내용을 잘 이해했는지 질문을
   한다. 그리고 새 표현이 있다면 그 의미를 함께 설명
   한다.

🔲 "선생님이 무슨 대회를 소개해 주셨어요?"

🔲 "선생님이 영수에게 무엇을 주셨어요?"

🔲 "포스터를 보다가 궁금한 것이 있으면 어떻게 해요?"

어휘 및 표현

조회	◆ 정의 학교나 직장 등에서 지시 사항 전달 등을 위해 아침에 모든 구성원이 한자리에 모이는 일. 또는 그런 모임. 예 오늘은 운동장에서 전교생이 함께 조회를 해요. ● 설명 "매일 아침 수업 전에 선생님이 여러분에게 해야 하는 일이나 특별한 일 등을 이야기해 주지요? 이것을 '조회'라고 해요. 조회는 학교뿐만 아니라 회사에서도 해요."

전개 – 20분

1) 교사는 학생들에게 본 대화 내용을 소개하며 100쪽의
   두 번째 QR 코드 속 영상을 보게 한다.
   🔲 "영수와 선영이가 역사 퀴즈 대회에 대해 이야기하고 있
      어요. 누가 대회에 나갈지 함께 확인해 봐요."

2) 교사는 학생들이 대화의 전체 내용을 이해했는지 확
   인하는 질문을 한다.
   🔲 "누가 역사 퀴즈 대회에 나갈 거예요?"

3) 교사는 학생들에게 대화문을 읽게 한다. 그리고 세부
   내용을 이해했는지 확인하는 질문을 한다.
   🔲 "영수가 무엇을 보고 있어요?"
   🔲 "선영이는 요즘 무엇을 준비하고 있어요?"
   🔲 "선영이는 언제 역사 퀴즈 대회에 참가할 거예요?"
   🔲 "선영이가 무슨 말로 영수를 격려해 줬어요?"

4) 대화에 제시된 새 표현의 의미를 설명한다.

어휘 및 표현

참가하다	◆ 정의 모임이나 단체, 경기, 행사 등의 자리에 가서 함께하다. 예 정호가 우리 반 대표로 축구 대회에 참가하기로 했어요. ◆ 정보 반의어 '불참하다' ● 설명 "어떤 모임이나 경기, 행사 등에 가서 함께 하는 것을 '참가하다'라고 해요. 우리 반 친구들이 다 같이 참가할 수 있는 대회에는 어떤 것이 있을까요?"
도전	◆ 정의 (비유적으로) 가치 있는 것이나 목표한 것을 얻기 위해 어려움에 맞섬. 예 도전 없이는 발전도 없어요. ● 설명 "자신이 원하는 목표를 위해 어렵지만 해 보는 것을 '도전'이라고 해요. 저는 이번 방학에 자전거 전국 일주에 도전을 할까 해요. 여러분도 하고 싶었던 일이 있으면 한번 도전해 보세요."

충분히	◆ 정의	모자라지 않고 넉넉하게.
	예	어제 충분히 자지 못해서 너무 피곤해요.
	● 설명	"만족할 만큼 부족하지 않은 것을 말할 때 '충분히'를 사용해요. 아플 때는 무리하지 말고 충분히 쉬어야 해요."

5) 교사는 학생들에게 대화문을 다시 한번 읽게 한다. 이때 역할을 나누는 등 다양한 방식으로 읽게 할 수 있다.

6) 교사는 다음의 절차에 따라 부가 문법 '-기는 하다'에 대해 설명한다. 그리고 새로 제시되는 어휘가 있다면 그 의미를 함께 설명한다.

부가 문법 **'-기는 하다'**

[설명]

📖 "밥을 먹지 않아서 배가 고프지만 아무것도 먹고 싶지 않을 때 '배가 고프기는 한데 먹고 싶지 않아요.'라고 말해요. 이렇게 '-기는 하다'는 앞의 내용을 인정하면서 그것과 반대되는 자신의 생각을 더해서 말할 때 사용해요."

[예시]

· 그 노래를 좋아하기는 하지만 자주 듣지는 않아요.
· 난 동의하지 않지만 네 생각을 이해하기는 해.
· 예쁘기는 하지만 너무 비싸서 안 사려고 해요.
· 뉴스를 보기는 했는데 무슨 내용인지 잘 모르겠어요.

[정보]

▶ 형태 정보:

	받침 O	받침 X
동사, 형용사	-기는 하다	

① 동사 및 형용사 어간 끝음절의 받침 유무와 관계없이 '-기는 하다'를 쓴다.

② '이다, 아니다'는 '기는 하다'를 쓴다. 단, '이다' 앞의 명사에 받침이 없으면 주로 '명사+기는 하다'라고 쓴다.

▶ 주의 사항:

① '-기는 하지만', '-기는 하는데'의 형태로도 사용하며 과거를 말할 때는 '-기는 했지만', '-기는 했는데'의 형태를 사용한다.

· 비가 오기는 했지만 많이 오지 않아서 체육 대회를 할 수 있었어요.
· 백화점에 가기는 했는데 용돈을 다 써서 아무것도 안 사고 구경만 하고 왔어요.

7) 교사는 학생들에게 목표 표현에 대해 설명한다.

목표 표현 1 **'-을까 해서 -어'**

[설명]

📖 "'-을까 해서 -어'는 추측하거나 계획하고 있는 일 때문에 다른 어떤 행동을 하게 되었을 때 그 의도를 나타내는 표현이에요."

[예시]

· 같이 점심을 먹을까 해서 전화했어.
· 필요한 사람이 있을까 해서 가져와 봤어.
· 공연을 너랑 같이 볼까 해서 표를 두 장 예매했어.
· 안나 생일 선물로 주면 좋지 않을까 해서 샀어.

목표 표현 2 **'일단 -어 봐야겠어'**

[설명]

📖 "'일단 -어 봐야겠어'는 결과는 알 수 없지만 우선 한번 시도해 볼 때 사용하는 표현이에요."

[예시]

· 일단 말해 봐야겠어.
· 일단 부탁해 봐야겠어.
· 일단 집으로 찾아가 봐야겠어.
· 일단 대회에 신청해 봐야겠어.

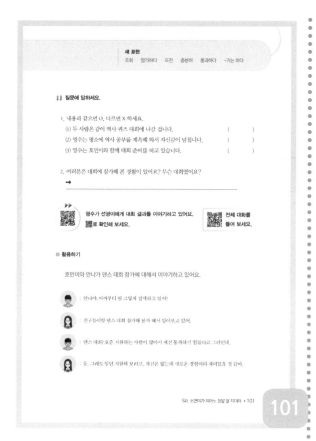

어휘 및 표현

통과하다	◆ 정의 검사, 시험, 심의 등에서 해당 기준이나 조건에 맞아 인정되거나 합격하다. **예** 와니가 필기시험에 통과했어요. ● 설명 "앞에서 통과자라는 단어를 공부했지요? 통과자는 어떤 대회나 시험에 합격한 사람을 말해요. '통과하다'는 대회나 시험 등에서 기준이나 조건에 맞아 합격한다는 의미예요."

활용 - 10분

1) 교사는 학생들이 목표 표현을 사용하여 대답할 수 있도록 질문을 한다.

🏫 "친구에게 선물을 줄 때가 있지요? 친구가 왜 선물을 주냐고 물어봐요. 그때 친구에게 뭐라고 이야기할 거예요?"

🏫 "다른 것을 신경 쓰지 않고 우선 해야겠다고 생각한 적이 있어요? 그때 어떻게 이야기했어요?"

2) 교사는 질문을 통해 학생들이 '활용하기'의 대화 상황을 추측할 수 있도록 한다.

🏫 "호민이와 안나가 댄스 대회 참가에 대해서 이야기하고 있어요. 무슨 이야기를 할까요?"

3) 교사는 학생들에게 대화문을 읽게 한 후 대화의 내용을 이해했는지 확인하는 질문을 한다. 그리고 새 표현이 있다면 그 의미를 함께 설명한다.

🏫 "안나가 지금 무엇을 하고 있어요?"

🏫 "댄스 대회 예선은 왜 통과하기 어려워요?"

4) 교사는 학생들에게 대화문을 다시 한번 읽게 한다. 이때 역할을 나누는 등 다양한 방식으로 읽게 할 수 있다.

> **교수-학습 지침**
> ※ 고등학생 대상 수업의 경우 필수적으로 5분간 다음 활동을 추가로 진행함.
> → 교사는 짝 활동, 그룹 활동을 통해 서로 도전해 보고 싶은 것에 대해 이야기하도록 지도한다.

정리 - 5분

교사는 학생들에게 101쪽의 '전체 대화를 들어 보세요' QR 코드 속 대화를 듣게 하고 수업을 마무리한다.

8) 교사는 학생들에게 교재의 1번과 2번 문제를 풀게 한다.

9) 교사는 학생들과 함께 문제의 답을 확인한다.

> **정답**
> 1. (1) × (2) × (3) ×
> 2. 작년에 교내 합창 대회에 참가해 본 적이 있어요. 초등학교 때 과학 경시대회에 나갔어요.

10) 교사는 학생들에게 101쪽의 첫 번째 QR 코드 속 영상을 보게 한다.

🏫 "영수가 선영이에게 대회 결과를 이야기하고 있어요. 영수가 역사 퀴즈 대회 예선을 잘 봤을지 함께 확인해 봐요."

11) 교사는 학생들이 대화 내용을 잘 이해했는지 질문을 한다. 그리고 새 표현이 있다면 그 의미를 함께 설명한다.

🏫 "영수는 역사 퀴즈 대회 예선을 잘 봤어요?"

🏫 "영수는 역사 퀴즈 대회에서 무엇을 하고 싶어요?"

● 8차시 | 대화해 봐요 2

[학습 목표]
- 대회에서 상을 탄 친구에 대한 심정을 이야기할 수 있다.
- 부가 문법: -을 걸 그랬다
- 목표 표현: 내가 –는 것처럼 -더라
  얼마나 –는지 몰라

본 대화는 나나와 세인이가 백일장 대회에서 대상을 받은 유미의 대회 결과에 대한 자신들의 심정을 이야기하고 있는 상황이다.

도입 - 7분

1) 교사는 학생들에게 '대화해 봐요 2'의 내용을 추측할 수 있는 질문을 한다.
   📟 "여러분은 대회에 자주 참가하는 편이에요?"
   📟 "친구가 대회에 참가한다면 대회가 열리는 장소에 가서 응원할 거예요?"

2) 교사는 학생들에게 102쪽의 첫 번째 QR 코드 속 영상을 보게 한다.
   📟 "유미가 수상 소감을 말하고 있어요. 뭐라고 이야기하는지 함께 확인해 봐요."

3) 교사는 학생들이 대화 내용을 잘 이해했는지 질문을 한다. 그리고 새 표현이 있다면 그 의미를 함께 설명

한다.
📟 "유미는 상을 받고 누구에게 감사해하고 있어요?"

어휘 및 표현

보상	◆ 정의 어떤 일이나 수고 또는 받은 은혜에 대한 대가로 갚음. 예 모든 노력에는 보상이 따라오기 마련이야. ● 설명 "내일 체육 대회를 해요. 우리 반이 1등을 하면 선생님께서 아이스크림을 사 준다고 하셨어요. 잘한 일에 대해 받는 선물 같은 것을 '보상'이라고 하는데 선생님이 말씀하신 아이스크림은 체육 대회 1등에 대한 보상이에요."
지도하다	◆ 정의 어떤 목적이나 방향으로 다른 사람을 가르쳐 이끌다. 예 부모님께서는 항상 관심과 사랑으로 우리를 지도해 주세요. ◆ 정보 유의어 '가르치다' ● 설명 "선생님은 가르치는 일을 하지요? 가르친다와 비슷한 의미로 '지도하다'가 있는데 다른 사람을 어떤 목적이나 방향으로 가르쳐서 이끌어 간다는 뜻이에요."

전개 - 20분

1) 교사는 학생들에게 본 대화 내용을 소개하며 102쪽의 두 번째 QR 코드 속 영상을 보게 한다.
   📟 "나나와 세인이가 상을 받은 유미를 보고 기뻐하고 있어요. 무슨 일이 있었는지 함께 확인해 봐요."

2) 교사는 학생들이 대화의 전체 내용을 이해했는지 확인하는 질문을 한다.
   📟 "유미가 무슨 대회에 나갔어요?"
   📟 "두 사람은 유미가 상을 받은 것에 대해 어떻게 생각해요?"

3) 교사는 학생들에게 대화문을 읽게 한다. 그리고 세부 내용을 이해했는지 확인하는 질문을 한다.
   📟 "유미가 상을 받을 때 세인이의 기분이 어땠어요?"
   📟 "세인이는 왜 유미가 자랑스러워요?"

4) 대화에 제시된 새 표현의 의미를 설명한다.

5) 교사는 학생들에게 대화문을 다시 한번 읽게 한다. 이때 역할을 나누는 등 다양한 방식으로 읽게 할 수 있다.

6) 교사는 다음의 절차에 따라 부가 문법 '-을 걸 그랬다'에 대해 설명한다. 그리고 새로 제시되는 어휘가 있다면 그 의미를 함께 설명한다.

부가 문법   '-을 걸 그랬다'

[설명]
📟 "아이스크림을 많이 먹어서 배가 아파요. 그래서 아이스크림을 많이 먹은 것을 후회하고 있어요. 이럴 때 '아이스

크림을 조금만 먹을 걸 그랬어요.'라고 말해요. 이렇게 '-을 걸 그랬다'는 과거에 그렇게 했으면 좋았겠지만 그렇게 하지 않았어요. 그래서 후회하거나 아쉬워하는 마음을 나타낼 때 사용해요."

[예시]

· 숙제를 미리 해 놓을 걸 그랬어요.
· 아침밥을 먹고 올 걸 그랬어.
· 기다리지 말고 먼저 갈 걸 그랬어요.
· 어제 늦게까지 게임을 하지 말고 일찍 잘 걸 그랬어.

[정보]

▶ 형태 정보:

	받침 O	받침 X, 'ㄹ' 받침
동사	-을 걸 그랬다	-ㄹ 걸 그랬다

① 동사 어간 끝음절에 받침이 있으면 '-을 걸 그랬다', 동사 어간 끝음절에 받침이 없거나 'ㄹ' 받침으로 끝나면 '-ㄹ 걸 그랬다'를 쓴다. 단, 'ㄹ' 받침으로 끝날 때는 'ㄹ'이 탈락한다.

7) 교사는 학생들에게 목표 표현에 대해 설명한다.

목표 표현 1   **'내가 -는 것처럼 -더라'**

[설명]

📖 "'내가 -는 것처럼 -더라'는 다른 사람의 일에 대해 마치 자기 자신이 그 일을 겪은 것처럼 어떤 기분을 느꼈다고 표현할 때 쓰는 표현이에요."

[예시]

· 번지점프는 보기만 해도 내가 뛰는 것처럼 무섭더라.
· 결승에서 이긴 선수가 기뻐하는 모습을 보니까 내가 우승한 것처럼 행복하더라.
· 이 게임은 보기만 해도 내가 직접 하는 것처럼 재미있더라.
· 맛있게 먹는 수호를 보니 내가 밥을 먹은 것처럼 배가 부르더라.

목표 표현 2   **'얼마나 -는지 몰라'**

[설명]

📖 "'얼마나 -는지 몰라'는 자신이 느낀 심정을 강조하여 이야기할 때 쓰는 표현이에요."

[예시]

· 시험 때문에 얼마나 긴장되는지 몰라.
· 놀이기구가 얼마나 재미있는지 몰라.
· 반장이 우리 반 친구들에게 얼마나 친절한지 몰라.
· 친구들 앞에서 넘어지는 바람에 얼마나 창피했는지 몰라.

8) 교사는 학생들에게 교재의 1번과 2번 문제를 풀게 한다.

9) 교사는 학생들과 함께 문제의 답을 확인한다.

> 정답
> 1. (1) ○ (2) ○ (3) ✕
> 2. 축하해. 정말 잘하더라. 네가 상을 받을 줄 알았어. 열심히 준비하더니 정말 잘됐다.

10) 교사는 학생들에게 103쪽의 첫 번째 QR 코드 속 영상을 보게 한다.

📖 "친구들이 유미를 축하해 주고 있어요. 무슨 이야기를 하는지 함께 확인해 봐요."

11) 교사는 학생들이 대화 내용을 잘 이해했는지 질문을 한다. 그리고 새 표현이 있다면 그 의미를 함께 설명한다.

📖 "유미는 친구들에게 무슨 말을 하면서 고마운 마음을 전했어요?"

어휘 및 표현

실감	◆ **정의** 실제로 겪고 있다는 느낌. **예** 벌써 졸업이라니. 실감이 나지 않아. ● **설명** "친구가 전학을 가서 오늘부터 학교에 나오지 않아요. 어제까지 같이 공부했기 때문에 친구가 전학을 간다는 것이 거짓말 같았어요. 그런데 오늘 학교에 와서 친구의 빈자리를 보니까 친구가 없다는 사실을 깨닫게 되었어요. 이렇게 어떤 일에 대해 실제로 느끼는 것을 '실감'이라고 해요. 친구의 빈자리를 보니까 친구가 전학을 갔다는 것이 실감 나요."
쏘다	◆ **정의** (속된 말로) 주로 음식 같은 것을 남에게 대접하다. **예** 오늘은 내가 쏠 테니까 내일은 네가 사도록 해. ● **설명** "유미가 백일장 대회에서 1등을 해서 상금을 받았어요. 그래서 친구들에게 밥을 사 주려고 해요. 이렇게 다른 사람에게 음식 같은 것을 사 주는 것을 '한턱내다'라고 해요. 그리고 이것과 같은 의미로 '쏘다'가 있는데 주로 친한 사람들과 이야기할 때 사용해요."

활용 - 10분

1) 교사는 학생들이 목표 표현을 사용하여 대답할 수 있도록 질문을 한다.

📖 "여러분은 친구에게 좋은 일이나 나쁜 일이 생겼을 때 어떤 기분이 들어요? 여러분이 느낀 감정을 친구에게 표현해 보세요."

2) 교사는 질문을 통해 학생들이 '활용하기'의 대화 상황을 추측할 수 있도록 한다.

📖 "유미가 토론 대회에서 상을 받은 민우를 축하해 주고 있어요. 무슨 이야기를 할까요?"

3) 교사는 학생들에게 대화문을 읽게 한 후 대화의 내용을 이해했는지 확인하는 질문을 한다. 그리고 새 표현이 있다면 그 의미를 함께 설명한다.

📖 "민우는 무슨 상을 받았어요?"
📖 "민우는 자신이 상을 받을 거라고 생각했어요?"

어휘 및 표현

금상	◆ **정의** 상의 등급을 금, 은, 동으로 나누었을 때에 일 등에 해당하는 상. **예** 나나가 노래 대회에서 금상을 받았어요. ● **설명** "(금, 은, 동 트로피 사진을 보여 주며) 대회에서 잘한 사람에게 상을 줘요. 여기에 있는 상 중에서 '금상'이 가장 좋아요."

4) 교사는 학생들에게 대화문을 다시 한번 읽게 한다. 이때 역할을 나누는 등 다양한 방식으로 읽게 할 수 있다.

※ 고등학생 대상 수업의 경우 필수적으로 5분간 다음 활동을 추가로 진행함.
→ 교사는 짝 활동, 그룹 활동을 통해 대회에 나가서 상을 타지 못한 친구를 위로해 주는 상황에 대해 이야기하도록 지도한다.

정리 - 8분

교사는 학생들에게 103쪽의 '전체 대화를 들어 보세요' QR 코드 속 대화를 듣게 하고 수업을 마무리한다.

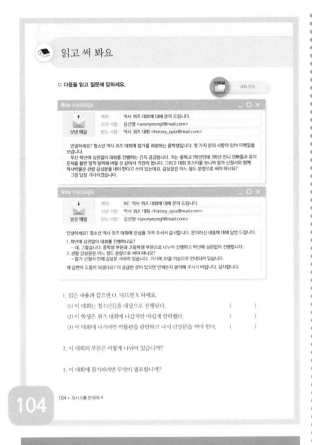

• 9차시 | 읽고 써 봐요 – 읽기

[학습 목표]
• 문의하는 글을 읽고 이해할 수 있다.

본 활동은 자신이 참가하는 대회와 관련하여 문의하는 이메일을 읽고 이해하기 위한 활동이다.

읽기 전 – 5분

교사는 학생들에게 읽기 내용을 추측할 수 있는 질문을 한다.

🔲 "이메일이 있지요? 누구와 이메일을 주고받아요?"

🔲 "어떤 일에 대해 메일로 문의해 본 적이 있어요? 어떤 답변을 받았어요?"

읽기 중 – 30분

1) 교사는 학생들에게 읽기 지문을 개별적으로 읽게 한다.

2) 교사는 학생들이 읽기 지문의 전체 내용을 이해했는지 확인하는 질문을 한다.

🔲 "여러분, 책에 있는 글을 보세요. 무슨 글이에요?"

🔲 "선영이는 왜 메일을 썼어요?"

3) 교사는 학생들에게 읽기 지문을 읽게 한다. 그리고 세부 내용을 이해했는지 확인하는 질문을 한다.

🔲 "누가 이 대회에 참가할 수 있어요?"

🔲 "선영이는 무엇을 걱정하고 있어요?"

🔲 "역사박물관 관람 감상문은 얼마나 써야 해요?"

4) 읽기 지문에 제시된 새 표현의 의미를 설명한다.

어휘 및 표현

상관없이	◆ 정의 서로 관련이 없이. 예 수호는 계절에 상관없이 항상 차가운 물만 마셔요. ● 설명 "우리 학교에서 글쓰기 대회가 열려요. 1학년부터 3학년까지 모두 참가할 수 있어요. 다시 말해 학년과 관계없이 참가할 수 있어요. 이렇게 관계없는 것을 '상관없이'라고 해요. 글쓰기 대회는 학년에 상관없이 참가할 수 있어요."
탈락하다	◆ 정의 범위에 포함되지 못하고 떨어지거나 빠지다. 예 정호가 이번 축구 국가대표 선발에서 탈락하게 되었어요. ◆ 정보 유의어 '떨어지다', 반의어 '합격하다' ● 설명 "'탈락하다'는 '통과하다'의 반대 의미로 어떤 기준에 들어가지 못해 떨어지거나 빠지는 것을 말해요."
분량	◆ 정의 수나 양의 정도. 예 이번 글짓기 대회에서는 원고지 백 장 분량의 소설을 써서 제출해야 해요. ◆ 정보 유의어 '양' ● 설명 "숙제로 보고서를 쓸 때 선생님께 얼마나 써야 하는지 물어보면 선생님께서 '보고서는 종이 2장 분량으로 쓰세요.'라고 말씀하시지요? 이렇게 어떤 것의 양을 '분량'이라고 해요."
답변	◆ 정의 질문에 대하여 대답함. 또는 그런 대답. 예 선생님께서는 학생들의 많은 질문에도 항상 웃는 얼굴로 답변을 해 주세요. ● 설명 "질문에 대한 대답을 다른 말로 '답변'이라고 해요. 여러분은 궁금한 게 생기면 인터넷에 물어볼 때가 있지요? 그럼 다른 사람들이 그 질문을 보고 답변을 써 줘요."
서식	◆ 정의 일정한 형식을 갖춘 서류를 쓰는 방식. 예 동아리 신청서는 서식에 맞춰 작성한 후 제출해 주세요. ● 설명 "어떤 서류를 쓰는 일정한 방식을 '서식'이라고 해요. 대회에 참가하고 싶으면 참가 신청서를 서식에 맞춰 쓴 후 제출해야 해요."

읽기 후 – 10분

1) 교사는 학생들에게 교재의 문제를 풀게 한다.

2) 교사는 학생들과 함께 문제의 답을 확인한다.

정답
1. (1) ○ (2) × (3) ○
2. 중학생 부문과 고등학생 부문으로 나뉘어 있어요.
3. 참가 신청서와 역사박물관 감상문이 필요해요.

3) 교사는 질문을 통해 읽기 내용을 재확인하며 수업을
   마무리한다.
   📖 "여러분은 무슨 대회에 나가고 싶어요? 그 대회에 대한 정
      보를 어디에서 얻을 수 있어요?"
   📖 "대회 포스터를 보면 무엇을 알 수 있어요?"

┌───┐
│ 교수-학습 지침   │
│ ※ 고등학생 대상 수업의 경우 필수적으로 5분간 다음 활동을   │
│   추가로 진행함.   │
│ ➡ 교사는 일상생활에서 이메일로 문의를 해야 하는 상황에서   │
│   어떤 것을 물어볼지 이메일을 써 보고, 친구와 함께 답장을 주 │
│   고받는 활동을 하도록 지도한다.   │
└───┘

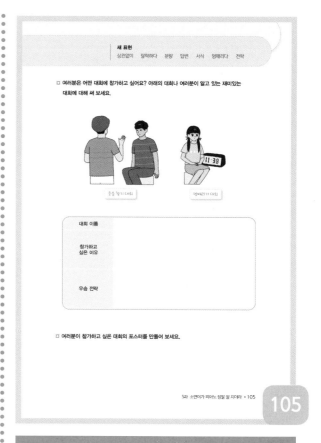

• 10차시 | 읽고 써 봐요 – 쓰기

[학습 목표]
• 자신이 참가하고 싶은 대회나 행사에 대해 소개할 수
  있다.

본 활동은 참가하고 싶은 특별한 대회나 행사를 소개하
고 그 대회를 알리는 포스터를 만드는 활동이다.

쓰기 전 – 5분

1) 교사는 학생들에게 쓰기 내용을 추측할 수 있는 질문
   을 한다.
   📖 "여러분이 알고 있는 특별한 대회가 있어요? 무슨 대회예
      요?"
   📖 "그 대회에서 우승하려면 어떻게 해야 돼요?"

2) 교사는 학생들에게 어떤 쓰기 활동을 할 것인지 명확
   히 알려 준다.
   📖 "참가하고 싶은 대회를 소개하고, 그 대회 알리는 포스터
      를 만들어 볼 거예요."

쓰기 중 – 30분

┌───┐
│ 1. 참가하고 싶은 대회나 자신이 알고 있는 특별한 대회에 대해   │
│   쓰는 활동이다.   │
└───┘

1) 교사는 학생들에게 무엇을 써야 하는지 알려 준다. 그리고 새 표현이 있다면 그 의미를 함께 설명한다.

- 📖 "우리 책에 '웃음 참기 대회'와 '멍때리기 대회'가 나와 있어요. 이런 대회를 들어 본 적이 있어요?"
- 📖 "'웃음 참기 대회'는 어떤 대회일까요?"
- 📖 "'멍때리기 대회'는 어떤 대회일까요?"
- 📖 "어떻게 하면 '웃음 참기 대회'와 '멍때리기 대회'에서 우승할 수 있을까요?"
- 📖 "우리 반 친구들을 대상으로 이 대회를 연다면 누가 우승할 것 같아요? 왜 그렇게 생각해요?"

어휘 및 표현

멍때리다	◆ **정의** 아무 생각 없이 멍하게 있다. 예 멍때리고 있지 말고 네 생각을 한 번 말해 봐. ● **설명** "정신이 나간 것처럼 아무 생각 없이 있는 것을 '멍때리다'라고 해요. 수업 시간이나 친구들과 이야기하고 있을 때 멍때리고 있으면 안 되겠지요?"
전략	◆ **정의** 정치, 경제 등의 사회적 활동을 하는 데 필요한 방법과 계획. 예 나는 중간고사를 잘 보기 위해서 전략을 세워 공부했어. ● **설명** "어떤 일을 할 때 잘하기 위해서 필요한 방법과 계획을 '전략'이라고 해요. 운동 경기를 할 때 전략이 필요해요. 시험 준비를 할 때에도 전략이 필요해요."

2) 교사는 학생들에게 참가하고 싶은 대회나 자신이 알고 있는 특별한 대회에 대해 쓰게 한다. 이때 교사는 학생들에게 개별적으로 쓰기 지도를 할 수 있다.

2. 참가하고 싶은 대회를 알리는 포스터를 만드는 활동이다.

1) 교사는 학생들에게 무엇을 써야 하는지 알려 준다. 그리고 새 표현이 있다면 그 의미를 함께 설명한다.

- 📖 "여러분은 어떤 대회에 참가하고 싶어요?"
- 📖 "그 대회에 참가하고 싶은 이유가 뭐예요?"
- 📖 "그 대회는 언제, 어디에서 열려요? 누가 참가할 수 있어요?"
- 📖 "그 대회는 어떻게 신청해요?"
- 📖 "그 대회를 알리는 포스터를 만들어 보세요."
- 📖 "대회 포스터에 무슨 내용이 들어가야 할까요?"
- 📖 "포스터에 참가 대상, 일시, 장소, 신청 방법, 우승 상품 등을 쓰세요. 그리고 그 대회에 어울리는 그림도 그려 보세요."

2) 교사는 학생들에게 참가하고 싶은 대회를 알리는 포스터를 만들게 한다. 이때 교사는 학생들에게 개별적으로 쓰기 지도를 할 수 있다.

쓰기 후 – 10분

1) 쓰기 활동이 모두 마무리되면 교사는 학생들에게 각자 쓴 것을 발표하게 한다.

2) 교사는 대회 포스터를 보면서 참가하고 싶은 대회에 대해 다시 한번 정리하며 수업을 마무리한다.

> **교수-학습 지침**
> ※ 고등학생 대상 수업의 경우 필수적으로 5분간 다음 활동을 추가로 진행함.
> ➡ 교사는 학생들에게 수업 중에 지도받은 내용을 반영해 공책에 글을 다시 쓰게 할 수 있다. 이를 통해 학생들 스스로 자신의 글을 점검하도록 지도한다.

> **교수-학습 지침**
> '포스터 만들기' 활동은 2~3명의 학생들이 조를 이루어 큰 종이에 공동으로 하나의 포스터를 만들게 할 수도 있다.

글도 잘 쓰는 데다가 상상력도 풍부하니까 훌륭한 작가가 될 거야

● 단원 목표

다른 사람의 의견에 대해 동의를 표현하고 어떤 일에 대해 충고하는 말을 할 수 있다.

● 단원 내용

꼭 배워요 (필수)	• 주제: 적성 탐색
	• 기능: 충고하기, 동의하기
	• 어휘: 적성과 직업 관련 어휘
	• 문법: -는 데다가, -든지, 사동 표현, -나 싶다
문화	• 문화: 나의 적성을 탐색해 보다
더 배워요 (선택)	• 대화 1: 직업 체험 프로그램을 신청하라고 충고하기 • 대화 2: 상대방의 의견에 동의하기
	• 읽기: 여행 작가 인터뷰
	• 쓰기: 미래의 자신과 인터뷰하기

● 수업 개요

〈꼭 배워요〉 학습 목표

• 다른 사람에게 어떤 일에 대해 충고하는 말을 할 수 있다.
• 상대방의 의견에 동의를 표현할 수 있다.

1차시	• 도입 대화를 통해 본 단원의 주제에 대해 이해하고 말할 수 있다.
2차시	• 적성과 직업 관련 어휘 및 표현을 알고 활용할 수 있다.
3차시	• 친구의 장래 희망을 듣고 이에 대해 동의를 표현할 수 있다. • '-는 데다가'를 사용하여 앞에 오는 말이 나타내는 행동이나 상태에 다른 행동이나 상태가 덧붙여져서 정도가 심해진다는 것을 나타낼 수 있다.
4차시	• 공예를 전문적으로 배워 보라는 친구의 제안에 대해 동의를 표현할 수 있다. • '-든지'를 사용하여 두 가지 사실 가운데 어느 하나를 선택한다는 것을 나타낼 수 있다.

5차시	• 독서에 대해 문의하는 학생에게 충고하는 말을 할 수 있다. • '사동 표현'을 사용하여 남에게 어떤 일이나 행동을 하도록 시킬 수 있다.
6차시	• 직업을 선택할 때 적성을 고려해야 한다는 충고의 말을 할 수 있다. • '-나 싶다'를 사용하여 앞에 오는 말이 나타내는 내용을 말하는 사람이 다소 주관적이고 불확실하게 추측한다는 것을 나타낼 수 있다.

• 1차시 | 복습 및 〈꼭 배워요〉 도입

[학습 목표]

• 도입 대화를 통해 본 단원의 주제에 대해 이해하고 말할 수 있다.

복습 – 20분

> 5단원에서 배운 주제 및 문법에 대해 복습한다.

1) 교사는 지난 단원의 주제와 관련된 질문을 하여 학생들에게 학습한 내용을 떠올리게 한다.

　🎓 "우리 학교에서 무슨 대회가 열려요?"

　🎓 "그 대회에서 우승을 하려면 무엇을 어느 정도로 잘해야 할까요?"

　🎓 "그 대회에서 대상을 타면 무엇을 받을 수 있어요?"

2) 교사는 '-는 탓에'와 관련된 질문을 하여 학생들에게 학습한 내용을 떠올리게 한다.

　🎓 "감기에 걸렸다면서요? 왜 감기에 걸렸어요?"

　🎓 "약속 시간에 왜 늦었어요?"

3) 교사는 '-어 버리다'와 관련된 질문을 하여 학생들에게 학습한 내용을 떠올리게 한다.

　🎓 "책상 위에 과자가 있었는데 왜 없어요?"

　🎓 "선영이랑 왜 싸웠어요?"

4) 교사는 '-을 뻔하다'와 관련된 질문을 하여 학생들에게 학습한 내용을 떠올리게 한다.

　🎓 "문을 잘 잠갔어요? 확인 좀 해 보세요."

　🎓 "내일이 수호 생일이지요?"

5) 교사는 '-더라'와 관련된 질문을 하여 학생들에게 학습한 내용을 떠올리게 한다.

　🎓 "나나가 자리에 없네. 어디 갔는지 알아?"

　🎓 "민우가 노래하는 거 들어 봤지? 어때? 잘해?"

교수–학습 지침

※ 고등학생 대상 수업의 경우 필수적으로 5분간 다음 활동을 추가로 진행함.

➔ 교사는 짝 활동, 그룹 활동을 통해 대회 참가에 대한 의도 표현하기와 대회 결과에 대한 심정 표현하기에 대해 이야기하게 할 수 있다. 이때 교사는 지난 단원에서 배운 '-는 탓에', '-어 버리다', '-을 뻔하다', '-더라' 중 세 가지 이상의 문법을 사용하여 대화문을 만들 수 있도록 지도한다.

107

〈꼭 배워요〉 도입 – 25분

1) 교사는 학생들에게 이번 단원에서 배울 주제가 무엇인지 추측할 수 있는 질문을 한다. 이때 교재 107쪽에 있는 '함께 이야기해 봐요'에 제시되어 있는 질문을 활용하며 질문에 대해 학생들이 자유롭게 이야기할 수 있도록 한다.

　🎓 "여러분은 자신에게 무슨 능력이 있다고 생각해요?"

　🎓 "그 능력에 어울리는 직업은 뭐가 있어요?"

2) 교사는 이번 단원에서 학습하게 될 주제가 무엇인지 제시한다. 학습 주제가 배우지 않은 어휘나 표현이라면 쉬운 말로 풀어서 설명한 후 학습 주제를 제시한다.

　🎓 "자신이 가지고 있는 능력과 그 능력에 어울리는 직업에 대해서 이야기해 봤어요. 6과에서는 적성과 직업에 대해 배울 거예요."

3) 교사는 학생들에게 교재 107쪽의 대화를 읽게 한다. 그리고 세부 내용을 이해했는지 확인하는 질문을 한다.

　🎓 "안나는 무슨 고민이 있어요?"

　🎓 "선영이는 안나에게 무엇을 해 보라고 충고했어요?"

　🎓 "적성 검사를 하면 뭐가 좋아요?"

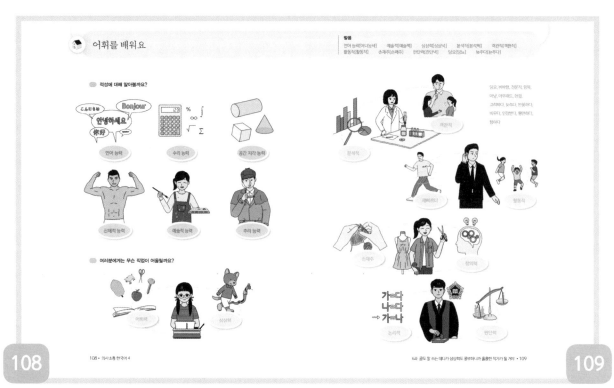

• 2차시 | 어휘를 배워요

[학습 목표]

• 적성과 직업 관련 어휘 및 표현을 알고 활용할 수 있다.

본 단원에는 직업에 필요한 적성 및 능력에 관련된 어휘 및 표현이 제시되어 있다.

도입 – 5분

1) 교사는 질문을 통해 학습하게 될 어휘 및 표현을 자연스럽게 노출한다.
   📖 "여러분은 무슨 일을 할 때 즐거워요?"
   📖 "그 일을 잘하려면 어떤 능력이 필요할까요?"

2) 교사는 학생들과 제시된 그림을 보며 이야기를 나눈다.
   📖 "108쪽 위에 있는 그림을 보세요. 적성에 대해 알아볼까요? 여러분은 이 중에서 무슨 능력이 좋은 것 같아요?"
   📖 "108쪽 아래와 109쪽에 있는 그림을 보세요. 이런 능력을 가지고 있는 사람에게는 무슨 직업이 어울릴까요?"

전개 – 35분

1. 적성 관련 어휘 및 표현이다.

1) 교사는 다음에 제시되는 내용을 참고하여 학생들에게 어휘 및 표현을 설명한다. 이때 새로 등장하는 발음 규칙이 있다면 함께 설명한다.

적성	◆ 정의 어떤 일에 알맞은 사람의 성격이나 능력. 예 유미는 글을 잘 쓰고 책을 좋아하는 걸 보니 작가가 적성에 맞을 것 같아. ● 설명 "저는 적극적이고 사교적인 성격이에요. 그리고 다른 사람들에게 가르쳐 주는 것을 좋아해요. 선생님이라는 직업을 하기에 좋은 성격이에요. 다시 말해 선생님이라는 직업은 제 '적성'에 잘 맞아요. 여기에서 적성은 사람의 성격이나 능력이 어떤 일에 잘 맞는 것을 말해요. 적성에 맞는 일을 하면 즐겁게 일할 수 있어요."
언어 능력	◆ 정의 말과 글을 바르게 이해하고 정보나 의견을 말과 글을 이용해 정확히 표현할 수 있는 능력. 예 책을 많이 읽으면 언어 능력이 좋아져요. ● 설명 "'언어 능력'은 말과 글을 잘 이해하고 자신의 생각을 말과 글로 잘 표현하는 능력이에요. 작가나 기자는 언어 능력이 뛰어나요."
수리 능력	◆ 정의 정확하고 빠르게 계산하며 수에 관한 문제를 추리하고 이해하며 해결할 수 있는 능력. 예 민호는 수리 능력이 좋은지 계산도 빠르고 수학도 잘해요. ● 설명 "'수리 능력'은 정확하고 빠르게 계산하는 능력, 숫자에 대한 문제를 빨리 이해하고 해결하는 능력이에요. 수리 능력이 좋은 사람은 수학을 잘해요."
공간 지각 능력	◆ 정의 상하, 좌우, 전후의 공간관계를 감각을 통해 파악하는 능력. 예 공간 지각 능력이 뛰어난 사람은 디자인을 잘할 수 있어요. ● 설명 "'공간 지각 능력'은 공간을 이동하거나 사물의 위치가 바뀌었을 때 공간과 위치의 특징을 잘 파악해 낼 수 있는 능력을 말해요. 공간 지각 능력이 뛰어난 사람은 길을 잘 찾아가요."

신체적 능력	◆ **정의** 몸을 움직일 수 있는 능력. **예** 다양한 운동을 배우면 신체적 능력을 키울 수 있을 거예요. ● **설명** "'신체적 능력'은 몸을 잘 움직일 수 있는 능력이에요. 처음 해 보는 운동도 잘하고 동영상을 보면서 춤을 잘 따라 추는 사람은 신체적 능력이 좋은 사람이에요."
예술적 능력	◆ **정의** 아름다움을 창작하고 표현하는 능력. **예** 유미가 음악과 미술 모두 다 잘하는 걸 보니까 예술적 능력이 뛰어난 것 같아요. ● **설명** "음악이나 미술 쪽을 잘하는 사람은 아름다움을 만들어 내고 표현하는 능력인 '예술적 능력'이 좋은 사람이에요."
추리 능력	◆ **정의** 알고 있는 것을 바탕으로 알지 못하는 것을 생각하는 능력. **예** 추리 능력을 발휘해서 뒤에 나올 내용을 맞혀 보세요. ● **설명** "형사는 범인이 남긴 증거를 바탕으로 범인을 찾아내야 해요. 그러기 위해서는 알고 있는 것을 바탕으로 모르던 것을 알아내는 능력인 '추리 능력'이 좋아야 해요."

2) 교사는 질문을 통해 학생들이 어휘 및 표현을 잘 이해했는지 확인한다.

교 "여러분에게 부족한 능력이 뭐라고 생각해요?"

교 "그 능력을 키우기 위해서는 어떻게 해야 할까요?"

---

2. 능력 관련 어휘 및 표현이다.

1) 교사는 다음에 제시되는 내용을 참고하여 학생들에게 어휘 및 표현을 설명한다. 이때 새로 등장하는 발음 규칙이 있다면 함께 설명한다.

어휘력	◆ **정의** 다양한 낱말을 적절하게 잘 쓸 수 있는 능력. **예** 어휘력이 풍부하면 글을 잘 쓸 수 있어요. ● **설명** "'어휘'는 단어를 의미해요. 그리고 다양한 어휘를 적절하게 잘 쓸 수 있는 능력을 '어휘력'이라고 해요. 어휘력이 풍부한 사람은 글을 잘 쓸 수 있어요."
상상력	◆ **정의** 실제로 경험하지 않거나 보지 않은 것을 생각해 내는 능력. **예** 이런 걸 생각해 내는 걸 보니 그 작가는 상상력이 정말 뛰어난 것 같아요. ● **설명** "(판타지 영화 포스터 그림을 보여 주며) 여러분, 이 영화 속 이야기가 진짜 있어요? 아니요, 없어요. 모두 작가가 생각해 낸 거예요. 이렇게 실제로 경험하지 않거나 보지 않은 것을 생각해 내는 능력을 '상상력'이라고 해요."
분석적	◆ **정의** 어떤 현상이나 사물을 여러 요소나 성질로 나누는 것. **예** 설명문이나 논설문을 읽을 때에는 분석적 능력이 필요해요. ● **설명** "'분석적'은 어떤 대상에 대해 판단할 때 그것이 가진 여러 가지 성질이나 사실을 나누어서 자세히 보는 것을 말해요. 어떤 글을 읽을 때 단어의 뜻은 무엇인지, 문장과 문장의 관계는 무엇인지 등을 나누어 생각하면서 읽어요. 이것을 '분석적 읽기'라고 해요."

객관적	◆ **정의** 개인의 생각이나 감정에 치우치지 않고 사실이나 사물을 있는 그대로 보거나 생각하는 것. **예** 객관적으로 봤을 때 내일 경기에서 우리 팀이 질 것 같아. ◆ **정보** 반의어 '주관적' ● **설명** "'객관적'은 개인의 생각이나 감정 없이 사실이나 사물을 있는 그대로 보거나 생각하는 것을 말해요. (운동 경기의 심판과 판사 사진을 보여 주며) 심판과 판사는 일을 할 때 객관적인 자세가 필요해요."
재빠르다	◆ **정의** 동작이 빠르다. **예** 수호는 달리기가 재빨라서 따라잡을 수가 없어요. ● **설명** "'재빠르다'는 동작이 빠르다는 뜻이에요. 운동을 잘하는 사람들은 대부분 달리기도 재빠르고 동작도 재빨라요."
활동적	◆ **정의** 몸을 움직여 행동하는 것. **예** 저는 성격이 활동적이라서 운동이나 여행을 좋아해요. ◆ **정보** 반의어 '비활동적' ● **설명** "주말에 집에서 쉬는 것을 좋아하는 사람도 있고 집에 있으면 답답해하는 사람도 있지요? 몸을 움직여서 행동하는 것을 '활동적'이라고 해요."
손재주	◆ **정의** 손으로 무엇을 만들거나 다루는 능력과 기술. **예** 우리 언니는 손재주가 좋아서 무엇이든지 다 잘 만들어요. ● **설명** "'손재주'는 손으로 무엇을 만들거나 다루는 능력을 말해요. 바느질이나 종이접기를 잘하는 사람은 손재주가 좋은 사람이에요."
창의력	◆ **정의** 지금까지 없던 새로운 것을 생각해 내는 능력. **예** 아이들의 창의력을 길러 주는 교육이 필요해요. ● **설명** "'창의력'은 지금까지 없던 새로운 것을 생각해 내는 능력을 말해요. 어렸을 때부터 창의력을 키우기 위한 노력이 필요해요."
논리적	◆ **정의** 논리에 맞는 것 **예** 논리적으로 말하고 글을 쓰려면 많은 연습이 필요해요. ◆ **정보** 반의어 '비논리적' ● **설명** "'논리'는 바르게 생각하고 원리에 맞게 생각하는 과정을 말해요. 그리고 논리에 맞는 것을 '논리적'이라고 해요. 토론을 할 때에는 자기 생각을 논리적으로 말해야 해요."
판단력	◆ **정의** 논리나 기준에 따라 옳고 그름이나 좋고 나쁨을 판단하여 결정할 수 있는 능력. **예** 문제를 해결하기 위해서는 정확한 판단력이 필요해요. ● **설명** "어떤 일에 대해 논리를 가지고 옳고 그름, 좋고 나쁨을 판단해 결정하는 능력을 '판단력'이라고 해요. 심판이나 판사 같은 사람들은 객관적인 자세와 정확한 판단력이 있어야 해요."

2) 교사는 질문을 통해 학생들이 어휘 및 표현을 잘 이해했는지 확인한다.
- 🎓 "재미있는 소설을 쓰는 작가가 되고 싶어요. 무슨 능력을 키워야 할까요?"
- 🎓 "훌륭한 판사가 되려면 어떤 능력을 가지고 있어야 해요?"
- 🎓 "행동이 재빠르고 활동적인 사람은 무슨 직업을 가지는 것이 좋을까요?"

교수-학습 지침

※ 고등학생 대상 수업의 경우 필수적으로 5분간 다음 활동을 추가로 진행함.
→ 교사는 준비물로 다양한 직업을 보여 주는 그림 카드를 준비한다. 그리고 학생들에게 그 그림 카드를 보여 주면서 직업의 이름과 그 직업에 필요한 능력을 말하게 하는 활동을 하도록 지도한다.

정리 – 5분

교사는 질문을 통해 어휘 및 표현 학습을 마무리한다.
- 🎓 "여러분에게 잘 어울리는 직업이 뭐라고 생각해요?"
- 🎓 "왜 그 직업이 잘 어울린다고 생각해요? 적성이나 능력과 연결해서 말해 보세요."

교사 지식

→ '언어 능력[어너능녁], 상상력[상상녁], 판단력[판단녁]'에서 확인되는 발음 규칙:
· 치조 비음화 ▶ 1과 29쪽 참고
→ '언어 능력[어너능녁]'에서 확인되는 발음 규칙:
· 연음 법칙 ▶ 2과 52쪽 참고
→ '분석적[분석쩍], 객관적[객꽌적], 손재주[손째주], 예술적[예술쩍], 활동적[활똥적]'에서 확인되는 발음 규칙:
· 경음화 ▶ 1과 29쪽 참고
→ '담요[담뇨]'에서 확인되는 발음 규칙:
· 'ㄴ' 첨가 ▶ 합성어 및 파생어에서 앞 단어나 접두사의 끝이 자음이고 뒤 단어나 접미사의 첫음절이 '이, 야, 여, 요, 유'인 경우에는 'ㄴ'음을 첨가하여 [니, 냐, 녀, 뇨, 뉴]로 발음한다.

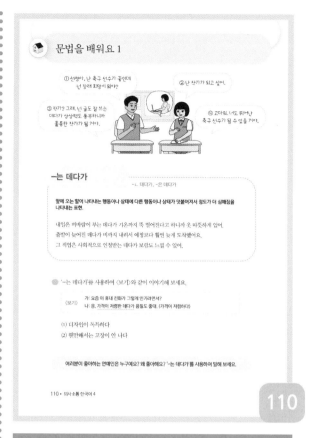

110

● 3차시 | 문법을 배워요 1

[학습 목표]

- 친구의 장래 희망을 듣고 이에 대해 동의를 표현할 수 있다.
- '-는 데다가'를 사용하여 앞에 오는 말이 나타내는 행동이나 상태에 다른 행동이나 상태가 덧붙여져서 정도가 심해진다는 것을 나타낼 수 있다.

도입 – 5분

1) 교사는 학생들에게 대화문을 읽게 한다. 그리고 학생들이 대화 상황을 이해했는지 확인 질문을 한다.
- 🎓 "정호의 꿈이 뭐예요?"
- 🎓 "선영이는 나중에 무엇이 되고 싶어 해요?"

2) 교사는 학생들에게 목표 문법의 의미를 추측할 수 있는 질문을 한다.
- 🎓 "정호는 선영이가 훌륭한 작가가 될 수 있을 거라고 생각해요. 그렇게 생각하는 이유가 뭐예요?"

전개 – 35분

다음의 절차에 따라 문법에 대해 설명한다. 그리고 새로 제시되는 어휘 및 표현이 있다면 그 의미를 함께 설명한다.

[설명]

📖 "'-는 데다가'는 앞에 오는 말이 나타내는 행동이나 상태에 다른 행동이나 상태가 덧붙여져서 정도가 심해진다는 것을 나타낼 때 사용해요."

[예시]

- 비가 오는 데다가 날씨도 쌀쌀하니까 밖에 안 나가는 게 좋겠어.
- 이 가방은 디자인이 세련된 데다가 가격도 저렴해서 인기가 좋아요.
- 이 책은 두꺼운 데다가 내용도 어려워서 읽고 싶지 않아요.
- 밥을 많이 먹은 데다가 식사 후에 바로 누웠더니 속이 안 좋아.

[정보]

▶ 형태 정보:

	받침 ○	받침 X, 'ㄹ' 받침
동사	-는 데다가	
형용사	-은 데다가	-ㄴ 데다가

	받침 ○	받침 X, 'ㄹ' 받침
동사 과거	-은 데다가	-ㄴ 데다가

① 동사 어간 끝음절의 받침 유무와 관계없이 '-는 데다가'를 쓴다. 단 'ㄹ' 받침으로 끝날 때는 'ㄹ'이 탈락한다.

② 형용사 어간 끝음절에 받침이 있으면 '-은 데다가', 형용사 어간 끝음절에 받침이 없거나 'ㄹ' 받침으로 끝나면 '-ㄴ 데다가'를 쓴다. 단 'ㄹ' 받침으로 끝날 때는 'ㄹ'이 탈락한다.

③ '있다, 없다'나 '있다, 없다'가 붙어서 만들어진 합성어 '재미있다, 재미없다, 맛있다, 맛없다' 등의 형용사는 '-는 데다가'를 쓴다.

④ 과거의 경우 동사 어간 끝음절에 받침이 있으면 '-은 데다가', 동사 어간 끝음절에 받침이 없거나 'ㄹ' 받침으로 끝나면 '-ㄴ 데다가'를 쓴다. 단 'ㄹ' 받침으로 끝날 때는 'ㄹ'이 탈락한다.

▶ 주의 사항:

① 앞 절과 뒤 절의 주어가 같아야 한다.

② 앞 절과 뒤 절에서 말하는 것 사이에 일관성이 있어야 한다.

[확인]

교사는 문법을 설명한 뒤 '연습 문제'를 통해 학생들이 문법을 이해했는지 확인한다.

> **정답**
> (1) 디자인이 독특한 데다가
> (2) 웬만해서는 고장이 안 나는 데다가

어휘 및 표현

비바람	◆ **정의** 비와 바람. 📖 오늘 밤부터 비바람이 분다고 해요. ● **설명** "'비바람'은 비와 바람을 말해요. 태풍이 불면 강한 비바람이 불어요."
인정받다	◆ **정의** 어떤 것의 가치나 능력 등이 확실하다고 여겨지다. 📖 저는 세계적으로 인정받는 영화감독이 되는 게 꿈이에요. ● **설명** "제가 좋아하는 배우가 이번에 연기 대상을 받았어요. 많은 사람들이 이 배우가 연기를 잘했다고 생각하기 때문이에요. 이렇게 어떤 능력이 확실하다고 생각되는 것을 '인정받다'라고 해요. 이 배우는 연기력을 인정받아 연기 대상을 받았어요."
웬만하다	◆ **정의** 크게 벗어나지 않는 정도에 있다. 📖 웬만하면 모두 회의에 참석하면 좋겠어요. ● **설명** "'웬만하다'는 크게 벗어나지 않는 정도에 있다는 뜻인데 보통 '웬만하면', '웬만한'으로 많이 쓰여요. 수호는 음식을 잘 먹는 편인데 라면은 안 먹어요. 수호는 웬만한 음식은 다 잘 먹는 편인데 라면은 안 먹어요."

교수-학습 지침

※ 고등학생 대상 수업의 경우 필수적으로 5분간 다음 활동을 추가로 진행함.

➡ 교사는 학생들에게 목표 문법을 활용할 수 있는 새로운 화제를 제시한다.

📖 "요즘 유행하는 스타일이 뭐예요? 왜 그런 스타일이 유행해요? '-는 데다가'를 사용해서 말해 보세요."

> **예시 답안**
> 요즘 짧은 머리가 유행이에요. 짧은 머리는 시원해 보이는 데다가 관리하기도 쉬워요. 편한 데다가 따뜻해서 긴 패딩 점퍼가 유행하고 있어요.

정리 - 5분

1) 교사는 학생들에게 대화문을 다시 한번 읽게 한다.

2) 교사는 교재에 제시된 열린 질문을 통해 학생들에게 배운 문법을 활용하여 자유롭게 이야기를 나누게 한다.

📖 "여러분이 좋아하는 연예인은 누구예요? 왜 좋아해요? '-는 데다가'를 사용하여 말해 보세요."

> **예시 답안**
> 저는 가수 ○○○을 좋아하는데 ○○○은 노래를 잘하는 데다가 춤도 잘 춰요. 배우 ○○○은 잘생긴 데다가 연기도 잘해요.

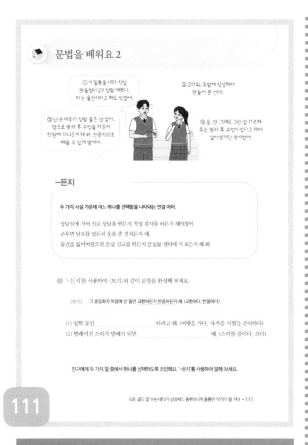

• 4차시 | 문법을 배워요 2

[학습 목표]

- 공예를 전문적으로 배워 보라는 친구의 제안에 대해 동의를 표현할 수 있다.
- '-든지'를 사용하여 두 가지 사실 가운데 어느 하나를 선택한다는 것을 나타낼 수 있다.

도입 – 5분

1) 교사는 학생들에게 대화문을 읽게 한다. 그리고 학생들이 대화 상황을 이해했는지 확인 질문을 한다.
   - 교 "나나는 어떤 능력을 가지고 있어요?"
   - 교 "세인이는 나나에게 어떤 칭찬을 해 줬어요?"

2) 교사는 학생들에게 목표 문법의 의미를 추측할 수 있는 질문을 한다.
   - 교 "세인이는 나나에게 무엇을 해 보라고 권유했어요?"

전개 – 35분

다음의 절차에 따라 문법에 대해 설명한다. 그리고 새로 제시되는 어휘 및 표현이 있다면 그 의미를 함께 설명한다.

[설명]

- 교 "'-든지'는 두 가지 사실 가운데 어느 하나를 선택할 때 사용해요."

[예시]

- 심심하면 밖에서 만나서 놀든지 우리 집으로 오든지 해.
- 급한 일이 생겨서 오늘 저녁 약속을 취소하든지 미루든지 해야겠어요.
- 같이 밥을 먹든지 차를 마시든지 하면서 이야기 좀 해요.

[정보]

▶ 형태 정보:

	받침 O	받침 X
동사	-든지	

① 동사 어간 끝음절의 받침 유무와 관계없이 '-든지'를 쓴다.

▶ 주의 사항:

① '무엇, 어디, 누구, 언제, 어떻게' 등과 함께 쓰여서 어떠한 경우도 상관이 없다는 것을 나타내기도 한다.
   - 영수는 무슨 일을 하든지 열심히 해요.

② 대립되는 둘 이상의 경우 모두를 선택한다는 것을 나타내기도 한다.
   - 연필로 쓰든지 볼펜으로 쓰든지 마음대로 하세요.

[확인]

교사는 문법을 설명한 뒤 '연습 문제'를 통해 학생들이 문법을 이해했는지 확인한다.

> **정답**
> (1) 여행을 가든지 자격증 시험을 준비하든지
> (2) 소리를 줄이든지 끄든지

어휘 및 표현

전문적	◆ **정의** 어떤 분야에서 상당한 지식과 경험을 가지고 그 일을 잘하는 것. **예** 사진을 전문적으로 찍는 사진작가가 되고 싶어요. ● **설명** "'전문적'은 많은 지식과 경험을 가지고 어떤 일을 잘하는 것을 말해요."
담요	◆ **정의** 털 등으로 짜서 덮거나 깔도록 만든 얇은 이불. **예** 추우니까 따뜻한 담요를 덮고 자. ● **설명** "'담요'는 털이나 실로 짜서 만든 이불 종류를 말해요."
반품하다	◆ **정의** 이미 산 물건을 다시 되돌려 보내다. **예** 인터넷으로 구두를 샀는데 마음에 안 들어서 반품했어요. ● **설명** "'인터넷으로 산 물건이 있는데 마음에 들지 않으면 물건을 다시 돌려보내고 돈을 돌려받을 수 있어요. 이렇게 물건을 돌려보내는 것을 '반품하다'라고 해요."

※ 고등학생 대상 수업의 경우 필수적으로 5분간 다음 활동을 추가로 진행함.

→ 교사는 학생들에게 목표 문법을 활용할 수 있는 새로운 화제를 제시한다.

📖 "친구가 무슨 능력이 뛰어나요? 그 능력과 관련해서 무슨 직업을 가지면 좋을까요? '-든지'를 사용해서 말해 보세요."

예시 답안

나나는 악기 연주도 잘하고 노래도 잘 불러요. 나중에 가수가 되든지 음악 선생님이 되든지 하면 좋을 것 같아요. 세인이는 그림도 잘 그리고 손재주가 좋으니까 디자이너가 되든지 화가가 되든지 하면 될 것 같아요.

정리 – 5분

1) 교사는 학생들에게 대화문을 다시 한번 읽게 한다.

2) 교사는 교재에 제시된 열린 질문을 통해 학생들에게 배운 문법을 활용하여 자유롭게 이야기를 나누게 한다.

📖 "친구에게 두 가지 일 중에서 하나를 선택하도록 조언해요. '-든지'를 사용하여 말해 보세요."

예시 답안

많이 아프면 보건실에 가든지 조퇴를 하든지 해. 칠판이 잘 안 보이면 앞 쪽에 앉든지 선생님께 글씨를 크게 써 달라고 하든지 해야지.

• 5차시 | 문법을 배워요 3

[학습 목표]

• 독서에 대해 문의하는 학생에게 충고하는 말을 할 수 있다.
• '사동 표현'을 사용하여 남에게 어떤 일이나 행동을 하도록 시킬 수 있다.

도입 – 5분

1) 교사는 학생들에게 대화문을 읽게 한다. 그리고 학생들이 대화 상황을 이해했는지 확인 질문을 한다.

📖 "와니가 선생님께 무엇에 대해 질문을 했어요?"

📖 "선생님은 와니에게 무슨 책을 읽으라고 조언했어요?"

2) 교사는 학생들에게 목표 문법의 의미를 추측할 수 있는 질문을 한다.

📖 "책을 많이 읽으면 어떤 점이 좋아요?"

전개 – 35분

다음의 절차에 따라 문법에 대해 설명한다. 그리고 새로 제시되는 어휘 및 표현이 있다면 그 의미를 함께 설명한다.

[설명]

📖 "'사동 표현'은 남에게 어떤 일이나 행동을 하도록 시킬 때 사용해요."

[예시]

- 음식을 남기지 말고 다 먹도록 해요.
- 자고 있는 아기를 침대에 눕혔어요.
- 시간이 늦었다고 엄마가 밖에 못 나가게 하세요.

[정보]

▶ 형태 정보:

	-이-	-히-	-리-
동사	먹이다 속이다 끓이다 붙이다	앉히다 읽히다 입히다 넓히다	알리다 울리다 들리다 놀리다

	-기-	-우-	-추-
동사	맡기다 벗기다 씻기다 남기다	깨우다 재우다 태우다 씌우다	늦추다 낮추다

	받침 O	받침 X
동사	-게 하다	

① 동사 어간 끝음절의 받침 유무와 관계없이 '-게 하다'를 쓴다.

▶ 주의 사항:

① 동사에 '-이/히/리/기/우/추-'를 붙여서 사동 표현을 만들면 문장의 주어가 손을 움직이거나 해서 직접적인 동작을 한다는 것을 나타낸다.

② '-게 하다'는 문장의 주어가 말을 해서 다른 사람이 행동을 하도록 하는 것을 나타낸다.

[확인]

교사는 문법을 설명한 뒤 '연습 문제'를 통해 학생들이 문법을 이해했는지 확인한다.

> **정답**
> (1) 쉬게 해요 (2) 오게 해요

어휘 및 표현

비우다	◆ **정의** 안에 든 것을 없애 속을 비게 하다. **예** 청소기도 돌리고 바닥도 닦았으니까 휴지통만 비우면 돼요. ● **설명** "방 청소를 할 때 청소기를 돌리고 바닥을 닦지요? 그리고 휴지통은 어떻게 해요? 안에 있는 휴지를 없애서 안에 아무 것도 없게 만들어요. 이것을 '비우다'라고 해요. 휴지통을 비우면 안이 빈 상태가 돼요."

늦추다	◆ **정의** 정해진 때나 시기를 뒤로 미루다. **예** 출발 시간을 9시에서 10시로 늦추기로 했어요. ◆ **정보** 유의어 '연기하다', 반의어 '앞당기다' ● **설명** "내일 친구들과 함께 바다에 놀러 가기로 했어요. 8시에 출발하기로 했는데 8시에는 차가 막힐 것 같아서 9시에 출발하기로 했어요. 출발 시간을 한 시간 뒤로 미뤘어요. 이것을 '늦추다'라고 해요. 출발 시간을 한 시간 늦췄어요."

> **교수-학습 지침**
>
> ※ 고등학생 대상 수업의 경우 필수적으로 5분간 다음 활동을 추가로 진행함.
> → 교사는 학생들에게 목표 문법을 활용할 수 있는 새로운 화제를 제시한다.
> 🔲 "선생님이나 부모님이 못 하게 하는 행동이 있지요? '사동 표현'을 사용해서 말해 보세요."

> **예시 답안**
> 밤에 게임을 못 하게 하세요. 저희 부모님께서는 패스트푸드를 못 먹게 하세요.

정리 – 5분

1) 교사는 학생들에게 대화문을 다시 한번 읽게 한다.

2) 교사는 교재에 제시된 열린 질문을 통해 학생들에게 배운 문법을 활용하여 자유롭게 이야기를 나누게 한다.

🔲 "누구에게 무엇을 하도록 시켜요. '사동 표현'을 사용하여 말해 보세요."

> **예시 답안**
> 동생에게 청소를 하게 해요. 청소 당번에게 칠판을 지우게 해요.

• 6차시 | 문법을 배워요 4

[학습 목표]

- 직업을 선택할 때 적성을 고려해야 한다는 충고의 말을 할 수 있다.
- '-나 싶다'를 사용하여 앞에 오는 말이 나타내는 내용을 말하는 사람이 다소 주관적이고 불확실하게 추측한다는 것을 나타낼 수 있다.

도입 – 5분

1) 교사는 학생들에게 대화문을 읽게 한다. 그리고 학생들이 대화 상황을 이해했는지 확인 질문을 한다.

   📖 "적성 검사 결과, 소연이에게 어울리는 직업이 뭐라고 해요?"

   📖 "소연이는 적성 검사 결과에 동의해요?"

2) 교사는 학생들에게 목표 문법의 의미를 추측할 수 있는 질문을 한다.

   📖 "유미는 직업을 선택할 때 무엇이 가장 중요하다고 생각해요?"

전개 – 35분

다음의 절차에 따라 문법에 대해 설명한다. 그리고 새로 제시되는 어휘 및 표현이 있다면 그 의미를 함께 설명한다.

[설명]

📖 "'-나 싶다'는 앞에 오는 말이 나타내는 내용을 말하는 사람이 다소 주관적이고 불확실하게 추측할 때 사용해요."

[예시]

- 저한테 옷이 약간 크지 않나 싶은데요.
- 같은 내용이지만 소설보다 드라마가 더 낫지 않나 싶어.
- 어제 일은 유미가 좀 심하지 않았나 싶어.

[정보]

▶ 형태 정보:

	받침 O	받침 X, 'ㄹ' 받침
동사	-나 싶다	

	받침 O	받침 X, 'ㄹ' 받침
형용사	-은가 싶다	-ㄴ가 싶다

	ㅏ, ㅗ	ㅓ, ㅜ, ㅣ…	하다
동사, 형용사 과거	-았나 싶다	-었나 싶다	-였나 싶다

① 동사 어간 끝음절의 받침 유무와 관계없이 '-나 싶다'를 쓴다. 단, 'ㄹ' 받침으로 끝날 때는 'ㄹ' 받침이 탈락한다.

② 형용사 어간 끝음절에 받침이 있으면 '-은가 싶다', 형용사 어간 끝음절에 받침이 없거나 'ㄹ' 받침으로 끝나면 '-ㄴ가 싶다'를 쓴다. 단 'ㄹ' 받침으로 끝날 때는 'ㄹ'이 탈락한다.

③ '이다, 아니다'는 'ㄴ가 싶다'를 쓴다.

④ 과거의 경우 동사 및 형용사 어간 끝음절의 모음이 'ㅏ, ㅗ'인 경우 '-았나 싶다', 동사 및 형용사 어간 끝음절의 모음이 'ㅏ, ㅗ'가 아닌 경우 '-었나 싶다', '-하다'가 붙은 동사 및 형용사 어간에는 '-였나 싶다'를 쓰는데, 흔히 줄여서 '-했나 싶다'로 쓴다.

▶ 주의 사항:

① 말하는 사람의 주관적이고 불확실한 추측을 나타낼 때에는 주로 '-지 않나 싶다', '-지 않았나 싶다'의 형태로 쓴다.

② 앞에 오는 말이 나타내는 행동에 대해 말하는 사람이 후회하거나 걱정함을 나타내기도 한다.

- 방학이 끝날 때가 되니까 방학 동안 뭘 했나 싶어.

[확인]

교사는 문법을 설명한 뒤 '연습 문제'를 통해 학생들이 문법을 이해했는지 확인한다.

어휘 및 표현

고려하다	◆ **정의** 어떤 일을 하는 데 여러 가지 상황이나 조건을 신중하게 생각하다. 例 여행 장소를 정할 때에는 교통편도 고려해야 해요. ● **설명** "여행 계획을 세울 때 같이 갈 사람들의 일정, 날씨, 필요한 돈 등을 잘 생각하지요? 이렇게 어떤 일을 하는 데 여러 가지 상황이나 조건을 신중하게 생각하는 것을 '고려하다'라고 해요. 여행 계획을 세울 때 고려해야 할 것이 많아요."
항목	◆ **정의** 법률이나 규정 등의 각각의 부분. 例 여기에 있는 모든 항목에 체크해 주세요. ● **설명** "(입국 카드 그림을 보여 주며) 해외여행을 가서 다른 나라에 들어갈 때 입국 카드를 써야 해요. 여기에는 이름, 여권 번호, 국적 등 써야 할 것이 많아요. 이렇게 써야 하는 각각의 부분을 '항목'이라고 해요."
마냥	◆ **정의** 언제까지나 계속하여. 例 이렇게 일정을 마냥 미룰 수만은 없어요. ● **설명** "친구가 우리 집에 온다고 했는데 1시간이 지나도 오지 않아요. 계속해서 기다릴 게 아니라 연락을 해 보는 게 좋겠어요. 이런 상황에서 '언제까지나 계속해서'라는 뜻을 지닌 부사 '마냥'을 사용할 수 있어요. 마냥 기다릴 게 아니라 친구에게 연락을 해 봐야겠어요."
아무래도	◆ **정의** 아무리 생각해 보아도. 例 열이 나는 걸 보니 아무래도 감기에 걸린 것 같아요. ● **설명** "'아무래도'는 '아무리 생각해 봐도'라는 뜻이에요. 책장과 가방에 수학 책이 없어요. 아무래도 학교에 놓고 왔나 봐요."
험하다	◆ **정의** 땅이나 길 등이 다니기 어려울 만큼 사납고 가파르다. 例 이 길은 험하니까 다른 길로 가요. ● **설명** "(경사가 완만한 산과 급한 산을 보여 주며) 이렇게 올라가기 쉬운 산도 있고 이렇게 올라가기 어려운 산도 있지요? 올라가기 어려운 산을 험하다고 하는데 '험하다'는 땅이나 길이 다니기 어려울 만큼 가파르다는 뜻이에요."
한결	◆ **정의** 전보다 훨씬 더. 例 침대 위치를 바꾸니까 방이 한결 넓어 보여요. ● **설명** "친구한테 실수를 한 것 같아 마음이 불편했었는데 사과를 하고 나니까 전보다 마음이 훨씬 더 편해졌어요. 이런 상황에서 부사 '한결'을 쓸 수 있는데 '전보다 훨씬 더'라는 뜻이에요. 사과를 하고 나니까 마음이 한결 편해졌어요."

교수-학습 지침

※ 고등학생 대상 수업의 경우 필수적으로 5분간 다음 활동을 추가로 진행함.

→ 교사는 학생들에게 목표 문법을 활용할 수 있는 새로운 화제를 제시한다.

🔲 "친구의 표정을 보고 친구의 기분을 추측할 수 있지요? '-나 싶다'를 사용하여 말해 보세요."

예시 답안

수호가 계속 웃는 걸 보니 좋은 일이 있지 않나 싶어. 유미의 저런 표정은 처음 봐. 아마 화가 나지 않았나 싶어.

정리 – 5분

1) 교사는 학생들에게 대화문을 다시 한번 읽게 한다.

2) 교사는 교재에 제시된 열린 질문을 통해 학생들에게 배운 문법을 활용하여 자유롭게 이야기를 나누게 한다.

🔲 "친구가 어떻다고 생각해요? '-나 싶다'를 사용하여 말해 보세요."

예시 답안

호민이는 책임감이 강하지 않나 싶어요. 수호는 운동 신경이 좋지 않나 싶어요.

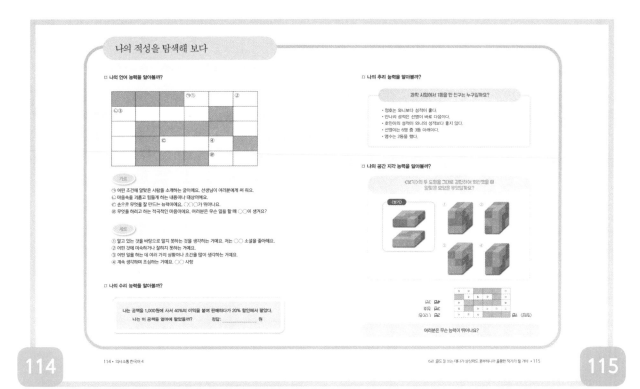

• 문화

[학습 목표]

- 적성을 탐색해 보고 나는 어떤 것에 적성이 있는지 알아볼 수 있다.

1) 질문을 통해 학생들에게 주제를 추측하게 한다.
   📖 "여러분은 무슨 직업에 관심이 있어요?"
   📖 "직업을 선택할 때 무엇을 고려해야 할까요?"

2) 교재 114쪽을 보며 언어 능력에 대해 설명한다.

3) 교재 114쪽을 보며 수리 능력에 대해 설명한다.

4) 교재 115쪽을 보며 추리 능력에 대해 설명한다.

5) 교재 115쪽을 보며 공간 지각 능력에 대해 설명한다.

6) 본 문화와 관련하여 자신의 적성에 대해 이야기할 수 있도록 한다.
   📖 "문제를 풀어 보니까 자신이 어떤 능력이 좋고, 또 어떤 능력이 부족한지 알 수 있지요? 친구와 함께 자신의 적성에 대해 이야기해 보세요."

더 알아보기

직업 기초 능력

업무를 수행하는 데 필요한 기본적이고 공통적인 직업 능력을 아래와 같이 10개로 나눌 수 있다.

(1) 의사소통 능력	(2) 수리 능력
(3) 문제 해결 능력	(4) 자기 개발 능력
(5) 자원 관리 능력	(6) 대인 관계 능력
(7) 정보 능력	(8) 기술 능력
(9) 조직 이해 능력	(10) 직업 윤리

교수-학습 지침

교사는 한국의 이색 직업에 대해 이야기 나누는 문화 활동을 진행할 수 있다. 장제사, 불꽃 디자이너 등 이색 직업에 대한 자료를 준비해 학생들에게 보여 주며 다양한 직업 세계에 대해 생각하는 기회를 제공해 주고, 학생들이 자유롭게 이야기할 수 있도록 지도한다.

06 더 배워요

학습 목표
다른 사람의 생각이나 행동에 대해 충고하는 말을 할 수 있다.
상대의 의견에 동의하는 말을 할 수 있다.
인터뷰하는 글을 읽고 미래의 자신을 인터뷰하는 글을 쓸 수 있다.

◎ 6과에서 무엇을 배우는지 알아봅시다.

함께 이야기해 봐요

1. 여러분은 무슨 일을 즐겨해요? 그 일을 직업으로 한다면 어떨 것 같아요?

2. 여러분은 무슨 직업을 가진 사람을 만나고 싶어요?
   그 사람에게 무슨 질문을 하고 싶어요?

〈더 배워요〉 학습 목표

• 다른 사람의 생각이나 행동에 대해 충고하는 말을 할 수 있다.
• 상대방의 의견에 동의하는 말을 할 수 있다.

7차시	• 직업 체험 프로그램 신청을 망설이는 친구에게 충고하는 말을 할 수 있다.
8차시	• 친구가 생각하는 적성에 대한 의견에 동의하는 말을 할 수 있다.
9차시	• 인터뷰하는 글을 읽고 이해할 수 있다.
10차시	• 미래의 자신을 인터뷰하는 글을 쓸 수 있다.

〈학습 도구 한국어〉 학습 목표

7~8차시	• 예습하기에서 예측하기에 대해 안다.
9~10차시	• 예습하기에서 의문 형성하기에 대해 안다.

• 7차시 | 〈더 배워요〉 도입 및 대화해 봐요 1

도입 – 5분

1) 〈꼭 배워요〉의 목표 어휘 및 문법 등을 확인할 수 있는 질문을 통해 학생들이 해당 표현을 사용하여 답할 수 있도록 유도한다.

📖 "옆에 앉은 친구는 무슨 능력이 뛰어나요?"

📖 "그렇게 생각하는 이유가 뭐예요?"

📖 "그 친구에게 어울리는 직업은 무엇일까요?"

2) '대화해 봐요 1, 2'에서 학습할 내용을 대표하는 네 개의 그림들을 확인하며 학생들이 앞으로 배우게 될 주제 및 내용을 추측할 수 있도록 한다.

📖 "요즘 제일 인기 있는 직업이 뭐예요?"

📖 "그 직업의 장점과 단점은 뭐예요?"

📖 "직업 체험 프로그램을 경험해 본 적이 있어요?"

📖 "직업 체험 프로그램은 어디에서 신청할 수 있어요?"

📖 "적성 검사를 해 본 적이 있어요?"

📖 "적성 검사를 하면 무엇을 알 수 있어요?"

📖 "자신의 적성 검사 결과에 대해 말해 볼까요? 무슨 능력이 뛰어나요? 또 무슨 능력이 부족해요?"

📖 "부족한 능력을 키우기 위해서는 어떻게 해야 할까요?"

3) '함께 이야기해 봐요'에 제시된 질문을 통해 이야기를 나눔으로써 '읽고 써 봐요'에서 학습할 내용을 추측하게 한다.

📖 "여러분은 무슨 일을 즐겨해요? 그 일을 직업으로 한다면 어떨 것 같아요?"

🔲 "여러분은 무슨 직업을 가진 사람을 만나고 싶어요? 그 사람에게 무슨 질문을 하고 싶어요?"

🔲 "직업 체험 프로그램에 참여하면 무엇을 할 수 있어요?"

🔲 "친구들은 무슨 직업을 체험하고 싶어 해요?"

어휘 및 표현

업무	◆ 정의 직장 등에서 맡아서 하는 일. 예 처리해야 할 업무가 너무 많아요. ● 설명 "'업무'는 직장에서 맡아서 하는 일을 말해요. 선생님의 업무는 가르치는 일이에요."

전개 – 20분

1) 교사는 학생들에게 본 대화 내용을 소개하며 118쪽의 두 번째 QR 코드 속 영상을 보게 한다.

🔲 "선영이가 호민이에게 직업 체험 프로그램에 신청하라고 조언하고 있어요. 왜 신청하라고 하는지 함께 확인해 봐요."

2) 교사는 학생들이 대화의 전체 내용을 이해했는지 확인하는 질문을 한다.

🔲 "선영이와 호민이의 생각이 어떻게 달라요?"

3) 교사는 학생들에게 대화문을 읽게 한다. 그리고 세부 내용을 이해했는지 확인하는 질문을 한다.

🔲 "호민이는 무슨 분야에 관심이 있어요?"

🔲 "호민이가 직업 체험 프로그램에 참여하면 누구를 만날 수 있어요?"

🔲 "호민이는 왜 직업 체험 프로그램 신청을 망설이고 있어요?"

4) 대화에 제시된 새 표현의 의미를 설명한다.

어휘 및 표현

굳이	◆ 정의 마음을 써서 일부러. 예 굳이 같이 가지 않아도 돼요. ◆ 정보 유의어 '일부러' ● 설명 "'굳이'는 마음을 써서 일부러라는 뜻이에요. 요즘 삼촌이 아주 바빠요. 그런데 굳이 시간을 내서 제 졸업식에 와 줬어요. 그래서 정말 고마웠어요."
의류	◆ 정의 티셔츠나 남방, 바지 등 모든 종류의 옷. 예 요즘 홈 쇼핑에서 의류를 많이 판매해요. ● 설명 "'의류'는 모든 종류의 옷을 가리켜요. 백화점에 가면 남성 의류, 여성 의류, 아동 의류를 몇 층에서 파는지 찾아봐야 해요."
디자이너	◆ 정의 사람의 유행하는 머리 모양이나 제품의 디자인을 전문적으로 하는 사람. 예 저는 헤어 디자이너가 꿈이에요. ● 설명 "옷을 만들기 전에 어떤 모양으로, 또 무슨 색으로 만들어야 할지 정해야 하지요? 이런 것을 '디자인'이라고 해요. 그리고 디자인에 관련된 일을 하는 사람을 '디자이너'라고 해요."

대화해 봐요 1

선영이가 직업 체험 프로그램에 대해 알려 주고 있어요. ▣로 확인해 보세요.

선영이가 호민이에게 직업 체험 프로그램에 신청하라고 조언하고 있어요. 먼저 ▣로 확인해 보세요.

① 호민아, 지난번에 말한 직업 체험 프로그램에 대해 생각해 봤어? 참여하려면 빨리 말해야 돼.

② 굳이 체험 프로그램에 참여해야만 할지 모르겠어. 직업에 대해서라면 인터넷 거나나 인터뷰으로도 충분히 알 수 있지 않나 싶어서. 선영아 넌 어떻게 생각해?

③ 응, 만약 내가 너라면 직업 체험 프로그램에 당장 신청할 거야. 나는 패션 디자이너에 관심이 있다고 했잖아. 의류 회사에서 일하고 있는 디자이너를 직접 만날 수도 있는 데다가 실제 일하는 모습을 볼 수 있는데 뭘 망설여. 직접 만나서 이야기를 해 봐야 그 직업에 대해서 정확히 알 수 있지.

④ 그래? 난 낯을 가려서 모르는 사람을 만나는 게 부담스러운데.

⑤ 내 생각이 그렇다는 거뿐이야. 결정은 네가 하는 거니까 조금 더 고민해 보고 내일까지 말해 줘.

118 · 의사소통 한국어 4

[학습 목표]

* 직업 체험 프로그램 신청을 망설이는 친구에게 충고하는 말을 할 수 있다.
* 부가 문법: 뿐
* 목표 표현: 만약 –다면 –을 거야
　　　　　　　–어야 –을 수 있지

본 대화는 선영이가 호민이에게 직업 체험 프로그램 신청하라고 충고하고 있는 상황이다.

도입 – 5분

1) 교사는 학생들에게 '대화해 봐요 1'의 내용을 추측할 수 있는 질문을 한다.

🔲 "여러분은 무슨 직업에 관심이 있어요?"

🔲 "그 직업에 대해서 자세히 알아보려면 어떻게 해야 해요?"

2) 교사는 학생들에게 118쪽의 첫 번째 QR 코드 속 영상을 보게 한다.

🔲 "선영이가 직업 체험 프로그램 신청을 알려 주고 있어요. 직업 체험 프로그램에서 무엇을 할 수 있는지 함께 확인해 봐요."

3) 교사는 학생들이 대화 내용을 잘 이해했는지 질문을 한다. 그리고 새 표현이 있다면 그 의미를 함께 설명한다.

실제	◆ **정의** 있는 그대로의 상태나 사실. 　例 소방서에서 한 화재 대피 훈련은 꼭 실제 같았어요. ● **설명** "우리 생활에서 일어난 일을 소재로 해서 만든 영화가 많이 있지요? 새롭게 생각해 낸 것이 아니라 실제 일어난 일을 소재로 해서 영화를 만들어요. '실제'는 있는 그대로의 상태나 사실대로라는 뜻이에요."
망설이다	◆ **정의** 마음이나 태도를 정하지 못하고 머뭇거리다. 　例 와니에게 솔직하게 이야기해야 할지 망설이고 있어요. ◆ **정보** 유의어 '머뭇거리다' ● **설명** "어떤 일을 할까 말까 정하지 못하는 것을 '망설이다'라고 해요. 좋아하는 사람에게 좋아한다고 고백할까 말까 망설여요."
낯	◆ **정의** 눈, 코, 입 등이 있는 얼굴의 바닥. 　例 정호는 실수를 하고 창피했는지 금세 낯이 붉어졌어요. ◆ **정보** 유의어 '얼굴' ● **설명** "'낯'은 얼굴이라는 뜻이에요."
가리다	◆ **정의** 수줍음 등의 이유로 낯선 사람을 대하기 싫어하다. 　例 저는 낯을 가리는 성격이에요. ● **설명** "아기들은 모르는 사람을 보면 막 울지요? 그 이유는 낯을 가리기 때문이에요. '가리다'는 모르는 사람을 대하기 싫어한다는 뜻이에요."
부담스럽다	◆ **정의** 어떤 일이나 상황이 감당하기 어려운 느낌이 있다. 　例 너무 비싼 선물은 부담스러워요. ● **설명** "반을 대표해서 달리기 시합에 나가게 되었어요. 친구들이 꼭 1등을 하라고 말할 때마다 마음이 무거워요. 이럴 때 '부담스럽다'를 사용할 수 있는데 어떤 일이나 상황을 받아들이기 어려운 느낌이 있다는 뜻이에요. 1등을 하라는 말을 들을 때마다 부담스러워요."

5) 교사는 학생들에게 대화문을 다시 한번 읽게 한다. 이때 역할을 나누는 등 다양한 방식으로 읽게 할 수 있다.

6) 교사는 다음의 절차에 따라 부가 문법 '뿐'에 대해 설명한다. 그리고 새로 제시되는 어휘가 있다면 그 의미를 함께 설명한다.

부가 문법　　'뿐'

[설명]

🔲 "배탈이 나서 병원에 갔다 왔는데 의사 선생님이 오늘 하루는 죽만 먹으라고 했어요. 밥이나 다른 음식은 먹으면 안 된대요. 지금 먹을 수 있는 것은 뭐예요? 죽뿐이에요. 이렇게 '뿐'은 앞의 말이 나타내는 내용 이외에 더는 없다는 것을 나타낼 때 사용해요."

[예시]

· 정호는 늘 축구 생각뿐이에요.
· 제가 믿을 수 있는 사람은 부모님뿐이에요.
· 내가 좋아하는 사람은 너뿐이야.
· 제가 할 수 있는 외국어는 영어뿐이에요.

[정보]

▶ 형태 정보:

	받침 O	받침 X
명사	뿐	

① 명사 끝음절의 받침 유무와 관계없이 '뿐'을 쓴다.

▶ 주의 사항:

① 보통 '이다'와 결합해서 '뿐이다'의 형태로 쓰인다.

7) 교사는 학생들에게 목표 표현에 대해 설명한다.

목표 표현 1　　'만약 –다면 –을 거야'

[설명]

🔲 "'만약 –다면 –을 거야'는 가정하여 자신의 생각을 이야기할 때 사용하는 표현이에요."

[예시]

· 만약 네가 먼저 사과한다면 호민이도 미안해할 거야.
· 만약 약속 날짜를 바꾼다면 못 오는 사람들이 많을 거야.
· 만약 미리 예매를 하지 않는다면 영화를 보지 못할 거야.
· 만약 도서관에서 공부할 거라면 아침 일찍 가야 할 거야.

목표 표현 2　　'–어야 –을 수 있지'

[설명]

🔲 "'–어야 –을 수 있지'는 어떤 일을 하기 위해서 무엇을 해야 하는지 충고할 때 사용해요."

[예시]

· 꾸준히 노력해야 목표를 이룰 수 있지.
· 말을 해야 네 생각을 알 수 있지.
· 일찍 자야 일찍 일어날 수 있지.
· 푹 쉬어야 빨리 나을 수 있지.

8) 교사는 학생들에게 교재의 1번과 2번 문제를 풀게 한다.

9) 교사는 학생들과 함께 문제의 답을 확인한다.

정답
1. (1) ○ (2) ✕ (3) ✕
2. 저는 많은 사람들의 존경을 받는 판사를 체험해 보고 싶어요. 연예인을 만날 수 있는 방송국 직원을 체험해 보고 싶어요.

10) 교사는 학생들에게 119쪽의 첫 번째 QR 코드 속 영상을 보게 한다.

📖 "호민이가 직업 체험 프로그램을 신청했는지 함께 확인해 봐요."

11) 교사는 학생들이 대화 내용을 잘 이해했는지 질문을 한다. 그리고 새 표현이 있다면 그 의미를 함께 설명한다.

📖 "직업 체험 프로그램에 참여한 사람은 무엇을 내야 해요?"

📖 "호민이는 보고서를 내야 한다는 사실을 왜 알지 못했어요?"

활용 – 10분

1) 교사는 학생들이 목표 표현을 사용하여 대답할 수 있도록 질문을 한다.

📖 "여러분은 친구에게 어떤 일을 할 때 어떻게 해야 좋을지 가정해서 이야기할 때 어떻게 말해요?"

📖 "친구에게 충고한 적이 있어요? 그때 어떻게 말했어요?"

2) 교사는 질문을 통해 학생들이 '활용하기'의 대화 상황을 추측할 수 있도록 한다.

📖 "와니와 정호가 직업 체험 프로그램에 신청하려고 해요. 무슨 이야기를 할까요?"

3) 교사는 학생들에게 대화문을 읽게 한 후 대화의 내용을 이해했는지 확인하는 질문을 한다. 그리고 새 표현이 있다면 그 의미를 함께 설명한다.

📖 "직업 체험 프로그램은 언제 어디에서 해요?"

📖 "정호는 다음 주 일요일에 무슨 약속이 있어요?"

📖 "직업 체험 프로그램에 참여하려면 어떻게 해야 해요?"

4) 교사는 학생들에게 대화문을 다시 한번 읽게 한다. 이때 역할을 나누는 등 다양한 방식으로 읽게 할 수 있다.

교수–학습 지침
※ 고등학생 대상 수업의 경우 필수적으로 5분간 다음 활동을 추가로 진행함.
→ 교사는 짝 활동, 그룹 활동을 통해 서로 학교생활을 하는데 있어서 목표로 하는 것과 그것을 이루려면 어떻게 해야 하는지 충고하는 이야기를 하도록 지도한다.

정리 – 5분

교사는 학생들에게 119쪽의 '전체 대화를 들어 보세요' QR 코드 속 대화를 듣게 하고 수업을 마무리한다.

120 • 의사소통 한국어 4

• 8차시 | 대화해 봐요 2

[학습 목표]

- 친구가 생각하는 적성에 대한 의견에 동의하는 말을 할 수 있다.
- 부가 문법: -더라고
- 목표 표현: 나도 네 말처럼 -는다고 생각해
  내 ~이 바로 그거야

본 대화는 소연이가 세인이의 적성 검사 결과를 듣고 이야기하고 있는 상황이다.

도입 – 7분

1) 교사는 학생들에게 '대화해 봐요 2'의 내용을 추측할 수 있는 질문을 한다.

🔲 "여러분은 적성 검사 결과가 정확하다고 생각해요?"

🔲 "적성 검사 결과에 나와 있는 직업을 선택해야 할까요?"

2) 교사는 학생들에게 '전 대화'의 QR 코드 속 영상을 보여 준다.

🔲 "소연이가 수호의 적성 검사 결과를 묻고 있어요. 검사 결과가 어떻게 나왔는지 함께 확인해 봐요."

3) 교사는 학생들이 '전 대화'를 잘 이해했는지 질문을 한다. 그리고 새 표현이 있다면 그 의미를 함께 설명한다.

🔲 "수호는 적성 검사에서 무슨 능력이 높게 나왔어요?"

🔲 "소연이는 왜 수호가 운동 능력 점수가 높을 거라고 생각했어요?"

어휘 및 표현

운명	◆ **정의** 인간과 세상 모든 것에 영향을 미치는 초인적이고 필연적인 힘. 또는 그 힘에 의해 이미 정해진 목숨이나 상태. **예** 지금은 헤어지지만 다시 만날 운명이라고 믿어요. ● **설명** "'인간이나 세상 모든 것에 일어나는 일들이 그렇게 될 수밖에 없도록 원래 정해져 있는 바를 '운명'이라고 해요. 우리도 만날 운명이어서 이 교실에서 함께 공부하는 걸 거예요."

전개 – 20분

1) 교사는 학생들에게 '본 대화'의 QR 코드 속 영상을 보여 준다.

🔲 "소연이가 세인이의 적성 검사 결과를 묻고 있어요. 검사 결과가 어떻게 나왔는지 함께 확인해 봐요."

2) 교사는 학생들이 대화의 전체 내용을 이해했는지 확인하는 질문을 한다.

🔲 "두 사람은 적성 검사 결과에 대해 어떻게 생각해요?"

3) 교사는 학생들에게 대화문을 읽게 한다. 그리고 세부 내용을 이해했는지 확인하는 질문을 한다.

🔲 "적성 검사에서 세인이는 무슨 능력이 높게 나왔어요?"

🔲 "적성 검사 결과에 세인이는 무슨 직업이 어울린다고 나왔어요?"

4) 대화에 제시된 새 표현의 의미를 설명한다.

어휘 및 표현

분야	◆ **정의** 사회 활동을 어떠한 기준에 따라 나눈 범위나 부분 중의 하나. **예** 저는 다양한 분야의 사람들을 만나서 그들과 이야기하는 것을 좋아해요. ◆ **정보** 유의어 '부문', '영역' ● **설명** "예술에는 음악, 미술, 공연 등 여러 종류가 있어요. 이것을 '분야'라고 해요. 분야는 기준에 따라 나눈 부분 중 하나를 말해요. 여러분은 관심 분야가 뭐예요?"
계기	◆ **정의** 어떤 일이 일어나거나 결정되도록 하는 원인이나 기회. **예** 유미는 글짓기 대회에서 상을 탄 것이 계기가 되어 작가가 되려고 해요. ◆ **정보** 유의어 '원인', '동기' ● **설명** "유미가 백일장에서 상을 탔어요. 그 뒤로 유미는 작가라는 꿈을 가지게 되었어요. 이렇게 어떤 일의 원인이나 기회를 '계기'라고 해요. 유미는 백일장에서 상을 탄 것을 계기로 작가라는 꿈을 가지게 되었어요."

5) 교사는 학생들에게 대화문을 다시 한번 읽게 한다. 이때 역할을 나누는 등 다양한 방식으로 읽게 할 수 있다.

6) 교사는 다음의 절차에 따라 부가 문법 '-더라고'에 대해 설명한다. 그리고 새로 제시되는 어휘가 있다면 그 의미를 함께 설명한다.

| 부가 문법 | '-더라고' |

[설명]

🔳 "단소를 직접 불어 보기 전에 아주 쉬워 보였어요. 그런데 실제로 불어 보니까 제 생각보다 어려웠어요. 단소 불기가 쉬울 줄 알았는데 생각보다 어렵더라고요. 이렇게 '-더라고'는 과거에 경험하여 새로 알게 된 사실에 대해 지금 상대방에게 전달할 때 사용해요."

[예시]

· 수호가 요즘 엄청 열심히 공부하더라고.
· 세일을 해서 그런지 백화점에 사람이 많더라고.
· 어제 보니까 산에 눈이 쌓였더라고.
· 과학은 혼자서 공부하기 어렵더라고.

[정보]

▶ 형태 정보:

	받침 O	받침 X
동사, 형용사	-더라고	

① 동사 및 형용사 어간 끝음절의 받침 유무에 관계없이 '-더라고'를 쓴다.

② '이다, 아니다'는 '더라고'를 쓴다. 단, '이다' 앞의 명사에 받침이 없으면 주로 '명사+더라고'라고 쓴다.

▶ 주의 사항:

① 다른 사람에게 자신이 경험하여 알게 된 사실을 전달하는 것으로 듣는 사람이 모르는 내용에 대해 이야기해야 한다.

7) 교사는 학생들에게 목표 표현에 대해 설명한다.

| 목표 표현 1 | '나도 네 말처럼 -는다고 생각해' |

[설명]

🔳 "'나도 네 말처럼 -는다고 생각해'는 다른 사람의 의견에 동의할 때 쓰는 표현이에요."

[예시]

· 나도 네 말처럼 매일 연습하면 실력이 좋아질 거라고 생각해.
· 나도 네 말처럼 인터넷에서 정보를 찾을 수 있다고 생각해.

· 나도 네 말처럼 골고루 먹고 꾸준히 운동을 해야 건강이 좋아진다고 생각해.
· 나도 네 말처럼 친구들과 다 같이 노는 게 더 재미있을 거라고 생각해.

| 목표 표현 2 | '내 ~이 바로 그거야' |

[설명]

🔳 "'내 ~이 바로 그거야'는 다른 사람의 의견과 자신의 의견이 같음을 나타낼 때 쓰는 표현이에요."

[예시]

· 내 이야기가 바로 그거야.
· 내 주장이 바로 그거야.
· 내 뜻이 바로 그거야.
· 내 의견이 바로 그거야.

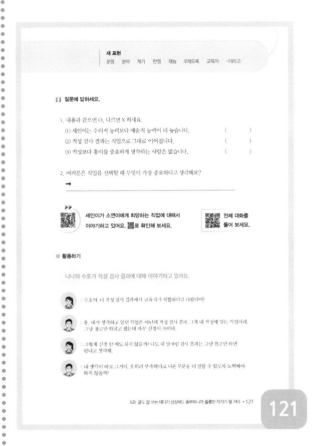

8) 교사는 학생들에게 교재의 1번과 2번 문제를 풀게 한다.

9) 교사는 학생들과 함께 문제의 답을 확인한다.

정답
1. (1) ○ (2) × (3) ×
2. 적성, 연봉, 월급, 근무 환경, 안정성, 전망 등

10) 교사는 학생들에게 121의 첫 번째 QR 코드 속 영상을 보게 한다.

> 📱 "세인이가 소연이에게 희망하는 직업에 대해서 이야기하고 있어요. 어떤 직업을 갖고 싶어 하는지 함께 확인해 봐요."

11) 교사는 학생들이 대화 내용을 잘 이해했는지 질문을 한다. 그리고 새 표현이 있다면 그 의미를 함께 설명한다.

> 📱 "세인이의 장래 희망이 무엇으로 바뀌었어요?"

> 📱 "그 이유가 뭐예요?"

어휘 및 표현

만점	◆ 정의 규정된 점수의 가장 높은 점수. 예 수호가 체육 시험에서 만점을 받았대요. ● 설명 "'만점'은 정해진 점수에서 가장 높은 점수를 말해요. 음악 실기 시험 점수는 30점이 가장 높은 점수인데 수호가 30점을 받았어요. 그러면 만점을 받았다고 해요."
재능	◆ 정의 어떤 일을 잘할 수 있는 재주와 능력. 예 나나는 음악에 재능이 있어요. ● 설명 "'재능'은 어떤 일을 잘할 수 있는 재주와 능력을 말해요. 요즘에는 한 분야에서 특별한 재능을 가지고 있으면 성공할 수 있어요."
오래도록	◆ 정의 시간이 많이 지나도록. 예 친구들과 오래도록 함께하고 싶어요. ● 설명 "'오래도록'은 '시간이 많이 지나도록'이라는 뜻이에요. 친한 친구들과 여행을 갔다 왔어요. 이 여행은 오래도록 잊지 못할 거예요."

활용 - 10분

1) 교사는 학생들이 목표 표현을 사용하여 대답할 수 있도록 질문을 한다.

> 📱 "친구의 이야기를 듣고 나와 같은 생각이라 놀란 적이 있어요? 그때 어떻게 말했어요?"

2) 교사는 질문을 통해 학생들이 '활용하기'의 대화 상황을 추측할 수 있도록 한다.

> 📱 "나나와 수호가 적성 검사 결과에 대해 이야기하고 있어요. 무슨 이야기를 할까요?"

3) 교사는 학생들에게 대화문을 읽게 한 후 대화의 내용을 이해했는지 확인하는 질문을 한다. 그리고 새 표현이 있다면 그 의미를 함께 설명한다.

> 📱 "적성 검사 결과, 수호에게 무슨 직업이 어울린다고 나왔어요?"

> 📱 "수호와 나나는 적성 검사 결과에 대해 어떻게 생각해요?"

어휘 및 표현

교육자	◆ 정의 개인의 능력을 키우기 위해 지식, 교양, 기술 등을 가르치는 일을 하는 사람. 예 저는 존경 받는 교육자가 되고 싶어요. ● 설명 "'교육자'는 교육에 관한 일을 하는 사람을 말해요. 선생님은 존경 받는 교육자가 되고 싶어요."

4) 교사는 학생들에게 대화문을 다시 한번 읽게 한다. 이때 역할을 나누는 등 다양한 방식으로 읽게 할 수 있다.

교수-학습 지침

※ 고등학생 대상 수업의 경우 필수적으로 5분간 다음 활동을 추가로 진행함.
➔ 교사는 짝 활동, 그룹 활동을 통해 서로 적성 검사 결과에 나온 친구의 능력에 대해 동의하는 이야기를 하도록 지도한다.

정리 - 8분

교사는 학생들에게 121쪽의 '전체 대화를 들어 보세요' QR 코드 속 대화를 듣게 하고 수업을 마무리한다.

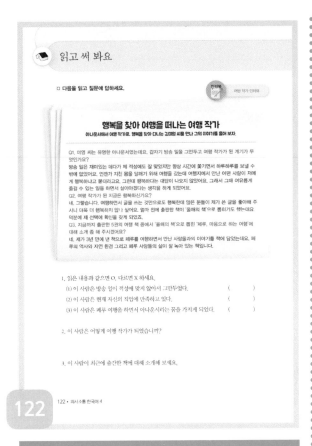

● 9차시 | 읽고 써 봐요 – 읽기

[학습 목표]
• 인터뷰하는 글을 읽고 이해할 수 있다.

본 활동은 여행 작가의 인터뷰를 읽고 이해하기 위한 활동이다.

읽기 전 – 5분

교사는 학생들에게 읽기 내용을 추측할 수 있는 질문을 한다.

- 📖 "여러분이 기자라면 누구를 인터뷰해 보고 싶어요?"
- 📖 "여행 작가라는 직업을 알아요? 무슨 일을 할까요?"
- 📖 "여러분이 여행 작가를 인터뷰한다면 무엇을 물어보고 싶어요?"
- 📖 "그런 질문을 하고 싶은 이유가 뭐예요?"

읽기 중 – 30분

1) 교사는 학생들에게 읽기 지문을 개별적으로 읽게 한다.

2) 교사는 학생들이 읽기 지문의 전체 내용을 이해했는지 확인하는 질문을 한다.

- 📖 "누구를 인터뷰했어요?"
- 📖 "이 사람의 직업이 뭐예요?"

3) 교사는 학생들에게 읽기 지문을 읽게 한다. 그리고 세부 내용을 이해했는지 확인하는 질문을 한다.

- 📖 "이 사람은 여행 작가가 되기 전에 무슨 일을 했어요?"
- 📖 "왜 그 일을 그만뒀어요?"
- 📖 "이 사람은 지금까지 책을 몇 권 출간했어요?"

4) 읽기 지문에 제시된 새 표현의 의미를 설명한다.

어휘 및 표현

그만두다	◆ **정의** 하던 일을 중간에 멈추고 하지 않다. 예 언니는 몸이 아파서 다니던 회사를 그만두게 되었어요. ● **설명** "'그만두다'는 하던 일을 중간에 멈추고 하지 않는다는 뜻이에요. 친척 형이 회사를 그만두고 커피숍을 열었어요."
쫓기다	◆ **정의** 일이나 시간 등에 몹시 몰리다. 예 그녀는 일에 쫓겨서 아이들을 돌볼 틈도 없어요. ● **설명** "일이 많거나 시간이 부족해 몰릴 때 '쫓기다'라고 해요. 일이 많아서 일에 쫓겨요. 시간이 없어서 시간에 쫓겨요."
지치다	◆ **정의** 힘든 일을 해서 힘이 없다. 예 나는 밀린 과제를 하느라 지쳐 책상에서 잠이 들고 말았어. ● **설명** "아침 일찍 학교에 갔다가 저녁 늦게 집에 들어오면 힘이 없지요? 이렇게 힘든 일을 해서 힘이 없는 것을 '지치다'라고 해요."
달래다	◆ **정의** 힘든 감정이나 신체적 고통을 사라지게 하다. 예 나는 시험으로 지친 마음을 산책으로 달래곤 해. ● **설명** "공부에 지쳤을 때 무엇을 해요? 영화를 보거나 산책을 해요. 그러면 힘든 몸과 마음을 위로할 수 있어요. 힘든 감정이나 몸의 고통을 없어지게 하는 것을 '달래다'라고 해요. 영화를 보거나 산책을 하면서 지친 몸과 마음을 달래요."
여유롭다	◆ **정의** 시간이나 공간, 돈 등이 넉넉하여 남음이 있다. 예 회사를 은퇴하고 노후를 즐기는 아버지의 모습이 여유로워 보여요. ● **설명** "시간이나 공간, 돈 등이 많이 있어서 남는 상태를 '여유'라고 해요. 한가할 때 시간적인 여유가 있다고 말할 수 있어요. 같은 의미로 '여유롭다'가 있어요. 주말에는 시간이 여유로워서 좋아요."
출판하다	◆ **정의** 글, 그림, 악보 등을 책으로 만들어 세상에 내놓다. 예 세계 여러 나라를 돌아다니면서 촬영한 사진을 모아 책으로 출판할 예정이에요. ● **설명** "책을 보면 어느 회사에서 이 책을 만들었는지 알 수 있어요. 책에 보통 ○○출판사라고 쓰여 있어요. 책을 만드는 회사를 '출판사'라고 하는데 여기에서 '출판하다'는 글, 그림 등을 책으로 만들어서 내놓는 것을 말해요."

뽑히다	◆ **정의** 여럿 가운데에서 하나가 선택되다. 　　**예** 수호가 우리 반 반장으로 뽑혔어. ● **설명** "'뽑히다'는 여러 가지 물건이나 여러 사람 중에서 선택되는 것을 말해요. 투표를 통해 반장이 뽑혀요. 학생회장이 뽑혀요. 대통령이 뽑혀요."
확신	◆ **정의** 굳게 믿음. 또는 그런 마음. 　　**예** 이번 경기에서 우리 팀이 반드시 이길 거라는 확신이 들어. ● **설명** "어떤 일을 할 때 그렇게 하는 것이 옳다고 굳게 믿는 마음을 '확신'이라고 해요."

읽기 후 – 10분

1) 교사는 학생들에게 교재의 문제를 풀게 한다.

2) 교사는 학생들과 함께 문제의 답을 확인한다.

> **정답**
> 1. (1) × (2) ○ (3) ×
> 2. 여행 중에 행복하냐는 질문을 듣고, 여유롭게 즐길 수 있는 일을 하면서 살아야겠다는 생각을 하게 되면서 여행 작가가 되었어요.
> 3. 페루의 역사와 자연 환경 그리고 페루 사람들의 삶이 잘 녹아 있는 책이에요.

3) 교사는 질문을 통해 읽기 내용을 재확인하며 수업을 마무리한다.

　敎 "김미영 씨는 무슨 일을 하는 사람이에요?"

　敎 "여러분은 나중에 무슨 일을 하고 있을 것 같아요? 미래의 자신을 상상해 본 적이 있어요?"

> **교수-학습 지침**
> ※ 고등학생 대상 수업의 경우 필수적으로 5분간 다음 활동을 추가로 진행함.
> → 교사는 학생에게 친구나 선생님을 대상으로 질문을 만들고 인터뷰를 하도록 지도한다.

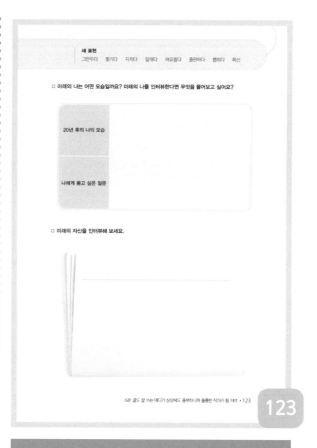

● 10차시 | 읽고 써 봐요 – 쓰기

[학습 목표]
- 미래의 자신을 인터뷰하는 글을 쓸 수 있다.

본 활동은 학생들이 미래의 자신에게 가상으로 인터뷰를 한 내용을 기사문의 형식으로 작성하는 활동이다.

쓰기 전 – 5분

1) 교사는 학생들에게 쓰기 내용을 추측할 수 있는 질문을 한다.

　敎 "최근에 읽은 인터넷 기사 중에서 기억에 남는 것이 있어요? 무슨 내용이에요?"

　敎 "연예인이나 유명한 사람을 인터뷰한 기사를 본 적이 있어요? 누구를 인터뷰한 글이었어요?"

　敎 "여러분이 20년 후의 나를 만난다면 어떤 질문을 하고 싶어요?"

2) 교사는 학생들에게 어떤 쓰기 활동을 할 것인지 명확히 알려 준다.

　敎 "20년 후 '나 자신'을 인터뷰를 하고, 그 내용으로 기사를 쓸 거예요."

쓰기 중 – 30분

1. 20년 후의 나의 모습과 나에게 묻고 싶은 질문에 대해 쓰는 활동이다.

1) 교사는 학생들에게 무엇을 써야 하는지 알려 준다. 그리고 새 표현이 있다면 그 의미를 함께 설명한다.

　📖 "미래의 내 모습을 상상해 보세요. 어떤 모습일 것 같아요?"

　📖 "20년 후의 나의 모습을 상상해서 써 보세요. 그리고 20년 후 나에게 묻고 싶은 질문을 생각해서 써 보세요."

2) 교사는 학생들에게 20년 후의 나의 모습과 나에게 묻고 싶은 질문에 대해 쓰게 한다. 이때 교사는 학생들에게 개별적으로 쓰기 지도를 할 수 있다.

2. 미래의 자신을 가상으로 인터뷰하여 기사문을 작성하는 활동이다.

1) 교사는 학생들에게 무엇을 써야 하는지 알려 준다. 그리고 새 표현이 있다면 그 의미를 함께 설명한다.

　📖 "미래의 나에게 묻고 싶은 질문을 썼어요?"

　📖 "여러분은 그 질문에 뭐라고 대답할 거예요?"

　📖 "지금부터 여러분이 기자가 되어서 자신을 인터뷰한 내용을 기사문의 형식으로 쓸 거예요."

2) 교사는 학생들에게 미래의 자신을 가상으로 인터뷰하여 기사문을 작성하게 한다. 이때 교사는 학생들에게 개별적으로 쓰기 지도를 할 수 있다.

쓰기 후 – 10분

1) 쓰기 활동이 모두 마무리되면 교사는 학생들에게 각자 쓴 것을 발표하게 한다.

2) 교사는 미래의 자신을 인터뷰한 글을 보면서 학생들이 꿈꾸는 직업과 그 직업에 대해 다시 한번 정리하며 수업을 마무리한다.

교수-학습 지침

※ 고등학생 대상 수업의 경우 필수적으로 5분간 다음 활동을 추가로 진행함.

➜ 교사는 학생들에게 수업 중에 지도 받은 내용을 반영해 공책에 글을 다시 쓰게 할 수 있다. 이를 통해 학생들 스스로 자신의 글을 점검하도록 지도한다.

시간이 없어서 아쉬울 따름이야

● 단원 목표

상대방의 의견에 거절을 표현하고 필요한 정보를 구할 수 있다.

● 단원 내용

꼭 배워요 (필수)	• 주제: 봉사 활동
	• 기능: 거절하기, 정보 구하기
	• 어휘: 봉사 활동 관련 어휘
	• 문법: -을 따름이다, -는 김에, -었던, -고 해서
문화	• 문화: 한국인의 나눔 문화를 엿보다
더 배워요 (선택)	• 대화 1: 친구의 제안 거절하기 • 대화 2: 봉사 활동 정보 구하기
	• 읽기: 봉사 활동 신문 기사
	• 쓰기: 봉사 활동 신문 기사 완성하기

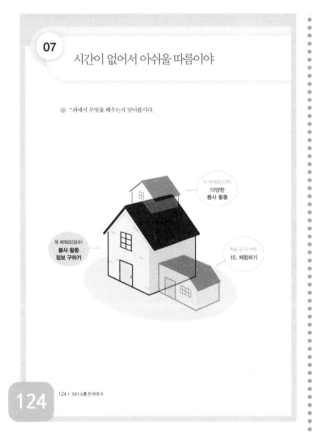

07

시간이 없어서 아쉬울 따름이야

● 7과에서 무엇을 배우는지 알아봅시다.

다양한 봉사 활동

봉사 활동 정보 구하기

학습 도구(선택)
15. 체험하기

124 • 의사소통 한국어 4

● 수업 개요

〈꼭 배워요〉 학습 목표

• 상대방의 의견에 거절을 표현할 수 있다.
• 필요한 정보를 구할 수 있다.

1차시	• 도입 대화를 통해 본 단원의 주제에 대해 이해하고 말할 수 있다.
2차시	• 봉사 활동 관련 어휘 및 표현을 알고 활용할 수 있다.
3차시	• 생일 파티 초대에 이유를 설명하며 거절할 수 있다. • '-을 따름이다'를 사용하여 앞에 오는 말에 나타내는 상태나 상황 이외에 다른 어떤 것도 없다는 것을 나타낼 수 있다.
4차시	• 헌혈에 대한 정보를 구할 수 있다. • '-는 김에'를 사용하여 앞의 말이 나타내는 행동에 이어서 또는 그 행동을 계기로 그것과 관련된 다른 행동도 함께 한다는 것을 나타낼 수 있다.

5차시	• 봉사 활동 시 가져가면 좋을 선물에 대한 정보를 구할 수 있다. • '-었던'을 사용하여 과거의 사건이나 상태를 다시 떠올리거나 그 사건이나 상태가 완료되지 않고 중단되었다는 의미를 나타낼 수 있다.
6차시	• 김장 봉사 활동을 가자는 상대방의 제안에 이유를 설명하며 거절할 수 있다. • '-고 해서'를 사용하여 앞의 말의 내용이 뒤의 말이 나타내는 행위를 하는 몇 가지 이유 중에 하나라는 것을 나타낼 수 있다.

• 1차시 | 복습 및 〈꼭 배워요〉 도입

[학습 목표]

• 도입 대화를 통해 본 단원의 주제에 대해 이해하고 말할 수 있다.

복습 – 20분

6단원에서 배운 주제 및 문법에 대해 복습한다.

1) 교사는 지난 단원의 주제와 관련된 질문을 하여 학생들에게 학습한 내용을 떠올리게 한다.

📖 "적성 검사를 받아 본 적이 있지요? 언제 받았어요?"

📖 "무슨 능력이 뛰어나다고 나왔어요?"

📖 "무슨 직업이 어울린다고 나왔어요?"

2) 교사는 '-는 데다가'와 관련된 질문을 하여 학생들에게 학습한 내용을 떠올리게 한다.

📖 "요즘 인기가 있는 드라마가 뭐예요? 왜 인기가 있는지 이유를 말해 보세요."

📖 "감기에 걸렸다면서요? 어디가 어떻게 아파요?"

3) 교사는 '-든지'와 관련된 질문을 하여 학생들에게 학습한 내용을 떠올리게 한다.

📖 "이번 달 용돈을 다 써 버렸어요. 어떻게 하면 좋을까요?"

📖 "어제 친구랑 싸웠는데 화해를 하고 싶어요. 어떻게 해야 할까요?"

4) 교사는 '사동 표현'과 관련된 질문을 하여 학생들에게 학습한 내용을 떠올리게 한다.

📖 "학교 갈 준비를 해야 하는데 동생이 자고 있어요. 어떻게 할 거예요?"

📖 "반장이 어떤 일을 해요? 반장이 하는 일에 대해 이야기해 볼까요?"

5) 교사는 '-나 싶다'와 관련된 질문을 하여 학생들에게 학습한 내용을 떠올리게 한다.

📖 "이 코트 어때요? 잘 맞는 것 같아요?"

📖 "제가 빵을 만들었는데 맛이 어떤지 좀 봐 주세요."

교수-학습 지침

※ 고등학생 대상 수업의 경우 필수적으로 5분간 다음 활동을 추가로 진행함.

➔ 교사는 짝 활동, 그룹 활동을 통해 어울리는 직업과 관련해 충고하기에 대해 이야기하게 할 수 있다. 이때 교사는 지난 단원에서 배운 '-는 데다가', '-든지', '사동 표현', '-나 싶다' 중 세 가지 이상의 문법을 사용하여 대화문을 만들 수 있도록 지도한다.

학습 목표
상대방의 의견에 거절을 표현할 수 있다.
필요한 정보를 구할 수 있다.

어휘 봉사 관련 어휘
문법 -을 따름이다, -는 김에,
-었던, -고 해서

함께 이야기해 봐요

1. 여러분은 봉사 활동을 해 본 경험이 있어요?

2. 봉사 활동을 한다면 무슨 봉사 활동을 하고 싶어요?

7과 시간이 없어서 아쉬울 따름이야 • 125

125

〈꼭 배워요〉 도입 – 25분

1) 교사는 학생들에게 이번 단원에서 배울 주제가 무엇인지 추측할 수 있는 질문을 한다. 이때 교재 125쪽에 있는 '함께 이야기해 봐요'에 제시되어 있는 질문을 활용하며 질문에 대해 학생들이 자유롭게 이야기할 수 있도록 한다.

📖 "여러분은 봉사 활동을 해 본 경험이 있어요?"

📖 "무슨 봉사 활동을 하고 싶어요?"

2) 교사는 이번 단원에서 학습하게 될 주제가 무엇인지 제시한다. 학습 주제가 배우지 않은 어휘나 표현이라면 쉬운 말로 풀어서 설명한 후 학습 주제를 제시한다.

📖 "봉사 활동 경험과 하고 싶은 봉사 활동에 대해서 이야기해 봤어요. 7과에서는 봉사 활동에 대해 배울 거예요."

3) 교사는 학생들에게 교재 125쪽의 대화를 읽게 한다. 그리고 세부 내용을 이해했는지 확인하는 질문을 한다.

📖 "수호는 어디에서 어떤 봉사 활동을 했어요?"

📖 "수호의 기분이 어때요?"

📖 "수호는 다음에도 이곳에 와서 봉사 활동을 하고 싶어 해요?"

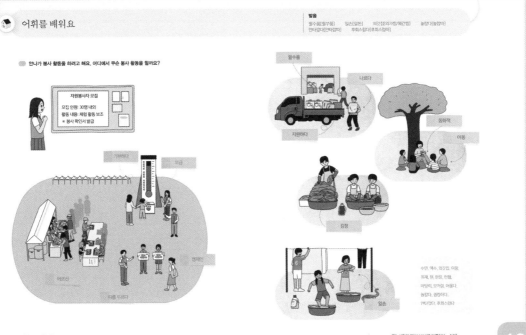

2차시 | 어휘를 배워요

[학습 목표]
- 봉사 활동 관련 어휘 및 표현을 알고 활용할 수 있다.

본 단원에는 자원봉사자 모집 공고와 봉사 활동의 구체적인 내용에 관련된 어휘 및 표현이 제시되어 있다.

도입 – 5분

1) 교사는 질문을 통해 학습하게 될 어휘 및 표현을 자연스럽게 노출한다.
   - 📖 "여러분, 봉사 활동을 해 봤지요? 언제 어디에서 봉사 활동을 해 봤어요?"
   - 📖 "그 봉사 활동을 하면서 무엇을 느꼈어요?"

2) 교사는 학생들과 제시된 그림을 보며 이야기를 나눈다.
   - 📖 "126쪽 위에 있는 그림을 보세요. 안나가 봉사 활동을 하려고 해요. 무엇을 보고 있어요?"
   - 📖 "126쪽의 아래에 있는 그림과 127쪽의 그림을 보세요. 안나는 어디에서 무슨 봉사 활동을 할까요?"

전개 – 35분

1. 자원봉사자 모집 공고와 거리에서 할 수 있는 봉사 활동 관련 어휘 및 표현이다.

1) 교사는 다음에 제시되는 내용을 참고하여 학생들에게 어휘 및 표현을 설명한다. 이때 새로 등장하는 발음 규칙이 있다면 함께 설명한다.

내외	◆ 정의 약간 덜하거나 넘음. 예 체험 활동 보고서는 두 장 내외로 작성해 오세요. ◆ 정보 유의어 '안팎' ● 설명 "수업 시간에 자기소개서를 쓰는데 A4 용지로 2장 정도 쓰기로 했어요. 2장이 좀 안 되도, 좀 넘어도 상관없어요. 이럴 때 A4 2장 내외라고 말할 수 있어요. '내외'는 조금 부족하거나 조금 넘는다는 뜻이에요."
보조	◆ 정의 주가 되는 것을 도움. 또는 그런 사람. 예 일이 서툴러서 보조로 일하고 있어요. ● 설명 "어떤 사람이 바쁜 경우 옆에서 도와주는 사람이 필요해요. 그런 사람을 '보조'라고 해요. 유명한 요리사의 보조는 옆에서 재료를 준비하거나 음식을 그릇에 담는 일 등을 해요."
기부하다	◆ 정의 다른 사람이나 기관, 단체 등을 도울 목적으로 돈이나 재산을 대가 없이 내놓다. 예 한 할머니가 평생 모은 재산을 불우 이웃에게 기부했다고 해요. ● 설명 "홍수나 산불과 같은 자연재해가 일어나면 많은 사람들이 피해 지역으로 돈이나 필요한 물건을 보내요. 이렇게 다른 사람을 돕기 위해 돈이나 물건을 내놓는 것을 '기부하다'라고 해요."
모금	◆ 정의 기부금이나 성금 등을 모음. 예 태풍 피해자를 돕기 위한 모금이 진행 중이에요. ● 설명 "(자선냄비 사진을 보여 주며) 매년 12월이 되면 이런 모습을 볼 수 있지요? 이렇게 어려운 사람을 위해 돈을 모으는 것을 '모금'이라고 해요."

어르신	◆ **정의** (높이는 말로) 아버지의 친구나 그보다 높은 어른. **예** 어르신께 고개 숙여 인사했어요. ● **설명** "'어르신'은 어른이라는 뜻인데 아버지의 친구나 그보다 나이가 더 많은 어른을 가리켜요."
캠페인	◆ **정의** 주로 사회적, 정치적 목적을 위하여 대중을 상대로 조직적으로 펼치는 운동. **예** 우리 학교 학생들이 자연 보호 캠페인을 펼치기로 했어요. ● **설명** "'캠페인'은 사회적 또는 정치적인 일을 많은 사람들에게 알리기 위해 펼치는 운동을 말해요. 자연 보호 캠페인, 독서 캠페인, 에너지 절약 캠페인 등 다양한 캠페인이 있어요."
띠	◆ **정의** 너비가 좁고 긴 물건. **예** 띠가 풀어지지 않게 잘 매세요. ● **설명** "(머리띠를 보여 주며) 이것을 뭐라고 할까요? 머리띠예요. (허리띠를 보여 주며) 그럼 이건 뭘까요? 허리띠예요. 이렇게 '띠'는 좁고 긴 물건을 말해요."
두르다	◆ **정의** 목도리, 수건, 치마 등을 몸에 감다. **예** 이 띠를 어깨에 두르도록 하세요. ● **설명** "(어깨띠를 한 사람의 사진을 보여 주며) 캠페인을 할 때 이런 띠가 필요하지요? 이 띠를 어디에 어떻게 해요? 어깨에 둘러요. '두르다'는 띠를 몸에 감는다는 뜻이에요. '두르다'는 르 불규칙 동사니까 '둘러요', '둘러야 해요', 이렇게 바뀌어요."

2) 교사는 질문을 통해 학생들이 어휘 및 표현을 잘 이해했는지 확인한다.

📖 "봉사 활동을 하려고 해요. 어디에서 무슨 봉사 활동을 할까요?"

📖 "캠페인에 참여해 본 적이 있어요? 무슨 캠페인이었어요?"

---

2. 다양한 봉사 활동 관련 어휘 및 표현이다.

1) 교사는 다음에 제시되는 내용을 참고하여 학생들에게 어휘 및 표현을 설명한다. 이때 새로 등장하는 발음 규칙이 있다면 함께 설명한다.

필수품	◆ **정의** 일상생활에 없어서는 안 되는 반드시 필요한 물건. **예** 컴퓨터는 이제 생활필수품이 되었어요. ● **설명** "'필수품'은 물이나 옷처럼 일상생활에서 꼭 필요한 물건을 말해요."
지원하다	◆ **정의** 물질이나 행동으로 돕다. **예** 우리 학교는 성적이 우수한 학생들에게 장학금을 지원하고 있어요. ● **설명** "'지원하다'는 물건이나 돈 또는 행동으로 다른 사람을 돕는다는 뜻이에요. 홍수가 난 지역에 생활필수품을 지원해 줘야 해요."
나르다	◆ **정의** 물건을 다른 곳으로 옮기다. **예** 이 짐을 나를 사람이 필요해요. ● **설명** "'나르다'는 물건을 다른 곳으로 옮긴다는 뜻이에요. 이사할 때 짐을 날라야 하지요? '나르다'는 '두르다'처럼 르 불규칙 동사니까 '날라요', '날라 주세요', 이렇게 바뀌어요."

동화책	◆ **정의** 어린이가 읽고 즐기는 이야기를 담은 책. **예** 제 동생은 엄마가 동화책을 읽어 줘야 잠이 들어요. ● **설명** "'동화책'은 어린 아이들이 읽는 책이에요. 어렸을 때 동화책을 많이 읽었지요?"
아동	◆ **정의** 나이가 적은 아이. **예** 요즘에는 아동을 위한 도서관이 많아요. ● **설명** "'아동'은 나이가 어린 아이를 말해요."
김장	◆ **정의** 겨울 동안 먹을 김치를 늦가을에 한꺼번에 많이 만드는 일. 또는 그렇게 담근 김치. **예** 겨울 동안 먹을 김치를 담그기 위해 온 가족이 모여서 김장을 했어요. ● **설명** "한국에서는 겨울이 되기 전에 겨울 동안 먹을 김치를 많이 만들어요. 그것을 '김장'이라고 해요. 보통 날씨가 추워지기 전인 11월에 김장을 해요."
일손	◆ **정의** 일하는 사람. **예** 봄과 가을이 되면 농촌에서는 일손이 부족하다고 해요. ● **설명** "'일손'은 일하는 사람이라는 뜻이에요. 가을이 되면 농촌에 일손이 부족해요."

2) 교사는 질문을 통해 학생들이 어휘 및 표현을 잘 이해했는지 확인한다.

📖 "교재에 있는 봉사 활동 중에서 무엇이 가장 재미있을 것 같아요? 왜 그렇게 생각해요?"

📖 "우리 반 학생들이 다 같이 봉사 활동을 간다면 어디에 가서 무슨 봉사 활동을 하면 좋을까요?"

교수-학습 지침

※ 고등학생 대상 수업의 경우 필수적으로 5분간 다음 활동을 추가로 진행함.

→ 교사는 '봉사 활동 계획서'를 준비해 학생들에게 나눠 준다. 그리고 어디에서, 어떤 봉사 활동을 할지 계획을 세워 발표하는 활동을 하도록 지도한다.

정리 - 5분

교사는 질문을 통해 어휘 및 표현 학습을 마무리한다.

📖 "봉사 활동의 의미를 알고 있지요? 설명해 주세요."

📖 "봉사 활동은 보통 누구를 대상으로 해요?"

📖 "우리가 할 수 있는 봉사 활동이 무엇인지 말해 볼까요?"

교사 지식

→ '필수품[필쑤품], 일손[일쏜]'에서 확인되는 발음 규칙:
· 경음화 ▶ 1과 29쪽 참고
→ '외갓집[외가찝/웨갇찝]'에서 확인되는 발음 규칙:
· 원래는 단모음이었으나 현대에 와서는 이중 모음으로 발음되고 있다.
· 7종법 ▶ 1과 29쪽 참고
→ '놀랍다[놀랍따], 안타깝다[안타깝따], 후회스럽다[후회스럽따]'에서 확인되는 발음 규칙:
· 경음화 ▶ 1과 29쪽 참고

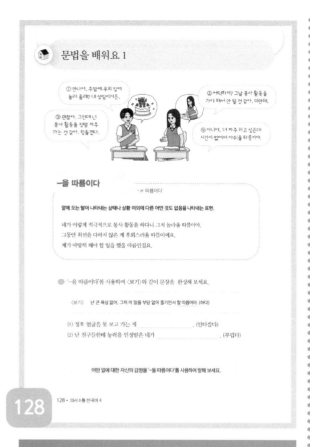

128 • 의사소통 한국어 4

• 3차시 | 문법을 배워요 1

[학습 목표]

• 생일 파티 초대에 이유를 설명하며 거절할 수 있다.
• '-을 따름이다'를 사용하여 앞에 오는 말에 나타내는 상태나 상황 이외에 다른 어떤 것도 없다는 것을 나타낼 수 있다.

도입 – 5분

1) 교사는 학생들에게 대화문을 읽게 한다. 그리고 학생들이 대화 상황을 이해했는지 확인 질문을 한다.
   📖 "영수는 왜 안나를 집으로 초대했어요?"
   📖 "안나는 왜 영수의 초대를 거절했어요?"

2) 교사는 학생들에게 목표 문법의 의미를 추측할 수 있는 질문을 한다.
   📖 "안나는 봉사 활동을 더 자주 하고 싶은데 시간이 없어서 많이 아쉬운 것 같아요. 안나가 이런 감정을 어떻게 표현했어요?"

전개 – 35분

다음의 절차에 따라 문법에 대해 설명한다. 그리고 새로 제시되는 어휘 및 표현이 있다면 그 의미를 함께 설명한다.

[설명]

📖 "'-을 따름이다'는 앞에 오는 말이 나타내는 상태나 상황 이외에 다른 어떤 것도 없다는 것을 나타낼 때 사용해요."

[예시]

• 내 생일을 잊지 않고 기억해 줘서 고마울 따름이야.
• 나는 너만 믿을 따름이야.
• 이민을 가서 더 이상 친구들을 못 만난다고 생각하니까 그저 슬플 따름이에요.

[정보]

▶ 형태 정보:

	받침 ○	받침 X, 'ㄹ' 받침
동사, 형용사	-을 따름이다	-ㄹ 따름이다

	ㅏ, ㅗ	ㅓ, ㅜ, ㅣ…	하다
동사, 형용사 과거	-았을 따름이다	-었을 따름이다	-였을 따름이다

① 동사 및 형용사 어간 끝음절에 받침이 있으면 '-을 따름이다', 동사 및 형용사 어간 끝음절에 받침이 없거나 'ㄹ' 받침으로 끝나면 '-ㄹ 따름이다'를 쓴다. 단, 'ㄹ' 받침으로 끝날 때는 'ㄹ'이 탈락한다.

② '이다, 아니다'는 'ㄹ 따름이다'를 쓴다.

③ 과거의 경우 동사 및 형용사 어간 끝음절의 모음이 'ㅏ, ㅗ'인 경우 '-았을 따름이다', 동사 및 형용사 어간 끝음절의 모음이 'ㅏ, ㅗ'가 아닌 경우 '-었을 따름이다', '-하다'가 붙은 동사 및 형용사 어간에는 '-였을 따름이다'를 쓰는데, 흔히 줄여서 '-했을 따름이다'로 쓴다.

④ 과거의 경우 '이다, 아니다'는 '었을 따름이다'를 쓴다. 단, '이다' 앞의 명사에 받침이 없으면 '였을 따름이다'라고 쓴다.

▶ 제약 정보:

① 과거 '-었-'과는 결합하지만 미래·추측의 '-겠-'과는 결합하지 않는다.

② '-은/ㄴ 따름이다, -는 따름이다'의 형태로 쓰지 않는다.

[확인]

교사는 문법을 설명한 뒤 '연습 문제'를 통해 학생들이 문법을 이해했는지 확인한다.

정답
(1) 안타까울 따름이야
(2) 부러울 따름이야

어휘 및 표현

놀랍다	◆ **정의** 감동할 만큼 훌륭하거나 굉장하다. 圆 이번 경기에서 선수 모두가 놀라운 집중력을 보여 줬어요. ● **설명** "나이가 10살인 아이가 고등학교 수학 문제를 풀 수 있다고 해요. 어때요? 정말 굉장하지요? 이럴 때 '놀랍다'라는 말을 쓸 수 있어요. 감동할 만큼 훌륭하다는 뜻이에요."
후회스럽다	◆ **정의** 이전에 자신이 한 일이 잘못임을 깨닫고 스스로 자신의 잘못을 꾸짖는 데가 있다. 圆 시험 준비를 제대로 하지 않은 것이 후회스러워요. ● **설명** "아침에 엄마한테 짜증을 냈어요. 학교에 도착한 후 '엄마한테 짜증을 내지 말걸 그랬어.'라고 후회하겠지요? '후회하다'와 같은 뜻으로 '후회스럽다'가 있어요. 엄마한테 짜증을 낸 것이 후회스러워요."
마땅히	◆ **정의** 그렇게 하는 것이 옳으므로 당연히. 圆 가족들은 마땅히 서로 사랑하고 아껴야 해요. ● **설명** "'마땅히'는 '그렇게 하는 것이 옳기 때문에 당연히'라는 뜻이에요. 친구가 어려운 상황에 있으면 마땅히 도와야 해요."
안타깝다	◆ **정의** 뜻대로 되지 않거나 보기에 가엾고 불쌍해서 가슴이 아프고 답답하다. 圆 혼자 사시는 어르신들을 보면 안타까운 마음이 들어요. ● **설명** "가족 없이 외롭고 힘들게 사는 사람들을 보면 가슴이 아프고 답답하지요? 그런 감정을 '안타깝다'라고 해요. 뜻대로 되지 않거나 보기에 불쌍해서 가슴이 아프고 답답하다는 뜻이에요."

예시 답안
시험에 합격해서 기쁠 따름이에요. 상을 탄 친구가 부러울 따름이에요.

교수-학습 지침

※ 고등학생 대상 수업의 경우 필수적으로 5분간 다음 활동을 추가로 진행함.

→ 교사는 학생들에게 목표 문법을 활용할 수 있는 새로운 화제를 제시한다.

교 "친구에게 고마운 마음, 미안한 마음, 서운한 마음 등을 가지고 있지요? '-을 따름이다'를 사용해서 친구에게 자신의 감정을 전해 보세요."

예시 답안
항상 힘이 되어 주는 네가 있어서 고마울 따름이야. 늘 나를 도와주는 너에게 고맙고 미안할 따름이야.

정리 - 5분

1) 교사는 학생들에게 대화문을 다시 한번 읽게 한다.

2) 교사는 교재에 제시된 열린 질문을 통해 학생들에게 배운 문법을 활용하여 자유롭게 이야기를 나누게 한다.

교 "어떤 일에 대한 자신의 감정을 '-을 따름이다'를 사용하여 말해 보세요."

• 4차시 | 문법을 배워요 2

[학습 목표]

- 헌혈에 대한 정보를 구할 수 있다.
- '-는 김에'를 사용하여 앞의 말이 나타내는 행동에 이어서 또는 그 행동을 계기로 그것과 관련된 다른 행동도 함께 한다는 것을 나타낼 수 있다.

도입 – 5분

1) 교사는 학생들에게 대화문을 읽게 한다. 그리고 학생들이 대화 상황을 이해했는지 확인 질문을 한다.
   - 📖 "세인이와 친구들은 오늘 무슨 봉사 활동을 해요?"
   - 📖 "몇 살부터 헌혈을 할 수 있어요?"

2) 교사는 학생들에게 목표 문법의 의미를 추측할 수 있는 질문을 한다.
   - 📖 "세인이와 친구들은 어떻게 해서 헌혈을 하게 되었어요?"

전개 – 35분

다음의 절차에 따라 문법에 대해 설명한다. 그리고 새로 제시되는 어휘 및 표현이 있다면 그 의미를 함께 설명한다.

[설명]

- 📖 "'-는 김에'는 앞의 말이 나타내는 행동에 이어서 또는 그 행동을 계기로 그것과 관련된 다른 행동도 함께 할 때 사

용해요."

[예시]

- 외출하는 김에 밖에서 저녁을 먹고 들어올까요?
- 적성 검사를 받는 김에 진로 상담도 받았어요.
- 마트에 간 김에 이것저것 사 가지고 왔어요.

[정보]

▶ 형태 정보:

	받침 O	받침 X, 'ㄹ' 받침
동사	-는 김에	

	받침 O	받침 X, 'ㄹ' 받침
동사 과거	-은 김에	-ㄴ 김에

① 동사 어간 끝음절의 받침 유무에 관계없이 '-는 김에'를 쓴다. 단, 'ㄹ' 받침으로 끝날 때는 'ㄹ'이 탈락한다.

② 과거의 경우 동사 어간 끝음절에 받침이 있으면 '-은 김에', 동사 어간 끝음절에 받침이 없거나 'ㄹ' 받침으로 끝나면 '-ㄴ 김에'를 쓴다. 단, 'ㄹ' 받침으로 끝날 때는 'ㄹ'이 탈락한다.

▶ 제약 정보:

① 형용사와 결합하지 않는다.
   - 날씨가 추운 김에 두꺼운 옷을 입었어요. (X)

② 과거 '-었-', 미래 · 추측 '-겠-'과 결합하지 않는다.
   - 시내에 갔는 김에 쇼핑을 했어요. (X)
   - 친구를 만나겠는 김에 영화를 볼 거예요. (X)

③ 앞 절과 뒤 절의 주어가 같아야 한다.
   - (네가) 도서관에 가는 김에 (네가) 내 책도 빌려다 줄 수 있을까?

▶ 주의 사항:

① 앞 절과 뒤 절의 시제가 같거나 달라도 된다.
   - 부산으로 출장을 가는 김에 친구도 만난다/만났다/만날 것이다.

② 과거는 '-은/ㄴ 김에'의 형태로 사용되지만, 미래를 나타내는 '-을 김에'의 형태는 사용되지 않는다.

③ 조사 '에'를 생략할 수 없다.

[확인]

교사는 문법을 설명한 뒤 '연습 문제'를 통해 학생들이 문법을 이해했는지 확인한다.

> 정답
> (1) 대청소를 하는 김에
> (2) 외갓집에 간 김에

헌혈	◆ **정의** 피가 부족한 환자를 위해 건강한 사람이 피를 뽑아 줌. **예** 헌혈에 적극적으로 참여해 주세요. ● **설명** "(헌혈하는 사진을 보여 주며) 무엇을 하는지 알아요? 헌혈을 해요. '헌혈'은 피가 부족한 환자에게 주기 위해 건강한 사람이 피를 뽑는 것을 말해요. 여러분은 헌혈을 한 적이 있어요?"
수면	◆ **정의** 잠을 자는 일. **예** 건강을 위해서 충분한 수면을 취해야 해요. ● **설명** "'수면'은 잠을 자는 것이에요. 충분하고 규칙적인 수면은 건강에 좋아요."
이왕	◆ **정의** 이미 정해진 사실로서 그렇게 된 바에. **예** 이왕 늦었으니까 천천히 출발해요. ● **설명** "아침에 늦잠을 잤어요. 아무리 빨리 준비하고 학교에 가도 늦을 거예요. 그런데 배가 너무 고파요. 이미 늦었으니까 아침을 먹고 가야겠어요. 이런 상황에서 부사 '이왕'을 사용할 수 있어요. '이왕'은 '이미 그렇게 된 이상'이라는 뜻이에요. 이왕 늦었으니까 아침을 먹고 가야겠어요."
외갓집	◆ **정의** 어머니의 부모, 형제 등이 살고 있는 집. **예** 방학 때 외갓집에 놀러 갈 계획이에요. ◆ **정보** 유의어 '외가' ● **설명** "엄마의 부모님을 '외할아버지, 외할머니'라고 하지요? 엄마의 언니나 여동생은 '이모', 엄마의 오빠나 남동생은 '외삼촌'이라고 해요. 그리고 외할아버지, 외할머니, 이모, 외삼촌이 살고 있는 집을 '외갓집'이라고 해요. 여러분은 외갓집에 얼마나 자주 가요?"
머물다	◆ **정의** 도중에 멈추거나 일시적으로 어떤 곳에 묵다. **예** 연휴 동안 할머니 댁에 머물면서 즐거운 시간을 보냈어요. ● **설명** "와니는 방학을 하면 이모 집에 가서 이주일 정도 지내기로 했어요. 이렇게 잠깐 어떤 곳에서 지내는 것을 '머물다'라고 해요. 와니는 방학 때 이모 집에 머물기로 했어요."

교수-학습 지침

※ 고등학생 대상 수업의 경우 필수적으로 5분간 다음 활동을 추가로 진행함.
→ 교사는 학생들에게 목표 문법을 활용할 수 있는 새로운 화제를 제시한다.
　📖 "내일 방송국으로 견학을 가기로 했어요. 방송국에 간 것을 기회로 삼아 무엇을 해 보고 싶어요? '-는 김에'를 사용해서 말해 보세요."

예시 답안
방송국에 가는 김에 제가 좋아하는 가수를 보고 올 거예요. 방송국에 가는 김에 PD가 무슨 일을 어떻게 하는지 알아볼 거예요.

1) 교사는 학생들에게 대화문을 다시 한번 읽게 한다.

2) 교사는 교재에 제시된 열린 질문을 통해 학생들에게 배운 문법을 활용하여 자유롭게 이야기를 나누게 한다.
　📖 "어떤 일을 기회로 삼아 더 하고 싶은 일이 있어요? '-는 김에'를 사용하여 말해 보세요."

예시 답안
컴퓨터를 켠 김에 게임을 좀 하고 싶어요. 시내에 나온 김에 영화를 보고 싶어요.

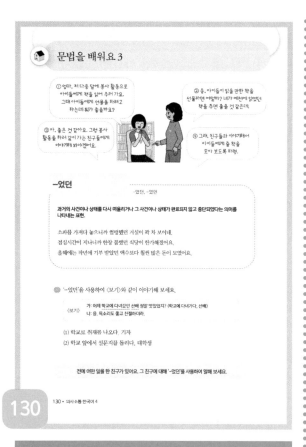

• 5차시 | 문법을 배워요 3

[학습 목표]

• 봉사 활동 시 가져가면 좋을 선물에 대한 정보를 구할 수 있다.

• '-었던'을 사용하여 과거의 사건이나 상태를 다시 떠올리거나 그 사건이나 상태가 완료되지 않고 중단되었다는 의미를 나타낼 수 있다.

도입 - 5분

1) 교사는 학생들에게 대화문을 읽게 한다. 그리고 학생들이 대화 상황을 이해했는지 확인 질문을 한다.

📖 "선영이는 다음 달에 무슨 봉사 활동을 하기로 했어요?"

📖 "선영이는 엄마에게 무엇을 여쭤봤어요?"

2) 교사는 학생들에게 목표 문법의 의미를 추측할 수 있는 질문을 한다.

📖 "엄마는 선영이의 질문에 뭐라고 대답하셨어요?"

전개 - 35분

다음의 절차에 따라 문법에 대해 설명한다. 그리고 새로 제시되는 어휘 및 표현이 있다면 그 의미를 함께 설명한다.

[설명]

📖 "'-었던'은 과거의 사건이나 상태를 다시 떠올리거나 그 사건이나 상태가 완료되지 않고 중단되었다는 의미를 나타낼 때 사용해요."

[예시]

• 이 수학 공식은 며칠 전에 배웠던 건데 기억 안 나요?

• 한 번이라도 신고 나갔던 신발은 환불이 안 된대요.

• 어렸을 때 키가 작았던 영수가 몰라볼 정도로 키가 컸어요.

[정보]

▶ 형태 정보:

	ㅏ, ㅗ	ㅓ, ㅜ, ㅣ…	하다
동사	-았던	-었던	-였던

① 동사 어간 끝음절 모음이 'ㅏ, ㅗ'인 경우 '-았던', 동사 어간 끝음절 모음이 'ㅏ, ㅗ'가 아닌 경우 '-었던', '-하다'가 붙은 동사 및 형용사 어간에는 '-였던'을 쓰는데, 흔히 줄여서 '-했던'으로 쓴다.

② '이다, 아니다'는 '었던'을 쓴다. 단, '이다' 앞의 명사에 받침이 없으면 '였던'이라고 쓴다.

[확인]

교사는 문법을 설명한 뒤 '연습 문제'를 통해 학생들이 문법을 이해했는지 확인한다.

정답
(1) 학교로 취재를 나왔던 기자
(2) 학교 앞에서 설문지를 돌렸던 대학생

어휘 및 표현

한창	◆ 정의 어떤 일이 가장 활기 있고 왕성하게 일어나는 모양. 또는 어떤 상태가 가장 무르익은 모양. 예 친구들과 한창 재미있게 놀고 있는데 엄마한테서 전화가 왔어요. ● 설명 "'한창'은 어떤 일이 가장 활발하게 일어나는 모양이라는 뜻이에요. '집중해서 한창 공부하고 있는데 친구가 말을 걸어서 깜짝 놀랐어요.'라고 쓸 수 있어요."
액수	◆ 정의 돈의 값을 나타내는 수. 예 그 정도면 적은 액수는 아닌 것 같아요. ● 설명 "'액수'는 돈이 얼마인지를 나타내는 수를 말해요. 기부할 때는 돈의 액수보다 이웃을 생각하는 마음이 더 중요해요."
취재	◆ 정의 신문이나 잡지의 기사나 작품의 재료를 조사하여 얻음. 예 방송국 기자인 언니는 취재 때문에 해외에 갔어요. ● 설명 "기자는 기사를 쓰기 전에 무엇을 해요? 무엇에 대해 쓸지 결정하고 조사를 해야겠지요? 그렇게 조사하는 것을 '취재'라고 해요. 기자는 취재를 한 후 취재 내용을 가지고 기사를 써요."

정리 - 5분

1) 교사는 학생들에게 대화문을 다시 한번 읽게 한다.

2) 교사는 교재에 제시된 열린 질문을 통해 학생들에게 배운 문법을 활용하여 자유롭게 이야기를 나누게 한다.

📚 "전에 어떤 일을 한 친구가 있어요. 그 친구에 대해 '-었던'을 사용해서 말해 보세요."

예시 답안

나나가 바로 작년에 장기 자랑을 나가서 1등을 했던 친구예요. 제가 아팠을 때 저를 업고 보건실로 뛰어갔던 친구가 영수였대요.

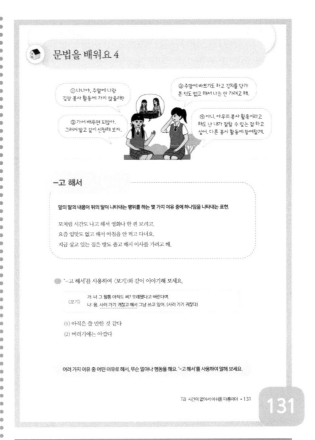

• 6차시 | 문법을 배워요 4

[학습 목표]

• 김장 봉사 활동을 가자는 상대방의 제안에 이유를 설명하며 거절할 수 있다.

• '-고 해서'를 사용하여 앞의 말의 내용이 뒤의 말이 나타내는 행위를 하는 몇 가지 이유 중에 하나라는 것을 나타낼 수 있다.

도입 - 5분

1) 교사는 학생들에게 대화문을 읽게 한다. 그리고 학생들이 대화 상황을 이해했는지 확인 질문을 한다.

📚 "유미는 나나에게 무엇을 제안했어요?"

📚 "나나가 그 제안을 받아들였어요?"

2) 교사는 학생들에게 목표 문법의 의미를 추측할 수 있는 질문을 한다.

📚 "나나는 왜 김장 봉사 활동에 가지 않으려고 해요?"

전개 - 35분

다음의 절차에 따라 문법에 대해 설명한다. 그리고 새로 제시되는 어휘 및 표현이 있다면 그 의미를 함께 설명한다.

[설명]

🔲 "'-고 해서'는 앞의 말의 내용이 뒤의 말이 나타내는 행위를 하는 몇 가지 이유 중에 하나라는 것을 나타낼 때 사용해요."

[예시]

· 시간도 없고 해서 점심에 김밥을 먹었어요.
· 머리도 아프고 해서 잠깐 바람 쐬러 나가려고.
· 길이 막힐 시간이기도 하고 그렇게 멀지 않고 해서 걸어왔어요.

[정보]

▶ 형태 정보:

	받침 O	받침 X
동사, 형용사	-고 해서	

① 동사 및 형용사 어간 끝음절의 받침 유무에 관계없이 '-고 해서'를 쓴다.

② '이다, 아니다'는 '고 해서'를 쓴다. 단, '이다' 앞의 명사에 받침이 없으면 주로 '명사+고 해서'라고 쓴다.

▶ 제약 정보:

① 과거 '-었-', 미래 · 추측의 '-겠-'은 '-고'에 붙여 쓴다.
· 시간도 없고 했어서 모임에 안 나갔어요. (X)
· 시간도 없었고 해서 모임에 안 나갔어요. (O)

② 뒤 절에 청유문이나 명령문이 올 수 없다. '-고 하니(까)'를 쓰면 뒤 절에 청유문이나 명령문이 올 수 있다.
· 날씨도 덥고 해서 바다에 갑시다. (X)
· 날씨도 덥고 하니 바다에 갑시다. (O)

▶ 주의 사항:

① 여러 가지 이유 중의 하나임을 의미하므로 앞에 '-고 해서'와 함께 쓰이는 주어나 목적어에 보조사 '도'가 결합하는 경우가 많다.

② 부정문은 '안 – 고 해서', '-지 않고 해서'로 쓴다.
· 잠도 안 오고 해서 영화를 한 편 봤어요.

③ '-기도 하고 해서', '-고 – 고 해서'의 구성으로 쓸 수 있다.

[확인]

교사는 문법을 설명한 뒤 '연습 문제'를 통해 학생들이 문법을 이해했는지 확인한다.

정답
(1) 아직은 쓸 만한 것 같고 해서
(2) 버리기에는 아깝고 해서

어휘 및 표현

모처럼	◆ 정의 아주 오래간만에. 🔲 예 모처럼 바다에 가려고 했는데 비가 오네요. ● 설명 "대회 준비를 하느라고 지난달부터 주말에 못 쉬었어요. 드디어 어제 대회가 끝났어요. 이번 주말에는 오랜만에 쉴 수 있어요. '아주 오랜만에'라는 뜻으로 '모처럼'이 있어요. 대회가 끝났으니까 이번 주말에는 모처럼 쉴 수 있어요."
편	◆ 정의 책이나 문학 작품, 또는 영화나 연극 등을 세는 단위. 🔲 예 주말에 집에서 쉬면서 영화를 두 편 봤어요. ● 설명 "책을 셀 때에는 '권'을 사용하지요? 영화를 셀 때에는 '편'을 사용해서 영화 한 편, 영화 두 편, 이렇게 말해요. 지난주에 모처럼 부모님과 영화를 한 편 봤어요."

교수-학습 지침

※ 고등학생 대상 수업의 경우 필수적으로 5분간 다음 활동을 추가로 진행함.
→ 교사는 학생들에게 목표 문법을 활용할 수 있는 새로운 화제를 제시한다.
🔲 "어제 저녁을 왜 안 먹었어요? '-고 해서'를 사용해서 말해 보세요."

예시 답안
배가 안 고프고 해서 저녁을 안 먹었어요. 혼자 먹기 싫고 해서 저녁을 안 먹었어요.

정리 – 5분

1) 교사는 학생들에게 대화문을 다시 한번 읽게 한다.

2) 교사는 교재에 제시된 열린 질문을 통해 학생들에게 배운 문법을 활용하여 자유롭게 이야기를 나누게 한다.
🔲 "여러 가지 이유 중 어떤 이유로 해서 무슨 일이나 행동을 해요. '-고 해서'를 사용하여 말해 보세요."

예시 답안
수호가 숙제 때문에 힘들어하는 것 같고 해서 내가 도와주기로 했어. 오늘은 기분도 좀 안 좋고 해서 동아리 모임에 안 가려고.

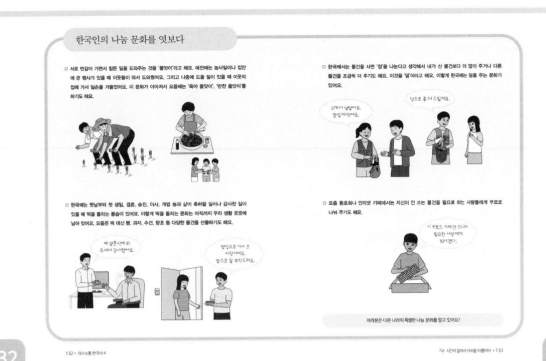

● 문화

[학습 목표]

- 한국의 나눔 문화에 대해 알 수 있다.
- 다른 나라의 나눔 문화와 비교하여 이야기할 수 있다.

1) 질문을 통해 학생들에게 주제를 추측하게 한다.

📖 "여러분은 친구들과 어떤 도움을 주고받아요?"

📖 "옆집에 살고 있는 이웃과 어떻게 지내요? 음식을 나누어 먹거나 서로 도와줘요?"

2) 교재 132쪽을 보며 품앗이에 대해 설명한다.

3) 교재 132쪽을 보며 떡을 돌리는 문화에 대해 설명한다.

4) 교재 133쪽을 보며 덤을 주는 문화에 대해 설명한다.

5) 교재 133쪽을 보며 나눠 쓰는 문화에 대해 설명한다.

교수-학습 지침

교사는 한국의 다양한 떡에 대해 이야기 나누는 문화 활동을 진행할 수 있다. 무지개떡, 시루떡 등 떡에 대한 자료를 준비해 학생들에게 보여 준다. 그리고 학생들이 떡의 이름, 떡의 재료, 먹어 본 경험 등에 대해 자유롭게 이야기할 수 있도록 지도한다.

6) 본 문화와 관련하여 상호문화적 관점에서 이야기할 수 있도록 한다.

📖 "한국의 나눔 문화와 비교해서 다른 나라에 존재하는 특별한 나눔 문화에 대해 알고 있는 것이 있나요? 한국의 나눔 문화와 비교하여 비슷한 점이 있는지 다른 점은 무엇인지 이야기를 나누어 봅시다."

〈더 배워요〉 학습 목표

- 다른 사람의 제안을 거절할 수 있다.
- 어떤 일과 관련된 정보를 구할 수 있다.

7차시	• 같이 놀자는 친구의 제안을 거절할 수 있다.
8차시	• 봉사 활동을 할 수 있는지 물어보고 봉사 활동에 필요한 정보를 구할 수 있다.
9차시	• 신문 기사를 읽고 이해할 수 있다.
10차시	• 신문 기사를 작성할 수 있다.

〈학습 도구 한국어〉 학습 목표

7–8차시	• 체험하기에서 묘사하기에 대해 안다.
9–10차시	• 체험하기에서 기술하기에 대해 안다.

• 7차시 | 〈더 배워요〉 도입 및 대화해 봐요 1

도입 – 5분

1) 〈꼭 배워요〉의 목표 어휘 및 문법 등을 확인할 수 있는 질문을 통해 학생들이 해당 표현을 사용하여 답할 수 있도록 유도한다.

🎓 "여러분은 무슨 봉사 활동을 해 봤어요?"

🎓 "봉사 활동 정보는 어디에서 구해요?"

🎓 "봉사 활동을 하는 이유가 뭐예요?"

🎓 "봉사 활동을 하고 나면 기분이 어때요?"

2) '대화해 봐요 1, 2'에서 학습할 내용을 대표하는 네 개의 그림들을 확인하며 학생들이 앞으로 배우게 될 주제 및 내용을 추측할 수 있도록 한다.

🎓 "여러분 목소리는 어떤 것 같아요?"

🎓 "목소리는 어디에 기부하는 걸까요? 왜 목소리를 기부할까요?"

🎓 "와니가 무엇을 그리고 있어요?"

🎓 "여러분은 벽화를 본 적이 있어요? 어디에서 무슨 벽화를 봤어요?"

🎓 "여러분은 동물을 좋아해요? 무슨 동물을 좋아해요?"

🎓 "동물을 돌봐 줄 거예요. 무엇을 해야 해요?"

🎓 "수호가 무엇을 하고 있어요?"

🎓 "여러분은 농사일을 해 본 적이 있어요?"

3) '함께 이야기해 봐요'에 제시된 질문을 통해 이야기를 나눔으로써 '읽고 써 봐요'에서 학습할 내용을 추측하게 한다.

📱 "혼자 사시는 할아버지, 할머니를 위해 무슨 일을 할 수 있을까요?"

📱 "아동 보호 기관에서 봉사 활동을 한다면 무슨 일을 할 수 있을까요?"

대화해 봐요 1

⏪ 안나가 봉사 활동을 하기로 한 곳에 전화를 했어요. 畵를 확인해 보세요.

▶ 안나가 주말에 만나자는 호민이의 제안을 거절하고 있어요.
먼저 畵를 확인해 보세요.

136 · 의사소통 한국어 4

136

[학습 목표]
• 같이 놀자는 친구의 제안을 거절할 수 있다.
• 부가 문법: 만 같아도
• 목표 표현: 미안한데 -는 건 아니지?
　　　　　　　 나도 -고 싶긴 한데 -을 것 같아

본 대화는 주말에 친구들과 함께 놀자는 호민이의 제안을 안나가 거절하고 있는 상황이다.

도입 - 5분

1) 교사는 학생들에게 '대화해 봐요 1'의 내용을 추측할 수 있는 질문을 한다.

📱 "여러분은 친구의 부탁을 거절한 적이 있어요?"

📱 "왜 친구의 부탁을 거절했어요?"

📱 "뭐라고 말하면서 부탁을 거절했어요?"

2) 교사는 학생들에게 136쪽의 첫 번째 QR 코드 속 영상을 보게 한다.

📱 "안나가 봉사 활동을 하기로 한 곳에 전화를 했어요. 왜 전화했는지 함께 확인해 봐요."

3) 교사는 학생들이 대화 내용을 잘 이해했는지 질문을 한다. 그리고 새 표현이 있다면 그 의미를 함께 설명 한다.

📱 "안나는 무슨 봉사 활동을 하기로 했어요?"

📱 "안나는 왜 전화를 했어요?"

📱 "봉사 활동 교육은 언제 어디에서 해요?"

전개 - 20분

1) 교사는 학생들에게 본 대화 내용을 소개하며 136쪽의 두 번째 QR 코드 속 영상을 보게 한다.

📱 "안나가 주말에 만나자는 호민이의 제안을 거절하고 있어 요. 왜 거절하는지 함께 확인해 봐요."

2) 교사는 학생들이 대화의 전체 내용을 이해했는지 확인하는 질문을 한다.

📱 "안나는 호민이의 제안을 왜 거절했어요?"

3) 교사는 학생들에게 대화문을 읽게 한다. 그리고 세부 내용을 이해했는지 확인하는 질문을 한다.

📱 "호민이는 안나에게 언제, 무엇을 하자고 했어요?"

📱 "안나는 무슨 봉사 활동을 할 거예요?"

📱 "안나가 제안을 거절하니까 호민이는 어떤 감정을 느꼈어 요?"

4) 대화에 제시된 새 표현의 의미를 설명한다.

어휘 및 표현

기부자	◆ **정의** 자선 사업이나 공공사업을 돕기 위하여 돈이나 물건 따위를 대가 없이 내놓는 사람. 예 이번 불우 이웃 돕기 공연에 많은 기부자들이 참석했어요. ● **설명** "'기부자'는 기부한 사람을 말해요. 앞에서 공부한 것처럼 다른 사람을 위해 돈이나 물건을 내놓는 사람을 가리킬 수도 있고 자신이 잘할 수 있는 일로 봉사하는 사람을 가리키기도 해요."
전환하다	◆ **정의** 다른 방향이나 상태로 바꾸다. 예 분위기를 전환하기 위해서 농담을 해 봤어요. ● **설명** "'전환하다'는 다른 방향이나 상태로 바꾼다는 뜻이에요. 기분이 안 좋을 때 신나는 음악을 들으면 기분을 전환할 수 있어요."

5) 교사는 학생들에게 대화문을 다시 한번 읽게 한다. 이때 역할을 나누는 등 다양한 방식으로 읽게 할 수 있다.

6) 교사는 다음의 절차에 따라 부가 문법 '만 같아도'에 대해 설명한다. 그리고 새로 제시되는 어휘가 있다면 그 의미를 함께 설명한다.

부가 문법   '만 같아도'

[설명]

🔲 "어제는 날씨가 아주 좋았는데 오늘은 춥고 바람이 많이 불어요. 산책을 하려고 했는데 안 되겠어요. 오늘 날씨가 어제만 같아도 산책할 텐데 아쉬워요. 이렇게 '만 같아도'는 앞의 말이 나타내는 시기나 상황을 비교하여 가정할 때 사용해요."

[예시]

· 내 성적이 너만 같아도 아무런 걱정이 없었을 거야.
· 평일만 같아도 시내가 이렇게 복잡하지 않을 텐데.
· 올해 날씨가 작년만 같아도 눈이 많이 오지 않을 거예요.
· 내 방이 여기만 같아도 훨씬 넓고 좋을 것 같아.

[정보]

▶ 형태 정보:

	받침 O	받침 X
명사	만 같아도	

① 명사 끝음절의 받침 유무와 관계없이 '만 같아도'를 쓴다.

▶ 주의 사항:

① 앞과 뒤의 상황이 반대인 상황에서도 '만 같아도'를 사용할 수 있는데 이 경우에는 '만 같아도'의 앞에 시간을 나타내는 말을 자주 사용한다.

· 지난주만 같아도 춥지 않았는데 오늘은 날씨가 많이 추워졌어요.
· 작년만 같아도 이 옷이 맞았었는데 올해는 키가 커서 그런지 옷이 좀 작아요.

② 큰 의미 차이 없이 '만 해도', '만 하더라도', '의 경우만 봐도'로 바꿔 쓸 수 있다.

· 몇 년 전만 해도 자전거로 등교하는 사람이 별로 없었어.
· 몇 년 전만 하더라도 자전거로 등교하는 사람이 별로 없었어.
· 몇 년 전의 경우만 봐도 자전거로 등교하는 사람이 별로 없었어.

7) 교사는 학생들에게 목표 표현에 대해 설명한다.

목표 표현 1   '미안한데 -는 건 아니지?'

[설명]

🔲 "'미안한데 -는 건 아니지?'는 어떤 일을 꼭 해야 하는지 확인하면서 거절할 때 사용하는 표현이에요."

[예시]

· 미안한데 그 프로그램을 꼭 신청해야 하는 건 아니지?
· 미안한데 내가 꼭 그 일을 해야 하는 건 아니지?
· 미안한데 그 책 오늘 꼭 빌려줘야 하는 건 아니지?
· 미안한데 내가 발표해야 하는 건 아니지?

목표 표현 2   '나도 -고 싶긴 한데 -을 것 같아'

[설명]

🔲 "'나도 -고 싶긴 한데 -을 것 같아'는 다른 사람의 부탁에 대해서 이유를 설명하며 거절할 때 사용하는 표현이에요."

[예시]

· 나도 도와주고 싶긴 한데 시간이 없을 것 같아.
· 나도 그 책을 빌려주고 싶긴 한데 내일 필요할 것 같아.
· 나도 같이 공부하고 싶긴 한데 집중이 잘 안될 것 같아.
· 나도 영화를 보고 싶긴 한데 바빠서 못 볼 것 같아.

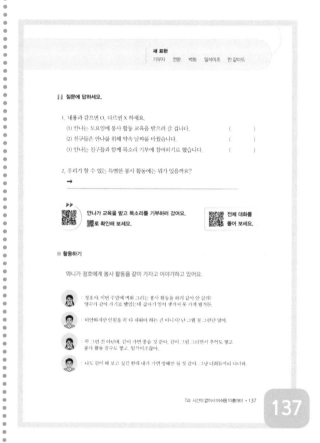

8) 교사는 학생들에게 교재의 1번과 2번 문제를 풀게 한다.

9) 교사는 학생들과 함께 문제의 답을 확인한다.

정답
1. (1) ○ (2) × (3) ×
2. 악기 연주, 연극, 연탄 나눔, 행사 도우미(통역, 길 안내) 등

10) 교사는 학생들에게 137쪽의 첫 번째 QR 코드 속 영상을 보게 한다.

🔲 "안나가 교육을 받고 목소리 기부를 잘 했을지 함께 확인해 봐요."

11) 교사는 학생들이 대화 내용을 잘 이해했는지 질문을 한다. 그리고 새 표현이 있다면 그 의미를 함께 설명한다.
   🖥 "안나는 무슨 역할을 맡아 녹음을 하고 있어요?"
   🖥 "안나는 왜 계속 녹음을 다시 하고 있어요?"

활용 – 10분

1) 교사는 학생들이 목표 표현을 사용하여 대답할 수 있도록 질문을 한다.
   🖥 "여러분은 친구의 부탁을 잘 거절할 수 있어요? 부탁을 거절할 때 어떻게 이야기해요?"

2) 교사는 질문을 통해 학생들이 '활용하기'의 대화 상황을 추측할 수 있도록 한다.
   🖥 "와니가 정호에게 봉사 활동을 같이 가자고 이야기하고 있어요. 무슨 이야기를 할까요?"

3) 교사는 학생들에게 대화문을 읽게 한 후 대화의 내용을 이해했는지 확인하는 질문을 한다. 그리고 새 표현이 있다면 그 의미를 함께 설명한다.
   🖥 "와니는 이번 주말에 무슨 봉사 활동을 하러 가요?"
   🖥 "와니는 왜 정호에게 같이 봉사 활동을 하러 가자고 했어요?"
   🖥 "봉사 활동을 하면 좋은 점이 많아요. 뭐가 좋은지 이야기해 볼까요?"

어휘 및 표현

벽화	◆ 정의 건물이나 동굴, 무덤 등의 벽에 그린 그림. 例 주말에 부산 벽화 마을에 다녀왔어요. ● 설명 "벽에 그린 그림을 '벽화'라고 해요. 오래된 벽화를 보면 옛날 사람들의 생활을 알 수 있어요."
일석이조	◆ 정의 돌 한 개를 던져 새 두 마리를 잡는다는 뜻으로, 동시에 두 가지 이익을 얻음. 例 자전거는 재미있는 데다가 운동도 되니까 일석이조의 효과가 있어요. ● 설명 "봉사 활동을 하면 뭐가 좋아요? 첫째, 보람을 느낄 수 있어요. 둘째, 봉사 활동 점수도 받을 수 있어요. 이렇게 한 가지 일을 해서 동시에 두 가지 이익을 얻는 것을 '일석이조'라고 해요. 봉사 활동을 하면 보람도 느낄 수 있고 봉사 활동 점수도 받을 수 있으니까 일석이조예요."

4) 교사는 학생들에게 대화문을 다시 한번 읽게 한다. 이때 역할을 나누는 등 다양한 방식으로 읽게 할 수 있다.

> **교수-학습 지침**
> ※ 고등학생 대상 수업의 경우 필수적으로 5분간 다음 활동을 추가로 진행함.
> → 교사는 짝 활동, 그룹 활동을 통해 서로 친구의 제안을 거절하는 상황에 대해 이야기하도록 지도한다.

정리 – 5분

교사는 학생들에게 137쪽의 '전체 대화를 들어 보세요' QR 코드 속 대화를 듣게 하고 수업을 마무리한다.

138 • 의사소통 한국어 4

• 8차시 | 대화해 봐요 2

[학습 목표]
• 봉사 활동을 할 수 있는지 물어보고 봉사 활동에 필요한 정보를 구할 수 있다.
• 부가 문법: 이나마
• 목표 표현: –어야 하나요?
　　　　　　 ~이나 ~이 있으면 –어 주세요

본 대화는 민우가 동물 보호소에 전화하여 봉사 신청을 하고 있는 상황이다.

도입 – 7분

1) 교사는 학생들에게 '대화해 봐요 2'의 내용을 추측할 수 있는 질문을 한다.
　📺 "여러분은 동물 보호소에 가 본 적이 있어요?"
　📺 "동물 보호소에서는 무슨 일을 할까요?"

2) 교사는 학생들에게 138쪽의 첫 번째 QR 코드 속 영상을 보게 한다.
　📺 "무슨 봉사 활동을 할지 고민하고 있는 민우에게 소연이가 조언해 주고 있어요. 민우가 어떻게 할지 함께 확인해 봐요."

3) 교사는 학생들이 대화 내용을 잘 이해했는지 질문을 한다. 그리고 새 표현이 있다면 그 의미를 함께 설명한다.

📺 "민우는 어디에서 봉사 활동 정보를 찾아봤어요?"
📺 "소연이는 민우에게 무슨 봉사 활동을 추천해 줬어요?"

어휘 및 표현

동물 보호소	◆ 정의 주인이 돌보지 아니하고 내다 버린 동물을 데리고 있으면서 돌보는 곳. 예 버려진 개들은 발견 즉시 동물 보호소로 보내져요. ● 설명 "주인이 없는 동물들을 안전하게 보호해 주는 곳을 '동물 보호소'라고 해요."

전개 – 20분

1) 교사는 학생들에게 본 대화 내용을 소개하며 138쪽의 두 번째 QR 코드 속 영상을 보게 한다.
　📺 "민우가 동물 보호소에 전화를 했어요. 무슨 일로 전화했는지 함께 확인해 봐요."

2) 교사는 학생들이 대화의 전체 내용을 이해했는지 확인하는 질문을 한다.
　📺 "민우가 동물 보호소에 전화해서 무엇을 문의했어요?"

3) 교사는 학생들에게 대화문을 읽게 한다. 그리고 세부 내용을 이해했는지 확인하는 질문을 한다.
　📺 "민우는 전에 동물 보호소에서 봉사 활동을 한 적이 있어요?"
　📺 "민우는 동물 보호소에서 무슨 일을 할까요?"
　📺 "민우가 따로 준비해야 할 것이 있어요?"

4) 대화에 제시된 새 표현의 의미를 설명한다.

어휘 및 표현

-당	◆ 정의 '마다'의 뜻을 더하는 접미사. 예 오늘 시간당 30밀리미터의 비가 내렸다고 해요. ● 설명 "사과 10개에 만 원이에요. 그럼 한 개에 얼마예요? 한 개에, 한 개당 천 원이에요. '-당'은 한 개당, 한 시간당, 한 마리당처럼 숫자를 나타내는 표현 뒤에 붙어서 '마다'의 뜻인 '하나하나 모두'라는 뜻을 나타내요."
별도	◆ 정의 원래의 것에 덧붙여 추가되거나 따로 마련된 것. 예 이 노트북은 케이스가 별도로 판매되고 있어요. ● 설명 "놀이 공원에 가 본 적이 있지요? 놀이 공원은 입장료와 놀이 기구를 탈 수 있는 표를 따로 사야 해요. 그런데 자유이용권을 사면 놀이 기구를 탈 때 표를 살 필요가 없어요. 자유이용권에는 입장료와 놀이 기구를 탈 수 있는 표가 다 포함되어 있기 때문이에요. 자유이용권을 사면 놀이 기구를 탈 때 별도로 표를 살 필요가 없어요. '별도'는 원래의 것에 따로 마련된 것을 말해요."

앞치마	◆ **정의** 주로 부엌일을 할 때 옷이 더러워지지 않도록 몸 앞에 두르는 치마. **예** 요리를 하기 전에 앞치마를 입도록 하세요. ● **설명** "(앞치마 사진을 보여 주며) 언제 이것을 사용해요? 요리를 하거나 설거지를 할 때 사용하지요? 이것을 '앞치마'라고 해요."
장화	◆ **정의** 주로 비나 눈이 올 때 신는, 목이 길게 올라오는 신발. **예** 비가 오는 날에는 장화를 신으면 좋아요. ● **설명** "(비옷과 장화 그림을 보여 주며) 이 신발을 뭐라고 하는지 알아요? '장화'라고 해요. 비가 올 때나 물이 있는 곳에서 일할 때 신어요."

5) 교사는 학생들에게 대화문을 다시 한번 읽게 한다. 이때 역할을 나누는 등 다양한 방식으로 읽게 할 수 있다.

6) 교사는 다음의 절차에 따라 부가 문법 '이나마'에 대해 설명한다. 그리고 새로 제시되는 어휘가 있다면 그 의미를 함께 설명한다.

부가 문법   '이나마'

[설명]

📖 "저는 지금 매우 배가 고파요. 밥을 먹고 싶은데 빵밖에 없어요. 평소에 빵을 별로 좋아하지 않지만 먹어야겠어요. 너무 배고프니까 빵이나마 먹어야겠어요. 이렇게 '이나마'는 썩 마음에 들지 않거나 부족한 조건이지만 아쉬운 대로 인정할 때 사용해요."

[예시]

· 네 덕분에 잠깐 동안이나마 걱정을 잊을 수 있었어.
· 적은 돈이나마 도움이 되기를 바라요.
· 못 만날 줄 알았는데 얼굴이나마 볼 수 있어서 다행이야.
· 소나기가 와서 잠시나마 시원한 것 같아요.

[정보]

▶ 형태 정보:

	받침 O	받침 X
명사	이나마	나마

① 명사 끝음절에 받침이 있으면 '이나마', 명사 끝음절에 받침이 없으면 '나마'를 쓴다.

▶ 주의 사항:

① 부사격 조사 '에서, 까지, 으로' 등과 결합할 수 있다.
· 집에서나마 편한 옷을 입고 편하게 쉬세요.
· 전화로나마 네 목소리를 들으니까 기분이 좋아.

② 다른 사람을 평가할 때 사용하면 공손성이 결여되어 어색한 문장이 된다.
· 소연아, 80점이나마 맞아서 다행이네. (X)
· 공부를 얼마 못 했는데 80점이나마 맞아서 다행이야. (O)

7) 교사는 학생들에게 목표 표현에 대해 설명한다.

목표 표현 1   '-어야 하나요?'

[설명]

📖 "'-어야 하나요?'는 앞의 내용에 대해 상대방에게 물어볼 때 쓰는 표현이에요."

[예시]

· 보고서는 각자 제출해야 하나요?
· 참고서는 저희가 직접 구입해야 하나요?
· 내일은 몇 시까지 와야 하나요?
· 약을 먹기 전에 밥을 먹어야 하나요?

목표 표현 2   '~이나 ~이 있으면 -어 주세요'

[설명]

📖 "'~이나 ~이 있으면 -어 주세요'는 어떤 일에 대한 정보를 구하며 부탁할 때 사용하는 표현이에요."

[예시]

· 이곳에서 지내는 동안 제가 알고 있어야 하거나 조심해야 할 것이 있으면 미리 가르쳐 주세요.
· 이번 과제와 관련해서 가지고 있는 책이나 자료가 있으면 빌려주세요.
· 보고서를 읽고 잘못된 점이나 부족한 점이 있으면 알려 주세요.
· 싫어하는 음식이나 먹으면 안 되는 음식이 있으면 말씀해 주세요.

8) 교사는 학생들에게 교재의 1번과 2번 문제를 풀게 한다.

9) 교사는 학생들과 함께 문제의 답을 확인한다.

> **정답**
> 1. (1) × (2) ○ (3) ×
> 2. 외로움을 달랠 수 있는 것은 좋지만 털이 날리고 냄새가 나요. 심심하지 않은 것은 좋은데 밥도 줘야 하고 목욕도 시켜 줘야 하니까 귀찮아요.

10) 교사는 학생들에게 139쪽의 첫 번째 QR 코드 속 영상을 보게 한다.

   🔲 "민우가 봉사 활동을 하러 동물 보호소에 갔어요. 봉사 활동을 잘 했을지 함께 확인해 봐요."

11) 교사는 학생들이 대화 내용을 잘 이해했는지 질문을 한다. 그리고 새 표현이 있다면 그 의미를 함께 설명한다.

   🔲 "민우는 무엇을 해야 해요?"
   🔲 "민우는 왜 놀랐어요?"

어휘 및 표현

순하다	◆ **정의** 성질, 태도 등이 부드럽고 착하다. 📗 저희 자매는 모두 성격이 순해서 한 번도 싸운 적이 없어요. ● **설명** "잘 웃고 잘 자고 사람을 잘 따르는 아기가 있지요? 그런 아기를 보고 순하다고 해요. '순하다'는 성질이나 태도 등이 부드럽고 착하다는 뜻이에요. 강아지나 고양이처럼 동물한테도 쓸 수 있어요."

목줄	◆ **정의** 개나 고양이 따위의 동물 목에 둘러매는 줄. 📗 동물을 산책시킬 때에는 꼭 목줄을 해야 해요. ● **설명** "강아지와 산책을 가요. 강아지는 목에 목줄을 해요. 주인은 그 목줄을 잡고 산책을 시켜요."

활용 – 10분

1) 교사는 학생들이 목표 표현을 사용하여 대답할 수 있도록 질문을 한다.

   🔲 "여러분은 어떤 일을 하기 전 정보를 구해야 할 때 어떻게 말해요?"

2) 교사는 질문을 통해 학생들이 '활용하기'의 대화 상황을 추측할 수 있도록 한다.

   🔲 "수호가 선생님께 농촌 봉사 활동에 대해 여쭤보고 있어요. 무슨 이야기를 할까요?"

3) 교사는 학생들에게 대화문을 읽게 한 후 대화의 내용을 이해했는지 확인하는 질문을 한다. 그리고 새 표현이 있다면 그 의미를 함께 설명한다.

   🔲 "수호는 언제 농촌 봉사 활동을 가요?"
   🔲 "농촌 봉사 활동에 가기 전에 미리 준비해야 할 게 있어요?"

어휘 및 표현

농촌	◆ **정의** 농사를 짓는 사람들이 주로 모여 사는 마을. 📗 저희 할아버지는 농촌에 사세요. ● **설명** "(농부 그림을 보여 주며) 이 사람은 무슨 일을 해요? 농사를 지어요. 농사를 짓는 사람들이 주로 모여 사는 마을을 '농촌'이라고 해요."

4) 교사는 학생들에게 대화문을 다시 한번 읽게 한다. 이때 역할을 나누는 등 다양한 방식으로 읽게 할 수 있다.

> **교수-학습 지침**
> ※ 고등학생 대상 수업의 경우 필수적으로 5분간 다음 활동을 추가로 진행함.
> → 교사는 짝 활동, 그룹 활동을 통해 서로 어떤 일을 할 때 알아야 하는 정보에 대해 이야기하도록 지도한다.

정리 – 8분

교사는 학생들에게 139쪽의 '전체 대화를 들어 보세요' QR 코드 속 대화를 듣게 하고 수업을 마무리한다.

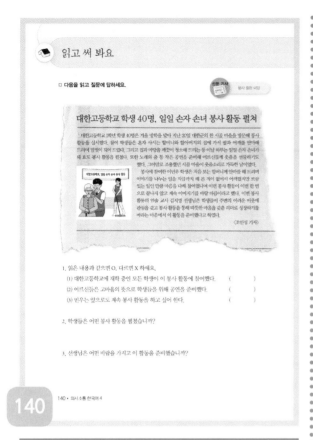

140

● 9차시 | 읽고 써 봐요 – 읽기

[학습 목표]
• 신문 기사를 읽고 이해할 수 있다.

본 활동은 봉사 활동에 대한 신문 기사를 읽고 이해하기
위한 활동이다.

읽기 전 – 5분

교사는 학생들에게 읽기 내용을 추측할 수 있는 질문을
한다.

- 📖 "반 친구들과 함께 봉사 활동을 해 본 적이 있나요?"
- 📖 "있다면 어디에서 무슨 봉사 활동을 했는지 이야기해 보
  세요."
- 📖 "친구들과 함께 봉사 활동을 했을 때 어떤 느낌이 들었나
  요?"
- 📖 "혼자 사시는 어르신들을 위해 어떤 봉사 활동을 할 수 있
  을까요?"

읽기 중 – 30분

1) 교사는 학생들에게 읽기 지문을 개별적으로 읽게
   한다.

2) 교사는 학생들이 읽기 지문의 전체 내용을 이해했는
   지 확인하는 질문을 한다.

- 📖 "여러분, 책에 있는 글을 보세요. 무슨 글이에요?"
- 📖 "누가 봉사 활동을 하러 갔어요?"

3) 교사는 학생들에게 읽기 지문을 읽게 한다. 그리고 세
   부 내용을 이해했는지 확인하는 질문을 한다.

- 📖 "학생들은 어디에서 누구를 대상으로 봉사 활동을 했어
  요?"
- 📖 "이민우 학생은 이번 봉사 활동을 하면서 무엇을 느꼈어
  요?"

4) 읽기 지문에 제시된 새 표현의 의미를 설명한다.

어휘 및 표현

펼치다	◆ **정의** 꿈이나 계획 등을 실제로 행하다. 📝 저는 제 꿈을 펼치기 위해 열심히 공부하는 중이에요. ● **설명** "'펼치다'는 꿈이나 계획 등을 실제로 한다는 뜻이에요. 봉사 활동을 하기 위해 계획을 세우고 실제로 봉사 활동을 하는 것을 보고 봉사 활동을 펼친다고 해요."
안마하다	◆ **정의** 손으로 몸을 두드리거나 주물러서 피가 잘 돌게 하고 피로를 풀어 주다. 📝 집에 오신 아버지께 안마를 해 드렸어요. ● **설명** "(아이가 할아버지, 할머니께 안마해 드리는 그림을 보여 주며) 친구가 무엇을 해요? 이렇게 하는 것을 '안마하다'라고 해요. 오늘 집에 가서 부모님 어깨를 안마해 드리는 거 어떨까요?"
말벗	◆ **정의** 함께 이야기할 만한 친구. 📝 처음 만난 사이였지만 우리는 좋은 말벗이 되었어요. ● **설명** "'말벗'은 함께 이야기할 만한 친구를 말해요. 여기에서 '벗'은 친구를 의미해요."
효도	◆ **정의** 부모를 정성껏 잘 모시어 받드는 일. 📝 나는 어른이 되면 부모님께 꼭 효도를 할 거야. ● **설명** "부모님께 감사의 마음을 가지고 있지요? 그럼 부모님께 어떻게 해야 해요? 말도 예쁘게 하고 말벗도 되어 드리면 좋겠지요? 그럼 부모님이 기뻐하실 거예요. 이렇게 부모님께 잘 해 드리는 것을 '효도'라고 해요."
그야말로	◆ **정의** (강조하는 말로) 사실 그대로. 📝 오늘 본 영화는 그야말로 최고였어. ● **설명** "'그야말로'는 '사실 그대로'라는 뜻으로 어떤 것을 강조할 때 사용할 수 있어요. 좋아하는 가수의 콘서트에 갔다 왔어요. 콘서트가 그야말로 최고였어요."
인솔	◆ **정의** 여러 사람을 이끌고 감. 📝 이번 소풍은 학생 부장 선생님이 인솔해서 가요. ● **설명** "소풍이나 체험 학습을 갈 때 학생들을 이끌고 가는 선생님이 계시죠? 그 선생님을 '인솔 교사'라고 해요. '인솔'은 여러 사람을 이끌고 가는 것이에요."

갖추다	◆ 정의 지켜야 할 자세나 태도를 취하다.
	예 웃어른을 대할 때는 예의를 잘 갖추어야 해요.
	● 설명 "어르신을 대할 때 지켜야 할 예의가 있지요? 존댓말도 써야 하고, 인사도 잘 해야 해요. 이렇게 지켜야 할 자세나 태도를 가지는 것을 '갖추다'라고 해요. 어르신을 대할 때에는 예의를 갖춰야 해요."
성장하다	◆ 정의 사람이 꾸준히 노력을 하거나 경험을 쌓아 발전된 모습으로 자라다.
	예 어렸을 때부터 열심히 노래 연습을 한 나나는 훌륭한 가수로 성장을 했어요.
	● 설명 "'성장하다'는 원래 사람이나 동물이 자라서 점점 커진다는 뜻이에요. 그리고 사람이 꾸준히 노력을 하거나 경험을 쌓아 발전되 모습으로 자란다는 뜻도 있어요. 그 선수는 꾸준한 연습과 훈련을 통해 세계적으로 유명한 축구 선수로 성장했어요."

읽기 후 – 10분

1) 교사는 학생들에게 교재의 문제를 풀게 한다.

2) 교사는 학생들과 함께 문제의 답을 확인한다.

> 정답
> 1. (1)× (2)× (3)○
> 2. 혼자 사시는 할머니 할아버지 집에 가서 안마를 해 드리고 말벗이 되어 드렸어요. 그리고 집과 마당을 깨끗이 청소했어요.
> 3. 학생들이 주변의 어려운 이웃에 관심을 갖고, 따뜻한 마음을 갖춘 리더로 성장하기 바라는 마음에서 이 활동을 준비했어요.

3) 교사는 질문을 통해 읽기 내용을 재확인하며 수업을 마무리한다.

   📋 "학생들이 무슨 봉사 활동을 했어요?"

   📋 "여러분은 친구들과 함께 무슨 봉사 활동을 해 보고 싶어요?"

> 교수-학습 지침
> ※ 고등학생 대상 수업의 경우 필수적으로 5분간 다음 활동을 추가로 진행함.
> ➔ 교사는 학생들과 우리 주변에서 봉사를 필요로 하는 곳이 어디 있는지 알아보고, 어떤 봉사를 할 수 있는지 이야기하도록 지도한다.

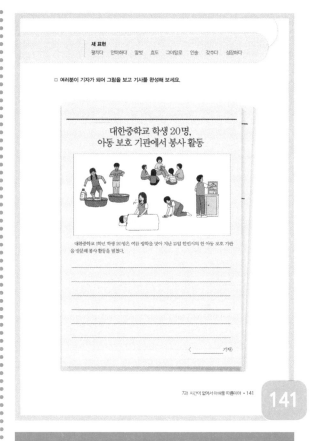

● 10차시 | 읽고 써 봐요 – 쓰기

[학습 목표]
• 기자가 되어 신문 기사를 작성할 수 있다.

본 활동은 기사 제목과 사진을 보고 그에 맞는 기사를 완성해 보도록 하는 활동이다.

쓰기 전 – 5분

1) 교사는 학생들에게 쓰기 내용을 추측할 수 있는 질문을 한다.

   📋 "여러분은 신문을 자주 읽어요?"

   📋 "기억에 남는 신문 기사가 있으면 그 내용을 이야기해 보세요."

   📋 "신문 기사에는 어떤 내용이 들어가야 해요?"

2) 교사는 학생들에게 어떤 쓰기 활동을 할 것인지 명확히 알려 준다.

   📋 "여러분이 기자가 되어 신문 기사를 작성해 볼 거예요."

쓰기 중 – 30분

> 기사 제목과 그림에 어울리는 기사문을 작성하는 활동이다.

1) 교사는 학생늘에게 무엇을 써야 하는지 알려 준다. 그리고 새 표현이 있다면 그 의미를 함께 설명한다.

🔲 "여러분이 기자가 되어서 신문 기사를 쓸 거예요. 우선 신문 기사 제목과 그림을 한번 보세요. 무슨 일이 있었어요?"

🔲 "학생들이 봉사 활동에 참여하게 된 계기나 이유를 쓰세요."

🔲 "학생들이 아동 보호 기관에서 무슨 일을 했는지 쓰세요."

🔲 "이 봉사 활동에 참여한 학생들이 무엇을 느꼈을지 쓰세요."

🔲 "봉사 활동에 참여한 학생들을 만나 인터뷰를 할 거예요. 무슨 질문을 할 거예요? 그리고 학생들은 대답을 어떻게 할까요? 써 보세요."

2) 교사는 학생들에게 신문 기사를 쓰게 한다. 이때 교사는 학생들에게 개별적으로 쓰기 지도를 할 수 있다.

쓰기 후 – 10분

1) 쓰기 활동이 모두 마무리되면 교사는 학생들에게 각자 쓴 것을 발표하게 한다.

2) 교사는 신문 기사를 보면서 학생들이 할 수 있는 봉사 활동에 대해 다시 한번 정리하며 수업을 마무리한다.

교수-학습 지침

※ 고등학생 대상 수업의 경우 필수적으로 5분간 다음 활동을 추가로 진행함.

→ 교사는 학생들에게 수업 중에 지도 받은 내용을 반영해 공책에 글을 다시 쓰게 할 수 있다. 이를 통해 학생들 스스로 자신의 글을 점검하도록 지도한다.

● 메모

힘들더라도 조금만 더 참으세요

● 단원 목표

다른 사람의 이야기를 듣고 권유할 수 있고 다른 사람에게 어떤 일에 대한 의견을 표현할 수 있다.

● 단원 내용

꼭 배워요 (필수)	• 주제: 진로 상담
	• 기능: 권유하기, 의견 표현하기
	• 어휘: 진학과 취업 관련 어휘
	• 문법: -는 반면에, -더라도, -다시피, -곤 하다
문화	• 문화: 한국 청소년들의 앞날을 들여다보다
더 배워요 (선택)	• 대화 1: 장래 희망에 따라 진로를 정하도록 권유하기 • 대화 2: 대학 진학에 대한 의견 표현하기
	• 읽기: 시대별 인기 직업
	• 쓰기: 미래 선호 직업을 예측하고 나의 꿈 이야기하기

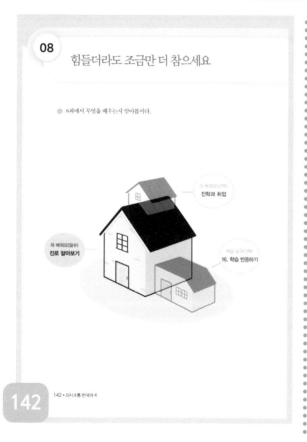

08 힘들더라도 조금만 더 참으세요

◎ 8과에서 무엇을 배우는지 알아봅시다.

더 배워요(선택)
진학과 취업

꼭 배워요(필수)
진로 알아보기

학습 도구(더책)
16. 학습 반응하기

142 · 의사소통 한국어 4

● 수업 개요

<꼭 배워요> 학습 목표

• 다른 사람에게 도움이 되는 일을 권유할 수 있다.
• 어떤 일에 대한 자신의 의견을 표현할 수 있다.

1차시	• 도입 대화를 통해 본 단원의 주제에 대해 이해하고 말할 수 있다.
2차시	• 취업 관련 어휘 및 표현을 알고 활용할 수 있다.
3차시	• 특성화 고등학교에 대한 자신의 의견을 표현할 수 있다. • '-는 반면에'를 사용하여 앞에 오는 말과 뒤에 오는 말이 서로 반대되는 사실이라는 것을 나타낼 수 있다.
4차시	• 수능을 앞둔 선배에게 응원의 말을 전할 수 있다. • '-더라도'를 사용하여 앞에 오는 말을 가정하거나 인정하지만 뒤에 오는 말에는 관계가 없거나 영향을 끼치지 않는다는 것을 나타낼 수 있다.

5차시	• 대학 진학에 대해 고민하는 친구에게 시간을 가지고 생각해 볼 것을 권유할 수 있다. • '-다시피'를 사용하여 듣는 사람이 이미 알고 있는 것과 같다는 것을 나타낼 수 있다.
6차시	• 자주 하는 일에 대해 의견을 표현할 수 있다. • '-곤 하다'를 사용하여 같은 상황이 반복된다는 것을 나타낼 수 있다.

• 1차시 | 복습 및 <꼭 배워요> 도입

[학습 목표]
• 도입 대화를 통해 본 단원의 주제에 대해 이해하고 말할 수 있다.

복습 – 20분

7단원에서 배운 주제 및 문법에 대해 복습한다.

1) 교사는 지난 단원의 주제와 관련된 질문을 하여 학생들에게 학습한 내용을 떠올리게 한다.

🔲 "봉사 활동을 해 본 적이 있어요? 누구를 대상으로, 어떤 봉사 활동을 했어요?"

🔲 "봉사 활동을 한 후 기분이 어땠어요?"

🔲 "해 보고 싶은 봉사 활동이 있어요?"

2) 교사는 '-을 따름이다'와 관련된 질문을 하여 학생들에게 학습한 내용을 떠올리게 한다.

🔲 "친구에게 미안하다고 사과하고 싶은데 뭐라고 말하면 좋을까요?"

🔲 "영어 말하기 대회에서 1등을 한 친구가 있어요. 친구에게 정말 자랑스럽다고 말하고 싶어요. 뭐라고 말하면 좋을까요?"

3) 교사는 '-는 김에'와 관련된 질문을 하여 학생들에게 학습한 내용을 떠올리게 한다.

🔲 "동생이 편의점에 간대요. 컵라면을 하나 사다 달라고 부탁해 볼까요?"

🔲 "독서 동아리 모임이 있어서 도서관에 왔어요. 도서관에 왔으니까 책을 몇 권 빌려야겠어요. 한 문장으로 어떻게 말하면 좋을까요?"

4) 교사는 '-었던'과 관련된 질문을 하여 학생들에게 학습한 내용을 떠올리게 한다.

🔲 "지난주에 친구와 같이 식당에 갔어요. 그때 먹은 음식이 정말 맛있었는데 음식 이름을 몰라요. 그래서 친구에게 물어보고 싶어요. 어떻게 물어보면 좋을까요?"

🔲 "오랜만에 친구를 만났는데 친구가 많이 변했어요. 예전과 어떻게 달라졌는지 말해 볼까요?"

5) 교사는 '-고 해서'와 관련된 질문을 하여 학생들에게 학습한 내용을 떠올리게 한다.

🔲 "무슨 일 있어요? 오늘 왜 이렇게 힘이 없어요?"

🔲 "왜 약속을 취소했어요?"

<꼭 배워요> 도입 – 25분

1) 교사는 학생들에게 이번 단원에서 배울 주제가 무엇인지 추측할 수 있는 질문을 한다. 이때 교재 143쪽에 있는 '함께 이야기해 봐요'에 제시되어 있는 질문을 활용하며 질문에 대해 학생들이 자유롭게 이야기할 수 있도록 한다.

🔲 "여러분은 고등학교를 졸업한 후 무엇을 하고 싶어요?"

🔲 "진로를 선택할 때 무엇을 가장 중요하게 생각해요?"

2) 교사는 이번 단원에서 학습하게 될 주제가 무엇인지 제시한다. 학습 주제가 배우지 않은 어휘나 표현이라면 쉬운 말로 풀어서 설명한 후 학습 주제를 제시한다.

📖 "고등학교 졸업 후 무엇을 하고 싶은지, 진로를 선택할 때 무엇이 중요한지에 대해서 이야기해 봤어요. 8과에서는 진로 상담에 대해 배울 거예요."

3) 교사는 학생들과 함께 교재 143쪽에 있는 대화를 읽어 본다. 그리고 질문을 통해 내용을 확인한다.

📖 "오늘이 무슨 날이에요?"

📖 "두 사람은 내년에도 같은 반에서 공부할 거예요?"

📖 "두 사람이 무엇을 약속했어요?"

● 메모

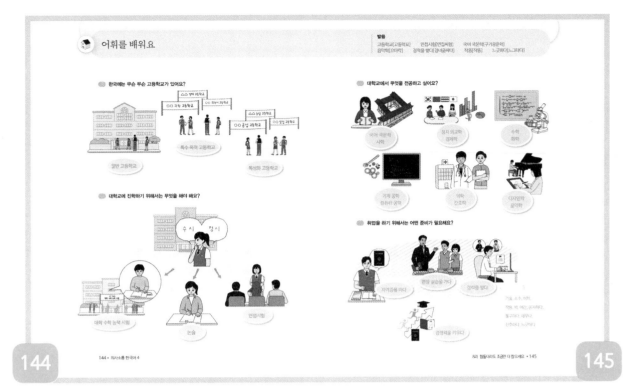

• 2차시 | 어휘를 배워요

[학습 목표]

• 진학과 취업 관련 어휘 및 표현을 알고 활용할 수 있다.

본 단원에는 고등학교 종류와 대학교 진학에 대한 어휘, 대학교 전공과 취업 준비에 관련된 어휘 및 표현이 제시되어 있다.

도입 – 5분

1) 교사는 질문을 통해 학습하게 될 어휘 및 표현을 자연스럽게 노출한다.

　📖 "여러분은 나중에 대학교에 가고 싶어요?"

　📖 "고등학교나 대학교를 졸업한 후 무슨 일을 하고 싶어요?"

2) 교사는 학생들과 제시된 그림을 보며 이야기를 나눈다.

　📖 "144쪽의 그림을 보세요. 한국에는 무슨 고등학교가 있어요? 고등학교를 졸업한 후 대학교에 가려면 어떻게 해야 할까요?"

　📖 "145쪽의 그림을 보세요. 대학교에서 무엇을 공부하고 싶어요? 취업을 하려면 어떻게 해야 할까요?"

전개 – 35분

1. 고등학교의 종류와 대학교 진학 관련 어휘 및 표현이다.

1) 교사는 다음에 제시되는 내용을 참고하여 학생들에게 어휘 및 표현을 설명한다. 이때 새로 등장하는 발음 규칙이 있다면 함께 설명한다.

일반 고등학교	◆ 정의 인문·사회 과정 또는 자연·과학 과정의 일반계 교과 과정을 따르는 고등학교. 예 나는 일반 고등학교에 들어가기로 했어. ● 설명 "학생이 자기 집 주변의 일반 고등학교 몇 군데를 지원하면 추첨을 통해 학교가 정해져요."
특수 목적 고등학교	◆ 정의 특수 분야의 전문적인 교육을 목적으로 하는 고등학교. 예 외국어 고등학교와 과학 고등학교가 대표적인 특수 목적 고등학교예요. ● 설명 "'특수 목적 고등학교'는 특수한 분야의 전문적인 교육을 목적으로 하는 고등학교예요. 외국어 고등학교, 과학 고등학교가 특수 목적 고등학교에 속해요."
특성화 고등학교	◆ 정의 고등 보통 교육 및 특정한 과목을 집중적으로 학습할 수 있도록 시설과 인력을 갖추고 있는 실업 고등학교. 예 고등학교를 졸업한 후에 바로 일을 하고 싶으면 특성화 고등학교에 가는 게 좋아. ● 설명 "'특성화 고등학교'는 고등학교를 졸업한 후에 바로 직업을 가질 수 있도록 교육하는 고등학교를 말해요."
진학하다	◆ 정의 어떤 등급의 학교를 졸업한 뒤, 그보다 높은 등급의 학교에 들어가다. 예 빨리 고등학교를 졸업하고 대학교에 진학했으면 좋겠어요. ● 설명 "초등학교를 졸업한 다음에는 중학교, 중학교를 졸업한 다음에는 고등학교, 고등학교를 졸업한 다음에는 대학교. 이렇게 학교를 졸업한 뒤 그보다 높은 등급의 학교에 들어가는 것을 '진학하다'라고 해요."

대학 수학 능력 시험	◆ **정의** 대학에서 공부할 수 있는 능력을 평가하기 위해 교육부에서 해마다 전국적으로 실시하는 시험. **예** 수능이 얼마 안 남았으니까 열심히 공부해야겠어요. ● **설명** "'대학 수학 능력 시험'은 한국의 대학 입학 시험을 말해요. 줄여서 '수능'이라고도 해요. 매년 11월 중순에 실시돼요."
정시	◆ **정의** 대학에서 일정한 시기에 대학 수학 능력 시험의 결과를 중심으로 하여 입학생을 뽑는 일. **예** 대학마다 정시 기간이 다르니까 잘 확인해야 해요. ● **설명** "대학 수학 능력 시험을 봐서 그 성적을 가지고 대학교에 입학하는 것을 '정시'라고 해요."
수시	◆ **정의** 대학에서 정시 전형 이전에 내신 성적, 면접, 논술 시험 따위의 결과를 중심으로 하여 입학생을 뽑는 일. **예** 수시로 대학교에 입학하려면 많은 준비가 필요해요. ● **설명** "'수시'는 정시와 다른 방법으로 대학교에 입학하는 제도예요. 고등학교 삼 년 동안의 성적과 여러 가지 활동 결과를 가지고 대학교에 지원하고 입학하는 제도예요."
논술	◆ **정의** 어떤 주제에 대한 의견을 논리에 맞게 말하거나 적음. **예** 신문을 읽고 생각을 말하는 연습을 하면 논술을 잘할 수 있어요. ● **설명** "'논술'은 어떤 주제에 대한 의견을 논리에 맞게 말하거나 쓰는 것이에요. 어떤 대학은 수능 후에 논술 시험을 보기도 해요."
면접시험	◆ **정의** 직접 만나서 질문에 대답을 하는 형식으로 응시자를 평가하는 시험. **예** 면접시험을 보는데 너무 떨려서 말을 제대로 못 했어요. ◆ **정보** 유의어 '면접', 참조어 '필기시험' ● **설명** "시험 중에는 직접 만나서 질문에 대답하는 시험도 있지요? 그것을 '면접시험'이라고 해요. 면접시험을 잘 보려면 어떻게 해야 할까요?"

2) 교사는 질문을 통해 학생들이 어휘 및 표현을 잘 이해했는지 확인한다.

🔳 "한국에는 무슨 무슨 고등학교가 있어요?"

🔳 "대학교에 진학하기 위해서는 무엇을 해야 해요?"

---

2. 대학교 전공 및 취업 준비 관련 어휘 및 표현이다.

1) 교사는 다음에 제시되는 내용을 참고하여 학생들에게 어휘 및 표현을 설명한다. 이때 새로 등장하는 발음 규칙이 있다면 함께 설명한다.

전공하다	◆ **정의** 어떤 분야를 전문적으로 연구하거나 공부하다. **예** 대학교에서 법학을 전공한 후 변호사가 되고 싶어요. ● **설명** "대학교에 가면 어떤 분야를 전문적으로 공부하게 되는데 그것을 '전공하다'라고 해요. 여러분은 나중에 무엇을 전공하고 싶어요?"
국어 국문학	◆ **정의** 한국 사람들이 사용하는 국어와 국어로 된 문학을 연구하는 학문. **예** 우리 국어 선생님은 대학교에서 국어국문학을 전공하셨어요. ● **설명** "국어 국문학을 전공한 사람은 신문사, 방송국, 광고 회사 등에 취직하는 경우가 많아요."
사학	◆ **정의** 남아 있는 자료를 통해 과거의 사람들이 살던 모습을 연구하는 학문. **예** 저는 역사에 관심이 많아서 나중에 사학을 전공하고 싶어요. ● **설명** "'사학'은 남아 있는 자료를 통해 과거의 사람들이 살던 모습을 연구하는 학문이에요. '역사학'이라고도 해요."
정치 외교학	◆ **정의** 정치 현상이나 외교에 관한 이론과 실제를 연구하는 학문. **예** 민우는 정치에 관심이 많으니까 정치 외교학을 전공하면 좋을 것 같아요. ● **설명** "정치 현상을 연구하는 학문인 '정치학'과 다른 나라와 관계를 맺는 일에 대해 연구하는 학문인 '외교학'을 한꺼번에 가리켜 '정치 외교학'이라고 해요."
경제학	◆ **정의** 경제 현상을 분석하고 연구하는 학문. **예** 오늘 뉴스에서 경제학 전문가가 나와서 다양한 경제 현상에 대해 설명해 주었어요. ● **설명** "'경제학'은 경제 현상을 분석하고 연구하는 학문이에요."
화학	◆ **정의** 물질의 구조, 성분, 변화 등에 관해 연구하는 자연 과학의 한 분야. **예** 화학 시간에는 다양한 실험을 해요. ● **설명** "(대표적인 화학 기호인 H_2O, CO_2 등을 보여 주며) '화학'은 과학의 한 분야로 물질의 구조, 변화 등에 관해 연구해요."
기계 공학	◆ **정의** 기계와 기계에 관련된 내용들을 연구하는 학문. **예** 호민이는 기계 공학을 전공한 후 로봇을 만들고 싶대요. ● **설명** "(기계 설비 그림을 보여 주며) '기계 공학'은 다양한 기계를 설계하고 만들고 또 운전하는 것에 관해 연구하는 학문이에요."
컴퓨터 공학	◆ **정의** 컴퓨터나 컴퓨터 하드웨어의 분석·실험·설계 따위를 공학적 방법으로 연구하는 학문. **예** 소연이는 컴퓨터를 좋아하고 잘하니까 컴퓨터 공학을 전공하면 좋을 거 같아요. ● **설명** "(컴퓨터 그림을 보여 주며) '컴퓨터 공학'은 컴퓨터에 관해 연구하는 학문이에요."

의학	◆ 정의 사람의 질병을 치료하고 예방하는 방법이나 이론, 기술 등을 연구하는 학문. 예 그동안 의학 분야가 큰 발전을 이루었지만 아직도 치료할 수 없는 병이 많아요. ● 설명 "(의사 그림을 보여 주며) '의학'은 사람의 질병을 치료하고 예방하는 방법이나 이론, 기술 등을 연구하는 학문이에요. '의학'을 전공하려면 예과 2년, 본과 4년 총 6년을 다녀야 해요. 예과 2년 과정을 가리켜 '의예학'이라고 하는데 의학과 구별하지 않고 사용해요."
간호학	◆ 정의 간호에 관한 이론과 실제를 연구하는 학문. 예 우리 이모는 간호학을 전공한 후 병원에서 간호사로 일하고 있어요. ● 설명 "(간호사 그림을 보여 주며) '간호학'은 사람의 건강을 위해 병이 낫도록 돕는 일에 관한 학문이에요."
디자인학	◆ 정의 실용성이 있으면서 아름다운 모습을 갖추도록 의상이나 제품, 작품, 건축물 등을 설계하거나 도안하는 것을 연구하는 학문. 예 디자인학은 분야에 따라 패션 디자인, 산업 디자인 등으로 나눌 수 있어요. ● 설명 "(의상 디자이너 그림을 보여 주며) '디자인학'은 실용적이면서 아름다운 모습을 갖추도록 옷, 제품, 건축물 등을 설계하는 학문이에요."
음악학	◆ 정의 음악에 대한 학문적 연구를 통틀어 이르는 말. 예 우리 오빠는 대학에서 음악학을 전공하고 있어. ● 설명 "'음악학'은 음악에 대한 다양한 분야를 연구하는 학문이에요."
취업	◆ 정의 일정한 직업을 얻어서 직장에 나감. 예 고등학교를 졸업하고 대학교에 진학할지 취업을 할지 고민이에요. ● 설명 "'취업'은 직업을 구해서 직장에 나가는 것을 말해요. 대학교에 진학을 할지 취업을 할지 고민하는 고등학생들이 많아요."
따다	◆ 정의 자격이나 점수를 얻거나 받다. 예 영수는 컴퓨터 자격증을 따기 위해 매일 시험 준비를 하고 있어요. ● 설명 "자격증 시험에 합격하면 자격증을 받을 수 있지요? 자격이나 점수를 받는다는 뜻으로 '따다'가 있어요. 여러분은 무슨 자격증을 따고 싶어요?"
현장 실습	◆ 정의 학교에서 배운 이론을 현장에서 직접 적용하여 보고 익히는 일. 예 현장 실습을 해 보니까 교실에서 배운 것과 많이 다른 것 같아요. ● 설명 "'현장 실습'은 일을 실제로 하는 곳에 가서 배운 기술이나 지식을 직접 해 보면서 익히는 것을 말해요. 특성화 고등학교에서 자동차에 대해 공부하는 학생은 자동차 회사에 가서 현장 실습을 할 수 있어요."
경력	◆ 정의 이제까지 가진 학업, 직업, 업무와 관련된 경험. 예 무역 회사에서 근무한 경력이 있어요. ● 설명 "'경력'은 지금까지의 학업, 직업, 업무와 관련된 경험을 말해요. 경력이 많으면 일을 잘 할 수 있겠지요? 그러니까 경력을 쌓는 것이 중요해요."
경쟁력	◆ 정의 경쟁할 만한 힘이나 능력. 예 이미 취업을 했더라도 경쟁력을 키우기 위해 꾸준히 노력해야 해요. ● 설명 "어떤 분야에서 이기려고 서로 겨루는 것을 '경쟁하다'라고 해요. 운동선수들은 경기에서 항상 경쟁해요. '경쟁력'은 경쟁할 만한 힘이나 능력을 말해요. 좋은 회사에 취업을 하려면 경쟁력을 키워야 해요."

2) 교사는 질문을 통해 학생들이 어휘 및 표현을 잘 이해했는지 확인한다.

- 🖾 "대학교에서 무엇을 전공하고 싶어요?"
- 🖾 "취업을 하기 위해서는 어떤 준비가 필요해요?"

정리 – 5분

교사는 질문을 통해 어휘 및 표현 학습을 마무리한다.

- 🖾 "대학교에 진학하려면 무슨 시험을 봐야 해요?"
- 🖾 "여러분은 무슨 전공에 관심이 있어요?"
- 🖾 "취업 전에 경쟁력을 키울 수 있는 방법에 대해 이야기해 보세요."

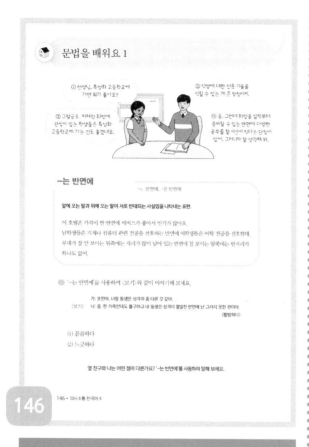

• 3차시 | 문법을 배워요 1

[학습 목표]

- 특성화 고등학교에 대한 자신의 의견을 표현할 수 있다.
- '-는 반면에'를 사용하여 앞에 오는 말과 뒤에 오는 말이 서로 반대되는 사실이라는 것을 나타낼 수 있다.

도입 – 5분

1) 교사는 학생들에게 대화문을 읽게 한다. 그리고 학생들이 대화 상황을 이해했는지 확인 질문을 한다.
   - 📖 "와니는 무엇 때문에 고민을 하고 있어요?"
   - 📖 "어떤 학생이 특성화 고등학교에 진학하면 좋을까요?"

2) 교사는 학생들에게 목표 문법의 의미를 추측할 수 있는 질문을 한다.
   - 📖 "특성화 고등학교는 장점도 있지만 단점도 있어요. 장단점을 말해 볼까요?"

전개 – 35분

다음의 절차에 따라 문법에 대해 설명한다. 그리고 새로 제시되는 어휘 및 표현이 있다면 그 의미를 함께 설명한다.

[설명]

📖 "'-는 반면에'는 앞에 오는 말과 뒤에 오는 말이 서로 반대되는 사실일 때 사용해요."

[예시]

- 저 가수는 노래는 잘하는 반면에 춤은 잘 못 춰요.
- 영어 시험은 잘 본 반면에 수학 시험은 잘 못 봤어요.
- 저는 항상 용돈이 부족한 반면에 제 동생은 항상 용돈이 남아요.

[정보]

▶ 형태 정보:

	받침 ○	받침 X, 'ㄹ' 받침
동사	-는 반면에	
형용사	-은 반면에	-ㄴ 반면에

	받침 ○	받침 X, 'ㄹ' 받침
동사 과거	-은 반면에	-ㄴ 반면에

① 동사 어간 끝음절의 받침 유무와 관계없이 '-는 반면에'를 쓴다. 단 'ㄹ' 받침으로 끝날 때는 'ㄹ'이 탈락한다.

② 형용사 어간 끝음절에 받침이 있으면 '-은 반면에', 형용사 어간 끝음절에 받침이 없거나 'ㄹ' 받침으로 끝나면 '-ㄴ 반면에'를 쓴다. 단 'ㄹ' 받침으로 끝날 때는 'ㄹ'이 탈락한다.

③ '있다, 없다'나 '있다, 없다'가 붙어서 만들어진 합성어 '재미있다, 재미없다, 맛있다, 맛없다' 등의 형용사는 '-는 반면에'를 쓴다.

④ 과거의 경우 동사 어간 끝음절에 받침이 있으면 '-은 반면에', 동사 어간 끝음절에 받침이 없거나 'ㄹ' 받침으로 끝나면 '-ㄴ 반면에'를 쓴다. 단 'ㄹ' 받침으로 끝날 때는 'ㄹ'이 탈락한다.

▶ 제약 정보:

① 과거 '-었-', 미래 · 추측의 '-겠-'과 결합하지 않는다.
   - 동생은 일찍 잤는 반면에 저는 늦게 잤어요. (X)
   - 큰 회사에 취직하면 돈을 많이 벌겠는 반면에 많이 바쁠 것 같아요. (X)

▶ 주의 사항:

① 초급에서 학습한 '-지만' 역시 앞의 내용과 반대되는 사실임을 나타내지만 '-지만'은 문어와 구어에서 다 잘 사용되나 '-는 반면에'는 주로 격식적인 문어에서 주로 사용된다. 그리고 '-지만'은 과거 '-었-', 미래 · 추측의 '-겠-'과 결합할 수 있으며 앞의 내용과 반대되는 사실뿐만 아니라 다른 추가적인 정보를 말할 수도 있다.

교사는 문법을 설명한 뒤 '연습 문제'를 통해 학생들이 문법을 이해했는지 확인한다.

> **정답**
> (1) 꼼꼼한 반면에
> (2) 느긋한 반면에

어휘 및 표현

기술	◆ **정의** 과학 이론을 실제로 적용하여 인간 생활에 쓸모가 있게 하는 수단. 📖 기술을 배워서 빨리 취업을 하고 싶어요. ● **설명** "자동차를 고치는 사람은 자동차에 대한 이론을 알고 그것을 실제로 적용할 줄 알아야 해요. 다시 말해 '기술'이 필요해요. 기술은 어떤 사물이 우리 생활에 유용하게 만드는 수단을 말해요."
어학	◆ **정의** 언어를 연구하는 학문. 📖 저는 언어에 소질이 있으니까 어학 분야를 전공하고 싶어요. ● **설명** "'어학'은 언어를 연구하는 학문이에요. 언어에 관심이 있는 사람은 어학을 전공하세요."
선호하다	◆ **정의** 여럿 가운데서 어떤 것을 특별히 더 좋아하다. 📖 학생들은 가볍고 작은 노트북을 선호하는 편이에요. ● **설명** "'선호하다'는 여러 가지 가운데에서 어떤 것을 특별히 더 좋아한다는 뜻이에요. 여러분은 어떤 직업을 선호해요?"
불구하다	◆ **정의** 상관하지 않다. 📖 궂은 날씨에도 불구하고 야외 공연장이 관객들로 꽉 찼어요. ● **설명** "'불구하다'는 상관하지 않는다는 뜻이에요. '에도 불구하고'로 주로 사용되는데 이것은 어떤 일에 상관하지 않는다는 뜻이에요. 호민이는 부모님의 반대에도 불구하고 특성화 고등학교에 진학하기로 했어요."
느긋하다	◆ **정의** 서두르지 않고 마음의 여유가 있다. 📖 이번 연휴에는 늦잠도 자고 텔레비전도 보면서 느긋하게 시간을 보낼 생각이에요. ● **설명** "'느긋하다'는 서두르지 않고 마음의 여유가 있다는 뜻이에요. 사람의 성격을 말할 때 많이 사용돼요."

> **교수-학습 지침**
> ※ 고등학생 대상 수업의 경우 필수적으로 5분간 다음 활동을 추가로 진행함.
> ➔ 교사는 학생들에게 목표 문법을 활용할 수 있는 새로운 화제를 제시한다.
> 📚 "우리 학교의 장점과 단점이 뭐예요? '-는 반면에'를 사용해서 말해 보세요."
>
> > **예시 답안**
> > 우리 학교는 학교 건물은 큰 반면에 운동장은 좁아요. 우리 학교는 경치는 좋은 반면에 높은 곳에 있어서 다니기 힘들어요.

정리 – 5분

1) 교사는 학생들에게 대화문을 다시 한번 읽게 한다.

2) 교사는 교재에 제시된 열린 질문을 통해 학생들에게 배운 문법을 활용하여 자유롭게 이야기를 나누게 한다.
   📚 "옆 친구와 나는 어떤 점이 다른가요? '-는 반면에'를 사용하여 말해 보세요."

> **예시 답안**
> 옆 친구는 운동을 잘하는 반면에 저는 운동을 못 해요. 옆 친구는 시력이 좋은 반면에 저는 시력이 나빠요.

147

• 4차시 | 문법을 배워요 2

[학습 목표]

- 수능을 앞둔 선배에게 응원의 말을 할 수 있다.
- '-더라도'를 사용하여 앞에 오는 말을 가정하거나 인정하지만 뒤에 오는 말에는 관계가 없거나 영향을 끼치지 않는다는 것을 나타낼 수 있다.

도입 - 5분

1) 교사는 학생들에게 대화문을 읽게 한다. 그리고 학생들이 대화 상황을 이해했는지 확인 질문을 한다.

  📺 "수능이 얼마나 남았어요?"

  📺 "선배는 왜 열심히 공부하기로 마음먹었어요?"

2) 교사는 학생들에게 목표 문법의 의미를 추측할 수 있는 질문을 한다.

  📺 "수호는 뭐라고 말하면서 선배를 응원했어요?"

전개 - 35분

다음의 절차에 따라 문법에 대해 설명한다. 그리고 새로 제시되는 어휘 및 표현이 있다면 그 의미를 함께 설명한다.

[설명]

📺 "'-더라도'는 앞에 오는 말을 가정하거나 인정하지만 뒤에 오는 말에는 관계가 없거나 영향을 끼치지 않을 때 사용해요."

[예시]

- 바쁘더라도 식사는 꼭 챙겨 드세요.
- 부탁을 거절하기 곤란하더라도 못 할 것 같으면 솔직히 이야기해야 해요.
- 동생이 귀찮게 하더라도 싸우면 안 돼.

[정보]

▶ 형태 정보:

	받침 O	받침 X
동사, 형용사	-더라도	

① 동사 및 형용사 어간 끝음절의 받침 유무에 관계없이 '-더라도'를 쓴다.

② '이다, 아니다'는 '더라도'를 쓴다. 단, '이다' 앞의 명사에 받침이 없으면 주로 '명사+더라도'라고 쓴다.

▶ 주의 사항:

① 흔히 부사 '아무리', '비록'과 함께 쓰여 '-더라도'의 의미를 강조한다.

② '-더라도'는 '-어도'와 의미가 비슷하지만 '-더라도'는 '-어도'에 비해 더 가정적이며 실현 가능성이 낮다.

[확인]

교사는 문법을 설명한 뒤 '연습 문제'를 통해 학생들이 문법을 이해했는지 확인한다.

> **정답**
> (1) 음식이 완성되려면, 배고프더라도
> (2) 공연이 시작되려면, 빨리 보고 싶더라도

> **교수-학습 지침**
> ※ 고등학생 대상 수업의 경우 필수적으로 5분간 다음 활동을 추가로 진행함.
> → 교사는 학생들에게 목표 문법을 활용할 수 있는 새로운 화제를 제시한다.
>   📺 "엄마는 항상 우리를 걱정하세요. 엄마가 '-더라도'를 사용해 자주 하시는 말씀을 말해 보세요."
>
> > **예시 답안**
> > 학교에 늦더라도 밥은 먹고 가야지. 할 일이 많더라도 너무 늦게 자면 안 돼.

1) 교사는 학생들에게 대화문을 다시 한번 읽게 한다.

2) 교사는 교재에 제시된 열린 질문을 통해 학생들에게 배운 문법을 활용하여 자유롭게 이야기를 나누게 한다.
   - 🔲 "어떤 일을 하기가 힘들어도 해야 할 때가 있어요? '-더라도'를 사용하여 말해 보세요."

> 예시 답안
> 수학 공식이 길고 복잡하더라도 외워야 해요. 개근상을 받기 위해서는 아프더라도 학교에 가야 해요.

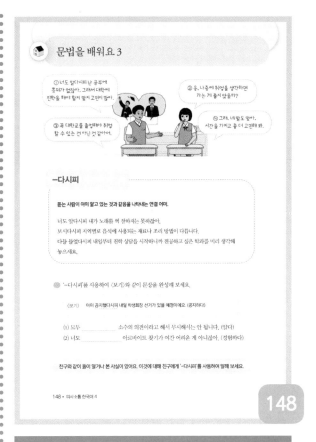

148 · 의사소통 한국어 4

148

• 5차시 | 문법을 배워요 3

[학습 목표]

- 대학 진학에 대해 고민하는 친구에게 시간을 가지고 생각해 볼 것을 권유할 수 있다.
- '-다시피'를 사용하여 듣는 사람이 이미 알고 있는 것과 같다는 것을 나타낼 수 있다.

도입 – 5분

1) 교사는 학생들에게 대화문을 읽게 한다. 그리고 학생들이 대화 상황을 이해했는지 확인 질문을 한다.
   - 🔲 "정호가 무슨 문제 때문에 고민하고 있어요?"
   - 🔲 "선영이는 대학교 진학에 대해 어떤 생각을 가지고 있어요?"

2) 교사는 학생들에게 목표 문법의 의미를 추측할 수 있는 질문을 한다.
   - 🔲 "선영이는 정호가 공부를 별로 좋아하지 않는다는 것을 이미 알고 있어요. 이것에 대해 이야기를 할 때 정호가 선영이에게 어떻게 이야기했어요?"

전개 – 35분

> 다음의 절차에 따라 문법에 대해 설명한다. 그리고 새로 제시되는 어휘 및 표현이 있다면 그 의미를 함께 설명한다.

[설명]

🔲 "'-다시피'는 듣는 사람이 이미 알고 있는 것과 같다는 것을 나타낼 때 사용해요."

[예시]

· 보다시피 내가 다리를 다쳐서 축구 경기에 못 나갈 것 같아.
· 다들 아시다시피 다음 주까지 공사가 진행될 예정입니다.
· 어제 이야기했다시피 저는 금요일 오후에 다른 일정이 있어요.

[정보]

▶ 형태 정보:

	받침 O	받침 X
동사	-다시피	

	ㅏ, ㅗ	ㅓ, ㅜ, ㅣ…	하다
동사 과거	-았다시피	-었다시피	-였다시피

① 동사 어간 끝음절의 받침 유무에 관계없이 '-다시피'를 쓴다.

② 과거의 경우 동사 어간 끝음절의 모음이 'ㅏ, ㅗ'인 경우 '-았다시피', 동사 어간 끝음절의 모음이 'ㅏ, ㅗ'가 아닌 경우 '-었다시피', '-하다'가 붙은 동사 어간에는 '-였다시피'를 쓰는데, 흔히 줄여서 '-했다시피'로 쓴다.

▶ 제약 정보:

① 형용사와 결합하지 않는다. 단, '있다, 없다'는 결합할 수 있다.

▶ 주의 사항:

① 듣는 사람이 이미 알고 있는 것과 같음을 나타낼 경우 '알다, 보다, 느끼다, 짐작하다' 등의 동사와 잘 결합한다.

② '-다시피'는 문어와 구어에서 모두 사용될 수 있다. 과거의 어떤 상태만을 나타낼 때는 문맥에 따라 '-었-'이 결합하기도 한다.

③ '-다시피'는 앞 절의 동작에 가까움을 나타내기도 하는데 이럴 경우 '-다시피 하다'의 형태로 사용된다.

· 영수는 시험공부를 하느라고 도서관에서 살다시피 해요.

[확인]

교사는 문법을 설명한 뒤 '연습 문제'를 통해 학생들이 문법을 이해했는지 확인한다.

> 정답
> (1) 알다시피, 아시다시피
> (2) 경험했다시피

어휘 및 표현

썩	◆ 정의 마음에 들 정도로 아주. 예 선물 받은 옷이 썩 마음에 들지 않아요. ● 설명 "'썩'은 마음에 들 정도로 아주라는 뜻이에요. '썩 -지(는) 않다', '썩 -지(는) 못하다'로 많이 사용되는데 이것은 마음에 들 정도로 그렇게 -지 않다는 의미예요."
공지하다	◆ 정의 많은 사람들에게 어떤 내용을 널리 알리다. 예 선생님이 소풍 날짜와 장소를 공지해 주셨어요. ● 설명 "시험이 있으면 선생님이 여러분에게 언제, 무슨 시험이 있다고 알려 주지요? 많은 사람들에게 어떤 내용을 널리 알리는 것을 '공지하다'라고 해요."
소수	◆ 정의 적은 수. 예 그 의견에 찬성한 사람은 소수에 불과해요. ◆ 정보 반의어 '다수' ● 설명 "'소수'는 적은 수라는 뜻이에요. 반대의 뜻으로는 많은 수를 의미하는 '다수'가 있어요."
여간	◆ 정의 보통의 정도로. 예 전공을 선택하는 것은 여간 중요한 일이 아니에요. ● 설명 "'여간'은 보통의 정도로라는 뜻이에요. 보통 '여간 -지 않다', '여간 -는/은/ㄴ 것이 아니다'로 사용되는데 아주 그렇다는 의미예요. 예를 들면 '산에 갔다 왔더니 아주 피곤해.'를 '산에 갔다 왔더니 여간 피곤한 게 아니야.'라고 말할 수 있어요."

> 교수-학습 지침
> ※ 고등학생 대상 수업의 경우 필수적으로 5분간 다음 활동을 추가로 진행함.
> ➡ 교사는 학생들에게 목표 문법을 활용할 수 있는 새로운 화제를 제시한다.
> 🔲 "선생님이 공지하신 학교 일정을 '-다시피'를 사용해서 친구들에게 알려 주세요."

> 예시 답안
> 너희도 알다시피 다음 달에 체육 대회가 있어. 선생님께서 말씀하셨다시피 곧 중간고사 기간이야.

정리 - 5분

1) 교사는 학생들에게 대화문을 다시 한번 읽게 한다.

2) 교사는 교재에 제시된 열린 질문을 통해 학생들에게 배운 문법을 활용하여 자유롭게 이야기를 나누게 한다.

🔲 "친구와 같이 둘이 알거나 본 사실이 있어요. 이것에 대해 친구에게 '-다시피'를 사용하여 말해 보세요."

> 예시 답안
> 너도 알다시피 내가 길을 잘 못 찾잖아. 너도 어제 봤다시피 내 동생이 좀 어려.

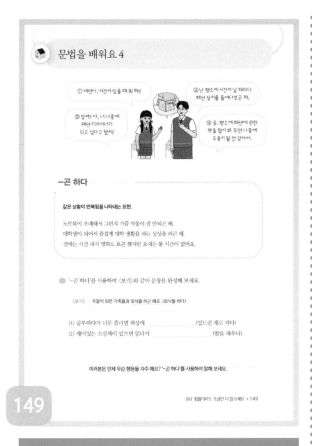

● 6차시 | 문법을 배워요 4

[학습 목표]

* 자주 하는 일에 대해 의견을 표현할 수 있다.
* '-곤 하다'를 사용하여 같은 상황이 반복된다는 것을 나타낼 수 있다.

도입 – 5분

1) 교사는 학생들에게 대화문을 읽게 한다. 그리고 학생들이 대화 상황을 이해했는지 확인 질문을 한다.

📰 "세인이는 꿈이 뭐예요?"

📰 "세인이가 무슨 책을 자주 봐요?"

2) 교사는 학생들에게 목표 문법의 의미를 추측할 수 있는 질문을 한다.

📰 "세인이는 시간이 날 때마다 뭐 해요?"

전개 – 35분

다음의 절차에 따라 문법에 대해 설명한다. 그리고 새로 제시되는 어휘 및 표현이 있다면 그 의미를 함께 설명한다.

[설명]

📰 "'-곤 하다'는 같은 상황이 반복된다는 것을 나타낼 때 사용해요."

[예시]

* 기분이 우울할 때에는 신나는 음악을 듣곤 해.
* 어렸을 때 방학이 되면 외갓집에서 지내곤 했어요.
* 예전에는 친구들과 자주 통화를 하곤 했는데 요즘에는 바빠서 그렇게 못 해요.

[정보]

▶ 형태 정보:

	받침 O	받침 X
동사	-곤 하다	

① 동사 어간 끝음절의 받침 유무에 관계없이 '-곤 하다'를 쓴다.

▶ 주의 사항:

① '항상', '자주', '가끔' 등과 같은 빈도 부사와 함께 사용할 수 있다.

② 과거나 현재의 일에는 사용되지만 미래의 일은 표현하지 못한다.

③ 과거의 일을 나타낼 때에는 '-곤 했다'의 형태로 사용된다.

④ '죽다, 결혼하다, 입학하다, 졸업하다, 가입하다' 등과 같이 한 번 하는 행동에는 사용할 수 없다.

[확인]

교사는 문법을 설명한 뒤 '연습 문제'를 통해 학생들이 문법을 이해했는지 확인한다.

정답

(1) 엎드린 채로 자곤 해요

(2) 밤을 새우곤 해요

어휘 및 표현

작동	◆ 정의 기계 등이 움직여 일함. 또는 기계 등을 움직여 일하게 함. 예 갑자기 냉장고가 작동을 멈췄어요. ● 설명 "'작동'은 기계가 제대로 움직이는 것을 말해요. 에어컨에 문제가 생겨서 켜지지 않거나 돌아가지 않으면 '작동이 안 되다', '작동을 멈추다'라고 말할 수 있어요."
새우다	◆ 정의 잠을 자지 않고 밤을 지내다. 예 발표 준비를 하느라 밤을 새웠더니 너무 졸려요. ● 설명 "할 일이 많으면 밤에 잠을 자지 않고 일을 하지요? 잠을 자지 않고 밤을 지내는 것을 '새우다'라고 하고 보통 밤을 새운다고 말해요."

교수-학습 지침

※ 고등학생 대상 수업의 경우 필수적으로 5분간 다음 활동을 추가로 진행함.

➔ 교사는 학생들에게 목표 문법을 활용할 수 있는 새로운 화제를 제시한다.

🏫 "여러분은 스트레스가 많이 쌓였을 때 어떻게 스트레스를 풀어요? '-곤 하다'를 사용해서 말해 보세요."

예시 답안

저는 스트레스가 쌓이면 맛있는 음식을 먹곤 해요. 스트레스를 풀기 위해 혼자 노래방에 가서 노래를 부르곤 해요.

정리 - 5분

1) 교사는 학생들에게 대화문을 다시 한번 읽게 한다.

2) 교사는 교재에 제시된 열린 질문을 통해 학생들에게 배운 문법을 활용하여 자유롭게 이야기를 나누게 한다.

🏫 "여러분은 언제 무슨 행동을 자주 해요? '-곤 하다'를 사용하여 말해 보세요."

예시 답안

수업이 끝나고 집에 갈 때 친구랑 떡볶이를 사 먹곤 해요. 점심시간에 친구들과 농구를 하곤 해요.

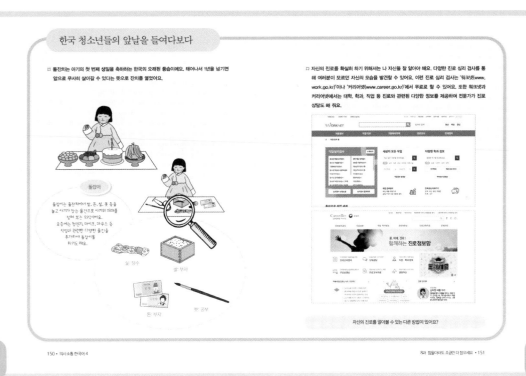

• 문화

[학습 목표]
- 한국의 돌잔치 문화에 대해 알 수 있다.
- 자신의 진로에 대해 이야기할 수 있다.

1) 질문을 통해 학생들에게 주제를 추측하게 한다.
   🎓 "나중에 여러분이 무슨 일을 할지 예측할 수 있어요?"
   🎓 "사람의 미래를 알 수 있는 방법이 있을까요?"

2) 교재 150쪽을 보며 한국의 돌잔치와 돌잡이 문화에 대해 설명한다.

더 알아보기

연령	이름	연령	이름
20세	약관(弱冠)	77세	희수(喜壽)
40세	불혹(不惑)	80세	팔순(八旬)
50세	지천명(知天命)	88세	미수(米壽)
61세	환갑(還甲)	90세	구순(九旬)
62세	진갑(進甲)	99세	백수(白壽)
70세	고희(古稀)	100세	천수(天壽)

교수-학습 지침
교사는 돌잡이처럼 사람의 미래를 추측할 수 있는 손금과 관상에 대해 이야기 나누는 문화 활동을 진행할 수 있다. 손금과 관상을 보는 대표적인 방법 몇 가지를 소개하면서 학생들이 짝 활동이나 그룹 활동을 통해 서로 손금과 관상을 봐 주도록 지도한다. 이때 긍정적인 내용을 준비해 학생들이 미래에 대한 희망을 가질 수 있도록 지도한다.

3) 교재 151쪽을 보며 진로 탐색을 도와주는 인터넷 사이트에 대해 설명한다.

4) 진로를 알아볼 수 있는 다른 방법에 대해 이야기해 보도록 한다.
   🎓 "교재에 나와 있는 인터넷 사이트 말고 또 어떤 방법으로 진로를 알아볼 수 있어요? 알고 있는 것이 있으면 친구에게 소개해 주세요."

08 더 배워요

학습 목표
상대방에게 자신과 같은 생각을 하도록 권유할 수 있다.
상대방의 이야기를 듣고 자신의 의견을 표현할 수 있다.
시대별 인기 직업에 대한 글을 읽고 미래 인기 직업에 대해 소개할 수 있다.

◎ 8과에서 무엇을 배우는지 알아봅시다.

더 배워요(선택)
진학과 취업

꼭 배워요(필수)
진로 알아보기

학습 도구(선택)
16. 학습 반응하기

웹툰 작가가 되고 싶어요.

통역사가 되고 싶어요.

진학과 취업

대학교에 진학해야 할지 고민이에요.

무슨 고등학교에 갈지 생각 중이에요.

함께 이야기해 봐요

1. 여러분이 알고 있는 독특한 직업이 있어요?

2. 예전에는 무슨 직업이 인기가 있었을까요?

〈더 배워요〉 학습 목표

- 상대방에게 자신과 같은 생각을 하도록 권유할 수 있다.
- 상대방의 이야기를 듣고 자신의 의견을 표현할 수 있다.

7차시	• 진로에 대한 고민을 듣고 어떻게 하면 좋을지 권유할 수 있다.
8차시	• 진학을 할지 취업을 할지 고민하는 친구에게 자신의 의견을 표현할 수 있다.
9차시	• 시대별 인기 직업에 대한 글을 읽고 이해할 수 있다.
10차시	• 미래 인기 직업을 예측하고 나의 꿈 이야기를 쓸 수 있다.

〈학습 도구 한국어〉 학습 목표

7~8차시	• 학습 반응하기에서 준거 설정하기에 대해 안다.
9~10차시	• 학습 반응하기에서 가치 판단하기에 대해 안다.

• 7차시 | 〈더 배워요〉 도입 및 대화해 봐요 1

도입 – 5분

1) 〈꼭 배워요〉의 목표 어휘 및 문법 등을 확인할 수 있는 질문을 통해 학생들이 해당 표현을 사용하여 답할 수 있도록 유도한다.

📖 "대학교에 진학하려면 어떻게 해야 해요?"

📖 "취업하려면 무슨 준비가 필요해요?"

📖 "고등학교 졸업 후 대학교에 진학하면 어떤 점이 좋아요?"

📖 "고등학교 졸업 후 바로 취업하면 어떤 장단점이 있을까요?"

📖 "시험을 앞둔 친구에게 응원의 말을 하고 싶어요. 어떻게 말하면 좋을까요?"

2) '대화해 봐요 1, 2'에서 학습할 내용을 대표하는 네 개의 그림들을 확인하며 학생들이 앞으로 배우게 될 주제 및 내용을 추측할 수 있도록 한다.

📖 "수호가 무엇을 하고 있어요?"

📖 "여러분은 웹툰을 좋아해요? 자주 봐요?"

📖 "영수가 무엇을 하고 있어요?"

📖 "여러분은 무슨 외국어를 할 줄 알아요?"

📖 "수호가 무엇을 고민하고 있어요?"

📖 "대학교에 간다면 무엇을 공부할지 결정했어요? 가족들은 여러분이 무엇을 전공하기 바라요?"

📖 "신영이가 무엇을 고민하고 있어요?"

📖 "여러분은 무슨 고등학교에 진학하고 싶어요(싶었어요)?"

3) '함께 이야기해 봐요'에 제시된 질문을 통해 이야기를 나눔으로써 '읽고 써 봐요'에서 학습할 내용을 추측하게 한다.

📖 "여러분이 알고 있는 독특한 직업이 있어요?"

📖 "예전에는 무슨 직업이 인기가 있었을까요?"

[학습 목표]
• 진로에 대한 고민을 듣고 어떻게 하면 좋을지 권유할 수 있다.
• 부가 문법: -다 보면
• 목표 표현: -다면 -는 것도 고려해 봐
            -지 말고 -어 보도록 -어

본 대화는 선생님이 웹툰 작가가 꿈인 정호와 상담을 하면서 정호가 꿈을 이루기 위해서 어떻게 해야 할지 조언해 주고 있는 상황이다.

도입 - 5분

1) 교사는 학생들에게 '대화해 봐요 1'의 내용을 추측할 수 있는 질문을 한다.

📖 "여러분은 꿈이 뭐예요?"

📖 "그 꿈을 이루기 위해서는 어떤 노력이 필요해요?"

2) 교사는 학생들에게 154쪽의 첫 번째 QR 코드 속 영상을 보게 한다.

📖 "와니와 영수가 정호를 부러워하고 있어요. 왜 그런지 함께 확인해 봐요."

3) 교사는 학생들이 대화 내용을 잘 이해했는지 질문을 한다. 그리고 새 표현이 있다면 그 의미를 함께 설명한다.

📖 "영수가 와니에게 무엇을 빌려 달라고 했어요?"

📖 "두 사람은 왜 정호를 부러워하고 있어요?"

어휘 및 표현

탐색	◆ 정의 알려지지 않은 사물이나 현상을 찾아내거나 밝히기 위해 살피어 찾음. 예 우리 학교에서는 학생들의 진로 탐색에 도움이 될 수 있도록 진로 상담을 진행하고 있어요. ● 설명 "'탐색'은 알려지지 않은 것을 찾는 것이에요. 여러분의 적성이 무엇인지 찾는 것은 적성 탐색, 앞으로 나아갈 길을 찾는 것은 진로 탐색이라고 해요."
책자	◆ 정의 글이나 그림 등을 인쇄하여 묶어 놓은 것. 예 여행 책자에 여행지에 대한 유용한 정보가 많이 있어요. ● 설명 "'책자'는 글이나 그림 등을 인쇄해 묶어 놓은 책을 말해요. 여행지를 소개해 놓은 여행 책자, 어떤 일에 대해 안내해 놓은 안내 책자가 있어요."

전개 - 20분

1) 교사는 학생들에게 본 대화 내용을 소개하며 154쪽의 두 번째 QR 코드 속 영상을 보게 한다.

📖 "정호가 선생님과 상담을 하고 있어요. 무슨 일로 상담을 하는지 함께 확인해 봐요."

2) 교사는 학생들이 대화의 전체 내용을 이해했는지 확인하는 질문을 한다.

📖 "정호는 나중에 무엇이 되고 싶어 해요?"

3) 교사는 학생들에게 대화문을 읽게 한다. 그리고 세부 내용을 이해했는지 확인하는 질문을 한다.

📖 "정호는 웹툰 작가가 되기 위해서 지금 어떤 노력을 하고 있어요?"

📖 "선생님은 정호의 고민을 듣고 어떻게 할 것을 권유하셨어요?"

4) 대화에 제시된 새 표현의 의미를 설명한다.

어휘 및 표현

틈틈이	◆ 정의 시간적인 여유가 있을 때마다. 예 우리 가족은 틈틈이 봉사 활동을 하고 있어요. ● 설명 "'틈틈이'는 시간적인 여유가 있을 때마다라는 뜻이에요. 틈틈이 영어 단어를 외우면 영어를 잘할 수 있을 거예요."

체계적	◆ **정의** 전체가 일정한 원리에 따라 단계적으로 잘 짜여진. **예** 방학을 잘 보내기 위해 체계적인 계획을 세웠어요. ● **설명** "수능을 잘 보기 위해서는 단계에 맞게 잘 짜여진 계획이 필요해요. 전체가 일정한 원리에 따라 단계적으로 잘 짜여진 것을 '체계적'이라고 해요. 수능을 잘 보기 위해서는 체계적인 학습 계획이 필요해요."
애니메이션	◆ **정의** 만화나 인형 등을 이용하여 그것이 마치 살아서 움직이는 것처럼 보이게 촬영한 영화. **예** 제가 제일 좋아하는 애니메이션은 '겨울왕국'이에요. ● **설명** "(애니메이션 영화 포스터를 보여 주며) 이렇게 만화를 이용해 만든 영화를 '애니메이션'이라고 해요. 여러분은 애니메이션을 좋아해요?"
출력하다	◆ **정의** 컴퓨터 등의 기기나 장치가 입력을 받아 일을 하고 밖으로 결과를 내다. **예** 보고서는 출력해서 제출하세요. ● **설명** "(프린터 사진을 보여 주며) 이것은 프린터예요. 프린터로 컴퓨터에 있는 서류나 그림 등을 출력해요."

5) 교사는 학생들에게 대화문을 다시 한번 읽게 한다. 이때 역할을 나누는 등 다양한 방식으로 읽게 할 수 있다.

6) 교사는 다음의 절차에 따라 부가 문법 '-다 보면'에 대해 설명한다. 그리고 새로 제시되는 어휘가 있다면 그 의미를 함께 설명한다.

부가 문법	'-다 보면'

[설명]

📖 "오늘부터 테니스를 배워요. 테니스를 처음 쳐 보는 거라서 무엇을 어떻게 해야 할지 잘 모르겠어요. 하지만 계속 배우면 잘 칠 수 있을 거예요. 테니스를 계속 배우다 보면 나중에는 잘 칠 수 있을 거예요. 이렇게 '-다 보면'은 앞의 행동을 계속하면 뒤의 결과가 생긴다고 말할 때 사용해요."

[예시]

· 매일 운동을 하다 보면 체력이 좋아질 거예요.
· 꾸준히 연습하다 보면 피아노를 잘 칠 수 있을 거야.
· 매일 한 권씩 책을 읽다 보면 상식이 풍부해질 거야.
· 텔레비전을 보다 보면 시간이 가는 줄 몰라요.

[정보]

▶ 형태 정보:

	받침 O	받침 X
동사	-다 보면	

① 동사 어간 끝음절의 받침 유무에 관계없이 '-다 보면'을 쓴다.

▶ 주의 사항:

① '-다 보면' 뒤에는 주로 결과를 추측하거나 일반적인 결과를 쓴다.
　· 자주 만나다 보면 좋아졌어요. (X)
　· 자주 만나다 보면 좋아질 거예요. (O)

7) 교사는 학생들에게 목표 표현에 대해 설명한다.

목표 표현 1	'-다면 -는 것도 고려해 봐'

[설명]

📖 "'-다면 -는 것도 고려해 봐'는 어떤 일에 대해서 다른 방법을 권유할 때 사용하는 표현이에요."

[예시]

· 대학교에 가고 싶다면 수시를 쓰는 것도 고려해 봐.
· 여행을 갈 거라면 국내로 가는 것도 고려해 봐.
· 집중해서 공부하고 싶다면 독서실에 다니는 것도 고려해 봐.
· 책을 자주 산다면 중고책을 사는 것도 고려해 봐.

목표 표현 2	'-지 말고 -어 보도록 -어'

[설명]

📖 "'-지 말고 -어 보도록 -어'는 어떤 일을 할 때 앞에서 말한 방법 대신 다른 방법을 권유할 때 사용하는 표현이에요."

[예시]

· 혼자 고민하지 말고 다른 사람들과 이야기해 보도록 해.
· 인터넷 검색만 하지 말고 직접 가서 경험해 보도록 해.
· 건강을 위해서 아침을 굶지 말고 먹어 보도록 노력해.
· 어렵다고 포기하지 말고 우선 도전해 보도록 해.

새 표현

탐색 책자 틈틈이 체계적 애니메이션 출력하다 홍익사 -다 보면

질문에 답하세요.

1. 내용과 같으면 O, 다르면 X 하세요.
   (1) 정호는 현재 웹툰 작가로 활동하고 있습니다. ( )
   (2) 정호는 시간이 날 때마다 만화 그리는 연습을 합니다. ( )
   (3) 정호는 부모님과 상의해서 고등학교에 진학하지 않기로 결정했습니다. ( )

2. 여러분은 무슨 꿈을 가지고 있어요? 자신의 꿈을 소개해 주세요.
   →

정호가 무슨 고등학교에 갈지 결정했을까요? 로 확인해 보세요.   전체 대화를 들어 보세요.

활용하기

영수가 아버지에게 자신의 꿈에 대해서 이야기하고 있어요.

: 아빠, 저 통역사가 되고 싶어요. 그런데 어떻게 준비를 해야 할지 모르겠어요.

: 통역사가 되려면 대학이나 대학원에서 전문적으로 공부해야 한데. 그리고 무엇보다 외국어를 잘해야 돼. 외국어도 잘하고 싶다면 외국으로 유학 가는 것도 고려해 봐.

: 그런 어디로 유학 가는 게 좋을까요?

: 벌써 그것부터 고민하지 말고 먼저 진로 상담 선생님을 찾아가서 의논해 보도록 해.

8과 힘들더라도 조금만 더 참으세요 • 155

155

8) 교사는 학생들에게 교재의 1번과 2번 문제를 풀게 한다.

9) 교사는 학생들과 함께 문제의 답을 확인한다.

> **정답**
> 1. (1) × (2) ○ (3) ×
> 2. 저는 아픈 사람을 치료하는 의사가 되고 싶어요. 드라마 작가가 되는 것이 꿈인데 감동적인 드라마 대본을 쓰고 싶어요.

10) 교사는 학생들에게 155쪽의 첫 번째 QR 코드 속 영상을 보게 한다.
   ㉙ "정호가 무슨 고등학교에 갈지 결정했을까요? 함께 확인해 봐요."

11) 교사는 학생들이 대화 내용을 잘 이해했는지 질문을 한다. 그리고 새 표현이 있다면 그 의미를 함께 설명한다.
   ㉙ "고등학교를 졸업하려면 시간이 얼마나 남았어요?"
   ㉙ "정호는 왜 빨리 졸업하고 싶어 해요?"

어휘 및 표현

통역사	◆ 정의 통역을 할 수 있는 자격을 가진 사람. 예 제 꿈은 통역사라서 열심히 외국어를 공부하고 있어요. ● 설명 "프랑스 외교관과 이야기를 해야 하는데 말이 통하지 않아요. 그럼 한국어와 프랑스어를 모두 잘하는 사람이 와서 말을 옮겨 줘요. 이것을 '통역'이라고 하고 통역을 할 수 있는 자격을 가진 사람을 '통역사'라고 해요."

1) 교사는 학생들이 목표 표현을 사용하여 대답할 수 있도록 질문을 한다.
   ㉙ "친구가 무슨 고민이 있는 것 같은데 말을 안 해요. 혼자 고민하지 말고 상담실에 가 보라고 권유해 보세요."
   ㉙ "친구가 취미 생활을 하고 싶어 해요. 악기를 배워 보라고 권유해 보세요."

2) 교사는 질문을 통해 학생들이 '활용하기'의 대화 상황을 추측할 수 있도록 한다.
   ㉙ "영수가 아버지에게 자신의 꿈에 대해서 이야기하고 있어요. 무슨 이야기를 할까요?"

3) 교사는 학생들에게 대화문을 읽게 한 후 대화의 내용을 이해했는지 확인하는 질문을 한다. 그리고 새 표현이 있다면 그 의미를 함께 설명한다.
   ㉙ "영수는 나중에 무슨 일을 하고 싶어 해요?"
   ㉙ "통역사가 되려면 어떻게 해야 해요?"
   ㉙ "아빠는 영수에게 우선 무엇을 하라고 권유하셨어요?"

4) 교사는 학생들에게 대화문을 다시 한번 읽게 한다. 이때 역할을 나누는 등 다양한 방식으로 읽게 할 수 있다.

> **교수-학습 지침**
> ※ 고등학생 대상 수업의 경우 필수적으로 5분간 다음 활동을 추가로 진행함.
> → 교사는 짝 활동, 그룹 활동을 통해 서로 진로에 대한 고민을 듣고 자신이 생각하는 방법을 권유하는 상황에 대해 이야기하도록 지도한다.

정리 - 5분

교사는 학생들에게 155쪽의 '전체 대화를 들어 보세요' QR 코드 속 대화를 듣게 하고 수업을 마무리한다.

대화해 봐요 2

수호 어머니가 수호를 걱정하고 있어요. ▣로 확인해 보세요.

수호와 유미가 대학교 진학에 대해 이야기하고 있어요.
먼저 ▣로 확인해 보세요.

① 유미야, 넌 대학교에 진학하지 않고 졸업하자마자 취직을 하는 것에 대해서 어떻게 생각해?

② 응. 쉽게 결정할 수 있는 문제는 아니라고 생각해. 그런 어떤 분야로 진로를 정하느냐에 따라서 달라질 것 같아. 수호 너 혹시 진로 문제로 고민하고 있는 거야?

③ 응. 난 워래 대학교를 꼭 가야 한다고 생각했거든. 그런데 아직 꿈이 없어서 대학교를 가더라도 무슨 과를 가야 할지 모르겠어. 그래서 그럴 거면 차라리 그냥 하루 빨리 취업을 하는 게 낫겠다 싶어.

④ 그렇구나. 그런데 그건 아까 말했다시피 충분히 생각하고 결정해야 할 문제야. 빨리 취업을 하면 경력을 쌓을 수 있는 반면에 대학 생활에 대한 아쉬움이 남을 수 있어. 아직 늦렸려면 2년이나 남았으니까 서두르지 말고 천천히 생각해 봐.

⑤ 고마워. 네 말이 맞는 것 같아. 그럼 일단 내가 뭐가 되고 싶은지부터 곰곰이 생각해 봐야겠다.

156 • 의사소통 한국어 4

156

● 8차시 | 대화해 봐요 2

[학습 목표]

- 진학을 할지 취업을 할지 고민하는 친구에게 자신의 의견을 표현할 수 있다.
- 부가 문법: 에 따라
- 목표 표현: 그건 -느냐에 따라 -을 것 같아
  -을 거면-는 게 낫겠다 싶어

본 대화는 진학을 할지 취업을 할지 고민하고 있는 수호에게 유미가 자신의 의견을 말하고 있는 상황이다.

도입 – 7분

1) 교사는 학생들에게 '대화해 봐요 2'의 내용을 추측할 수 있는 질문을 한다.

　🔲 "자신의 진로에 대해서 생각해 본 적이 있어요?"

　🔲 "여러분은 고등학교를 졸업한 후에 무엇을 할 거예요?"

2) 교사는 학생들에게 156쪽의 첫 번째 QR 코드 속 영상을 보게 한다.

　🔲 "수호 어머니가 수호를 걱정하고 있어요. 무슨 일인지 함께 확인해 봐요."

3) 교사는 학생들이 대화 내용을 잘 이해했는지 질문을 한다. 그리고 새 표현이 있다면 그 의미를 함께 설명한다.

　🔲 "수호 어머니는 왜 수호를 걱정하고 계세요?"

　🔲 "수호는 요즘 왜 밥을 잘 안 먹어요?"

전개 – 20분

1) 교사는 학생들에게 본 대화 내용을 소개하며 156쪽의 두 번째 QR 코드 속 영상을 보게 한다.

　🔲 "수호와 유미가 대학교 진학에 대해 이야기하고 있어요. 무슨 이야기를 하는지 함께 확인해 봐요."

2) 교사는 학생들이 대화의 전체 내용을 이해했는지 확인하는 질문을 한다.

　🔲 "수호는 무슨 고민이 있어요?"

3) 교사는 학생들에게 대화문을 읽게 한다. 그리고 세부 내용을 이해했는지 확인하는 질문을 한다.

　🔲 "수호는 왜 고등학교 졸업 후에 취직을 하는 게 낫다고 생각해요?"

　🔲 "대학교에 가지 않고 바로 취업을 하면 무엇이 좋아요?"

　🔲 "유미는 수호에게 어떻게 하라고 조언했어요?"

4) 대화에 제시된 새 표현의 의미를 설명한다.

어휘 및 표현

차라리	◆ **정의** 대비되는 여러 가지 사실이 모두 마음에 들지 않지만, 그래도 이리하는 것이 나음을 나타내는 말. **예** 이렇게 길이 막힐 줄 알았으면 차라리 걸어갈 걸 그랬어. ● **설명** "집에서 시내까지 걸어서 30분이 걸려요. 보통 택시를 타고 가는데 지금은 퇴근 시간이라서 길이 너무 막혀요. 시간도 많이 걸리고 택시비도 많이 나올 거예요. 택시 타는 것도, 걸어가는 것도 모두 마음에 들지 않지만 그래도 걸어가는 것이 나을 것 같아요. 이런 상황에서 부사 '차라리'를 쓸 수 있어요. 길이 많이 막힐 때에는 차라리 걸어가는 게 나아요."
아쉬움	◆ **정의** 바라는 만큼 되지 않아 아깝고 서운한 마음. **예** 이번에 우승을 놓쳐서 아쉬움이 남아. ● **설명** "유미가 피아노 대회에 나갔어요. 상을 탈 수 있을 거라고 생각했는데 타지 못했어요. 기분이 어떨까요? 많이 아쉬울 거예요. '아쉽다'는 바라는 만큼 되지 않아 안타깝고 서운하다는 뜻이에요. 형용사인 아쉽다를 명사로 바꾸면 '아쉬움'이 돼요. 상을 못 타서 아쉬움이 많이 남아요."
곰곰이	◆ **정의** 여러 방면으로 깊이 생각하는 모양. **예** 곰곰이 생각해 보니까 와니가 서운해하는 이유가 뭔지 알 것 같아. ● **설명** "글을 쓰기 전에는 깊이 생각해 보는 것이 좋아요. 여러 방면으로 깊이 생각하는 모양을 '곰곰이'라고 해요. 글을 쓰기 전에 무엇에 대해 어떻게 쓸 것인지 곰곰이 생각해 봐야 해요."

5) 교사는 학생들에게 대화문을 다시 한번 읽게 한다. 이때 역할을 나누는 등 다양한 방식으로 읽게 할 수 있다.

6) 교사는 다음의 절차에 따라 부가 문법 '에 따라'에 대해 설명한다. 그리고 새로 제시되는 어휘가 있다면 그 의미를 함께 설명한다.

부가 문법	'에 따라'

[설명]

🔲 "수박이 큰 것은 비싸고 작은 것은 싸지요? 이렇게 수박은 크기가 다르면 가격도 달라요. 수박은 크기에 따라 가격이 달라요. 이렇게 '에 따라'는 어떤 상황이나 사실, 기준에 근거해 다르다는 것을 나타낼 때 사용해요."

[예시]

· 지역에 따라 음식 맛이 조금씩 다른 것 같아요.
· 사람의 성격에 따라 생활 방식이 달라요.
· 적성에 따라 선호하는 직업에 차이가 나요.
· 요즘에는 좌석 위치에 따라 영화 표 가격이 다르기도 해요.

[정보]

▶ 형태 정보:

	받침 O	받침 X
명사	에 따라	

① 명사 끝음절의 받침 유무와 관계없이 '에 따라'를 쓴다.

▶ 주의 사항:

① 큰 의미 차이 없이 '에 따라서'로 바꿔 쓸 수 있다.
· 날씨에 따라서 사람들의 옷차림이 바뀌어요.
· 요리사의 실력에 따라서 음식 맛이 달라져요.

② 동사나 형용사가 앞에 올 때는 의문사와 함께 '-느냐에 따라서'의 형태로 사용한다.
· 여행지 숙소는 언제 예약하느냐에 따라 가격 차이가 커요.
· 숙제가 얼마나 많으냐에 따라 방학 계획이 달라질 거예요.

7) 교사는 학생들에게 목표 표현에 대해 설명한다.

목표 표현 1	'그건 -느냐에 따라 -을 것 같아'

[설명]

🔲 "'그건 -느냐에 따라 -을 것 같아'는 앞의 내용에 따라 뒤에 오는 결과가 달라질 거라는 의견을 말할 때 쓰는 표현이에요."

[예시]

· 그건 어떻게 생각하느냐에 따라 대답이 다를 것 같아.

· 그건 네가 얼마나 노력하느냐에 따라 결과가 달라질 것 같아.
· 그건 어떻게 마음먹느냐에 따라 다르게 생각할 것 같아.
· 그건 네가 얼마나 최선을 다하느냐에 따라 결과가 달라질 것 같아.

목표 표현 2	'-을 거면 -는 게 낫겠다 싶어'

[설명]

🔲 "'-을 거면 -는 게 낫겠다 싶어'는 어떤 일을 할 때 어떻게 하면 더 좋을지 의견을 나타낼 때 쓰는 표현이에요."

[예시]

· 영수의 부탁을 거절할 거면 하루라도 빨리 말하는 게 낫겠다 싶어.
· 안 읽는 책을 버릴 거면 차라리 필요한 사람한테 주는 게 낫겠다 싶어.
· 겨울에 운동을 시작할 거라면 실내에서 하는 운동을 하는 게 낫겠다 싶어.
· 놀이기구를 안 탈 거면 놀이공원은 안 가는 게 낫겠다 싶어.

8) 교사는 학생들에게 교재의 1번과 2번 문제를 풀게 한다.

9) 교사는 학생들과 함께 문제의 답을 확인한다.

10) 교사는 학생들에게 157쪽의 첫 번째 QR 코드 속 영상을 보게 한다.

📊 "수호가 자신이 하고 싶은 일을 찾았을까요? 함께 확인해 봐요."

11) 교사는 학생들이 대화 내용을 잘 이해했는지 질문을 한다. 그리고 새 표현이 있다면 그 의미를 함께 설명한다.

📊 "수호는 요즘 왜 바빠요?"

📊 "수호는 어떻게 해서 진로 고민을 해결했어요?"

어휘 및 표현

특강	◆ 정의 정규 과정 이외에 특별히 하는 강의. 예 주말에 도서관에서 이 책을 쓴 작가의 특강이 열린대요. ● 설명 "'특강'은 특별히 하는 강의를 말해요. 다음 주에 유명한 작가가 도서관에 와서 특강을 한다고 하는데 같이 가 볼까요?"

활용 – 10분

1) 교사는 학생들이 목표 표현을 사용하여 대답할 수 있도록 질문을 한다.

📊 "가족과 부산으로 여행을 가기로 했어요. 출발 시간을 정해야 하는데 기차를 타면 늦게 출발해도 되고 버스를 타면 일찍 출발해야 해요. 이런 상황을 어떻게 말해요?"

📊 "단체 티셔츠를 맞추려고 하는데 밝은 색으로 하는 게 가장 좋은 것 같다고 의견을 표현할 때 어떻게 말해요?"

2) 교사는 질문을 통해 학생들이 '활용하기'의 대화 상황을 추측할 수 있도록 한다.

📊 "선영이가 오빠에게 고등학교 진학에 대해 상담하고 있어요. 무슨 이야기를 할까요?"

3) 교사는 학생들에게 대화문을 읽게 한 후 대화의 내용을 이해했는지 확인하는 질문을 한다. 그리고 새 표현이 있다면 그 의미를 함께 설명한다.

📊 "요즘 선영이의 선배들은 무엇을 하고 있어요?"

📊 "선영이는 무엇을 고민하고 있어요?"

📊 "오빠는 선영이에게 어떻게 할 것을 권유했어요? 그 이유는 뭐예요?"

4) 교사는 학생들에게 대화문을 다시 한번 읽게 한다. 이때 역할을 나누는 등 다양한 방식으로 읽게 할 수 있다.

교수-학습 지침

※ 고등학생 대상 수업의 경우 필수적으로 5분간 다음 활동을 추가로 진행함.
➔ 교사는 짝 활동, 그룹 활동을 통해 고등학교 졸업 후 진학과 취업의 장단점에 대한 의견을 이야기하도록 지도한다.

정리 – 8분

교사는 학생들에게 157쪽의 '전체 대화를 들어 보세요' QR 코드 속 대화를 듣게 하고 수업을 마무리한다.

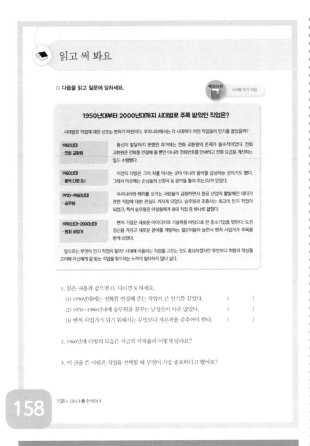

● 9차시 | 읽고 써 봐요 – 읽기

[학습 목표]
• 시대별 인기 직업에 대한 글을 읽고 이해할 수 있다.

본 활동은 1950년대부터 2000년대까지 시대별로 주목 받았던 직업에 대해 알아보고 이해하기 위한 활동이다.

읽기 전 – 5분

교사는 학생들에게 읽기 내용을 추측할 수 있는 질문을 한다.

- 🔲 "여러분은 장래희망이 뭐예요?"
- 🔲 "자신이 미래에 무엇을 하고 있을지 상상해 본 적 있어요?"
- 🔲 "요즘 인기가 있는 직업이 뭐예요?"
- 🔲 "10년 후에도, 20년 후에도 그 직업이 계속 인기가 좋을까요?"

읽기 중 – 30분

1) 교사는 학생들에게 읽기 지문을 개별적으로 읽게 한다.

2) 교사는 학생들이 읽기 지문의 전체 내용을 이해했는지 확인하는 질문을 한다.

- 🔲 "여러분, 책에 있는 글을 보세요. 무슨 글이에요?"

- 🔲 "책에 있는 직업 중에서 처음 보는 직업이 있어요?"
- 🔲 "과거에 주목 받던 직업이 지금도 인기가 있어요?"

3) 교사는 학생들에게 읽기 지문을 읽게 한다. 그리고 세부 내용을 이해했는지 확인하는 질문을 한다.

- 🔲 "예전에는 왜 전화 교환원이라는 직업이 있었어요?"
- 🔲 "전화 교환원은 무슨 일을 했어요?"
- 🔲 "벤처 기업이 뭐예요?"

4) 읽기 지문에 제시된 새 표현의 의미를 설명한다.

어휘 및 표현

주목	◆ **정의** 관심을 가지고 주의 깊게 살핌. 또는 그 시선. **예** 저 가수는 세계적으로 주목을 받고 있어. ● **설명** "'주목'은 관심을 가지고 주의 깊게 살피는 것을 말해요. 요즘 주목 받고 있는 영화나 드라마가 뭐예요?"
필수적	◆ **정의** 꼭 있어야 하거나 해야 하는 것. **예** 역사는 꼭 배워야 하는 필수적인 과목이야. ● **설명** "필수품이라는 단어를 배웠지요? 필수품은 생활에 꼭 필요한 물건을 말해요. 필수품처럼 꼭 있어야 하거나 꼭 해야 하는 것을 '필수적'이라고 해요. 필수품은 생활에 필수적인 물건을 말해요."
수행하다	◆ **정의** 일을 생각하거나 계획한 대로 해내다. **예** 어려운 일을 성공적으로 수행하기 위해서는 많은 준비가 필요해요. ● **설명** "'수행하다'는 일을 생각한 대로, 계획한 대로 해낸다는 뜻이에요. 회사원들은 자신의 업무를 수행해야 해요."
신청곡	◆ **정의** 관객이나 청취자가 연주자나 디제이에게 구두나 쪽지를 통하여 요청하는 연주나 음악. **예** 라디오에서 내 신청곡이 나왔어. ● **설명** "라디오를 들어요? 라디오를 들으면 좋은 노래와 재미있는 이야기를 들을 수 있어요. 그리고 듣고 싶은 노래를 신청할 수도 있어요. 듣고 싶어서 신청하는 노래를 '신청곡'이라고 해요. 라디오에 신청곡을 보내면 그 노래를 틀어 줘요."
급증하다	◆ **정의** 짧은 기간 안에 갑자기 늘어나다. **예** 무더위로 인해 전기 사용량이 급증했대. ◆ **정보** 반의어 '급감하다' ● **설명** "여름에는 날씨가 더우니까 에어컨을 많이 사용하지요? 그래서 전기 사용량이 갑자기 많아진다고 해요. 많아진다는 뜻을 가진 단어로 '증가하다'가 있어요. 거기에 '갑자기'라는 뜻을 더하면 '급증하다'가 돼요. 여름이 되면 전기 사용량이 급증해요."
승무원	◆ **정의** 비행기, 기차, 배 등에서 운행이나 승객에 관한 일을 맡아서 하는 사람. **예** 승무원이 승객들의 표를 확인하고 있어요. ● **설명** "(승무원 사진을 보여 주며) 이 사람의 직업이 뭐예요? '승무원'이에요. 승무원은 비행기를 탄 손님에 관한 일을 맡아서 해요."

조종사	◆ **정의** 항공기를 조종할 수 있는 자격을 갖춘 사람. **예** 저는 세계 여러 나라를 다니는 비행기 조종사가 되고 싶어요. ● **설명** "(조종사 사진을 보여 주며) 이 사람의 직업은 뭐예요? '조종사'예요. 비행기를 움직이게 하는 것을 '조종하다'라고 하고 비행기를 조종하는 직업을 '조종사'라고 해요."
꼽히다	◆ **정의** 어떤 범위나 순위 안에 들다. **예** 나나는 학교에서 세 손가락 안에 꼽힐 정도로 노래를 잘해요. ● **설명** "요즘 인기 있는 배우가 누군지 5명만 이야기해 볼까요? (손가락으로 세면서) 이렇게 어떤 범위나 순위 안에 드는 것을 '꼽히다'라고 해요. 배우 OOO은/는 인기 있는 배우 다섯 명 안에 꼽혀요."
중소기업	◆ **정의** 돈이나 직원 수 또는 매출액과 규모 등이 대기업에 비해 상대적으로 작은 기업. **예** 민우는 40명의 직원을 둔 중소기업의 사장님이 되었어요. ● **설명** "'기업'은 회사라는 뜻이지요? 삼성이나 엘지처럼 큰 회사를 '대기업'이라고 하고, 상대적으로 작은 회사를 '중소기업'이라고 해요."
벤처 기업	◆ **정의** 첨단의 신기술과 아이디어를 가지고 모험적인 경영을 하는 중소기업. **예** 벤처 기업이 꾸준히 늘어나고 있어요. ● **설명** "'벤처 기업'은 중소기업 중에서 새로운 아이디어와 새로운 기술을 가지고 경영을 하는 회사를 가리켜요."
기술력	◆ **정의** 인간에게 유용한 것을 개발하거나 처리하고 문제를 해결하는 능력. **예** 이 회사는 뛰어난 기술력으로 질 좋은 물건을 만들어요. ● **설명** "'기술력'은 기술을 가지고 문제를 해결하는 능력을 말해요. 좋은 기술력을 가진 중소기업은 앞으로 더 성장할 수 있어요."
개발하다	◆ **정의** 능력이나 지식 등을 더 나아지게 하다. **예** 재능을 개발하기 위해 여러 가지를 배우고 있어요. ● **설명** "'개발하다'는 능력이나 지식 등을 더 좋아지게 하는 것을 말해요. 여러분도 학교생활을 하면서 다양한 능력을 개발하세요."

읽기 후 - 10분

1) 교사는 학생들에게 교재의 문제를 풀게 한다.

2) 교사는 학생들과 함께 문제의 답을 확인한다.

정답
1. (1) ○ (2) × (3) ×
2. 1960년대 다방은 지금의 커피숍과 다르게 음악을 감상하는 곳이었어요.
3. 취향과 적성이 가장 중요하다고 했어요.

3) 교사는 질문을 통해 읽기 내용을 재확인하며 수업을 마무리한다.

🏫 "시대별로 무슨 직업이 인기가 많았어요?"

🏫 "왜 선호하는 직업이 바뀔까요?"

🏫 "미래에 새로 생기는 직업에는 무엇이 있을까요?"

교수-학습 지침

※ **고등학생 대상 수업의 경우 필수적으로 5분간 다음 활동을 추가로 진행함.**

→ 교사는 학생들에게 2000년대 이후 현재 무슨 직업이 주목 받고 있고, 앞으로 어떤 직업이 주목 받게 될 것 같은지 서로 이야기하도록 지도한다.

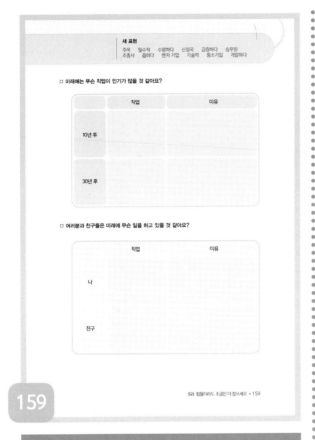

□ 미래에는 무슨 직업이 인기가 많을 것 같아요?

	직업	이유
10년 후		
30년 후		

□ 여러분과 친구들은 미래에 무슨 일을 하고 있을 것 같아요?

	직업	이유
나		
친구		

159

● 10차시 | 읽고 써 봐요 – 쓰기

[학습 목표]
- 미래 인기 직업을 예측하고 자신의 미래 직업을 쓸 수 있다.

본 활동은 미래에 인기가 있을 것 같은 직업에 대해 써 보는 활동이다.

쓰기 전 – 5분

1) 교사는 학생들에게 쓰기 내용을 추측할 수 있는 질문을 한다.
- 📖 "요즘 인기가 많은 직업이 뭐예요?"
- 📖 "과거에는 인기가 있었지만 현재에는 사라진 직업에는 무엇이 있어요?"
- 📖 "미래에는 무슨 직업이 인기가 많을까요?"

2) 교사는 학생들에게 어떤 쓰기 활동을 할 것인지 명확히 알려 준다.
- 📖 "미래에 인기가 있을 것 같은 직업에 대해 글을 쓸 거예요."

쓰기 중 – 30분

1. 미래에 인기가 있을 것 같은 직업에 대해 쓰는 활동이다.

1) 교사는 학생들에게 무엇을 써야 하는지 알려 준다. 그리고 새 표현이 있다면 그 의미를 함께 설명한다.
- 📖 "10년 후, 그리고 30년 후에 무슨 직업이 인기가 많을 것 같아요? 그렇게 생각하는 이유가 뭐예요?"

2) 교사는 학생들에게 미래에 인기가 있을 것 같은 직업에 대해 쓰게 한다. 이때 교사는 학생들에게 개별적으로 쓰기 지도를 할 수 있다.

2. 자신과 친구가 미래에 무슨 직업을 갖게 될지 추측하여 쓰는 활동이다.

1) 교사는 학생들에게 무엇을 써야 하는지 알려 준다. 그리고 새 표현이 있다면 그 의미를 함께 설명한다.
- 📖 "다양한 미래 직업에 대해 써 봤어요. 이 중에서 여러분은 무슨 일을 하고 있을 것 같아요? 여기에 직업과 그 이유를 함께 써 볼 거예요."
- 📖 (교재 쓰기 양식의 '나'에 해당하는 빈칸들을 가리키며) "여기에 자신이 하고 있을 것 같은 직업을 쓰세요. 그리고 그렇게 생각한 이유를 쓰세요."
- 📖 ('친구'에 해당하는 빈칸들을 가리키며) "여기에는 여러분의 옆에 앉은 친구가 무슨 일을 하고 있을 것 같은지 쓰세요. 그리고 그렇게 생각한 이유를 쓰세요."

2) 교사는 학생들에게 자신과 친구가 미래에 무슨 직업을 갖게 될지 추측하여 쓰게 한다. 이때 교사는 학생들에게 개별적으로 쓰기 지도를 할 수 있다.

쓰기 후 – 10분

1) 쓰기 활동이 모두 마무리되면 교사는 학생들에게 각자 쓴 것을 발표하게 한다.

2) 교사는 미래의 인기 직업과 학생들의 미래 직업에 대해 다시 한번 정리하며 수업을 마무리한다.

교수-학습 지침

※ 고등학생 대상 수업의 경우 필수적으로 5분간 다음 활동을 추가로 진행함.
→ 교사는 학생들에게 수업 중에 지도 받은 내용을 반영해 공책에 글을 다시 쓰게 할 수 있다. 이를 통해 학생들 스스로 자신의 글을 점검하도록 지도한다.

교수-학습 지침

학생들이 미래 유망 직업에 대해 잘 생각해 내지 못할 경우 교사는 다음과 같은 예시를 학생들에게 알려 주어 참고할 수 있게 한다. '노인 말벗 도우미, 로봇 감성 치료 전문가, 기후 전문가, 컴퓨터 보안 전문가, 인공 지능 전문가, 스마트 의류 개발자, 가상 현실 전문가'

익힘책 교수-학습 지침

1과

네가 이렇게 꼼꼼히 공부하고 있는 줄 몰랐어

1. 수업 진행 상황에 따라 익힘책의 '어휘를 익혀요'를 풀어 보게 한다.

어휘를 익혀요 ①

선생님이 학생들에게 공부에 대해 공지하는 말을 보고 '공통점, 차이점, 암기하다, 집중하다, 필기하다' 중 빈칸에 들어갈 알맞은 것을 골라 쓰는 문제이다. 이때 교사는 학생들에게 어휘의 다양한 활용을 정확하게 쓸 수 있도록 지도해야 한다.

어휘를 익혀요 ②

공부를 잘하기 위한 글을 읽고 '요점, 원리, 참고서, 오답 노트' 중 빈칸에 들어갈 알맞은 것을 골라 쓰는 문제이다. 이때 교사는 학생들에게 어휘의 다양한 활용을 정확하게 쓸 수 있도록 지도해야 한다.

어휘를 익혀요 ③

밑줄 친 부분을 가장 잘 설명한 것을 고르는 문제이다. 이때 교사는 학생들이 어휘의 뜻을 알고 알맞은 의미를 정확하게 선택할 수 있도록 지도해야 한다.

- '단골'은 '정해 놓고 자주 가는 가게'라는 뜻과 '가게에 자주 오는 손님'이라는 두 가지 뜻이 있다. 첫 번째 뜻으로 쓰이는 경우에는 '단골집', '단골 식당', '단골 가게'의 형태로, 두 번째 뜻으로 쓰이는 경우에는 '단골손님'의 형태로 많이 사용된다.

어휘를 익혀요 ④

'꼼꼼히, 오히려, 솔직하다, 신중하다' 중 빈칸에 들어갈 알맞은 것을 골라 쓰는 문제이다. 이때 교사는 학생들에게 어휘의 다양한 활용을 정확하게 쓸 수 있도록 지도해야 한다.

2. 수업 진행 상황에 따라 교사는 학생들에게 익힘책의 '문법을 익혀요'를 추가로 풀어 보게 할 수 있다.

문법을 익혀요 ①

- 1번은 제시된 어휘나 표현에 목표 문법을 적용하여 문장을 완성하는 문제이다. 목표 문법의 형태나 활용을 정확하게 쓸 수 있도록 지도해야 한다.
- 2번은 제시된 어휘나 표현에 목표 문법을 적용하여 글을 완성하는 문제이다. 글의 구조나 맥락에 맞추어 목표 문법의 형태나 활용을 정확하게 쓸 수 있도록 지도해야 한다.

문법을 익혀요 ②

맥락에 따라 '-는/-은/-ㄴ 줄 알다/모르다'와 '-을/-ㄹ 줄 알다/모르다'의 형태가 골고루 사용되는 것에 유의하여 지도한다.

- 1번은 제시된 어휘나 표현에 목표 문법 '-는 줄 모르다'를 적용하여 대화를 완성하는 문제이다. 대화의 맥락에 맞추어 목표 문법의 형태나 활용을 정확하게 쓸 수 있도록 지도해야 한다.
- 2번은 대화 상황에 대한 맥락적 이해를 바탕으로 목표 문법 '-는 줄 알다'를 적용하여 대화를 완성하는 문제이다. 대화의 맥락에 맞추어 목표 문법의 형태나 활용을 정확하게 쓸 수 있도록 지도해야 한다.

문법을 익혀요 ③

'-었더라면'과 '-지 않았더라면'의 형태가 골고루 사용되는 것에 유의하여 지도한다.

- 1번은 제시된 어휘나 표현에 목표 문법을 적용하여 대화를 완성하는 문제이다. 목표 문법의 형태나 활용을 정확하게 쓸 수 있도록 지도해야 한다.
- 2번은 목표 문법을 적용하여 제시된 상황과 반대되는 상황을 가정해서 쓰는 문제이다. 목표 문법의 형태나 활용을 정확하게 쓸 수 있도록 지도해야 한다.

문법을 익혀요 ④

- 1번은 제시된 어휘나 표현에 목표 문법을 적용하여 문장을 완성하는 문제이다. 목표 문법의 형태나 활용을 정확하게 쓸 수 있도록 지도해야 한다.
- 2번은 제시된 그림을 보고 목표 문법을 적용하여 그 일을 할 의도가 있었으나 어떠한 이유로 하지 못했음을 쓰는 문제이다. 그림의 상황 맥락에 맞추어 목표 문법의 형태나 활용을 정확하게 쓸 수 있도록 지도해야 한다.

3. '학습 일지'에 제시되어 있는 표를 보고 알고 있는 어휘와 문법에 표시하게 한다. 만약 모르는 어휘나 문법이 있다면 교재로 돌아가 해당 내용을 다시 보게 한다.

4. 시간적 여유가 있는 경우 '이삭줍기'에 제시되어 있는 속담 '티끌 모아 태산'에 대해 읽어 보게 한다.

2과 화재 시에는 문을 함부로 연다거나 엘리베이터를 타면 안 된대

1. 수업 진행 상황에 따라 익힘책의 '어휘를 익혀요'를 풀어 보게 한다.

어휘를 익혀요 ①

화재 사고를 보도하는 기자의 말을 보고 '화재, 소방관, 소화기, 구조하다, 대피하다' 중 빈칸에 들어갈 알맞은 것을 골라 쓰는 문제이다. 이때 교사는 학생들에게 어휘의 다양한 활용을 정확하게 쓸 수 있도록 지도해야 한다.

• '화재'는 '화재가 나다', '화재가 발생하다'의 형태로 많이 사용된다.

어휘를 익혀요 ②

독감 예방 방법에 대한 글을 읽고 '청결, 마스크, 예방하다, 예방 접종' 중 빈칸에 들어갈 알맞은 것을 골라 쓰는 문제이다. 이때 교사는 학생들에게 어휘의 다양한 활용을 정확하게 쓸 수 있도록 지도해야 한다.

• '청결'은 '청결하다', '청결을 유지하다'의 형태로 많이 사용된다.
• '마스크'는 동사 '끼다', '쓰다', '하다', '착용하다'가 많이 사용되며 그 의미는 모두 같다.

어휘를 익혀요 ③

밑줄 친 부분을 가장 잘 설명한 것을 고르는 문제이다. 이때 교사는 학생들이 어휘의 뜻을 알고 알맞은 의미를 정확하게 선택할 수 있도록 지도해야 한다.

• 귀로 소리를 듣는 능력은 '청력', 이전의 일을 기억하는 능력은 '기억력'이다.
• 영화나 드라마 등을 찍는 장소는 '촬영 장소', 영화나 드라마 등에 나오는 인물은 '등장인물'이다.

어휘를 익혀요 ④

'독특하다, 상쾌하다, 유지하다, 흥미롭다' 중 빈칸에 들어갈 알맞은 것을 골라 쓰는 문제이다. 이때 교사는 학생들에게 어휘의 다양한 활용을 정확하게 쓸 수 있도록 지도해야 한다.

2. 수업 진행 상황에 따라 교사는 학생들에게 익힘책의 '문법을 익혀요'를 추가로 풀어 보게 할 수 있다.

문법을 익혀요 ①

– 1번은 제시된 어휘나 표현에 목표 문법을 적용하여 대화를 완성하는 문제이다. 대화의 맥락에 맞추어 목표 문법의 형태나 활용을 정확하게 쓸 수 있도록 지도해야 한다.
– 2번은 질문에 대한 대답에 목표 문법을 적용하여 대화를 완성하는 문제이다. 다양한 대답이 나올 수 있으므로 개별적인 확인이 필요하다. 대화 상황에 맞추어 목표 문법의 형태나 활용을 정확하게 쓸 수 있도록 지도해야 한다.

문법을 익혀요 ②

– 1번은 제시된 어휘나 표현에 목표 문법을 적용하여 대화를 완성하는 문제이다. 대화의 맥락에 맞추어 목표 문법의 형태나 활용을 정확하게 쓸 수 있도록 지도해야 한다.
– 2번은 제시된 그림을 보고 목표 문법을 사용하여 방의 상태를 묘사하는 문제이다. 그림의 상황에 맞추어 목표 문법의 형태나 활용을 정확하게 쓸 수 있도록 지도해야 한다.

문법을 익혀요 ③

– 1번은 제시된 어휘나 표현에 목표 문법을 적용하여 문장을 완성하는 문제이다. 목표 문법의 형태나 활용을 정확하게 쓸 수 있도록 지도해야 한다.
– 2번은 목표 문법을 적용하여 인터뷰를 완성하는 문제이다. '-을/-ㄹ 뿐만 아니라'와 '-었/았/였을 뿐만 아니라'의 형태가 골고루 사용되는 것에 유의하여 목표 문법의 형태나 활용을 정확하게 쓸 수 있도록 지도해야 한다.

문법을 익혀요 ④

– 1번은 제시된 어휘나 표현에 목표 문법을 적용하여 대화를 완성하는 문제이다. 목표 문법의 형태나 활용을 정확하게 쓸 수 있도록 지도해야 한다.
– 2번은 목표 문법을 적용하여 두 문장을 한 문장으로 연결하는 문제이다. '-던' 뒤에 명사가 오는 것에 유의하여 목표 문법의 형태나 활용을 정확하게 쓸 수 있도록 지도해야 한다.

3. '학습 일지'에 제시되어 있는 표를 보고 알고 있는 어휘와 문법에 표시하게 한다. 만약 모르는 어휘나 문법이 있다면 교재로 돌아가 해당 내용을 다시 보게 한다.

4. 시간적 여유가 있는 경우 '이삭줍기'에 제시되어 있는 속담 '돌다리도 두들겨 보고 건너라.'에 대해 읽어 보게 한다.

3과 나나도 너한테 미안해하고 있을걸

1. 수업 진행 상황에 따라 익힘책의 '어휘를 익혀요'를 풀어 보게 한다.

어휘를 익혀요 ①

라디오 진행자가 청취자들에게 고민 사연에 대해 소개하는 말을 보고 '고민, 조언, 괴롭다, 다투다' 중 빈칸에 들어갈 알맞은 것을 골라 쓰는 문제이다. 이때 교사는 학생들에게 어휘의 다양한 활용을 정확하게 쓸 수 있도록 지도해야 한다.

어휘를 익혀요 ②

숙제 때문에 고민하는 친구에게 걱정하지 말라고 조언해 주고 있는 글을 읽고 '소질, 막막하다, 걱정스럽다, 자기소개서' 중 빈칸에 들어갈 알맞은 것을 골라 쓰는 문제이다. 이때 교사는 학생들에게 어휘의 다양한 활용을 정확하게 쓸 수 있도록 지도해야 한다.

어휘를 익혀요 ③

밑줄 친 부분을 가장 잘 설명한 것을 고르는 문제이다. 이때 교사는 학생들이 어휘의 뜻을 알고 알맞은 의미를 정확하게 선택할 수 있도록 지도해야 한다.

- 혼자서 하는 말은 '혼잣말', 만나거나 헤어질 때 하는 말은 '인사말', 사실이 아닌 것을 사실인 것처럼 만들어서 하는 말은 '거짓말'이다.

어휘를 익혀요 ④

'쫓다, 상의하다, 소심하다, 진지하다' 중 빈칸에 들어갈 알맞은 것을 골라 쓰는 문제이다. 이때 교사는 학생들에게 어휘의 다양한 활용을 정확하게 쓸 수 있도록 지도해야 한다.

2. 수업 진행 상황에 따라 교사는 학생들에게 익힘책의 '문법을 익혀요'를 추가로 풀어 보게 할 수 있다.

문법을 익혀요 ①

- 1번은 제시된 어휘나 표현에 목표 문법을 적용하여 대화를 완성하는 문제이다. 대화의 맥락에 맞추어 목표 문법의 형태나 활용을 정확하게 쓸 수 있도록 지도해야 한다.
- 2번은 대화 상황에 대한 맥락적 이해를 바탕으로 목표 문법을 적용하여 대화를 완성하는 문제이다. 대화의 맥락에 맞추어 목표 문법의 형태나 활용을 정확하게 쓸 수 있도록 지도해야 한다.

문법을 익혀요 ②

- 1번은 제시된 어휘나 표현에 목표 문법을 적용하여 대화를 완성하는 문제이다. 대화의 맥락에 맞추어 목표 문법의 형태나 활용을 정확하게 쓸 수 있도록 지도해야 한다.
- 2번은 목표 문법을 적용하여 제시된 상황에 대해서 확인하는 질문을 쓰는 문제이다. 목표 문법의 형태나 활용을 정확하게 쓸 수 있도록 지도해야 한다.

문법을 익혀요 ③

- 1번은 제시된 어휘나 표현에 목표 문법을 적용하여 문장을 완성하는 문제이다. 목표 문법의 형태나 활용을 정확하게 쓸 수 있도록 지도해야 한다.
- 2번은 제시된 어휘나 표현에 목표 문법을 적용하여 텍스트를 완성하는 문제이다. 글의 구조나 맥락에 맞추어 목표 문법의 형태나 활용을 정확하게 쓸 수 있도록 지도해야 한다.

문법을 익혀요 ④

- 1번은 제시된 어휘나 표현에 목표 문법을 적용하여 대화를 완성하는 문제이다. 대화의 맥락에 맞추어 목표 문법의 형태나 활용을 정확하게 쓸 수 있도록 지도해야 한다.
- 2번은 질문에 대한 대답에 목표 문법을 적용하여 대화를 완성하는 문제이다. 다양한 대답이 나올 수 있으니 개별적인 확인이 필요하다. 대화 상황에 맞추어 목표 문법의 형태나 활용을 정확하게 쓸 수 있도록 지도해야 한다.

3. '학습 일지'에 제시되어 있는 표를 보고 알고 있는 어휘와 문법에 표시하게 한다. 만약 모르는 어휘나 문법이 있다면 교재로 돌아가 해당 내용을 다시 보게 한다.

4. 시간적 여유가 있는 경우 '이삭줍기'에 제시되어 있는 속담 '고생 끝에 낙이 온다.'에 대해 읽어 보게 한다.

4과   연습할수록 실력이 점점 더 늘 거야

1. 수업 진행 상황에 따라 익힘책의 '어휘를 익혀요'를 풀어 보게 한다.

어휘를 익혀요 ①

선생님이 학생들에게 도구에 대해 설명하는 말을 보고 '칠하다, 손질하다, 조리하다, 스케치하다' 중 빈칸에 들어갈 알맞은 것을 골라 쓰는 문제이다. 이때 교사는 학생들에게 어휘의 다양한 활용을 정확하게 쓸 수 있도록 지도해야 한다.

어휘를 익혀요 ②

체력 평가 종목과 방법에 대한 글을 읽고 '던지기, 멀리뛰기, 오래 매달리기, 윗몸 일으키기' 중 빈칸에 들어갈 알맞은 것을 골라 쓰는 문제이다. 이때 교사는 학생들에게 어휘의 다양한 활용을 정확하게 쓸 수 있도록 지도해야 한다.

어휘를 익혀요 ③

밑줄 친 부분을 가장 잘 설명한 것을 고르는 문제이다. 이때 교사는 학생들이 어휘의 뜻을 알고 알맞은 의미를 정확하게 선택할 수 있도록 지도해야 한다.

어휘를 익혀요 ④

'숙이다, 깜박하다, 배려하다, 부딪히다' 중 빈칸에 들어갈 알맞은 것을 골라 쓰는 문제이다. 이때 교사는 학생들에게 어휘의 다양한 활용을 정확하게 쓸 수 있도록 지도해야 한다.

2. 수업 진행 상황에 따라 교사는 학생들에게 익힘책의 '문법을 익혀요'를 추가로 풀어 보게 할 수 있다.

문법을 익혀요 ①

– 1번은 제시된 어휘나 표현에 목표 문법을 적용하여 문장을 완성하는 문제이다. 목표 문법의 형태나 활용을 정확하게 쓸 수 있도록 지도해야 한다.
– 2번은 제시된 어휘나 표현에 목표 문법을 적용하여 텍스트를 완성하는 문제이다. 글의 구조나 맥락에 맞추어 목표 문법의 형태나 활용을 정확하게 쓸 수 있도록 지도해야 한다.

문법을 익혀요 ②

– 1번은 제시된 어휘나 표현에 목표 문법을 적용하여 대화를 완성하는 문제이다. 대화의 맥락에 맞추어 목표 문법의 형태나 활용을 정확하게 쓸 수 있도록 지도해야 한다.
– 2번은 대화 상황에 대한 맥락적 이해를 바탕으로 목표 문법을 적용하여 대화를 완성하는 문제이다. 대화의 맥락에 맞추어 목표 문법의 형태나 활용을 정확하게 쓸 수 있도록 지도해야 한다.

문법을 익혀요 ③

– 1번은 제시된 어휘나 표현에 목표 문법을 적용하여 문장을 완성하는 문제이다. 목표 문법의 형태나 활용을 정확하게 쓸 수 있도록 지도해야 한다.
– 2번은 대화 상황에 대한 맥락적 이해를 바탕으로 목표 문법을 적용하여 대화를 완성하는 문제이다. 다양한 대답이 나올 수 있으니 개별적인 확인이 필요하다. 대화 상황에 맞추어 목표 문법의 형태나 활용을 정확하게 쓸 수 있도록 지도해야 한다.

문법을 익혀요 ④

– 1번은 제시된 어휘나 표현에 목표 문법을 적용하여 대화를 완성하는 문제이다. 대화의 맥락에 맞추어 목표 문법의 형태나 활용을 정확하게 쓸 수 있도록 지도해야 한다.
– 2번은 제시된 문장을 목표 문법 '-은/ㄴ 채로'와 '-지 않은 채로'를 적용하여 같은 의미의 문장을 두 개 쓰는 문제이다. 상황 맥락에 맞추어 목표 문법의 형태나 활용을 정확하게 쓸 수 있도록 지도해야 한다.

3. '학습 일지'에 제시되어 있는 표를 보고 알고 있는 어휘와 문법에 표시하게 한다. 만약 모르는 어휘나 문법이 있다면 교재로 돌아가 해당 내용을 다시 보게 한다.

4. 시간적 여유가 있는 경우 '이삭줍기'에 제시되어 있는 사자성어 '다재다능'에 대해 읽어 보게 한다.

5과 소연이가 피아노 정말
잘 치더라

1. 수업 진행 상황에 따라 익힘책의 '어휘를 익혀요'를 풀어 보게 한다.

어휘를 익혀요 ①

리포터가 시장에게 시에서 열리는 행사에 대해 인터뷰하는 말을 보고 '심사, 원고, 백일장, 재학생' 중 빈칸에 들어갈 알맞은 것을 골라 쓰는 문제이다. 이때 교사는 학생들에게 어휘의 다양한 활용을 정확하게 쓸 수 있도록 지도해야 한다.

어휘를 익혀요 ②

요리 대회 포스터를 읽고 '상금, 통과자, 경연 대회, 심사 위원' 중 빈칸에 들어갈 알맞은 것을 골라 쓰는 문제이다. 이때 교사는 학생들에게 어휘의 다양한 활용을 정확하게 쓸 수 있도록 지도해야 한다.

어휘를 익혀요 ③

밑줄 친 부분을 가장 잘 설명한 것을 고르는 문제이다. 이때 교사는 학생들이 어휘의 뜻을 알고 알맞은 의미를 정확하게 선택할 수 있도록 지도해야 한다.

어휘를 익혀요 ④

'서툴다, 헤매다, 유창하다, 진출하다' 중 빈칸에 들어갈 알맞은 것을 골라 쓰는 문제이다. 이때 교사는 학생들에게 어휘의 다양한 활용을 정확하게 쓸 수 있도록 지도해야 한다.

2. 수업 진행 상황에 따라 교사는 학생들에게 익힘책의 '문법을 익혀요'를 추가로 풀어 보게 할 수 있다.

문법을 익혀요 ①

- 1번은 제시된 어휘나 표현에 목표 문법을 적용하여 문장을 완성하는 문제이다. 목표 문법의 형태나 활용을 정확하게 쓸 수 있도록 지도해야 한다.
- 2번은 목표 문법을 적용하여 제시된 2개의 문장을 하나의 문장으로 만드는 문제이다. 목표 문법의 형태나 활용을 정확하게 쓸 수 있도록 지도해야 한다.

문법을 익혀요 ②

- 1번은 제시된 어휘나 표현에 목표 문법을 적용하여 문장을 완성하는 문제이다. 목표 문법의 형태나 활용을 정확하게 쓸 수 있도록 지도해야 한다.
- 2번은 대화 상황에 대한 맥락적 이해를 바탕으로 목표 문법을 적용하여 대화를 완성하는 문제이다. 대화의 맥락에 맞추어 목표 문법의 형태나 활용을 정확하게 쓸 수 있도록 지도해야 한다.

문법을 익혀요 ③

- 1번은 제시된 어휘나 표현에 목표 문법을 적용하여 문장을 완성하는 문제이다. 목표 문법의 형태나 활용을 정확하게 쓸 수 있도록 지도해야 한다.
- 2번은 목표 문법을 적용하여 제시된 2개의 문장을 하나의 문장으로 만드는 문제이다. 목표 문법의 형태나 활용을 정확하게 쓸 수 있도록 지도해야 한다.

문법을 익혀요 ④

- 1번은 제시된 어휘나 표현에 목표 문법을 적용하여 대화를 완성하는 문제이다. 대화의 맥락에 맞추어 목표 문법의 형태나 활용을 정확하게 쓸 수 있도록 지도해야 한다.
- 2번은 대화 상황에 대한 맥락적 이해를 바탕으로 목표 문법을 적용하여 대화를 완성하는 문제이다. 대화의 맥락에 맞추어 목표 문법의 형태나 활용을 정확하게 쓸 수 있도록 지도해야 한다.

3. '학습 일지'에 제시되어 있는 표를 보고 알고 있는 어휘와 문법에 표시하게 한다. 만약 모르는 어휘나 문법이 있다면 교재로 돌아가 해당 내용을 다시 보게 한다.

4. 시간적 여유가 있는 경우 '이삭줍기'에 제시되어 있는 속담 '공든 탑이 무너지랴.'에 대해 읽어 보게 한다.

6과 글도 잘 쓰는 데다가 상상력도 풍부하니까 훌륭한 작가가 될 거야

1. 수업 진행 상황에 따라 익힘책의 '어휘를 익혀요'를 풀어 보게 한다.

어휘를 익혀요 ①

청소년 적성 검사 결과지를 읽고 '수리 능력, 언어 능력, 추리 능력, 예술적 능력' 중 빈칸에 들어갈 알맞은 것을 골라 쓰는 문제이다. 이때 교사는 학생들에게 어휘의 다양한 활용을 정확하게 쓸 수 있도록 지도해야 한다.

어휘를 익혀요 ②

드라마 작가라는 직업에 대해 문의하는 글을 읽고 '논리력, 어휘력, 창의력, 판단력' 중 빈칸에 들어갈 알맞은 것을 골라 쓰는 문제이다. 이때 교사는 학생들에게 어휘의 다양한 활용을 정확하게 쓸 수 있도록 지도해야 한다.

어휘를 익혀요 ③

밑줄 친 부분을 가장 잘 설명한 것을 고르는 문제이다. 이때 교사는 학생들이 어휘의 뜻을 알고 알맞은 의미를 정확하게 선택할 수 있도록 지도해야 한다.

어휘를 익혀요 ④

'늦추다, 비우다, 고려하다, 반품하다' 중 빈칸에 들어갈 알맞은 것을 골라 쓰는 문제이다. 이때 교사는 학생들에게 어휘의 다양한 활용을 정확하게 쓸 수 있도록 지도해야 한다.

2. 수업 진행 상황에 따라 교사는 학생들에게 익힘책의 '문법을 익혀요'를 추가로 풀어 보게 할 수 있다.

문법을 익혀요 ①

- 1번은 제시된 어휘나 표현에 목표 문법을 적용하여 문장을 완성하는 문제이다. 목표 문법의 형태나 활용을 정확하게 쓸 수 있도록 지도해야 한다.
- 2번은 목표 문법을 적용하여 제시된 3개의 문장을 하나의 문장으로 만드는 문제이다. 목표 문법의 형태나 활용을 정확하게 쓸 수 있도록 지도해야 한다.

문법을 익혀요 ②

- 1번은 제시된 어휘나 표현에 목표 문법을 적용하여 대화를 완성하는 문제이다. 대화의 맥락에 맞추어 목표 문법의 형태나 활용을 정확하게 쓸 수 있도록 지도해야 한다.
- 2번은 제시된 상황에 목표 문법을 적용하여 문장을 완성하는 문제이다. 다양한 대답이 나올 수 있으니 개별적인 확인이 필요하다. 대화 상황에 맞추어 목표 문법의 형태나 활용을 정확하게 쓸 수 있도록 지도해야 한다.

문법을 익혀요 ③

- 1번은 제시된 어휘나 표현에 목표 문법을 적용하여 대화를 완성하는 문제이다. '사동사'에 '-어 주다'를 적용해서 써야 하는 점에 유의해야 한다. 대화의 맥락에 맞추어 목표 문법의 형태나 활용을 정확하게 쓸 수 있도록 지도해야 한다.
- 2번은 제시된 어휘나 표현에 목표 문법을 적용하여 텍스트를 완성하는 문제이다. 글의 구조나 맥락에 맞추어 목표 문법의 형태나 활용을 정확하게 쓸 수 있도록 지도해야 한다.

문법을 익혀요 ④

- 1번은 제시된 어휘나 표현에 목표 문법을 적용하여 문장을 완성하는 문제이다. 목표 문법의 형태나 활용을 정확하게 쓸 수 있도록 지도해야 한다.
- 2번은 질문에 대한 대답에 목표 문법을 적용하여 대화를 완성하는 문제이다. 다양한 대답이 나올 수 있으니 개별적인 확인이 필요하다. 대화 상황에 맞추어 목표 문법의 형태나 활용을 정확하게 쓸 수 있도록 지도해야 한다.

3. '학습 일지'에 제시되어 있는 표를 보고 알고 있는 어휘와 문법에 표시하게 한다. 만약 모르는 어휘나 문법이 있다면 교재로 돌아가 해당 내용을 다시 보게 한다.

4. 시간적 여유가 있는 경우 '이삭줍기'에 제시되어 있는 속담 '벼는 익을수록 고개를 숙인다.'에 대해 읽어 보게 한다.

7과 시간이 없어서 아쉬울 따름이야

1. 수업 진행 상황에 따라 익힘책의 '어휘를 익혀요'를 풀어 보게 한다.

어휘를 익혀요 ①

자원 봉사자 모집 공고문을 읽고 '일손, 나르다, 두르다, 캠페인' 중 빈칸에 들어갈 알맞은 것을 골라 쓰는 문제이다. 이때 교사는 학생들에게 어휘의 다양한 활용을 정확하게 쓸 수 있도록 지도해야 한다.

어휘를 익혀요 ②

나눔 축제 광고문을 읽고 '기부, 모금, 어르신, 필수품' 중 빈칸에 들어갈 알맞은 것을 골라 쓰는 문제이다. 이때 교사는 학생들에게 어휘의 다양한 활용을 정확하게 쓸 수 있도록 지도해야 한다.

어휘를 익혀요 ③

밑줄 친 부분을 가장 잘 설명한 것을 고르는 문제이다. 이때 교사는 학생들이 어휘의 뜻을 알고 알맞은 의미를 정확하게 선택할 수 있도록 지도해야 한다.

어휘를 익혀요 ④

'머물다, 썰렁하다, 안타깝다, 후회스럽다' 중 빈칸에 들어갈 알맞은 것을 골라 쓰는 문제이다. 이때 교사는 학생들에게 어휘의 다양한 활용을 정확하게 쓸 수 있도록 지도해야 한다.

2. 수업 진행 상황에 따라 교사는 학생들에게 익힘책의 '문법을 익혀요'를 추가로 풀어 보게 할 수 있다.

문법을 익혀요 ①

- 1번은 제시된 어휘나 표현에 목표 문법을 적용하여 문장을 완성하는 문제이다. 목표 문법의 형태나 활용을 정확하게 쓸 수 있도록 지도해야 한다.
- 2번은 질문에 대한 대답에 목표 문법을 적용하여 대화를 완성하는 문제이다. 다양한 대답이 나올 수 있으니 개별적인 확인이 필요하다. 대화 상황에 맞추어 목표 문법의 형태나 활용을 정확하게 쓸 수 있도록 지도해야 한다.

문법을 익혀요 ②

- 1번은 제시된 어휘나 표현에 목표 문법을 적용하여 대화를 완성하는 문제이다. 대화의 맥락에 맞추어 목표 문법의 형태나 활용을 정확하게 쓸 수 있도록 지도해야 한다.
- 2번은 목표 문법을 적용하여 제시된 2개의 문장을 하나의 문장으로 만드는 문제이다. 목표 문법의 형태나 활용을 정확하게 쓸 수 있도록 지도해야 한다.

문법을 익혀요 ③

- 1번은 제시된 어휘나 표현에 목표 문법을 적용하여 대화를 완성하는 문제이다. 대화의 맥락에 맞추어 목표 문법의 형태나 활용을 정확하게 쓸 수 있도록 지도해야 한다.
- 2번은 대화 상황에 대한 맥락적 이해를 바탕으로 목표 문법을 적용하여 대화를 완성하는 문제이다. 대화의 맥락에 맞추어 목표 문법의 형태나 활용을 정확하게 쓸 수 있도록 지도해야 한다.

문법을 익혀요 ④

- 1번은 제시된 어휘나 표현에 목표 문법을 적용하여 대화를 완성하는 문제이다. 대화의 맥락에 맞추어 목표 문법의 형태나 활용을 정확하게 쓸 수 있도록 지도해야 한다.
- 2번은 대화 상황에 대한 맥락적 이해를 바탕으로 목표 문법을 적용하여 대화를 완성하는 문제이다. 대화의 맥락에 맞추어 목표 문법의 형태나 활용을 정확하게 쓸 수 있도록 지도해야 한다.

3. '학습 일지'에 제시되어 있는 표를 보고 알고 있는 어휘와 문법에 표시하게 한다. 만약 모르는 어휘나 문법이 있다면 교재로 돌아가 해당 내용을 다시 보게 한다.

4. 시간적 여유가 있는 경우 '이삭줍기'에 제시되어 있는 사자성어 '십시일반'에 대해 읽어 보게 한다.

8과   힘들더라도 조금만 더 참으세요

1. 수업 진행 상황에 따라 익힘책의 '어휘를 익혀요'를 풀어 보게 한다.

어휘를 익혀요 ①

학생들이 각자 공부하고 싶은 전공에 대해 하는 말을 보고 '사학, 국어 국문학, 정치 외교학, 컴퓨터 공학' 중 빈칸에 들어갈 알맞은 것을 골라 쓰는 문제이다. 이때 교사는 학생들에게 어휘의 다양한 활용을 정확하게 쓸 수 있도록 지도해야 한다.

어휘를 익혀요 ②

자동차 디자이너가 되는 방법에 대한 글을 읽고 '따다, 경쟁력, 전공하다, 진학하다, 현장 실습' 중 빈칸에 들어갈 알맞은 것을 골라 쓰는 문제이다. 이때 교사는 학생들에게 어휘의 다양한 활용을 정확하게 쓸 수 있도록 지도해야 한다.

어휘를 익혀요 ③

밑줄 친 부분을 가장 잘 설명한 것을 고르는 문제이다. 이때 교사는 학생들이 어휘의 뜻을 알고 알맞은 의미를 정확하게 선택할 수 있도록 지도해야 한다.

어휘를 익혀요 ④

'새우다, 공지하다, 느긋하다, 선호하다' 중 빈칸에 들어갈 알맞은 것을 골라 쓰는 문제이다. 이때 교사는 학생들에게 어휘의 다양한 활용을 정확하게 쓸 수 있도록 지도해야 한다.

2. 수업 진행 상황에 따라 교사는 학생들에게 익힘책의 '문법을 익혀요'를 추가로 풀어 보게 할 수 있다.

문법을 익혀요 ①

- 1번은 제시된 어휘나 표현에 목표 문법을 적용하여 문장을 완성하는 문제이다. 목표 문법의 형태나 활용을 정확하게 쓸 수 있도록 지도해야 한다.
- 2번은 목표 문법을 적용하여 제시된 2개의 문장을 하나의 문장으로 만드는 문제이다. 목표 문법의 형태나 활용을 정확하게 쓸 수 있도록 지도해야 한다.

문법을 익혀요 ②

- 1번은 제시된 어휘나 표현에 목표 문법을 적용하여 대화를 완성하는 문제이다. 대화의 맥락에 맞추어 목표 문법의 형태나 활용을 정확하게 쓸 수 있도록 지도해야 한다.
- 2번은 제시된 상황에 목표 문법을 적용하여 문장을 완성하는 문제이다. 다양한 대답이 나올 수 있으니 개별적인 확인이 필요하다. 대화 상황에 맞추어 목표 문법의 형태나 활용을 정확하게 쓸 수 있도록 지도해야 한다.

문법을 익혀요 ③

- 1번은 제시된 어휘나 표현에 목표 문법을 적용하여 문장을 완성하는 문제이다. 목표 문법의 형태나 활용을 정확하게 쓸 수 있도록 지도해야 한다.
- 2번은 제시된 어휘나 표현에 목표 문법을 적용하여 텍스트를 완성하는 문제이다. 글의 구조나 맥락에 맞추어 목표 문법의 형태나 활용을 정확하게 쓸 수 있도록 지도해야 한다.

문법을 익혀요 ④

- 1번은 제시된 어휘나 표현에 목표 문법을 적용하여 대화를 완성하는 문제이다. 대화의 맥락에 맞추어 목표 문법의 형태나 활용을 정확하게 쓸 수 있도록 지도해야 한다.
- 2번은 대화 상황에 대한 맥락적 이해를 바탕으로 목표 문법을 적용하여 대화를 완성하는 문제이다. 대화의 맥락에 맞추어 목표 문법의 형태나 활용을 정확하게 쓸 수 있도록 지도해야 한다.

3. '학습 일지'에 제시되어 있는 표를 보고 알고 있는 어휘와 문법에 표시하게 한다. 만약 모르는 어휘나 문법이 있다면 교재로 돌아가 해당 내용을 다시 보게 한다.

4. 시간적 여유가 있는 경우 '이삭줍기'에 제시되어 있는 속담 '천 리 길도 한 걸음부터'에 대해 읽어 보게 한다.

기획·담당 연구원 —

정혜선 국립국어원 학예연구사
이승지 국립국어원 연구원
박지수 국립국어원 연구원

집필진 —
책임 집필
심혜령 배재대학교 국어국문·한국어교육학과 교수

공동 집필
내용 집필
박석준 배재대학교 국어국문·한국어교육학과 교수
김윤주 한성대학교 크리에이티브인문학부 교수
문정현 배재대학교 미래역량교육부 교수
이미향 영남대학교 국제학부 교수
이숙진 경희대학교 국제교육원 객원교수
이은영 전북대학교 언어교육부 강사
홍종명 한국외국어대학교 한국어교육과 교수
오현아 강원대학교 국어교육과 교수
이선중 경희대학교 국제교육원 객원교수
황성은 배재대학교 글로벌교육부 교수

연구 보조원

김세정 한남대학교 한국어교육원 강사
김경미 건양대학교 국제교류원 한국어교육센터 강사
한재필 배재대학교 한국어교육원 강사
박수미 배재대학교 대학원 한국어교육학과 석사 수료
최성렬 배제대학교 대학원 한국어교육학과 박사 과정
김미영 우석대학교 한국어교육지원센터 강사
박현경 명지대학교 국제교류원 강사
이창석 배재대학교 대학원 한국어교육학과 석사 수료
정나현 배재대학교 한국어교육원 강사
김준석 배재대학교 대학원 한국어교육학과 석사 과정

내용 검토

조영철 인천담방초등학교 교사
송정희 대덕중학교 교사
주명진 인천영종고등학교 교사
김진희 대구북동중학교 교사

중고등학생을 위한
표준 한국어 교사용 지도서
의사소통 4

ⓒ 국립국어원 기획 | 심혜령 외 집필

초판 1쇄 인쇄 | 2020년 3월 5일
초판 1쇄 발행 | 2020년 3월 10일

기획 | 국립국어원
지은이 | 심혜령 외
발행인 | 정은영
책임 편집 | 최명지
디자인 | 박현정, 황은영, 최은숙
일러스트 | 조은혜
사진 제공 | 셔터스톡

펴낸 곳 | 마리북스
출판 등록 | 제2019-000292호
주소 | (04053) 서울특별시 마포구 와우산로29길 37 301호(서교동)
전화 | 02)336-0729   팩스 | 070)7610-2870   이메일 | mari@maribooks.com
인쇄 | (주)현문자현

ISBN 979-11-89943-46-2 (54710)
     979-11-89943-42-4 (set)